U0942155

翻译家谈翻译丛书
英语文学卷
"TRANSLATORS ON LITERATURE TRANSLATIONS" SERIES
(ENGLISH LITERATURE VOLUME)

从《黑奴吁天录》到《喧哗与骚动》

微澜与巨潮激荡的百年史

From *Uncle Tom's Cabin* to *The Sound and the Fury*

An Unordinary Century of the English literature'stranslations In China

邹海仑　主编

西苑出版社
XIYUAN PUBLISHING HOUSE
北京

图书在版编目（CIP）数据

从《黑奴吁天录》到《喧哗与骚动》：微澜与巨潮激荡的百年史 / 邹海仑主编 . — 北京：西苑出版社，2016.1
（翻译家谈翻译丛书）
ISBN 978-7-5151-0546-8

Ⅰ . ①从… Ⅱ . ①邹… Ⅲ . ①英语文学—文学翻译—文集 Ⅳ . ① H315. 9-53 ② I046-53

中国版本图书馆 CIP 数据核字（2015）第 284234 号

从《黑奴吁天录》到《喧哗与骚动》
——微澜与巨潮激荡的百年史

主　　编　邹海仑
责任编辑　刘　荔
出版发行　西苑出版社
通讯地址　北京市朝阳区利泽东二路3号
邮政编码　100102
电　　话　010-64210080
网　　址　www.xiyuanpublishinghouse.com
印　　刷　三河市鑫利来印装有限公司
经　　销　全国新华书店
开　　本　710毫米×1000毫米　1/16
字　　数　300千字
印　　张　21.25
版　　次　2016年3月第1版
印　　次　2016年3月第1次印刷
书　　号　ISBN 978-7-5151-0546-8
定　　价　60.00元

目　　录

目　录

目　录

从《黑奴吁天录》到《喧哗与骚动》

英 语 文 学 卷

前　言

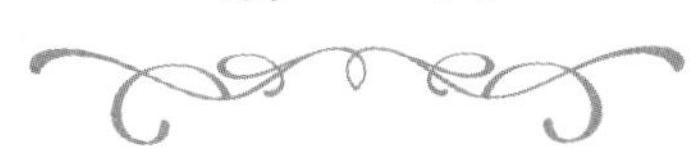

——在“大师退场的年代”继续耕耘

邹海仑

二十年前，那时还健在的我国著名诗人、德语文学大师冯至（1905—1993）先生在《世界文学》杂志组织的一个座谈会上回顾了“五四运动”。他在肯定中国现代早期一批翻译家的功劳时说，他们为我们请来了“德先生”（Democracy——民主）和“赛先生”（Science——科学）两位老先生。说他们对于开启民智，把旧中国变成新中国，是“功莫大焉”。冯先生说话时的音容笑貌犹在眼前，而他离开我们转眼已是二十年！他当时肯定了中国改革开放近二十年间在外国文学翻译、出版方面取得的空前成就，称之为“盛世”。这个“盛世”在21世纪仍然在延续，人们已经在谈论“三十年盛世”。的确，仅就中国外国文学翻译、出版界的情况而言，这三十年的成就无疑超过了此前的七八十年，而且在这段盛世期里，涌现出一批大师级的翻译家。但是“人事有代谢，往来成古今”。几年前，著名英语文学翻译家、中国莎士比亚研究会会长方平先生去世，曾引起国内文学翻译界同仁的悲痛。在参加他的追悼会时，许多老翻译家和出版家有感于近些年来包括主万、梅绍武、施咸荣、杨乐云等许多著名翻译家的纷纷谢世，有人说“这是一个大师退场的年代”。这当中除了有对逝者的悲痛，自然也包含着对于当前在商业化大潮的影响下，部分翻译作品的质量低下，粗制滥造，甚至成为社会公害现象的气愤和忧虑。因而人们在呼唤新的大师出世，呼吁翻译精品的产生。而这就要求对以往成功经验的总结、介绍和汲取。这也是这套《翻译家谈翻译》丛书出版的原因。

说到中国现当代英语文学的翻译介绍，人们便躲不开有开山之作意义的“林译小说”，也不免要谈到改革开放以后对西方现代文学介绍过程中，对我国读书界和文学创作界（包括二〇一二年中国诺贝尔文学获得者莫言）产生过巨大影响的对美国作家威廉·福克纳作品的介绍。正是因为如此，我把“林译小说”中的代表作之一《黑奴吁天录》和福克纳小说译作之一的《喧哗与骚动》提出来，作为百年来中国现当代英语文学翻译的代表。

谈“林译小说”就一定要谈到林译小说的创造者林纾（1852—1924）。林纾作为中国翻译界的一个奇人，他本人并不通晓一门外语，却能与人合作，翻译出数量令人难以置信和相当质量的外国文学名著，影响了一两代中国知识分子。使他们从这些译著受益匪浅，终生难忘。以致像钱锺书这样学贯中西的大学问家到了晚年仍然对他念念不忘，著专文以论之。像郭沫若这样博古通今的大学者，也以早年读过他的译作而心以为幸。虽然，按照今天的翻译标准，他的译文也许难以入流。但是他做的开创性工作，使得人们懂得了翻译工作的价值与力量，造成了空前的影响。这是中国现当代英语文学翻译的一个必要的妊娠期，一个幸运的妊娠期。因此本文集不仅收入林纾本人写的四篇译著前言，而且收入了钱锺书先生写的一篇颇有学术价值的关于林纾翻译的论文以飨读者。

二十世纪中国英语文学翻译中的另一个奇才，大约要数莎士比亚戏剧的译者先驱朱生豪先生（1912—1944）。他生于乱世，享年只有三十二岁。但他所做的工作却是不朽的。他使那位几个世纪前的英国文学大师，真正走入了中国寻常百姓家。本文集中收入他写的短短序言是一个宝贵的文献。

在二〇一〇年中国作协组织的唐山国际作家写作营发言时，我曾经在回首改革开放三十年来我们中国作家的成长情况时颇有感慨。有一位早在二十世纪五十年代初就全国闻名的河北农民作家，到了七八十年代却陷入了创作力枯竭的怪圈。到了二十一世纪甚至根本写不出新东西，直到二〇一〇年抱憾去世。我发问：为什么有些人三十年间鲜有进步？为什么另一些人，例如莫言，三十年间能从小小学童变成了大师？我把这归结为：除了他们有不同的生活实践外，还因为他们有着不同的阅读实践。我把这种情况的形成做了一个比喻：因为他们在自己的关键发育期里喝的是不同的奶。世上有三种奶：一种是耗子奶；一种是牛奶，还有一种是狮子奶。不同的人喝不同的奶。喝耗子奶的，长大了只能是鼠目寸光；喝牛奶的，虽然对身体有益，但长大了只能是循规蹈矩的普通人，而喝了狮子奶的人，长大了才会有狮子的体魄、狮子的心。一个作家的高度取决于他本人的眼界和心胸。我说我们的《世界文学》杂志就是一个为中国作家提供狮子奶的杂志。中国一批有出息的作家懂得关注它，从它那里喝了狮子奶，受了启发，才能比别的作家成长得更快。我举了莫言为例。据我所知，莫言为了读到译者李文俊先生为福克纳小说《喧哗与骚动》写的译者前言才特意买了《喧哗与骚动》这本书。改革三十年，正是因为有了像李文俊这样的译者翻译了美国作家福克纳的杰作，才使中国作家知道了美国南方有一块叫作“约克纳帕塔法县”的文学版图，才使我们的莫言们受到启发，才有了中国文学中的“山东高密东北乡”。才使我们有了像莫言、贾平凹这样的新时期的大师。我的话也许有失偏颇，但是三十多年来我国外国文学翻译和出版事业的兴盛，对于我国整个民族文化事业的发展的巨大推动作用是有目共睹的。怀着对李文俊先生的敬意，我在本文集里特意选编了他写的两篇谈自己翻译生涯的短文，使人们对他有更多的了解。使人们知道一个人怎样肯于沿着行人寂寥的小径攀登，才会达到光辉的顶点。

本文集收入许多专家正襟危坐把翻译作为学术来探讨的文章，也收入了一些翻译家把翻译作为生活娓娓道来的、近乎散文的佳作。这是因为几十年前冯至先生曾经教导作为小编辑的我，要注意选择那些能够反映作家真性情的东西，让读者看到作家真正的面孔。正是秉此原则，除了翻阅众多文集以收集材料之外，我也从互联网上收集了诸如我国著名的劳伦斯、吉卜林作品译者文美惠女士的《翻译吉卜林，先过主题关》这样的文章。读了这样的文章我们才会知道，当年身为江南大家闺秀的文美惠先生，原来并没有想到自己会一生奉献给英美文学翻译事业，而是一心要进军校的。而命运的阴错阳差却使她走进了北京大学的校门，并且得以聆听朱光潜这样的大学问家的教诲，为杨绛这样的大翻译家的译作《堂吉诃德》写前言，终究度过了多姿多彩的一生。

是的，也许我们的年代可以被称作是一个“大师退场的年代”，但是也是一个仍然有许多大师“尚在场中”的年代，比如本文集的后十几位翻译家都依然健在，并且在辛勤工作。而且一些新的大师正在中国的土地上产生。李文俊先生两年前就以《我发现了一个优秀翻译家》为题在《中华读书报》上充满欣喜地发出欢呼，惊叹一位年轻而出色的翻译家的涌现。所以，不必悲观，在“大师退场的年代”继续耕耘，应该是这一代人的责任。

本文集共收入四十八位名家的五十八篇文章。这些篇章许多曾经被一些其他文集收录过。编者特向为那些文集付出过劳动的人们表示谢意。

2015 年 7 月 8 日

林纾（1852—1924），近代文学家、翻译家。福建闽县（今福州市）人。光绪八年（1882 年）举人，考进士不中。1900 年，在北京任五城中学国文教员。所作古文，为桐城派大师吴汝纶所推重，因任北京大学讲席。辛亥革命后在北京，专以译书售稿与卖文卖画为生。林纾翻译小说始于 1897 年，他与精通法文的王寿昌合译法国小仲马《巴黎茶花女遗事》，这是中国介绍西洋小说的第一部，为国人见所未见，一时风行全国，备受赞扬。接着他受商务印书馆的邀请专译欧美小说，先后共译作品 180 余种。介绍有美国、英国、法国、俄国、希腊、德国、日本、比利时、瑞士、挪威、西班牙的作品。跟林合译美英作品者有魏易、曾宗巩、陈家麟、毛文钟等，合译法国作品者有王寿昌、王庆通等。林纾译得最多的是英国哈葛德，有《迦因小传》《鬼山狼侠传》等 20 种；其次为英国柯南道尔，有《歇洛克奇案开场》等 7 种。林译小说属于世界名作家和世界名著的，有俄国托尔斯泰的《现身说法》等 6 种，法国小仲马的《巴黎茶花女遗事》等 5 种，大仲马《玉楼花劫》等 2 种，英国狄更斯的《贼史》等 5 种，莎士比亚的《凯撒遗事》等 4 种，司各特的《撒克逊劫后英雄略》等 3 种，美国欧文的《拊掌录》等 3 种，希腊伊索的《伊索寓言》，挪威易卜生的《梅孽》，西班牙塞万提斯的《魔侠传》，英国笛福的《鲁滨孙飘流记》，菲尔丁的《洞冥记》，斯威夫特的《海外轩渠录》，斯蒂文森的《新天方夜谭》，里德的《吟边燕语》，安东尼·霍普的《西奴林娜小传》，美国斯托夫人的《黑奴吁天录》，法国巴尔扎克的《哀吹录》，雨果的《双雄义死录》，日本德富健次郎的《不如归》。

《黑奴吁天录》例言 1901

一 是书专叙黑奴，中虽杂收他是，宗旨必与黑奴有关者，始行着笔。

一 是书以“吁天”名者，非代黑奴吁也。书叙奴之苦役，语必呼“天”，因用以为名，犹明季六君子《碧血录》之类。

一 是书为美人著。美人信教至笃，语多以教为宗。顾译者非教中人，特不能不为传述，识者谅之。

一 是书系小说一派，然吾华丁此时会，正可引为殷鉴。且证诸�噜华人及近日华工之受虐，将来黄种苦况，正难逆料。冀观者勿以稗官荒唐视之，幸甚！

一 是书描写白人役奴情状，似全无心肝者。实则彼中仇视异种，如波兰、埃及、印度，惨状或不止此。徐俟觅得此种记录，再译以为是书之左证。

一 是书开场、伏脉、接榫、结穴，处处均得古文家义法。可知中西文法，有不同而同者。译者就其原文，易以华语，所冀有志西学者，勿遽贬西书，谓其文境不如中国也。

一 书中歌曲六七首，存其旨而易其辞，本意并不亡失，非译者凭空虚构。证以原文，识者必能辨之。

一 是书言教门事孔多，悉经魏君节去其原文稍烦琐者。本以取便观者，幸勿以割裂为责。

——录自林译小说丛书《黑奴吁天录》

《吟边燕语》序 1904

林纾

欧人之倾我国也，必曰：识见局，思想旧，泥古骇今，好言神怪，因之日就沦弱，渐即颓运。而吾国少年强济之士，遂一力求新，丑诋其故老，放弃其前载，惟新之从。余谓从之诚是也，顾必谓西人之夙行夙言，悉新于中国者，则亦誉人增其义，毁人益其恶耳。英文家之哈葛得，诗家之莎士比，非文明大国英特之士耶？顾吾尝译哈氏之书矣，禁蛇役鬼，累累而见。莎氏之诗，直抗吾国之杜甫，乃立义遣词，往往托象于神怪。西人而果文明，则宜焚弃禁绝，不令淆世知识。然证以吾之所闻，彼中名辈，耽莎氏之诗者，家弦户诵，而又不已，则付之梨园，用为院本。士女联袂而听，欷歔感涕，竟无一斥为思想之旧，而怒其好言神怪者，又何以故？夫彝鼎樽罍，古绿斑驳，且复累重，此至不适于用者也。而名阀望胄，毋吝千金，必欲得而陈之。亦以罗绮刍豢，生事所宜有者，已备足而无所顾恋。于是追蹑古踪，用以自博其趣，此东坡所谓久餍膏粱，反思螺蛤者也。盖政教两事，与文章无属，政教既美，宜泽以文章，文章徒美，无益于政教。故西人惟政教是务，赡国利兵，外侮不乘，始以余闲用文章家娱悦其心目，虽哈氏、莎氏，思想之旧，神怪之托，而文明之士，坦然不以为病也。余老矣！既无哈、莎之通涉，特喜译哈、莎之书。挚友仁和魏君春叔，年少英博，淹通西文，长沙张尚书既领译事于京师，余与魏君适厕译席。魏君口述，余则叙致为文章。计二年以来，予二人所分译者得三四种，《拿破仑本纪》为最巨本，秋初可以毕业矣。夜中余闲，魏君偶举莎士比笔记一二则，余就灯起草，积二十日书成，其文均莎诗之纪事也。嗟夫！英人固以新为政者也，而不废莎氏之诗。余今译《莎诗纪事》，或不为吾国新学家之所屏乎？《莎诗纪事》传本至伙，互校颇有同异，且有去取，此本所收，仅二十则，余一一制为新名，以标其目。光绪三十年五月，闽县林纾序。

——录自林译小说丛书《吟边燕语》

《撒克逊劫后英雄略》序 1905

林纾

伍昭扆太守至京师，访余于春觉斋。相见道故，纵谈英伦文家，则盛推司各德，以为可侪吾国之史迁。顾司氏出语隽妙，凡史莫之或逮矣。余适译述此篇，即司氏书也，故叩太守以所云隽妙者安指，太守曰："吾稔读《吕贝珈传》，中叙壳漫黑司得善射，乃高于养叔，吾已摭拾其事入英文课本矣。"余大笑，立检此稿示太守，自侈与太守见合。太守亦大喜，翻叩余以是书隽妙所在，趣余述之。余曰："纾不通西文，然每听述者叙传中事，往往于伏线接笋变调过脉处，大类吾古文家言。若但以是书论，盖有数妙：古人为书，能积至十二万言之多，则其日月必绵久，事实必繁伙，人物必层出；乃此篇为人不过十五，为日同之，而变幻离合，令读者若历十余稔之久，此一妙也。吾闽有苏三其人者，能为盲弹词，于广场中以相者囊琵琶至，词中遇越人则越语，吴人楚人则又变为吴楚语，无论晋、豫、燕、齐，一一皆肖，听者倾靡。此书亦然，述英雄语，肖英雄也；述盗贼语，肖盗贼也；述顽固语，肖顽固也。虽每人出话，恒至千数百言，人亦无病其累复者，此又一妙也。书中主义，与天主教人为难，描写太姆不拉壮士，英姿飒爽，所向无敌，顾见色即靡，遇财而涎，攻剽椎埋，靡所不有，其稚有文采者，又谲容诡笑，以媚妇人；穷其丑态，至于无可托足，此又一妙也。《汉书·东方曼倩传》叙曼倩对侏儒语及拔剑割肉事。孟坚文章，火色浓于史公，在余守旧人眼中观之，似西文必无是诙诡矣。顾司氏述弄儿汪霸，往往以简语泄天趣，令人捧腹；文心之幻，不亚孟坚，此又一妙也。且犹太人之见唾于欧人久矣，狗斥而奴践之，吮其财而尽其家，欧人顾乃不怜，转以为天道公理之应尔。然国家有急，又往往假资于其族，春温秋肃之容，于假资还资时，斗变其气候。犹太人之寓欧，较幕乌为危，顾乃知有家，而不知有国；抱金自殉，至死不知国为何物。此书果令黄种人读之，亦足生其畏惕之心，此又一妙也。包本王裔之于拿破仑，漆身吞炭，百死无恤，又日为秦廷之哭；英俄怜之，挟以普奥之怒，因得复辟。虽为祚弗修，其复仇念国之心，可取也。今书中叙撒克逊王孙，乃嗜炙慕色，形如土偶，遂令垂老亡国之英雄，激发其哀厉之音，愚智互形，妍媸对待，令人悲笑交作，此又一妙也。吕贝珈者，犹太女郎也，洞明大义，垂青英雄，又能以坚果之力，峻斥豪暴，在犹太中，未必果有其人。然司氏既恶天主教人，特高犹太人以摧践之，文心奇幻，此又一妙也。华德马者，合贾充成济为一手者也，其劝喻诸将，虽有狡诈者，亦将为之动容。天下以义感人，人固易动，从未闻用篡窃之语宣之广众，竟似节节可听者；则司氏词令之美，吾不测其所至矣，此又一妙也。”综此数妙，太守乃大韪余论。惜余年已五十有四，不能抱书从学生之后，请业于西师之门；凡诸译著，均恃耳而屏目，则真吾生之大不幸矣。西国文章大老，在法吾知仲马父子，在英吾知司各德、哈葛德两先生；而司氏之书，涂术尤别。顾以中西文异，虽欲私淑，亦莫得所从。嗟夫！青年学生，安可不以余老悖为鉴哉！

光绪三十一年七月六夕闽县林纾畏庐甫叙于春觉斋

——录自林译小说丛书《撒克逊劫后英雄略》

《鲁滨孙漂流记》序 1905

林纾

吾国圣人，以中庸立人之极。于是训者，以中为不偏，以庸为不易。英国鲁滨孙者，惟不为中人之中，庸人之庸，故单舸猝出，侮狎风涛，濒绝地而处，独行独坐，兼羲、轩、巢、燧诸氏之所为而为之，独居二十七年始返，其事盖亘古所不经见者也。然其父之诏之也，则固愿其为中人之中，庸人之庸。而鲁滨孙乃大悖其旨，而成此奇诡之事业，因之天下探险之夫，几以性命与鲨鳄狎，则皆鲁滨孙有以启之耳。然吾观鲁滨孙氏之宗旨，初亦无他，特好为浪游。迨从死中得生，岛居萧寥，与人境隔，乃稍稍入宗教思想，忽大悟天意有属，因之历历作学人语。然鲁滨孙氏初非有学，亦阅历所得，稍近于学者也。迨二十七年后，鲁滨孙归英，散财发粟，赒赡亲故，未尝靳惜，部署家政，动合天理，较其父当日命彼为中庸者，若大进焉。盖其父之言，望子之保有其产，犹吾国宦途之秘诀，所谓不求有功，但求无过者也。鲁滨孙功既成矣，又所阅所历，极人世不堪之遇，因之益知人情之不可处于不堪之遇中，故每事称情而施，则真得其中与庸矣。至书中多宗教家言，似译者亦稍稍输心于彼教，然实非是。译书非著书比也，著作之家，可以抒吾所见，乘虚逐微，靡所不可；若译书，则述其已成之事迹，焉能参以己见？彼书有宗教言，吾既译之，又胡能讳避而铲钽之？故一一如其所言。而吾友曾幼固宗巩亦以为然。幼固自少学水师业，习海事，故海行甚悉，且云探险之书，此为第一。各家叙跋无数，实为欧人家弦户诵之书，哲学家尤动必引据之者也。尚有续篇二卷，拟春初译之，今先书其缘起于此。

大清光绪三十一年十月，闽县林纾畏庐父叙于京师望瀛楼。

——录自林译小说丛书《鲁滨孙漂流记》

郭沫若（1892—1978），原名郭开贞，字鼎堂，号尚武。笔名沫若。四川省乐山客家人，著名文学家、剧作家、诗人，是中国新诗奠基人之一。亦是历史学家、古文字学家、书法家、学者、社会活动家，致力于世界和平运动。著述颇丰，主编《中国史稿》和《甲骨文合集》，全部作品编成《郭沫若全集》38卷。译有《茵梦湖》（小说，德国施笃谟著，1921年）；《少年维特之烦恼》（长篇小说，德国歌德著，1922年）；《雪莱诗选》（诗集，英国雪莱著，1926年）；《浮士德》（诗，德国歌德著，1928年）；《石炭王》（小说，美国辛克莱著，1928年）；《战争与和平》（长篇小说，俄国列夫·托尔斯泰著，1935年）等。

理想的翻译之我见[1]

我们相信理想的翻译对于原文的字句，对于原文的意义，自然不许走转，而对于原文的气韵尤其不许走转。原文中的字句应该应有尽有，然不必逐字逐句的呆译，或先或后，或综或析，在不损及意义的范围以内，为气韵起见可以自由移易。这种译法并不是完全不可能的事情，它的先决条件是：

（一）译者的语学知识要丰富，

（二）对于原书要有理解，

（三）对于作者要有研究，

（四）对于本国文字要有自由操纵的能力。

这几种条件自然是不易具备，要靠穷年累月的研究；如（1）不仅当在语

[1] 本文原载《创造季刊》第2卷第1期。

学上用功，凡是一国的风土人情都应在通晓之例，如（2）原书中所有种种学识要有所涉猎，如（3）须详悉作者的内在生活与外在生活，如（4）更难于例举了。所以翻译终于是件难事——但不是不可能的事，是不许人轻易着手，如像我国的译书家今天译一部威铿，明天译一部罗素，今天译一本太戈儿，明天又译一本多时妥逸夫司克，即使他们是天生的异才，我也不相信他们有这么速成的根本的研究。我只怕他们的工作多少带些投机的性质，只看书名人名可受社会的欢迎，便急急忙忙抱着一本字典死翻，买本新书来滥译。有的连字义的对针从字典上也还甄别不出来，这如何能望他们译得不错呢？

译书家既具有以上条件之后，他所译出来的外籍与创作无以异，原书费解之处或许也可以加上注解。这样的译籍读的人如还不能了解时，这只能怪读者自身的程度不够了。近年我国新文化运动勃兴以来，青年人求知之心若渴，但因此也不免有许多饥不择食和躐等躁进的倾向。我看见有许多朋友连普通知识也还不充分，便买些很艰深的翻译书来滥读，读得神经衰弱了的正是所在多有。更有些不真挚的人顾文思义、一知半解地便从事著述。我觉得这种倾向是应该及早设法挽救的。挽救之方：

（一）在译者方面：

（1）应该唤醒译书家的责任心；

（2）望真有学殖者出而从事完整的翻译；

（二）在读者方面：

（1）应该从教育着手，劝知识未备的青年先从事基础知识的储积；

（2）注重语学的研究，多养成直读外籍的人材；

（3）望国内各大书坊多采办海外的名著。

目下我国的翻译界，其中自有真有学殖、纯为介绍思想起见而严肃从事的人，但是我们所不能讳言者：如借译书以糊口，借译书以钓名，借译书以牟利的人，正是滔滔者天下皆是。处在资本制度之下，借译书以糊口本是一件极平常的事情，钓名牟利也不足为个人罪。但是译者的苦心尽可以追求他低下的目的，而读者的本望却要拜见他高明的手腕。手腕本不高，目的又低下，欺人欺己，糊口呀，钓名呀，牟利呀，雷鸣着的瓦釜呀，直令真有学殖之人也洁身自好，裹足不前了！如此敷衍下去，我们中国的翻译界只好永远是一潭混水，中国的新文化也只好永远是一潭混水。混水是搅不得的，愈搅是愈昏的，尽它昏起去吧！这是一种人的声音。混水是搅不得的，搅得泥溅水飞，是要弄到你体无完肤的。这又是一种人的声音。你们要来搅我的混水吗？岂有此理！这是我祖坟山的好风水，我的发祥是全靠它，我的子孙也要靠它发迹。这更是一种怪人的声音。这些声音我们听够了，但是混水终不能不把它搅个干净，永远留着，那是遗害无穷的。所以在上列几条之中，我们觉得“唤醒译书家的责任心”一层，尤为当今之急务而易见特效。

一九二三年四月

——摘自《文艺论集》所载《讨论注释运动及其他》

《雪莱诗选》小序

郭沫若

雪莱是我最敬爱的诗人中之一个。他是自然的宠子，泛神宗的信者，革命思想的健儿。他的诗便是他的生命，他的生命便是一首绝妙的好诗。他很有点像我们中国的贾谊。但是贾生的才华，还不曾焕发到他的地步。这位天才诗人也是夭死，他对于我们的感印，也同是一个永远的伟大的青年。

雪莱的诗心如像一架钢琴，大扣之则大鸣，小扣之则小鸣。他有时雄浑倜傥，突兀排空，他有时幽抑清冲，如泣如诉。他不是只能吹出一种单调的稻草。

他是一个伟大的未成品，宇宙也只是一个永远的伟大的未成品。古人以诗比风，风有拔木倒屋的风（Orkan），有震撼大树的风（Sturm），有震撼小树的风（Stark），有动摇大枝的风（Frisch），有动摇小枝的风（Maessig），有偃草动叶的风（Schwach），有不倒烟柱的风（Still），这是大宇宙中意志流露时的种种诗风。雪莱的诗风也有这么种种。风不是从天外来的，诗不是从心外来的，不是心坎中流露出的诗，通不是真正的诗。雪莱是真正的诗的作者，是一个真正的诗人。

译雪莱的诗，是要使我成为雪莱，是要使雪莱成为我自己。译诗不是鹦鹉学话，不是沐猴而冠。

男女结婚是要先有恋爱，先有共鸣，先有心声的交感。我爱雪莱，我能感听得他的心声，我能和他共鸣，我和他结婚了。——我和他合而为一了。他的诗便如像我自己的诗。我译他的诗，便如像我自己在创作的一样。

做散文诗的近代诗人Baudelaire，Verhaeren，他们同时在做极规整的Sonnet和Alexandrian。是诗的，无论写成文言白话，韵体散体，他根本是诗。谁说既成的诗形是已朽骸骨？谁说自由的体是鬼画桃符？诗的形式是Sein

的问题，不是Sollen的问题。做诗的人有绝对的自由，是他想怎么样就怎么样。他的诗流露出来形近古代，不必是拟古。他的诗流露出来，破了一切的既成规律，不必是强学时髦。几千年后的今体会成为古曲，几千年前的古体在当时也是时髦。体相不可分——诗的一元论的根本精神却是亘古不变。

十二月四日暴风之夜

——录自《雪莱诗选》

赵元任（1892—1982），字宣仲，又字宜重，江苏武进（今常州）人，生于天津。1929 年 6 月底被中央研究院聘为历史语言研究所研究员兼语言组主任，同时兼任清华中国文学系讲师，授“音韵学”等课程。1938 年起在美国任教。他是中国现代语言和现代音乐学先驱。

论翻译中信、达、雅的信的幅度

严又陵先生尝论凡从事翻译的必求信、达、雅三者俱备才算尽翻译的能事。不过说起雅的要求来，虽然多数时候是个长处，可是如果原文不雅，译文也应该雅吗？比方一个人告人骂他 You are a damn fool，公堂的通事翻译成“你是一位很愚笨的人”，雅的程度固然是增加了，可是信的程度减低了，甚至还会影响到打官司的结果呐。至于达的要求，多半时候是个长处，比方一个病重或受伤的人说话说不清楚，一个当翻译的对医生翻译清楚了当然是应该的。可是一个小说家描写各种人物在辞令上的个性的不同，要是一个译者把人人的话都说的一样的流利通畅，那么达是达了，可是对于原意就“失信”了。

所以话又说回头，还是得拿信作为翻译中的基本条件。在讨论信的各种因素以前，现在先得考虑一下要翻译的单位是什么性质跟尺寸。翻译的对象可能是一部书，一首诗，一出戏的对话，或是一篇演说；翻译出来的东西可能是写下来的，或是说出来的。在尺寸上就可以小自一个字，大至一部二十四史那么多。在考虑翻译的条件时候，有一件常须记住的要点就是语言跟文字虽然都是可以表达或描写人生的，可是同时也是人生的一部分，并不是人生以外的东西。凡是翻译一段文，他总有他的上下文，凡是翻译一句话，那句话总是在一个什么情况说出来的。

关于这个有好些语言跟非语言之间的边缘现象，比方嗓音的不同，语调的抑扬顿挫（不是说字的声调），脸上跟手上的姿势或动作，于翻译都是有关系的。有时候要使“听”者得同样的印象，一句话也许最好翻译成一种动作，例如“我哪儿知道啊？”翻成法文最好就把肩膀一耸，比用任何语调说 Je ne sais pas 几个字还要恰当。还有在日文在有些时候也不必用字。有一次我对一堂日本的听众讲演，在每一小段我停顿一下表示分段的意思，给我翻译的就把我每次小顿翻译成一个长长的缩气的“嘶——”，同时还以九十度鞠躬的姿势慢慢直起身子来。这个算不算语言？要不是的话那就是用非语言来翻译语言了。又有一阵子，联合国里有一个替苏联作口译的翻译员，他翻译的又信又达。因为他碰巧是个美国公民，结果好些人写信来骂他不爱国，甚至告他叛国的罪名。以他的立场，那当然只是他的本行工作，他不干也会有别人一样干。可是不知道那次某苏联代表把一只鞋放在桌上来表示一句要紧的话，他的翻译是否也脱了他自己的鞋来放在桌上，那就没记录可考了。

说到翻译中最小的单位，光是一个字或是一个词，要是没有上下文，那根本就没有一定的翻译。所以在词典里头每一个词总不止一个定义。从前瑞卡慈 (I. R. Richards) 在清华时候曾说过，你如果要知道一个词应该翻译成同一个词或是不同的词，只须看原来本国话的词典里是在同一个号码或是不同号码的定义。比方英文 make 在某号定义之下就相当于中文的“做”，在另一号定义之下就相当于“使，令”；又如 state 在某号定义之下就应该译成中文的“情形，状态”，在某号定义之下就是中文的“国家”。哪个定义用得上就得看是在什么地方用的了。

一个字句的最确定的上下文就是实在有过某地方一回的见次。这种见次在交通信息论的术语里叫做“实类”[1]，所有过去现在跟将来可能再见的同型的例，总称就叫“型类”[2]。比方一个“叟”字总说起来是个型类，可是在梁惠王叫孟子“叟”那一次的时候那就是个实类了。我因为觉到考据家都注重某字句在某一次见处的用法而语言学家就注重字句一般典型的性质，所以我常常形容这两门学问的不同就说考据学是实类的研究，语言学是型类的研究。那么

[1] [2] “实类”是翻译英文 token，“型类”是翻译英文 typy。见王士元、陆孝栋编译杭士基的《变换律语法理论》，香港 1966，92 页（Noam Chomsky，*Syntactic Structures*，海牙，1957）。其实“实类”的“类”字已经有点牵涉到 type 的嫌疑，现为避免译文的繁复，暂从王译。

翻译一段史料就是翻译一个实类，如果把那材料有关的上下文做过了充分的考据之后就应该得到一个定本的译文。不过这还只是限于解释原文的方面，因为用译文的，每人的背景不同，每人听或是读译文的情形不同，所以得到的印象还是会不同。那么要是求与原文所呈的印象一样，译文因情形不同反而要有不同的译法了。所以他们才有《圣经》新旧译本的争执。因为上一辈的人念惯了Douay Rheims 的传统译本，里头的许多联想跟涵义在新译本里都不是那个味儿了。可是反过来说，新译本是根据很审慎的考据写的；现代的人读了所得的印象也许更接近最早原文的意味，因为这一辈的人轧根儿就不是从小跟着旧译本长大的哩。

上文只是就翻译中信的问题作笼统的讨论。现在把信的幅度再一一的分析一下。一种就是意义跟功用上的幅度。比方拿一句法文 Ne vous dérangez pas，je vous en prie！照字义译成英文就是 Do not disturb yourself，I pray you！可是按功用翻英文就说 Please don’t bother！因为在同样情形之下法国人那么说英美人就这么说。不过要是把任何原文跟译文的成素细看起来，就可以看出来所谓意义跟功用的不同还只是程度的问题。固然法文的 dérangez 不能翻成英文的 derange，因为那是比较词的来历，不是翻译，不过要是求意义相近一点也许也可以译作 disturb yourself。同样，I request you 跟 je vous prie 意义较为接近，可是在功用上法文说 je vous prie 的时候英文多半是说 please。不过归根说起来，一个字句在某场合的意义不就是在那场合的功用吗？要是的话，那么意义最合的翻译也是最用得上的翻译了。可是翻译中意义这因素也不是全无意义的——这倒不是在这儿玩儿字的话。平常说按意义翻译是指某字的最常见的用法，并且在一般情形之下总是拿较早的用法认为本义。不过这当然还是有程度的问题，因为凡是用多了过后就是那个意思了。比方有好些话嫌太不雅而用别的说法来代替，先是只有避讳代替的功用，等用久了又让原义渗进去了，又变成不好听的话了。例如以前考场里如果有出去一会儿的必要，就得拿着一个牌子给监考人看着，牌子上写的是“出恭入敬”四个字，这多文雅！可是这避讳的话用用又渐渐染上了直接的意义了，甚至又产生“结恭”、“恭桶”等等新词出来了。

跟意义与功用的幅度很相近而不相同的，是直译与意译[1]的幅度。直译是照字面一一翻译，意译是取最相近而译语中较通行的语句来翻译。比方英国的

[1] “意译”跟上文讲的意义不是一回事。因为“意译”这词已经很通行了，不好改动。这里所谓“意”是整个儿词句的意。

死胡同儿口上贴着 No Thoroughfare 可以直译作“没有通路”，美国街上就贴着 Not A Through Street，直译是“不是一条通街”，或者文一点儿叫“非通街”。可是意译成中国街上贴的字就是“此路不通”了。从一方面看起来所谓直译乃是一种细颗粒的翻译，意译是粗颗粒的翻译。如果光是翻译的颗粒细，而结果功用不相当，或语句不通顺，那么信的总分数就不能算高。

有一个很重要而译者常常忽略的幅度就是见次的频率。如果原文跟译文当中一个是常见的一个是罕见的字句，那么其他幅度虽译的准可是信的总分数就不能算高。固然在某国某时代一天到晚常说的东西，在另一处或另一时代可能是不大提的，甚至不知道的。如果那件事是要讲的本题，那当然没有办法。例如讲美国所谓“世界系列”的棒球竞赛不难译成日文，可是译成中文，可能是可能，不过好些人就不懂说的什么，要是讲足球的事情中文在中国就比较听得惯。可是如果一个常见的词句只当作譬喻用而不是本题，那么与其用一个表面上好像译的很信而频率相差太远的译法，不如用一个见次频率相当的译法较为合适。比方，一件事快成功了，美国人常常说“到了 third base”，译成中文尽管可以用麻将来代替棒球，就说“听张了”。按正式的名称，third base 是叫“第三垒”，可是很少中国人知道第三垒是什么东西。我在加州大学讲这问题的时候，几百听众里头大概有几十个中国人。我问他们谁听见过“第三垒”这名词的请举手，结果没一个人举手。我的女儿如兰听见过也没举手，因为是那天下午我才告诉她的。

在继续分析其他幅度以前，得先讨论一下两个语言之间借词的现象。平常一个语言甲借语言乙里的一个词，就是取乙的某词改用甲的音系里可能的音当一个新词来用。例如英文 inspiration 中文叫“烟士披里纯”[1]。借了外来词以后，不但音会改变，并且意义跟用法不一定跟原来的一样。比方法文 'menu[mə'ny] 是整套的饭，借到英文里来念成 ['mejnju] 或 ['menju] 并且当菜单子讲了（原来法文也有这个讲法的）。又如中国话“豆腐”这个词日本话借用叫作 /tōfu/（无论是仍写“豆腐”两个汉字或是用假名写成トウフ），这也是借词的例。

还有一种借法是不用外国话的音，而把外国的复合词的各部分直译过来，杜撰成为一种新词，这就成为所谓借译词，西文叫 calque（原来是跟着脚印儿走的意思），英文也叫 translation borrowing。例如 telephone 中国旧叫法是

[1] 这个借词是梁任公介绍的。按粤语念起来是［in ɓ ipeileiʃøn］比国音读的更近英文的声音一点，并且用粤音的声调的 ˥˨˥˨v 的升降跟英文的轻重音尤其相近。

“德律风”，那是直接借词，可是德文叫 Fernsprecher，这里的 fern- 翻译 tele-，-sprecher 粗略翻译 -phone，所以就是借译词了。至于“电话”那就是整个儿另外翻译了。又如 television 在美国的中文报管它叫“传真”，这也是另外翻译的，可是在中国叫“电视”可以算是借译词（更准一点当然该叫“远视”，不过“远视”早有了别的用法了，所以不能用了）。现在新名词当中借译最多的就是一些外语的词头词尾成了一些惯用的译法，例如，亲 -pro-，反 -anti-，- 化 -ize，-fy，- 性 -ness，-ity，- 主义 -ism 等等。借译的现象当然不限于复合词的各部分，也有整个儿的语句借译的。比方“高峰会议”中国本来没有这个话，是从 summit conference 译来的。有时候有些话听多说多了根本就忘了是外来的了，例如“换句话说……”或“换言之……”是从 in other words……来的，“我跟你赌什么……”是从 I bet you……来的，又如英美人一天到晚说 That goes without saying，可是他们很少人知道那是从法国话 Ça va sans dire 来的。反过来呐，有时候以为是借译的外来语其实是本国人瞎诌的。很多人以为 Long time no see 是从中国话借译来的，其实中国话没有“长时不见”这话，只有“好久不见”，要是借译起来应该是 Good long not see 才对。

借译的时候最容易忽略的就是一种岔枝借译的现象，比方一个外国词有 A、B、C、D 等等讲法，其中的意义 A 应该译成本国语的甲。可是译者不另外用乙、丙、丁等等来对 B、C、D 等等，他不管三七二十一每次看见或听见那个词就一律用甲字来翻译。这种现象我给它加一个形容词叫 skewed (translation borrowing)，中文就叫岔枝借译。现代的新名词，特别是报章上，这类岔枝借译的例子到处都是的。比方英文的 delicate 的意义之一是“微妙”，可是另一个讲法是说局面危如累卵的意思。可是翻译新闻的人一查英汉字典 delicate 等于“微妙”，就把政局也变成“微妙”了。这么着，习非成是，“微妙”这个词就添了一个新讲儿了。还有 liquidate 是把（快倒的）买卖给清算了的意思。后来用在因政治关系 liquidate 一个人，中文就跟着也可以把人给清算了。又有时候外语某词有 A、B 不同的词品，译成中文只有词品甲可是后来又跟着也当词品乙用了。比方 ideal“理想”是名词，可是英文 ideal 也可以当形容词，结果中文也跟着说“最理想”了。还有 stress 当“重要”，“强调”讲是个名词，当“注重”，“着重”讲是个及物动词，可是现代的中国人动不动就强调这个，强调那个，硬把名词用作动词了。又如 publish 当不及物动词可以译作动宾结构的“出版”，可是 publish a book 现在就常看见（甚至听见）“出版一部书”了。不过还没看见过把 type a letter 译成“* 打字一封信”

呐吧？[1]

什么样的岔枝翻译可以成立，什么样的不可以成立，那是程度的问题，虽然习非可以成是，可是也得习久了才成。比方 authority 译成“权威”本来是在政治上有权有威的意思，后来由岔枝借译加上了“专家”的意思，现在这讲法已经比较通行了。可是旧金山一个中国报又进一步，讲到一九五五年罗素、爱因斯坦等等关于轻气弹的宣言的时候说“自比坚尼之试验，良好的当局莫不异口同声，指出轻气弹之战争，可能毁灭全世界之人类”。[2]

我看了半天，看不懂什么叫“良好的当局”，试翻成英文 benevolent adminis-trators 还是莫名其妙。再试试别的英文译法才想到良好的当局是 good authorities 的意思，是说据专家称云云。归根说起来，岔枝的借译是懒人的翻译法。如果外语学生译岔了枝就该扣分数，如果有地位的作家译岔了枝，起初读者看不懂，写多了就成了新用法了。不过懒人也有懒人的贡献。因为现代生活好些词都在借译着，结果虽然不达不雅，可是给编报编杂志的，给联合国的翻译员，给将来机器翻译的工作者，给那些人的工作都可以简单化一点了。

现在再继续叙述信的其他的幅度。有一个幅度很容易使人求信而失信的就是每个语言里头往往有些必具的范畴。比方英文的名词非得是单数或是多数，动词不是现在就是过去（在形态方面英文没有将来式）。德文的朋友非得一定是男的或者一定是女的。反之，英文只有 cousin 总名称，中文就得分堂表兄弟姊妹的不同。在翻译的时候如果有些必具的范畴于本文无关紧要的尽管可以不管，例如“表妹”可以就译成 cousin，否则你见了人打招呼总不能说 Good morning，my female-cousin-on-mother’s-or-paternal-aunt’s side-younger-than-myself 煞！又如英文一个 marry 字，中文或是俄文都分嫁娶。有一次，在民国九年勃拉克（Dora Black）女士在北京师大演讲，我给她当翻译。她提到 unmarried men and unmarried women，我把两个字弄颠倒了说成“没有嫁的男人，没有娶的女人”。当然大家马上哄堂大笑，讲演的问怎么回事？我只好打喳喳儿说“这个解释起来太长，我得待会儿再讲给你听”。

像这样很显著的必具范畴倒是不难照顾，麻烦的是有些不显著的例子更容易叫一个翻译的人上当。比方一个看似简单容易的英文句子 He put on his hat and went on his way，因为英文里规矩凡是是他的就得说“他的”。可是如果

[1] 字句前加有星号（*）是表示没有这种话。

[2] 见《世界日报》1955 年 7 月 11 日社论。

叫一个初学英文的法国、德国或是中国学生来翻译这句话，十回九回他一定忠忠实实的把两回的 his 都翻译出来："他戴上他的帽子，走上他的路了。"而其实如果不管英文，他自己在那儿说这句话的意思，也许根本只说："他戴了帽子就走了。"

这种翻译过头的文章要是写多了，看多了，日久当然又成一种新体。例如起头是学英文没学好，凡是看见一个过去式的动词在中文就照例地加一个"了"字，其实译者自己平常说话作文的时候，并不每次提到过去的事情都用"了"字。又比方英文被动式用 by，译者每次看见被动式就用"被"，忘了中文平常被动式多半用在不好的事情上的。可是这种起头儿觉得怪的说法看多了听多了，那就不但在翻译外语时候，连自己说话作文都用这样句法了。比方英文 A in B（名介名）式里的 in B 是形容 A 的，中文照例是说（在）B 里的 A，例如 soup in the pot 是"锅里的汤"。可是近来报上杂志上平常有"阿丽思在中国"的句法，好像是个整句子，其实是个等于 Alice in China 的名词语。这种现象在语言学里叫做借来的结构，就是说不光是借来某某词某某语，而是借来一套结构的格式。所以现在一个人不但可以被打被骂，又可以被爱被称赞了。可是"政变在南美"这类的名词语还只限于标题，还没听见人说过"请你给我一碗'汤在锅里'"呐。

除了把必具范畴都想译出来之外，还有一个倾向就是把名词对名词，动词对动词，等等，或者翻译语句的时候把名词性的对名词性的，动词性的对动词性的等等语句。如果别的幅度上都一样信，那么当然词品相当就可以增加信的程度。可是别的幅度上很少完全一样的，所以词品相当不相当只能算应当考虑的各幅度之一。例如"真讨厌！"译成英文最好说 What a nuisance！那就是把形容语译成名词语了。固然也可以译成 How annoying！不过在体裁上又差了，因为那是把很白的话翻成太正式的话了。又比方"多好玩儿！"要是维持原来的词品译成 How funny！那就根本把意思都翻走了。这句话当然要改成名词语说 What fun！才对。再举一个法译英的例子：Quelle merveille！是名词语，如果对英文的 What marvel！词品是相当了，可是意思又太重，见次的频率又少的多，不如还是用个形容语说 How marvelous！这样总信度较高一点。

有时候不但词品不必相当，甚至根本不同性质的语言成分可能是最好的翻译。例如中文的"好是好"的句法，如果用英文来分析可以说"(As for being) good, (it) is good."不过这是解译中国话的文法，不能算是翻译。这种句法最好的翻译是一种特别的语调，就是英国的 H. E. Palmer 称为雁颈

式的语调 (the swan) [1]。比方“好”译作 It's good，是平常的降调。可是“好是好”可以译作 It's good ⤴ (but) —这样子就是把中文的字译成英文的调了。这个句法固然也可能用字来翻译，例如加一个 to be sure 或是加个更白话式的一个低升调的 all right ↗，不过用那雁颈式的语调来对“好是好”的公式比任何用字来翻译更恰当了。还有成素性质相差更远一点的，语言都可以用非语言来翻译，如同上文所说用耸肩翻译“我不知道”之类。

跟上文所说的必具范畴有关的是数量词翻译的问题。不同的语言，不同的民族，对于数量、币制、颜色的名称，连数目字的本身，当然都是参差不齐的。英文没有“青”，中文没有 brown,“码”跟“打”在中文是新进口的洋货。如果一个语言里不是从十三到十九有个 -teen 在里头就不会有 teens 或是 teen-age 的观念。光是翻译数量本身当然很容易翻的很准确，可是用数量词的时候往往不注重数量的本身而在其他的涵义，那就应该考虑其他的幅度了。比方，要是一个语言里没有 dozen 的观念的，那么英文说 a few dozen 不如说“好几十”比说“好几倍十二”好多了。这些数量单位的不同不但影响语言，甚至还影响到物价等等实际的事情。比方美国一块钱换十个毛钱儿，或是四个两毛五的钱币，因此好些东西定价跟包装的分量也就跟着来，并且好些卖口香糖、香烟等等的机器的设计也是跟着币制走的。法国要不是从前有个五生丁的小铜钱就不会有 pas un sou“没有一个大子儿”的话。中国从前要不是有那种叫蚌子的制钱就不会有“没有一个蚌子”的话。

原文跟译文体裁相当不相当自然是极要紧的幅度。现代的语言当然最好用现代语言来翻译。如果原文是很古的东西，翻译起来就有些问题了。如果某作品早有用了很久的译文，那么这译文也成了一种作品，那又是一回事。但是光求两方的时代相当并不一定就能译的很信。并且如果原文的时代还远在译文的语言成立以前，例如中国的十三经的时候还没有所谓英文那语言，那怎么办呐？在这种情形之下，最好的办法——并且也是最常取的办法——是用一种最无时代性的体裁来翻译。这办法虽然免不了失掉点原来的精彩跟生气，可是至少可以免掉搀入与原文不合的意味。固然过久了先以为无时代性的，后来的人还是会觉得出来那是某时代的译文。所以有些名著过过就又得重新翻译。不过翻译旧东西的时候至少要避免太漂亮太时髦的词句。因为越漂亮就越容易蔫，越时髦就越容易过时。

---

[1] 参看赵元任 *A Preliminary Study of English Intonation (with American Variants) and Its Chinese Equivalents*, *BIHP*。

有一个极要紧而常常被忽略过的幅度就是语言的音调方面。要是翻译诗歌的时候，那么节律跟押韵尤其要紧。可是语言跟语言之间词义的范围从来不能一一相配，还有那些必具的范畴这个多那个少，这个少那个多的，总是参差不齐的。那么如果要把原文所有包涵的东西都照顾的一点不剩，免不了就会同时又带进了好些不相干的成素，结果就把译文弄的太长了。在这种情形之下，译者当然只能斟酌取舍，并且还不要忘记了音节方面是求信的一个重要的幅度。比方法文有句话叫 et patati et patata 要是光译成“瞎说”那就太短了，译成“瞎说八道”比较近些，要是说“叽哩咕噜，瞎说八道”那就跟法文一样是八个音节了。

成语当然最好能用相当的成语来翻译，如果能把音节弄到相近那就更好。例如“种瓜得瓜，种豆得豆”译成 As ye sow，so shall ye reap，不但也是个成语，并且节律也相近。

反之，有时候一国文字习惯上在某种场合用很对称的节律而另一国文字在同样场合就用完全不同的节律。比方从前英国人办沪宁铁路时候在火车里贴的通告说：

随处吐痰，
最为恶习，
既惹人厌，
又碍卫生。
车站月台，
尤须清洁，
倘有违犯，
面斥莫怪。

八句。底下的英文“翻译”只说：

IN THE INTEREST OF CLEANLINESS AND PUBLIC
HEALTH PASSENGERS ARE REQUESTED TO REFRAIN
FROM SPITTING IN THE TRAINS OR WITHIN THE
STATION PREMISES.

一长句。这里头固然还带了有“文明”人教训乡下人的口气，英文就完全是对平等人的措辞，所以翻译的内容不符，一半是成心的。不过通告上用对称的节律在中文的确很多，而英文除了故意逗趣的通告多半都是用散文的。

翻译诗歌的时候如果还得按原来的调子来唱，那当然节律跟用韵得完全求信，一切别的幅度就管不到了。比方随便翻开一页德英文对照的舒勃特的歌

谱，例如 Erlkönig 的头两句：[1]

这个译的可以算是很准了，可是为着节律关系，there，loving，young 三处是加的；und wind 不然很好译成 and wind，可是为了跟 child 押韵，只好译成 so wild 了。（谱词里有减号的是原文有而未译的，有加号的是原文无而译文添的。）反之，西洋人翻译中国旧诗为了注重内容就没法子顾到声音了。像理雅各（James Legge）翻译的诗经跟韦烈（Arthur Waley）翻译的唐诗，跟原文比起来平均总多到原文两倍至四倍的音节。他们那些译文固然把内容跟涵蓄的诗意都表达的很全，可是我们这些一小儿背中国诗长大的人念起那些冗长的英文中国诗来，虽然不能说味如嚼蜡，可是总觉得嘴里嚼着一大些黄油面包似的。

至于从英文翻译到现代的中国白话，在节律方面就相称的多了。比方我翻译路易斯·加乐尔的书的时候，我的工作就容易的多，把意思都翻译了，同时还可以不牺牲声音方面。特别在《走到镜子里》不但玩儿字的地方都翻译出来，所有的诗差不多能全照原来的轻重音跟韵脚的格式。例如《炸脖𪁗》诗的头一首：

’ Twas brillig, and the slithy toves
Did gyre and gimble in the wabe.
All mimsy were the borogoves
And the mome raths outgrabe.

有一天烋里，那些活济济的狳子
在卫边儿尽着跰尽着觅。
好难四儿啊，那些鹁鸹鸲子

[1] 见 *Franz Schubert Songs*, Theodore Baker 英译，纽约 1895，1923 Schirmer 版册 343，页 214—215。

还有寥的猪子呕得格儿。

用国语罗马字写出来不但读的像原文，连看起来都有点儿像：

Yeou'tian beirlii, nehshie hwojihjide toutz
Tzay weybial jiinj gorng jiinj berl.
Hao nansell a, nehshie borogoutz
Hair yeou miade rhatz owdegerl.

这里虽然有些“有音无字”的字，可是所有的声、韵、调都是国音里可能的字音。那么后来昏弟敦弟解释那些怪字的来历当然也都得说得通，例如 wabe 原文的解释是 way before，way behind，跟 way beyond，那么中文方面卫边儿（weybial）是这边儿（jeybial），那边儿（neybial），跟外边儿（waybial）。

最后，翻译中信的幅度，有一样于实际常常有关系的，就是原文与译文用时的场合。上文已经提过有时候语言得翻译成非语言，或是非语言译成语言。比方中文有个感叹词“唉！”翻译戏剧的时候英文除了现在已不通行的 heigh-ho 之类没有字可以翻译，所以只用个括弧写个（sigh），换言之，中文原来是对话的一部分，译成英文变成“叹气介”的导演语，不是对话了。还有时候翻译活语言的时候，说着说着事情变了，那怎么办呐？要是接着翻译完了，就把一句本来说的对的话，翻成了（现在）不对的话了。要不然应该怎么办？下面是有次一个能临机应变的飞机师对付的方法，大概是飞过大西洋时候预备紧急降落的事情吧。他先用法文说：

Attention, messieurs et mesdames. C'est votre comman-dant. Attachez vos ceintures de sécurité et préparez-vous pour un atterrissage d'urgence.

接着用德文说：

Achtung, meine Damen und Herren. Hier spricht ihr Flug-zeugführer. Bitte, befestigen sie ihren Sicherheitsgürtel und bereiten sie sich auf eine Notlandung vor.

可是说到英文的时候情形又变好了，他说的是：

Ladies and gentlemen，forget it.Everything is now A- OK.[1]

那么这个算不算翻译呐？要是的话，它的信的程度不是等于零或甚至负一百分了吗？

总之上文讲起信的各种幅度的时候都好像拿它当作可以衡量的独立变数似的。其实那些幅度既不能作定量的准衡，又不是各自独立不相牵涉的，更谈不到怎么设立一个数学的函数来求得一个最大数值的总信度了。多数读者对于上文里提出的一些问题大概都有过经验。本文不过把这些问题聚拢在一块儿使从事翻译者容易参考参考就是了。眼前的翻译学的状态只能算是在有些正式学门里所谓尚未系统化的阶段，换言之，里头说的都还是些半调子未成熟的观念，美其名曰 presystematic stage 而已。我们现在其实还没很超过 Postgate 五十多年前论翻译时候所注重的话。他说：大家都承认，虽然大家不都实行，一个翻译的基本优点就在乎一个信，谁翻译的跟原文最近就是谁翻译的最好[2]。可是远近既然还是程度的问题，这话不是又说回头了吗？有一个有用的试验法就是把译文译回头，看是不是另有一个更恰切的原文可以对这译文。如果有的话，那就是起头儿翻译的不够信。固然这只是个试验的方法，而信的多幅性的困难依然存在[3]。说起来的话，有哪门学问里不是老在那儿愁着多幅性的困难的？

——转录自刘靖之编《翻译论集》(香港三联书店 1981 年版)

[1] 见 *Punch* 周刊，1966 年 10 月 19 日，页 577 漫画。要是照原文翻英文的话当然得说：This is Captain Smith speaking，Please fasten your seat-belts and be ready for an emergency landing.

[2] J.P.Postgate,*Translation and Translations*，伦敦 1922。

[3] 最近讲翻译多幅性讲的较详切的有 J.C.Catford，*A Linguistic L Theory of Translation*，伦敦（牛津大学出版部），1965，Viii+103 页。不过这里所谓翻译，比平常的讲法较广，例如（页 64）俄文的 CПYTHИK 写成字形最近（可是音不相当）的罗马字 CHYTHNK 也认为翻译的几种方式之一。

傅东华（1893—1971），木姓黄，过继母舅，改姓傅，又名则黄，笔名伍实、郭定一、黄约斋、约斋，金华曹宅镇大黄村人。1912年，上海南洋公学中学部毕业，次年进中华书局当翻译员，开始发表短篇小说。1914年起，先后在东阳中学、北京平民大学附属中学、北京高等师范教英语。1936年，发起组织文艺家协会，号召文艺家共赴国难。八一三事变后，参加上海市文化界救亡协会，任《救亡日报》编委，参与翻译斯诺《西行漫记》。上海被日本侵略军占领后，翻译《飘》、《堂吉诃德》、《业障》等，编辑出版丛书《孤岛闲书》。

《飘》译序

关于这书的译法，我得向读者诸君请求一点自由权。因为译这样的书，与译Classics究竟两样，如果一定要字真句确地译，恐怕读起来反要沉闷。即如人名地名，我现在都把它们中国化了，无非要替读者省一点气力。对话方面也力求译得像中国话，有许多幽默的、尖刻的、下流的成语，都用我们自己的成语代替进去，以期阅读时可获如闻其声的效果。还有一些冗长的描写和心理的分析，觉得它跟情节的发展没有多大关系，并且要使读者厌倦的，那我就老实不客气地将它整段删节了。但是这样的地方并不多。总之，我的目的是在求忠实于全书的趣味精神，不在求忠实于一枝一节。倘使批评家们要替我吹毛求疵，说我某字某句译错了，那我预先在这里心领谨谢。

最后关于本书的译名，也得稍稍解释一下。原名“Gone With The Wind”，取义于本书的第二十四章，原意是说本书主人公的故乡已经“随风飘去”了。上海电影院起初译为《随风而去》，与原名固然切合，但有些不像书名，后来改为《乱世佳人》，那是只好让电影去专用的。现在改为《飘》，“飘”的本义为“回风”，就是“暴风”，原名 Wind 本属广义，这里分明是指暴风而说的：“飘”必有“飘扬”、“飘逝”之义，又把 Gone 的意味也包含在内了。所以我觉得有这一个字已经足够表达原名的蕴义。

一九四〇年九月十五日

——录自傅译《飘》（浙江人民出版社 1979 年版）

林语堂（1895—1976），中国现代著名学者、文学家、语言学家。福建龙溪人，出生于福建省漳州市平和县坂仔镇贫穷的牧师家庭。原名和乐，后改玉堂，又改语堂。早年留学国外，回国后在北京大学、厦门大学等任教，1966年定居台湾，1976年在香港逝世。林语堂既有扎实的中国古典文学功底，又有很高的英文造诣，他一生笔耕不辍，著作等身。林语堂于1940年和1950年两度获得诺贝尔文学奖提名。

论翻译

一

论译学无成规

谈翻译的人首先要觉悟的事件，就是翻译是一种艺术。凡艺术的成功，必赖个人相当之艺才，及其对于该艺术相当之训练。此外别无成功捷径可言，因为艺术素来是没有成功捷径的。翻译的艺术所倚赖的：第一是译者对于原文文字上及内容上透彻的了解；第二是译者有相当的国文程度，能写清顺畅达的中文；第三是译事上的训练，译者对于翻译标准及手术的问题有正当的见解。此三者之外，绝对没有什么纪律可为译者的规范，像英文文法之于英文作文。（或者依一些文法家之意见如《马氏文通》之于本国古文。）所以本篇目的，并不是要替“译学”画出一些规矩准绳来，或是要做些削足适履，强人以同的工夫。所谓“规矩准绳”，实则是老学究对于真正艺术自隐其愚的手段，太相信规矩准绳的人，也就上了老学究的当，恐怕就要比以念《马氏文通》学做古文的当还要利害。

应讨论的翻译标准问题

但是译学虽不能找出何等的成规，倒有许多手术上的问题不可不讨论的。譬如译家的标准应如何，对于原文应取如何态度，译文时应具何种心理，译文应否保守原文句法（“语体欧化”），“字字对译”可实行否，或较高深的，如译艺术文（诗文戏曲）的问题，这都是凡要着手译书的人所必需审察考量的，不是能翻英文字典及稍通汉文的人，便可纵笔直译，而一定能不冤枉买他译品的读者。这就是以上所说的第三条件；译者对翻译标准及手术上的问题，应有正当的见解。倘是译者于第一第二条件（中西文程度）相符，而对于译事还存些“字字对译”或“语体欧化”的迷信或其他荒谬思想，有时候“余之巴黎妻”（Notre Dame de Paris）派的译者，且可自信其为译界之明星，或者以说不通中国话为语体欧化之保证。此种译文既风行海内，其势力蔓延所及，遂使译学博士有时候也可以给我们六十四根牙齿嚼不动的句子。说翻译必须以中西文相当的造就为基础的话，固然是不值一辩；但是对于译者之目的，工具，方法，问题，谓可全不过问，也有点近于荒唐。

翻译标准之三方面

翻译的标准问题大概包括三方面。我们可依三方面的次序讨论它。第一是忠实标准，第二是通顺标准，第三是美的标准。这翻译的三重标准，与严氏的“译事三难”大体上是正相比符的。忠实就是“信”，通顺就是“达”，至于翻译与艺术文（诗文戏曲）的关系，当然不是“雅”字所能包括。倘是照桐城吴进士“与其伤洁，毋宁失真”衣钵真传的话为原则，为叫起来方便起见，就以极典雅的“信，达，雅”三字包括这三方面，也无不可。但是我们须记得所以求“信达雅”的道理，却不是如是的简单。我们并须记得这所包括的就是：第一，译者对原文方面的问题，第二，译者对中文方面的问题，第三，是翻译与艺术文的问题。以译者所负的责任言，第一是译者对原著者的责任，第二是译者对中国读者的责任，第三是译者对艺术的责任。三样的责任心备，然后可以谓具有真正译家的资格。

讨论翻译须研究其文字及心理问题

素来讨论这翻译问题的文极少，更少有特别的调查可以供我们的参考。有三两篇论文，如严几道的《天演论译例言》，章行严的《答容挺公论译名书》，胡以鲁的《论译名》，傅斯年的《译书感言》，以及报端时见评译论译的文章或散见于译书序言中单辞片句论译的意见，或泛论译法，或单论译名，都是直接出于经验的话，未尝根据问题上的事实做学理的剖析，所以立论仍不免出于主观而终不能达到明确的定论。其实翻译上的问题，仍不外乎译者的心理及所译的文字的两样关系，所以翻译的问题，就可以说是语言文字及心理的问题。倘是我们要于此问题得比较客观的解决，自当以语言文字心理的剖析为立论根基。必先明语言文字及行文心理的事实，然后可以做译者标准应如何态度应如何的结论。本篇虽不敢说对于语言文字有何种充分彻底的研究，而立论总是本这个意旨，先研究字义的性质，然后断定字译方法之可能否，先研究行文的心理，然后断定译者译文时应取的态度。

二

一、论忠实标准——译者第一的责任，就是对原文或原著者的责任，换言之，就是如何才可以忠实于原文，不负著者的才思与用意。在这个上面最重要的问题就是所谓忠实应作如何解释，是否应字字拘守原文，或是译者可有自由的权利，于译文时可自行其裁判力，于原文字句得斟酌损益，以求合于译文通顺明畅的本旨。

忠实之四等

大概忠实的程度可分四等，就是直译，死译，意译，胡译。今日译界的成绩可谓四等俱备。死译可以说是直译派极端的结果，也可以说是直译派中的“过激党”，其态度就是对于原文字句务必敬拜崇奉，不敢擅越一步，推其逻辑之结果，则非把“the apple of my eye”（宠眷特隆之人，掌上珠）译为“我目的苹果”，或是把“took the heart out of him”（使胆怯）译为“将其心拿出”不可。其意若曰，非如此，不足以保其原文亲切之意味，或不足以表现中文“欧化之美”。若是使译汉文为英文，大概“趣味横生”亦当以 the interest flows horizontally，认为相当的译词（“嫁祸他人”似亦可作 marry the misfortune to others），反过来说，胡译也可以说是意译的“过激党”，其主张就是凡可以助译文之明畅，或使合于艰深典雅，毕肖古人的主旨，译者无不可为。胡译的极端成绩，无论如何，不能超过林琴南、严几道二位先生之上：一位把赫胥黎十九世纪文字译成柳子厚《封建论》之小影（引张君劢先生批语）；一位把西洋的长篇小说变成《七侠五义》《阅微草堂笔记》等的化身。此等译法若译者能详细揣摩原文的意旨，尚可以不悖原文的大意，若是并原文而不求甚解，只是捕风捉影，画蛇添足，则终不免有“余之巴黎妻”（代译“巴黎天主堂”）之笑话。胡译而至于此程度，可谓已与死译相握手，无复孰是孰非之可言。

“直译”“意译”名称之不妥

所以我们可以不论死译胡译，而单论直译与意译。但于此读者心中必发起一种疑问，就是直译将何以别于死译？及意译何以别于胡译？于是我们不能不对此“直译”“意译”两个通用名词生一种根本疑问，就是这两个名词是否适用，表示译者应持的态度是否适当。我觉得这两个名词虽然便用，而实于译文者所持的态度只可说是不中肯的名称，不但不能表示译法的程序，并且容易引起人家的误会。既称为“直译”，就难保持此主张者不当它做“依字直译”的解说；“依字直译”实与“死译”无异。所以读者若问“直译”与“死译”之区别何在，不但作者，恐怕就是最高明的直译主义家，亦将无辞以对。事实上的结果，就是使一切死译之徒可以“直译”之名自居，而终不悟其实为“死译”。换过来说，的确有见过报上大谈特谈翻译的先生，自己做出胡译的妙文来，方且自美其名为“意译”。直译者以为须一味株守，意译者以为不妨自由，而终于译文实际上的程序问题无人问到，这就是用这两名词的流弊。不但如此，沿用这名词的结果，就是使译者起一种观念，以为译事有两种同时可行的标准。至当的标准只有一个，最适宜的技术也只有一个。译法固然不可强同，各译家之译法，自由或忠实程度，难免各有出入，但是此事实上因各人个性关系不能免的不同，决不可当作译事可有歧异的标准解说。

字译与句译

倘是我们要求一相当译法的名称，必须使学者可由名而见义，必使此名称能明白具体表示译文的程序。换言之，必须由译者对于文字的关系有所指明。按译者对于文字的解法与译法不外两种，就是以字为主体，与以句为主体。前者可称为“字译”，后者可称为“句译”。字译句译是什么，及其详细意义，自当待下文讨论，才能明白。但是于未讨论之先，我们可先给一普通的解说。字译是以字解字及以字译字的方法；其对于字义相信其有可与上下文分开独立之存在，译者须把逐字意义一一译出；把这些零碎独立的字义，堆积起来，便可得全句之意义。句译与此正相反；句译者所最怕的是把字义看得太板，字义每每因在文中之用法而生变化，或者极难捉摸；译者无字字对译之必要，且字字对译常是不可能之事，所以句译家对于字义是当活的看，是认一句为结构有组织的东西，是有集中的句义为全句的命脉；一句中的字义是互相连贯互相结合而成一新的“总意义”(Gesamtvorstellung)，此总意义须由活看字义和字的联贯上得来。其对于译文方面，是取一种态度，先把原文整句的意义明白准确的体会，然后依此总意义，据本国语言之语法习惯重新表示出来。若能字字相对固善，若此总意义在本国文不能用同样之辞字表出，就不妨牺牲此零字，而别求相当的，或最近的表示方法。倘是一成语，在本国语中果为最准确翻译原义的，就是不与原文所用的相同，也可不顾；与其求守原文逐字意义，毋宁求达原文语意，这是字译与句译的区别。

字译之不对

以上所谓字译句译，绝非一种代替直译意译的新名词，可做翻译的新的两种标准，留为双方争营对垒之余地，此字译句译之分，纯粹根据于解释文字方法之不同，绝对非若直译意译议论之全出主观，可由个人依意选择的。解释字义方法，非是即不是，非不是即是，倘是字译的方法对，就句译的方法不对（反是亦然），两者决不能兼容并立的。两法之孰是孰否，可各由其对原文译文所持之见解而断。我们可以明确决定的说，句译是对的，字译是不对的。这是一条明明白白的大道理。句译之果为何物及详细方法如何，自当详细讨论于后；至于字译方法之不对，却须先交代清楚。因为此以字解及以字译字的方法，就是普通译者错误之一大原因。请依序论字译方法所以不可行之理由。

忠实非字字对译之谓

字译方法之所以不可行，第一，就是其字义观之根本误谬。字义是活的，随时随地用法而变化的，一个字有几样用法，就有几个不同意义。其所以生此变化，就是因为其与上下文连贯融合的缘故。倘是译者必呆板板的执以字解字的主张，就不免时有咬文嚼字、断章取义的错误。大概文字的意义，一部分是比较有定义的，一部分是变化莫测的，其字愈常用愈简单，则其用法愈繁复，而愈不适用于逐字拆开翻译之方法；因为拆开了，还是不能得其全句之义。此原理于英文尤为显著。譬如“问题”“研究”“目的”“工具”等，字是少有变换的，若以 study of the problem 逐字拆开，译为“问题之研究”是决不会错的。但是比如 parson 解为“牧师”，nose 解为“鼻子”而将 parson's nose（席上清炖鸡或烧鸭之臀部），解为“牧师之鼻”，未免要太对不住这些教会的长官了。或是 street 为"街路"，Arab 为"亚拉伯人"，而将 Street Arab（街上无依之儿童或其他乡顽不受教育者），解为"街上亚拉伯人"，无论是出于译者之不懂，或是因其抱字字对译的主义，总是不忠实不达意的译法。此所谓"成语"中字义之变换，固为人人所公认的。但是字义在文中之变换，实不只限于成语。如英文 young 一字，通常解为"青年""年轻者"，然如 a young person 由字面上看，当是"年青之人"，而实际上常是姬仆等对于下等年轻妇人之俗称。The young person 乃含有未长成不可与语淫亵事件者之义，young people 常系指已长成而未有家室之青年，young rascal 乃一种对儿童戏玩之呼法，young things 且兼有爱惜之义，a young man in a hurry 即指热心改革社会的青年，余如 the night is yet young，young in crime 等（俱见《牛津简明字典》中），都可表明一字用法与原义之不同。凡要明字义的人，必求之于全句文中，非咬文嚼字或区区靠字典上的界说定义所能明白的。又如 dramatic possibilities with religious exactitude，someone's eternal，gray hat，the way of all flesh 等句中之 dramatic，religious eternal，all flesh 等字，若必依字字对译之原理，依原义解释，必为万不能之事。"all flesh"只好解为"血气之属"或为"圆颅方趾"，于这些地方我们可以特别看见字义在文中之变化及所谓活的字义观之意义。字译法之所以不可行，即以其强以字为主体，且以一句有连贯之意义，强为拆开，以为字字可以单独译出。译者自应对于原文字义有深切入神的体会，字义了解的确是句义了解的根基，但是所谓字义，不能看做死的，固定的，分立的，须当做活的，有连贯的，不可强为分裂的东西。

字典辞书之不可靠

其实字之不可断章取义以求强解，本为极显而易见的事实，不待以上的详辩。然事实上译家之错误（如报端所指斥批评的），每每即为此死的字义观所致。究其原因，就是译者于英文尚无深长的研究经验，于字之用法（以上所谓须注重者）尚未熟识，而徒据字典上之定义以解字，然后由此零碎字义以解句。换言之，就是对于字典上辞字定义的信心过重。于是不得不讨论字典辞书可靠不可靠问题。倘是一人于英文研究之程度未深，欲靠一本字典译书行世，可行不可行？如是，以上我们所说的字义观及字义由用法而定的话是对的，我们就不能不极力注重译者高深之英文造就，为译者之必要基件，而对于此种"抱字典译书"的方法大加怀疑。凡译者必于一字之用法，浏览既多，意义自熟，故即使有疑难，亦心中自有把握。若徒据字典上一面之缘以为便可得字义之底蕴而必不一误者，就可以说是太信定义，是守死的定义观的人。今日译界之毛病，即在译者未知注重英文相当之训练，为翻译之基础，而抱此种单靠字典可以译出的迷信。

字典之用处，论 *Concise Oxford Dictionary*

虽然字典非无用处。于略有相当英文程度之人，字典之用处，就是使学者对于一字本不甚明了，不甚精确的解说，能变为明了精当的解说。最好的字典，且应以用法为主体，专以客观方法，做搜集各字用法实例的功夫，将一字所有的用法及其所组织的成语，集合列入该字之下，然后依其用法，分出其字义在使用上发生之变化，务使学者开卷便得了然一字所有之用法，而非专做定义界说的工夫。有这种的字典，也就可以用不着借助他人，或问津师长。英文已有此世界历史上空前之字典革命事业，就是《牛津英文字典》，然卷帙浩繁，非私人所能购置。但已有《牛津简明字典》（*Concise Oxford Dictionary*）体例与大字典同，而简明详尽，已可谓包罗万有，英文文字之精华，尽萃乎此，且书价极廉，为人人所能购置。此书为全球英文学界所共赏识，而独于吾国则若不闻不问，故顺便介绍于此。[此书为译者所必备，大概其字愈简，用法愈繁，则引例愈详。最近（1924）牛津大学出版部又出《袖珍牛津字典》（*Pocket Oxford Dictionary*）一种，价目比《牛津简明字典》更低，而取材丰富，亦甚可用。]

忠实须求传神

以上了结以字译字错误之理由，所以忠实的第一结论就是忠实非字字对译之谓，译者对于原文有字字了解而无字字译出之责任。译者所应忠实的，不是原文的零字，乃零字所组者的语意。忠实的第二义，就是译者不但须求达意，并且须以传神为目的。译成须忠实于原文之字神句气与言外之意。这更加是字译家所常做不到的，“字神”是什么？就是一字之逻辑意义以外所夹带的情感上之色彩，即一字之暗示力。凡字必有神（即“传神达意”“神”字之义），即语言学所谓 Gefühlston（依 Sapir 在英文作“feeling-tone”）语言之用处实不只所以表示意象，亦所以互通情感；不但只求一意之明达，亦必求使读者有动于中。诗与散文之别，则诗人能运用语言文字之直接的传感力，使于意义之外，读者能得一种之暗示，受一种之冲动。如我们读“山重水复疑无路，柳暗花明又一村”二句明，恍惚中因此文字暗示力之冲动，引起我们的幻象，宛然如亲临其境。不善用字之暗示力者，徒执字字对译之义将全句文义译出，则不如不译之为妙。（如近人以《国风》译成白话诗，此等达意而不传神之作品，不能名为翻译原文，只可说是暗杀原文。）于此可见译事之难；然翻译固未尝是易事，与其视之太易，毋宁视之太难。若为私人之练习，固不妨时作尝试，但是此种私人或课堂上的练习，固不必刊出行世或列入某某丛书中，以钩利求名为目的。因为译者至少须有对原著者之责任心，叫读者花些冤枉钱事小，将一个西洋美术作品戕贼毁伤，不使复留本来面目，而美其名为介绍，这却是何必呢？

绝对忠实之不可能

复次，论忠实的第三义，就是绝对忠实之不可能；译者所能谋达到之忠实，即比较的忠实之谓，非绝对的忠实之谓。字译之徒，以为若字字译出可达到一百分的忠实。其实一百分的忠实，只是一种梦想。翻译者能达七八成或八九成之忠实，已为人事上可能之极端。凡文字有声音之美，有意义之美，有传神之美，有文气文体形式之美，译者或顾其义而忘其神，或得其神而忘其体，决不能把文义文神文气文体及声音之美完全同时译出。这就是因为以上第二条所说的字神的缘故，一字有一字的个性，在他国语言觅一比较最近之字则有，欲觅一意义色彩个性完全相等的字就没有，例如中文极平常之“高明”“不通”“敷衍”“对付”“切磋”“砥砺”“隔膜”“疏通”都是不可译之字。就以字字对译而论，一句中或一文中的话，能把七八成的字，字字译出已为难事，余者总须以曲达的方法明原文之意。这是就精细方面而论，免译者空做行所无事一百分直译之梦想。译者应一百分的明白原文意义，然后依译者之笔力，尽量以本国语之语性，寻最相当之译句表示出来，务必使原文意义大体上满意的准确的移译出来，至于一二因语性不同不免出入之处，自可不必强求符合。我们须记得翻译只是一种不得已的很有用的事业，并不是足代原文之谓，译者所能求的只是比较的非绝对的成功。文章愈优美，则其文字之精英愈难捉摸，谓莎士比亚的 And thus the native hue of resolution is sicklied o'er with the pale cast of thought，或是说陆游的“山重水复疑无路，柳暗花明又一村”二句之神采，可以一百分的译出，同是一样的胡闹。

三

译者对本国读者之责任

二、通顺问题——以上论忠实之三义，使读者略明字译方法之非，然句译为何物，尚未说到，且忠实有第四义，即忠实非说不通中国话之谓。译者一方面对原著负责任，然既为本国人译出，当然亦有对本国读者之责任，此则翻译与著述相同之点。或以诘屈聱牙之文饷读者，而谓读者看惯了此种文便不觉得，这实在是不明译者对读者之责任。

行文之心理

翻译上通顺问题，即如何以西洋之思想译入本国之文字。但是我们须觉得此通顺问题与寻常作文之心理必以句为本位，译文若求通顺亦必以句译为本位，寻常作文之心理程序，必是分析的而非组合的，先有总意义而后分裂为一句之各部，非先有零碎之辞字，由此辞字而后组成一句之总意义；译文若求达通顺之目的，亦必以句义为先，字义为后。此所谓句之分析说（源于温德氏 Wundt），很容易由各人经验证明。凡做文章通顺之人，行文时未下笔之先，必先有一句要说的意思在心里，即所谓总意象（total concept），心知其所欲言，直至下笔成文之时，然后不得不依习练之语法一字一字写出来，决非先由各字之意义堆积成句，然后明其所欲言之全句意义。若行文顺转，必于笔未下时，文句自现，宛然于耳中预先闻见此字句之声响，若待到处再求辞字，由辞字而后堆成句者，其文必不雅驯；前者即所谓 autodictation，后者即所谓 extemporizing（依 Palmer 名称）。所以若经删改之句，字句愈改愈觉不妥，译者在一句之中每觉欠和，就是因为以字为先，以句为后，依组合的不依分析的程序。此所谓总意象之分析，即寻常行文之心理。（所谓分析，实非自觉的“分析”之谓，直一种不得已之程序而已，如写字的人，必先有全字之印象在心目中，然后按笔画一一写出。）

译文须以句为本位

译文与作文之不同者，即其原有思想非发自译者心中，而出于一使用外国文之作者，然于译者欲以同一思想用本国文表示出来时一其心理应与行文相同，换言之，必以句为本位，而非可一字一字叠成的。

第一，译者必将原文全句意义详细准确的体会出来，吸收心中，然后将此全句意义依中文语法译出。这就是我们所谓“句译”的方法。

译者须完全根据中文心理

第二，行文时须完全根据中文心理。翻译者所表之思想，既本于外国文，则不免多少受外国文之影响，且译者亦不应过改其本来面目。虽然，若是译者心中非先将此原文思想译成有意义之中国话，则据字直译，似中国话实非中国话，似通而不通，决不能达到通顺结果。我们读此种译文时之感觉，则其文法或且无疵可摘，然中国人说话决非如此。一语有一语之语性，语法句法如何，皆须跟从一定之习惯，平常所谓“通”与“不通”即其句法是否跟从其习惯。凡与此习惯相反者即所谓“不通”，不必触犯文法上之纪律也。（作古文不通，即不合古文之笔法习惯而已，“习惯”即 usage，idiom ；“文法”即 grammar。）中国学生，每每可作“中国人之英文”，其思想心理句法，完全为中文的而非英文的，虽其文法上全无错误，而由英人观之，则必曰“不是英文”；犹如西人以“谢谢很多”代“谢谢”者，华人亦必斥之为“外国话”。译文太牢守西洋心理者，其读者之感念，亦以为“非中国话”。此种非中国话之中国话，实不必以“欧化”之名自为掩饰，因为他是与欧化问题不同的。无论何种语体于未经“国化”以前都是不通，不能以其为翻译而为例外。且欧化之大部分工作在词汇，若语法乃极不易欧化，而且不能句句皆欧化也。此非本篇所宜讨论，且以篇幅关系，不得不赶紧进论翻译与艺术文问题。

四

美的问题

第三、翻译与艺术文——以上所论翻译之忠实与通顺问题，系单就文字上立论，求译之必信必达的道理。但是还有翻译艺术上之问题，也不能不简略考究一下。翻译于用之外，还有美一方面须兼顾的，理想的翻译家应当将其工作做一种艺术。以爱艺术之心爱它，以对艺术谨慎不苟之心对它，使翻译成为美术之一种（translation as a fine art)，且所译原文，每每属于西洋艺术作品，如诗文小说之类，译者不译此等书则已，若译此等书则于达用之外，不可不注意于文字之美的问题。

论艺术文之不可译

论真，我们可以承认 Croce 的话：“凡真正的艺术作品都是不能译的。”(Croce 谓艺术文不可“翻译”只可“重作”，译文即译者之创作品，可视为 production，不可视为reproduction，见Benedetto Croce：*A Esthetik*,S.72) 譬如诗为文学品类中之最纯粹之艺术最为文字之精英所寄托的，而诗乃最不可译的东西。无论古今中外，最好的诗（而尤其是抒情诗）都是不可译的。因为其为文字之精英所寄托，因为作者之思想与作者之文字在最好作品中若有完全天然之融合，故一离其固有文字则不啻失其精神躯壳，此一点之文字精英遂岌岌不能自存。凡艺术文大都如此，这就是以上所说忠实之第三义，绝对忠实之不可能，但是于艺术文特觉显明。虽然，诗文既有不可不译之时，自亦当求一切不可中比较之可，且事实上固有成绩昭然之艺术文翻译如Shelegel之译莎士比亚，Fitzgerald之译Sophocles，Omar Khayyam Morris之译Uolsunga，Carlyle之译Wilhelm Meiste等。其原因则艺术文亦有二等。一发源于作者之经验思想，一则艺术之美在文字自身（即此经验思想具体表示之方法，事实上两种自难完全分开），前者如莎士比亚之戏曲，后者如Swinburne之抒情诗；前者如古人之《孔雀东南飞》，后者则如南唐后主之词。前者较不倚赖作者之本国文字，后者则与本国文字精神固结不能分离，欲译此第二种，几等于万不可能之事。（参观Edward Sapir：*Language*）

说什么与怎样说法

译艺术文最重要的，就是应以原文之风格与其内容并重。不但须注意其说的什么，并且须注意怎么说法。譬如苏州街上有女人骂人，我们尽可不管她骂的什么，尽可专心欣赏其语调之抑扬顿挫。或者拜读吴稚晖先生的大文时，可不必管吴先生诌的什么，只可记得是吴先生怎么诌的。一作家有一作家之风度文体，此风度文体乃其文之所以为贵。Iliad之故事，自身不足以成文学，所以成文学的是荷默之风格（Homer's Manner，参观Matthew Arnold：*On Translating Homer*）。《长恨歌》，《会真记》之故事，虽为动人，而终须元稹白居易之文章，及洪昉思与王实甫之词句，乃能为世人所传诵欣赏。故文章之美，不在质而在体。体之问题即艺术之中心问题。所以我们对于我们所嗜好之作者之作品，无论其所言为何物，每每不忍释手，因为所爱是那位作者之风格个性而已。凡译艺术文的人，必先把其所译作者之风度神韵预先认出，于译时复极力发挥，才是尽译艺术文之义务。叫一个不懂Goldsmith的“幽默”（谐趣风度）的人，译《威克斐牧师传》，即此书之文趣必如同嚼蜡。因为有一位懂得*Alice in Wonderland*的神趣的赵元任先生来翻译这本书，故这本译文仍不失为可以读得可以欣赏的作品。

外的与内的体裁问题

所谓体裁问题，不可看得太浅。体裁有外的有内的（outer form and

inner form)。外的体裁问题，就是如句之长短繁简及诗之体格等；内的体裁，就是作者之风度文体，与作者个性直接有关系的，如像理想，写实，幻象，奇想，乐观，悲观，幽默之各种，悲感，轻世等。外的体裁问题，自当待译者一番的试验，然后能求得相当之体格。我们现在所当觉悟的，就是中国诗体之缺乏。以五言译 English dramatic blank verse，与以长短句译西洋的民歌，或不论其为 Scott's ballad 或为 Milton's sonnet，不论其为 blank verse 或为 Pindaric Ode，同以我国最风行不成体之自由诗译它，的确是胡闹。至于所谓内的体裁问题，就全在于译者素来的文学上经验学识为基础，非文学之教员或指导书所能代为指明。译者必自信其于原文文学上之神趣已全数领会，然后可以着手翻译。若不能如此而苦无良法，则须记得不译亦是一法。这是最简单最容易办的。

Croce"翻译即创作"之说

我们可以说翻译艺术文的人，须把翻译自身事业也当做一种艺术。这就是 Croce 所谓翻译即创作，not reproduction，but production 之义。

以上所说一切，实不过做一种普通方针之指导而已，至于临时译书字句之去取，须由译者自己之抉择，或妙文妙句天生巧合，足与原文媲美的，亦必由译者之自出心裁。译学无一定之成规，且译书无所谓绝对最好之译句；同一句原文，可有各种译法，尽视译者国文之程度而差。譬如同一段原文，章行严之译文与一些新文人之译文，就使二译者主张无论如何一致，其结果必不相同，这就是翻译中个人自由之地，而个人所应该极力奋勉之处。翻译所以称为艺术，就是这个意义。

——录自《语言学论丛》1933 年

茅盾（1896—1981），原名沈德鸿，字雁冰。浙江嘉兴桐乡人，中国现代著名作家、文学评论家、文化活动家以及社会活动家。1896 年 7 月 4 日生于浙江桐乡县乌镇。这个太湖南部的鱼米之乡，是近代以来中国农业最为发达之区，它毗邻着现代化的上海，又是人文荟萃的地方，这里成就了茅盾勇于面向世界的开放的文化心态以及精致入微的笔触。到了“文化大革命”时期，亦即时局稍稍平稳时，他便秘密写作《霜叶红似二月花》的“续稿”和回忆录《我走过的道路》。

《简·爱》的两个译本

——对于翻译方法的研究

夏绿蒂·勃朗特（Charlotte Bronte）的自传体小说《简·爱》（*Jane Eyre：an autobiography*）在中国有两个很好的译本，这是外国作家中难得的幸运。

伍光建先生翻译《孤女飘零记》，是在民国十六年（见书首的《译者序》）；但商务印书馆直到民国二十四年十二月始将此书出版。李霁野先生何时动手翻译《简爱自传》，何时完毕，我都不知道，但民国二十四年六月间我见到李先生的字字工整娟秀的原稿（在《世界文库》分期登载是开始于二十四年八月），料想起来，李先生的脱稿期间总是在二十四年上半年。李先生一向在天津教书，《简爱自传》大概是课余的工作，这么三十万言的长篇而抽空翻译，大概也颇需年月，当他不声不响译完，乃至全体抄得很工整，寄到了上海时，朋友们都为之惊异不置。

为什么要说这些题外闲文呢？第一，想说明这两种译本的出版时间虽有先后，而两位译者谁也不知道同在中国有另一人也在干同一的译作。所以这复译是偶合，不是有意。第二，近来的“文化经济家”一见有复译出世，便伤心叹息道：这是时间和精力（乃至物力）的浪费！——两个译本孰好孰坏，他反正是不问的。而且既斥为“浪费”，那自然其咎是在后译者一边。甚至如俄文原作的《对马》，有人从删节甚多的英文译本转译，“以快先睹”地按期在杂志上发表（每期只发表了一万字左右），照算总得一年才能登完，然而“文化经济家”也者听说又有人从原文也在译，而且打算一次出单行本，便又警告道：一书两译，这是浪费！

这种先插草标，不许别人染指，不然便斥之为“浪费”——这种不知合什么理的“理论”，现在正是跋扈一时，虽不足以寒复译者之胆，然而已足摇书贾之心，切实工作的译人书尚未出，先已受到了威胁。但这还只能算是小小的“怪现象”，其尤为洋洋大观者，是栽赃而围剿之。

我们以为如果真要为读者的“经济”打算，则不但批评劣译是必要的手段，而且主张复译又是必要的救济。如果有劣译出世，一方加以批评，而一方又能以尚有第二译本行将问世的消息告知读者，这倒真正能够免得读者“浪费”了时间精神和金钱的。

再者，倘使就译事的进步而言，则有意的或无意的一书两译，总是有利的。要是两个译本都好，我们比较研究他们的翻译方法，也可以对翻译者提供若干意见。《简爱》的两种译本，我就认为是很好的比较研究的材料。因为伍光建先生有他自己的翻译方法，而李霁野先生又自有他的。伍先生的译文常有小小的删节，然而不是无原则的删节，我们知道西洋的古典名著都有多种的节本（同一文字的节本），这些节本除了篇幅略少而外，原作全本的精神和面目是完全保存着的，伍先生的译文的删节是依照此种节本的手法而作的一种“试验”。他的《侠隐记》译本就是试验而成功的。至于李先生呢，他用的是“字对字”的直译。

我是原则上信仰“字对字”直译的，可是四年前有人把《铁流》和《毁灭》改写删节为“通俗本”时，几个朋友谈起，觉得还有些未经翻译的西洋名著也可以先来个“通俗本”的译本，当时就想到了伍光建先生的方法可以学取来应用。这是一端。第二，伍先生不删节的部分其实也是“字对字”的直译（由外国文翻为中文，严格的“字对字”，有时是不可能的，所以伍先生的译文大部分可说是直译），不过他不喜把原文的句法直译，故在一般读者自然觉得读去不吃力。李先生呢，则是扣住了原文的句组织法的。我常想把这两种翻译方法比较研究，现在刚好同一的原本有这两种译本，自然更见方便。

因为目的不在校对译文，所以只举了开头两章内的几段来示例。先是原文第一段罢：

There was no possibility of taking a walk that day. We had been wandering, indeed, in the leafless shrubbery an hour in the morning; but since dinner (Mrs.Reed, when there was no company, dined early) the cold winter wind had brought with it clouds so sombre, and rain so penetrating, that further outdoor exercise was now out of the question.

（伍译）那一天是不能出门散步的了。当天的早上，我们在那已经落叶的小丛树堆里溜过有一点钟了；不料饭后（李特太太，没得客人来，吃饭是早的，）刮起冬天的寒风，满天都是乌云，又落雨，是绝不能出门运动的了。

（李译）那一天是没有散步的可能了，不错，早晨我们已经在无叶的丛林中漫游过一点钟了，但是午饭之后——在没有客人的时候，里德夫人是早早吃饭的——寒冷的冬风刮来这样阴沉的云，和这样侵人的雨，再做户外运动是不可能的了。

这两段译文都是直译，但有一同中之异，即李译是尽可能地迻译了原文的句法的。如果细校量起来，我们应当说李译更为“字对字”；第二句中间的“indeed”一字，两个助词“so”，以及“penetrating”一字，在伍译是省过了。然而这是小节。如果我们将这两段译文读着读着，回过去再读原文，我们就不能不承认李译更近于原文那种柔美的情调。伍译的第二句后半，“刮起冬天的寒风，满天都是乌云，又落雨，是绝不能出门运动了，”诚然明快，可是我们总觉得缺少了委婉。而所以然之故，我以为是和依照原文的句法与否有关。又原文中之“the cold winter wind had brought with it...”一段，李译亦比伍译更为“字对字”，而且更为妥贴，除了“这样阴沉的云，和这样侵人的雨”在字面上也比“满天都是乌云，又落雨”更力切合原文而外，“寒冷的冬风刮来……”云云也比“刮起冬天的寒风”更合原文的意义；而这，也是因为伍译要避去欧化句法，所以这半句就不能“组织”得恰好。否则，这半句并不怎样难，以伍先生的译才一定能解得很妥贴的。

再来比较原书第一章的第二段：

I was glad of it：I never liked long walks，especially on chilly afternoons：dreadful to me was the coming home in the raw twilight，with nipped fingers and toes，and a heart saddened by the chidings of Bessie，the nurse，and humbled by the consciousness of my physical inferiority to Eliza，John，and Georgiana Reed.

（伍译）这我却很欢喜：我不愿意走远路，尤其是遇着很冷的下午，薄暮寒光中，散步归来，手脚的冰冷，奶妈贝西的臭骂，已经够我害怕，而我的身体的孱弱，比不上伊理西，左珍纳，约翰，他们三个，更使我自惭形秽了。

（李译）这是我所高兴的：我从来不喜欢远长的散步，尤其在冷的下午：手指和足趾都冻坏，怀着被保姆毕西骂得忧伤的心，觉得身体不如以利沙，约翰，和乔治安那里德而受着委屈，在湿冷的黄昏回家，在我看来是可怕的。

这一段一长句，因为原文的句法的关系，颇难译得好。原文的“dreadful to me”直贯句尾，李译移装在句末，好是好的，但文气稍觉累赘。伍译移在句中（“已经够我害怕”），我以为比较明快。自然，倘使我们逐字对照起来，伍译是省去了若干字的：“我不愿意走远路”中间略去了“从来”（never），“手指和足趾”简略为“手脚”，“被保姆毕西骂得忧伤的心”简略为“奶妈贝西的臭骂”，——这都是。但是通读全句，我还是喜欢伍译。我以为伍译此句的神韵很好。“薄暮寒光中散步归来”似乎比“在湿冷的黄昏回家”多些韵味，而“humbled by the consciousness of my physical inferiority to...”伍译的比较自由的成语（把 humbled by the consciousness of 译为“自惭形秽”），我亦觉得比李译的“觉得身体不如……而受着委屈”似乎更见熨贴。

比较这一段的两种译文，颇有意思。第一，此句的伍译实在比第一段更为切近直译，这证明了直译方法的不容怀疑；第二，这又证明了直译方法如果太拘泥于“字对字”便容易流为死板，使译文缺少了神韵。太拘泥于“字对字”，往往会变成死译，——这跟直译有相当的距离。又伍译此句加添了些意义，“已经够我害怕”的一个“够”字，和“更使我自惭形秽”的“更”字，——这两字在译文中是互相呼应的，然而把原文的语气太加重了；我以为“更”字可以换为“也”字。

但是伍先生的原则是“节缩”，所以我们更多看到的，是小段的节略和大段的缩小。例如：

“一面是帘，一面是玻璃，我看书的时候，有时看看窗子外冬天十一月的天色。远处是茫茫的云雾，近处是一阵一阵的大雨打着树林。”（伍译上册，页二）这一段不必对照原文，只把李译抄来一比较，就知道节略掉的很多。李译是：“深红帏帐底折皱遮住我右边的景物；左手的明亮的窗玻璃使阴沉的十一月天气侵犯不到我，却又不使我与外界隔离。在翻着书页的时候，我不时观看冬日午后的景色。在远处，这景色中显出一片黯淡的云雾混成的天空；在近前，一片湿的草地和被风暴袭击的森林，不住的雨在长时而凄惨的暴风前狂放地掠过。”我以为李译此处的“折皱”二字似可换为“襞褶”，下边的“使阴沉的十一月天气侵犯不到我，却又不使我与外界隔离，”在原文是“protecting, but not separating me from the drear November day”似可直译为“保护我不受那阴寒，但是并没使我和那阴寒的十一月隔绝。”又下面的“不住的雨在长时而凄惨的暴风前狂放地掠过”（with ceaseless rain sweeping away wildly before a long and lamentable blast）拟换为“长而悲啸的阵风，赶着不住的密雨，一阵阵狂扫而过，”如何？

在这以下，伍译节略了四句诗以及若干书名地名；但是像伍译的这一段，“书上还引了几句诗（按即被略言的——笔者），令人想到北冰洋附近酷寒地方，我就想到我自己现在的光景，是很像海鸟样栖止在冰山雪地，酷寒孤寂的地方，”我以为和原文相差太远，原文是（照李译，恕不抄引英文了）“对于这些死白色的地域，我自己形成了一种观念；虽然像一切从儿童头脑中朦胧浮出的半明不白的意念一般浅薄，却是异常地动人”。

伍译的“大段的缩小”，我们可以从后半部书里引一、二例子来：

盛夏的天气极好，林木极茂盛，阿狄拉采野果，疲倦了，不等到天黑就睡觉，我照应过她之后，我去花园散步。

我闻见一阵香，是雪茄香，从窗户出来的，窗子是打开一点，有人可以看见我的。我于是走去果园，四围有高墙，园里的花木尤其茂盛，好像是个极乐世界。我在花果林中走，月亮刚上来，我走出去较为宽敞，树木不浓密的地方，我脚步又停止了，并不是听见什么，也不是看见什么，是闻见香，却不是花香，还是洛赤特的雪茄烟香。我回头四围看看听听，只看见树上许多果子，只听见远远的鸟啼，看不见人，听不见脚步声，只觉着雪茄烟香，越来得近。我一定得溜，我向一道便门走，看见洛赤特刚入门。我在爬山虎丛里，我想他

不会久流连的，不过一回，他出便门回去，我只要坐下不动，他是不会看见的。（伍译下册，页三六一）

以上约三百余字，但是倘照不删节的李译算来，是九百余字，约“缩小”了三分之二。又如照原文的分段，这里是一共五段，但伍译把原文的第一段节去，把第三至第五段合并为如上之第二段。

当然，我们也承认，伍译这么一“缩小”，对于原文的“动作发展”方面并没有什么改削；换句话说，他所缩去的部分都是描写景物的，至于写到动作的发展的，他几乎是尽量保留着。我们姑且不先讨论环境描写和动作发展之衬托的作用，单就伍译删节得比较少的写动作的部分（如上所引第二段）与李译比较一下看：

我在铺道上散步了一回；但是一阵微妙的，熟悉的雪茄底香味，从一个窗子里偷露出来；我看见图书室底窗子开了一手宽，我知道从那里是可以看望我的，所以我就离开走到果园里去了。地里没有一块地方比这再隐蔽，再像乐园了；这里满是树木，满开着花，在一边，一堵很高的墙把它从庭院隔开，另一边，山毛榉树的荫道使它和草场隔离。园尽处是一道塌了的篱笆，是唯一的隔开荒凉田野的东西；一条蜿蜒的走道，两旁是桂树，尽头是一颗大七叶树，树下四周绕着座，通到这道篱笆。在这里漫步，可以不给人看见。在这样蜜露降落，沉默统治，暮色渐深的时候，我觉得我仿佛可以永远在这荫处常留，但是被照在更开朗的地方的初升的月光所诱引，我在这隐蔽地底上部踏着花果底平台时，我底脚步不是被声音，也不是因为看见什么，却又被一种警告的香味停住了。

欧洲蔷薇，苦艾，茉莉，石竹花和玫瑰，都早已放过晚香了：这种香味也不是灌木或花的香味；这是——我很知道——是罗契司特尔先生的雪茄。我周围看望，倾听。我看见树木结满将熟的果实。我听到一只夜莺在半哩之外的林间歌唱着；看不见动的人影，听不到走来的脚步；但是那香味增加了；我必得逃跑。我向通到灌木林的小门那里去，我看见罗契司特尔先生走进来。我向旁走进藤箩掩荫处，他不会久留；他不一会就要回到他所从来的地方去，我若静坐着，他一定看不到我。（《简爱自传》，单行本，页二二七）

我们读了伍译以后，我们知道了书中女主人公月夜散步，闻得雪茄香味，又知道有人（男主人公，即对她抱着热烈然而抑制着的爱情的，她对他亦复如此，但理智命令她躲避这爱情）在窥望她，于是折入果园；但那个也跟着来了，悄悄地，只闻得见雪茄香味，却什么影子步声都没有，于是她又躲起来，——我们知道的，是这么一回事。我们读了李译时，我们所知道的，也是这么一回事（所有主要的动作发展，伍译中是毫不缺少的）；然而我们在“知道”而外，又有“感觉”，我们仿佛亲眼看见一个聪明而淑静的女郎掩映于月夜花荫，心中动荡着感情与理智的交战。然而又温柔又谦逊地在打算逃避。这中间“感觉”上的一深一浅，是很显然的。为什么呢？因为后者是直译，没有删节。

但是我必须赶快补充一句：伍译的“缩小”绝对不是无原则的。最精彩的动作描写，最能表现出人物个性的描写，他往往是几于直译的。看下面这一段：

谁知不然，他喜欢黄昏的光景，同我一样，他觉得这园子里可以流连，也同我一样。他走过来，有时候举起树枝，看看果子；有时候摘个已熟的鲜果，有时候低头看看花，或闻闻花香。有一只大蛾子，从我的身边飞过，飞到他那边，停在他脚下的小树上，他看见了，低头细看这个蛾子。

我想道：“他现在背向着我，又在那里留心看蛾子；若是我轻轻的脚步溜出去，他是不会看见我的。”

我特为的在草地上走，不至有脚步声：我要走过的小路，离他有几尺远，我心里想，我很容易的就溜过去了。我正要从他的影子上走过，他并不转身，很安静的说道：“柘晤，你来看看这个大蛾子。”

我并不作什么声响，他背后并无眼，难道他的人影有知觉么？我初时惊了一跳，随后我走上前。

他说道：“你看看这蛾子的翼，令我追想西印度有一种虫；我们在英国是不多见这样好看的蛾子的。它飞了。”

那蛾子一面飞来飞去。我就退后，洛赤特跟住我。我们走到便门，他说道：“回头走：这样可爱的晚景，走回家去呆坐，是很可惜；现在正是日落月出的时候，谁愿意走去睡觉呢？”

我晓得我有个短处，我平常答话是很快的；但是到了要紧关头，只说出一个字，或短短的一句话，就可以免得难为情，我却偏偏说不出来。这时候天色已晚，我不愿意同洛赤特两个人在黑暗果园散步；但是我临时说不出理由对答他，使我可以走开。……（伍译下册，页三六二——三六三）

在上面抄引的一段中，虽然也还有一二颇足衬托当时的情况的字句被略去，（例如“那蛾子一面飞来飞去。我就退后……”之“退后”有一状字“羞怯地”“Sheepishly”被略去，）但是在全体上，这已经很出色地画出一个细心的深刻的男子和一个温柔而天真但又羞怯的女郎。如果这一段有了“缩小”或删节，那么即使把上一段完全直译也毫无意思了。

我可以再从伍译中举一个“缩小”得很多的例：

柘晤·爱尔从前是个极有热肠的人，极有盼望的人，几乎要作新娘子，这时候又是一个心灰意冷，飘零无归的孤女了。好象是盛夏的时候，落了一场冬令的大雪，我的希望完全打消了。洛赤特激动我，使我发生爱情，这时候又冷下来了，我不能再抓他的手，不能靠着他怀里取暖了。我还能够再亲近他，再相信他么？今日的洛赤特也不是昨日的洛赤特了。我并不是说他有恶意，也不说他故意骗我，然而他这种举动，何以对我呢？我一定要同他分离了，我并不晓得我该往那里去，他也要叫我快离开唐菲地方。看来他对于我并无真爱情，不过是一时为感情所动：他还要我作什么？这时候我不敢再见他的面，我只好责怪我自己，为什么没眼睛，为什么这样没毅力！（伍译下册，页四四二）

这里一段心理描写倘依原文直译，约需六百字，但伍译缩小了成为二百多字。心理描写部分，也和景物描写部分一样，在伍译中常常被缩小。

总括起来，在《孤女飘零记》里，我觉得伍光建先生的翻译方法可以列为原则三条：

一、他并不是所谓“意译”的；在很多地方，他是很忠实的“直译者”。不过他又用他的尖利的眼光判断出书中那些部分是表现人物性格的，那些部分不是的，于是当译到后者时，他往往加以缩小或节略。

二、景物的描写和心理的描写（如上所举例），他往往加以缩小。

三、和结构及人物个性无多大关系的文句，议论，乃至西洋典故，他也往往加以删削。

这三个原则，从《侠隐记》到《孤女飘零记》，是一贯的。这三个原则，使得伍先生的译本尽管是删节本，然而原作的主要人物的面目依然能够保存；甚至有时译本比原作还要简洁明快，便于一般的读者，——例如《侠隐记》。

然而伍先生这方法，我以为也有缺点。这便是我在上文所举的简爱月夜闻见雪茄烟香那一段，伍译仅能告知我们有那么一回事，而完全直译的李译却使我们在“知道”而外，又有“感觉”。对于一般读者，伍译胜于李译；但对于想看到些描写技巧的“文艺学徒”，则李译比伍译有用些罢（当然我不是说李译已是标准的译本，但李译的谨慎细腻和流利是不能否认的)。

伍先生的译作，我几乎全部读过；我常觉得伍译在人物个性方面总是好的，又在紧张的动作方面也总是好的。而对话部分，尤其常有传神之笔。主张直译的我，对于伍先生那样的节译，也是十分钦佩的。我以为我们需要西洋名著的节译本（如伍先生的工作），以饷一般的读者，但是也需要完善的全译本直译本，以备“文艺学徒”的研究。勃朗特的《简·爱》虽不是怎样了不起的杰作，可是居然有那么两种好译本，实是可喜的事。

最后，我并不希望别人也作伍先生那样的“节本”的工作，因为这件事看似容易，其实并不比直译省力，翻译界的大路还是忠实的直译。

原载《译文》新二卷第五期（1937年1月）

《茅盾译文选集》序

茅盾

中国的翻译事业，是从翻译佛经开始的。唐玄奘是翻译佛经的大师，在佛经翻译方面没有人能超过他。清朝末年，严复翻译哲学、社会科学方面的著作，提出信、达、雅三个要求。信即忠于原文；达即译文能使别人看懂；雅即译文要有文采。不过严复翻译的不是文学著作。与严复差不多同时代的林纾（即林琴南）翻译了许多文学作品，但他本人却不懂外文，是别人口译，他笔录下来，而且是用文言文翻译的。当时与他合作的人有好几个，猜想起来，林的合作者虽懂外文，文言不一定写得好，所以自己不翻译。但林的早期译作，信虽未必，雅、达则有之；至其后期译作，则信、达、雅三者都没有了；此为公论，非我一人之私言。后来有的译者随意增删原著，不讲究忠实原文的"意译"，甚至"歪译"，那就比林译更不如了。

"五四"运动前后开始用白话文翻译。翻译的人很多，有的好，有的差，但多数人开始认真注意"信、达、雅"了。"直译"这名词，就是在那时兴起的，这是和"意译"相对而说的，就是强调要忠于原文，在忠于原文的基础上达到"达"和"雅"。鲁迅就是积极主张"直译"的，并且自己做出了榜样。当然，我以为所谓"直译"也者，倒并非一定是"字对字"一个不多，一个也不少。因为中西文结构的不同，这种"字对字"一个不多一个也不少的翻译，实际上是不可能的。那种译法不是"直译"而是"死译"。"直译"的意义就是不要歪曲了原作的面目，要能表达原作的精神。譬如原作的文字是朴素的，译文却成了浓艳，原作的文字是生硬的，译文却成了流利；要是有了这种情形，即使译得意思上没有错误，可是实际上也是歪曲了原作。据我的经验，翻译一部外国作家的作品，首先要了解这个作家的生平，他写过哪些作品，有什么特色，他的作品在他那个时代占什么地位等等；其次要能看出这个作家的风格，然后再动手翻译他的作品。很重要的一点是要能将他的风格翻译出来。譬如果戈理的作品与高尔基的作品风格就不同，肖伯纳的作品与同样是英国大作家的高尔斯华绥的作品的风格也不同。要将一个作家的风格翻译出来，这当然是相当困难的，需要运用适合于原作风格的文学语言，把原作的内容与形式正确无遗地再现出来。除信、达外，还要有文采。这样的翻译既需要译者的创造性，而又要完全忠实于原作的面貌。这是对文学翻译的最高的要求。

中国口语语汇不多，完全用口语翻译，要做到有文采是困难的，所以鲁迅也时常加用文言中的语汇。我也认为，只要用得恰当，用得贴切，是应该允许的，但切忌滥用。如有人在翻译时，形容欧洲贵族小姐的小碎步，用了“莲步”的字眼，这就不恰当了，因为容易使人联想到缠足的女人。

译诗和译散文又不同。译诗，我赞成意译；这是指对于死译而言的意译，不是任意删改原作的意译；换句话说，就是主要在于保留原作神韵的译法。我以为一首诗的神韵是诗中最重要的一部分，是诗的个性。我们如果不失原诗的神韵，其余关于“韵”“律”种种不妨相异。而且神韵的保留是可能的，韵律的保留往往是不可能的。但是意译也应该有些限制，除了要有原诗的神韵外，还要（一）不任意删节原文；（二）合乎原诗的风格，原诗是悲壮的，焉能把它译为清丽。

译诗而保留神韵的，有两个比较老的例子：苏曼殊用古体诗（此所谓古体是中国诗中与近体相对而言的古体）翻译拜仑的诗，钱稻孙用离骚体翻译《神曲》的《地狱篇》的前几段。在我看来，他们的译文在文采方面，都是很好的。后来《神曲》有了白话的译本，大家可以比较比较究竟何者为好。从而也可以探讨用白话文译诗如何保留神韵的问题。

直接从原作翻译好还是转译好，这个问题也曾经有人争论过。我认为，原则上应以直接翻译为主，但也不能一概而论。譬如有些小民族的作品，他们的文字懂得的人少，那就只能依靠转译。另外，还要看译者的中、外文水平。一位德文程度很高的人未始不可从德文转译西班牙文的作品，而一位法文程度还有疑问的人勉强从法文去译意大利的作品倒是冒险。《战争与和平》有过几个译本，直接从俄文翻译的本子也有过，但都不理想，还是董秋斯从英文转译的本子好些。他采用的是毛德的本子，毛德是托尔斯泰的挚友，毛德的译文，经托尔斯泰本人审定，认为是好的。

三十年代我曾经写过一些论述翻译的文章。其中一篇比较了伍光建与李霁野翻译的同一作品，即《简·爱》。李的译本后来很通行，当时译作《简爱自传》。伍的译本在先，在我看起来，他的译本已经是相当好的本子了，但是李霁野还是重译了。我认为真正的名著应该提倡重译。要是两个译本都好，我们可以比较研究他们的翻译方法，对于提高翻译质量很有好处。荷马的史诗《伊利亚特》和《奥德赛》，英国大诗人蒲伯的译本算是顶呱呱了；然而评论者尚谓蒲伯的译文虽有原作的瑰奇绚烂，而没有原作的遒劲质朴；蒲伯的译文失之于柔弱。由此可见，名著不妨多有几个译本，这也是“百花齐放”。

上面是泛论翻译问题，下面就讲讲这一本选集。收在本集子中的作品都是我年轻时翻译的，其中一部分解放前曾收入《雪人》、《桃园》和《回忆、书简、杂记》三个单行本中，当时并不很满意，所以解放后一直没有再出单行本。不过我所翻译的，大多是弱小民族的作品，后来一直也没有别人翻译过。我想这些反映弱小民族的历史、风土人情，及其求自由、求民主、求民族解放的斗争的作品，也还可以推荐给今天的读者，因此上海译文出版社提出将它们收集成册，重新出版，我也就同意了。由于这些译文都是在二三十年代翻译的，译文是否仍然适合今天读者的习惯，是否做到信、达、雅，请读者批评指正。原书地名人名书名有不同于今译者，承蒙上海译文出版社编辑部的同志予以订正，谨此致谢。

一九八〇年二月二十五日于北京

——录自《茅盾译文选集》（上海译文出版社 1980 年版）

朱光潜（1897—1986），笔名孟实、盟石。安徽省桐城人，中国美学家、文艺理论家、教育家、翻译家。北京大学一级教授、中国科学院哲学社会科学部委员，全国政协二、三、四、五届委员、六届常务委员，民盟三、四届中央委员，中国文学艺术界联合委员会委员，中国外国文学学会常务理事。

谈翻译 [1]

在现代研究文学，不精通一两种外国文是一个大缺陷。尽管过去的中国文学如何优美，如果我们坐井观天，以为天下之美尽在此，我们就难免对本国文学也不能尽量了解欣赏。美丑起于比较，比较资料不够，结论就难正确。纯正的文学趣味起于深广的观照，不能见得广，就不能见得深。现在还有一批人盲目地颂扬中国文学，盲目地鄙弃外国文学，这对于中国文学的发展实在是一个大障碍。我们承认中国文学有很多优点，但是不敢承认文学所可有的优点都为中国文学所具备。单拿戏剧小说来说，我们的成就比起西方的实在是很幼稚。至于诗，我们也只在短诗方面擅长，长诗根本就没有。再谈到文学研究，没有一个重要的作家的生平有一部详细而且精确的传记可参考，没有一部重要作品曾经被人作过有系统的研究和分析，没有一部完整而有见解的文学史，除《文心雕龙》以外，没有一部有哲学观点或科学方法的文学理论书籍。我们已往偏在注疏评点上做工夫，不失之支离破碎，便失之陈腐浅陋。我们需要放宽眼

[1] 本文最初发表于《华声》1944 年第 1 卷 4 期。

界，多吸收一点新的力量，让我们感发兴起。最好我们学文学的人都能精通一两种外国文，直接阅读外国文学名著。为多数人设想，这一层或不易办到，不得已而思其次，我们必须作大规模的有系统的翻译。

谈到翻译，这并不是一件易事。据我个人的经验，译一本书比自己写一本书要难得多。要译一本书，起码要把那本书懂得透彻。这不仅要透懂文学，还须透懂文字后面的情理韵味。一般人说，学外国文只要有阅读的能力就够了，仿佛以为这并不很难。其实阅读就是一个难关。许多大学外文系教授翻译的书仍不免错误百出，足见他们对于外国文阅读的能力还不够。我们常易过于自信，取一部外国文学作品从头读到尾，便满以为自己完全了解。可是到动手译它时，便发见许多自以为了解的地方还没有了解或是误解。迅速的阅读使我们无形中自己欺骗自己。因此，翻译是学习外国文的一个最有效的方法。它可以训练我们细心，增加我们对于语文的敏感，使我们透彻地了解原文。文学作品的精妙大半在语文的运用，对语文不肯仔细推敲斟酌，只抱着“好读书不求甚解”的态度，就只能得到一个粗枝大叶，决不能了解文学作品的精妙。

阅读已是一个难关，翻译在这上面又加上一个更大的难关，就是找恰当的中文字句把原文的意思表达出来。阅读只要精通西文，翻译于精通西文之外，又要精通中文。许多精通西文而不精通中文的人所译的书籍往往比原文还更难懂，这就未免失去翻译的意义。

严又陵以为译事三难：信，达，雅。其实归根到底，“信”字最不容易办到。原文“达”而“雅”，译文不“达”不“雅”，那还是不“信”；如果原文不“达”不“雅”，译文“达”而“雅”，过犹不及，那也还是不“信”。所谓“信”是对原文忠实，恰如其分地把它的意思用中文表达出来。有文学价值的作品必是完整的有机体，情感思想和语文风格必融为一体，声音与意义也必欣合无间。所以对原文忠实，不仅是对浮面的字义忠实，对情感、思想、风格、声音节奏等必同时忠实。稍有翻译经验的人都知道这是极难的事。有些文学作品根本不可翻译，尤其是诗（说诗可翻译的人大概不懂得诗）。大部分文学作品虽可翻译，译文也只能得原文的近似。绝对的“信”只是一个理想，事实上很不易做到。但是我们必求尽量符合这个理想，在可能范围之内不应该疏忽苟且。

“信”最难，原因甚多。头一层是字义难彻底了解。字有种种不同方式的意义，一般人翻字典看书译书，大半只看到字的一种意义，可以叫作直指的或字典的意义（indicative or dictionary meaning）。比如指“火”的实物那一个名谓字，在中西各国文字虽各不相同，而所指的却是同一实物，这就是在字典上所规定的。这是文字最基本的意义，最普遍也最粗浅。它最普遍，因为任何人对于它有大致相同的了解。它也最粗浅，因为它用得太久，好比旧铜钱，磨得光滑破烂，虽然还可用来在市场上打交易，事实上已没有一点个性。在文学作品里，每个字须有它的个性，它的特殊生命。所以文学家或是避免熟烂的字，或是虽用它而却设法灌输一种新生命给它。一个字所结的邻家不同，意义也就不同。比如“步出城东门，遥望江南路，前日风雪中，故人从此去”和“骏马秋风冀北，杏花春雨江南”两诗中同有“江南”，而前诗的“江南”含有惜别的凄凉意味，后诗的“江南”却含有风光清丽的意味。其次，一个字所占的位置不同，意义也就不同。比如杜甫的名句：“红豆啄残鹦鹉粒，碧梧栖老凤凰枝”，有人疑这话不通，说应改为“鹦鹉啄残红豆粒，凤凰栖老碧梧枝”。其实这两种说法意义本不相同。杜句着重点在“红豆”和“碧梧”（红豆是鹦鹉啄残的那一粒，碧梧是凤凰栖老的那一枝），改句着重点在“鹦鹉”和“凤凰”（鹦鹉啄残了红豆粒，凤凰栖老了碧梧枝），杜甫也并非倒装出奇，他当时所咏的主体原是红豆碧梧，而不是鹦鹉凤凰。这种依邻伴不同和位置不同而得的意义在文学上最为重要，可以叫作“上下文决定的意义”（contextual meaning）。这种意义在字典中不一定寻得出，我们必须玩索上下文才能明了。一个人如果没有文学修养而又粗心，对于文字的这一种意义也难懂得透彻。

此外文字还另有一种意义。每个字在一国语文中都有很长久的历史，在历史过程中，它和许多事物情境发生联想，和那一国的人民生活状态打成一片，它有一种特殊的情感氛围。各国各地的事物情境和人民生活状态不同，同指一事物的字所引起的联想和所打动的情趣也就不同。比如英文中 fire，sea，Roland，castle，sport，shepherd，nightingale，rose 之类字对于英国人所引起心理反应和对于我们中国人所引起的心理反应大有分别。它们对于英国人意义较为丰富。同理，中文中“风”，“月”，“江”，“湖”，“梅”，“菊”，“燕”，“碑”，“笛”，“僧”，“隐逸”，“礼”，“阴阳”之类字对于我们所引起的联想和情趣也决不是西方人所能完全了解的。这可以叫作“联想的意义”（associative meaning）。它带有特殊的情感氛围，甚深广而微妙，在字典中无从找出，对文学却极要紧。如果我们不热悉一国的人情风俗和文化历史背景，对于文字的这种意义也就茫然，尤其在翻译时，这一种字义最不易应付。有时根本没有相当的字，比如外国文中没有一个字恰当于我们的“礼”，中文中没有一个字恰当于英文的“gentleman”。有时表面上虽有相当的字，而这字在两国文字中情感氛围，联想不同。比如我们尽管以“海”译“sea”，或是以“willow”译“柳”，所译的只是字典的直指的意义，“sea”字在英文中，“柳”字在中文中的特殊情感氛围则无从译出。

外国文字是最了解和翻译的第一是联想的意义，其次就是声音美。字有音有义，一般人把音义分作两件事，以为它们各不相关。在近代西方，诗应重音抑应重义的问题争论得很剧烈。“纯诗”派以为意义打动理想，声音直接打动感官，诗应该逼近音乐，力求声音和美，至于意义则无关宏旨。反对这一说的人则以为诗根本不是音乐，我们决不能为声音而牺牲意义。其实这种争执起于误解语言的性质。语言都必有意义，而语言的声音不同，效果不同，则意义就不免有分别。换句话说，声音多少可以影响意义。举一个简单的例来说，“他又来了”和“他来了又去了”两句话中都用“又”字，因为腔调着重点不同，上句的“又”字和下句的“又”字在意义上就微有分别。做诗填词的人都知道一个字的平仄不同，开齐合撮不同，发音的器官不同，在效果上往往悬殊很大。散文对于声音虽没有诗讲究得那么精微，却也不能抹杀。中西文字在声音上悬殊很大，最显著的是中文有，而西文没有四声的分别，中文字尽单音，西文字多复音；中文多谐声字，西文少谐声字。因此，无论是以中文译西文，或是以西文译中文，遇着声音上的微妙处，我们都不免束手无策。原文句子的声音很幽美，译文常不免佶屈聱牙；原文意味深长，译文常不免索然无味。文字传神，大半要靠声音节奏。声音节奏是情感风趣最直接的表现。对于文学作品无论是阅读或是翻译，如果没有抓住它的声音节奏，就不免把它的精华完全失去。但是抓住声音节奏是一件极难的事。

以上是文字的四种最重要的意义，此外还有两种次要的，第一种是“历史沿革的意义”(historic meaning)。字有历史，即有生长变迁。中国文言和白话在用字上分别很大，阅读古书需要特殊的训练，西文因为语文接近，文字变迁得更快。四百年前（略当于晚明）的文字已古奥不易读，就是十八世纪的文字距今虽只一百余年，如果完全用现行字义去解，也往往陷于误谬。西方字典学比较发达，某字从某时代变更意义或新起一意义，常有例证可考。如果对文字沿革略有基础而又肯勤翻详载字源的字典，这一层困难就可以免除。许多译者在这方面不注意，所以翻译较古的书常发生错误。

其次，文字是有生命的东西，有时欢喜开一点玩笑，耍一点花枪。离奇的比譬可以使一个字的引申义与原义貌不相关，某一行业的隐语可以变成各阶级的普通话，文字游戏可以使两个本不相关而只有一点可笑的类似点的字凑合在一起，一种偶然的使用可以变成一个典故，如此等类的情境所造成的文字的特殊意义可以叫作“习惯语的意义”(idiomatic. meaning)。普通所谓“土语”(slang)也可以纳于这一类。这一类字义对于初学是一个大难关。了解既不易，翻译更难。英文的习惯语和土语勉强用英文来解释，还不免失去原有的意味；

如果用中文来译，除非是有恰巧相当的陈语，意味更索然了。

从事翻译者必须明了文字意义有以上几种分别，遇到一部作品，须揣摩那里所用的文字是否有特殊的时代、区域或阶级上的习惯，特殊的联想和情感氛围，上下文所烘托成的特殊“阴影”(nuance)，要把它们所有的可能的意义都咀嚼出来，然后才算透懂那部作品，这不是易事，它需要很长久的文字训练和文学修养。看书和译书都必有勤翻字典的习惯，可是根底不够的人完全信任字典，也难免误事，他只能得一知半解，文字的精妙处实无从领会。一般英汉字典尤其不可靠，因为编译者大半并不精通外国文，有时转抄日译，以讹传讹。普通这一类字典每页上难免有几个错误或不精确处。单举一两个极普通的字来说，在中国一般学生心里，pride 只是“骄傲”，envy 只是“妒忌”，satisfactory 只是“满意”。其实“骄傲”和“妒忌”在中文里涵义都不很好，而 pride“尊荣心”和 envy“欣羡”在英文里却有很好的意思，至于 satisfactory 所“满”的并不一定是“意”，通常只应译为“圆满”。这种不正确的知解都是中了坏字典的毒。

上文只就文字的意义来说，困难已经够多了，如果我们进一步研究语句的组织，又可发见其他更大的困难。拿中文和西文来比较，语句组织上的悬殊很大。先说文法。中文也并非没有文法，只是中文法的弹性比较大，许多虚字可用可不用，字与词的位置有时可随意颠倒，没有西文法那么谨严，因此，意思有时不免含糊，虽然它可以做得很简练。其次，中文少用复句和插句，往往一义自成一句，特点在简单明了，但是没有西文那样能随情思曲折变化而见出轻重疾徐，有时不免失之松散平滑。总之，中文以简练直截见长，西文以繁复绵密见长，西文一长句所包含的意思用中文来表达，往往需要几个单句才行。这对于阅读比较费力。初学西文者看见一长句中包含许多短句或子句，一意未完又插入另一意，一个曲折之后又是一个曲折，不免觉得置身五里雾中，一切都朦胧幻变，捉摸不住。其实西文语句组织尽管如何繁复曲折，文法必定有线索可寻，把文法一分析，一切就了如指掌。所以中国人学西文必须熟习文法，常作分析语句的练习，使一字一句在文法上都有着落，意义就自然醒豁了。这并非难事，只要下过一两年切实仔细的工夫就可以办到。翻译上的错误不外两种，不是上文所说的字义的误解，就是语句的文法组织没有弄清楚。这两种错误第一种比较难免，因为文字意义的彻底了解需要长久的深广的修养，多读书，多写作，多思考，才可以达到；至于语句文法组织有一定规律可循，只要找一部较可靠的文法把它懂透记熟，一切就可迎刃而解。所以翻译在文法组织上的错误是不可原恕的，但是最常见的错误也起于文法上的忽略。

在这里我们可以趁便略谈直译和意译的争执。所谓“直译”是指依原文的字面翻译，有一字一句就译一字一句，而且字句的次第也不更动。所谓“意译”是指把原文的意思用中文表达出来，不必完全依原文的字面和次第。“直译”偏重对于原文的忠实，“意译”偏重译文语气的顺畅。哪一种是最妥当的译法，人们争执得很厉害。依我看，直译和意译的分别根本不应存在。忠实的翻译必定要能尽量表达原文的意思。思想情感与语言是一致的，相随而变的，一个意思只有一个精确的说法，换一个说法，意味就不完全相同。所以想尽量表达原文的意思，必须尽量保存原文的语句组织。因此，直译不能不是意译，而意译也不能不是直译。不过同时我们也要顾到中西文字的习惯不同，在尽量保存原文的意蕴与风格之中，译文仍应是读得顺口的中文。以相当的中国语文习惯代替西文语句习惯，而能尽量表达原文的意蕴，这也并无害于“直”。总之，理想的翻译是文从字顺的直译。

一般人所谓直译有时含有一种不好的意思，就是中西文都不很精通的翻译者，不能融会中西文的语句组织，又不肯细心推敲西文某种说法恰当于中文某种说法，一面翻字典，一面看原文，用生吞活剥的办法，勉强照西文字面顺次译下去，结果译文既不通顺，又不能达原文的意思。许多这一类的译品读起来佶屈聱牙，远比读原文困难，读者费很大的气力还抓不住一段文章的意思。严格地说，这并不能算是直译。

一般人所谓意译也有时含有一种不好的意思，就是不求精确，只粗枝大叶地摘取原文大意，有时原文不易了解或不易翻译处，便索性把它删去；有时原文须加解释意思才醒豁处，便硬加一些话进去。林琴南是这派意译的代表。他本不通西文，只听旁人讲解原文大意，便用唐人小说体的古文敷衍成一部译品。他的努力不无可钦佩处，可是他是一个最不忠实的译者。从他的译文中见不出原文的风格。较早的佛典翻译如《佛教遗经》和《四十二章经》之类，读起来好像中国著述，思想和文章风格都很像是从印度来的。英国人译霸罗(Boileau）的《诗学》，遇着原文所举的法国文学例证，都改用英国文学例证代替。英美人译中国诗常随意增加原文所没有的话，以求强合音律。这些都不足为训，只是“乱译”。

提起“改译”，人们都会联想到英人 Fitzgerald 所译的波斯诗人奥马康颜的《劝酒行》。据说这诗的译文比原文还好，假如这样，那便不是翻译而是创作。译者只是从原诗得到一种灵感，根据它的大意，而自己创作一首诗。近来我国人译西方戏剧，也有采用这种办法的。我们对于这一类成功尝试原不必反对；不过从翻译的立场说，我们还是要求对原文尽量的忠实。纵非“改译”好

的翻译仍是一种创作。因为文学作品以语文表达情感思想，情感思想的佳妙处必从语文见出。作者须费一番苦心才能使思想情感凝定于语文，语文妥帖了，作品才算成就。译者也必须经过同样的过程。第一步须设身处在作者的地位，透入作者的心窍，和他同样感，同样想，同样地务力使所感所想凝定于语文。所不同者作者是用他的本国语文去凝定他的情感思想，而译者除着了解欣赏这情感思想语文的融贯体以外，还要把它移植于另一国语文，使所用的另一国语文和那情感思想融成一个新的作品。因为这个缘故，翻译比自著较难；也因为这个缘故，只有文学家才能胜任翻译文学作品。

——节录自《谈文学》(一九四六年五月开明书店初版)

冰心（1900—1999），原名谢婉莹，生于福建省福州。1918年入北平协和女子大学学医，后转到文学系学习。1923年到美国威尔斯利女子大学（Wellesley College）学习英国文学。1926年回国，曾在燕京大学、清华大学女子文理学院任教。1921年后，出版了小说集《超人》，诗集《繁星》、诗集《春水》和散文集《寄小读者》等。1949—1950年在东京大学（原帝国大学）教"中国新文学"课程。1951年，回到祖国后，写了《归来以后》等作品。1958年开始写《再寄小读者》。翻译过泰戈尔的《园丁集》、《吉檀迦利》和他的短篇小说，叙利亚作家凯罗·纪伯伦的《先知》，尼泊尔国王的《马亨德拉诗抄》。

我也谈谈翻译

《当代文学翻译百家谈》的编辑同志，早就要我写翻译的文章了，季羡林同志也常常提醒我。但是我总不敢动笔。理由很简单，我没有翻译过多少东西，不能算是一个翻译家。我又只懂得一种语言——英语，还不精通，（为要通过硕士考试，必须有两种外国语。我在美国留学期间，曾学过一个暑期的法语，考试过后，也就忘得差不多了！）在翻译上有很大的局限性。我还有过痛苦的经验：我在美国大学的硕士论文，是李清照漱玉词的英译。题目是我的导师替我选的，这对我真是一件十分艰苦的工作！我硬着头皮，把漱玉词译成一段一段的散文，然后每星期一次到导师家里，一边吃着茶点，一边商量着把它译成"诗"。就这样，每星期译一首，半年的工夫，勉强把论文写成了。至今想起来还在难过，幸而没有一个中国人看见过我那篇论文！因此，我不敢再做翻译的工作。

一九二七年的冬天，我从美国同事那里，看到几本黎巴嫩诗人纪伯伦自己用英文写的散文诗，我尤其十分喜爱其中的一本，《先知》，我喜爱它那满含着东方气息的超妙的哲理和流丽的文词。正好第二年我在燕京大学讲一门“习作”课，我就请习作班的同学们分段翻译了出来，然后我再个别地和他们讨论商量，但修改后的译稿竟没有收集起来。一九三〇年，我母亲逝世后，我病了一场，病榻无聊，重看这本《先知》，觉得实在有移译出来公诸同好的必要，就在一九三一年把它译完，正好新月书店向我索稿，我就交给他们了。

这以后，大概是五十年代中期吧！我又翻译了印度哲人泰戈尔自己用英文写的散文诗《吉檀伽利》和《园丁集》，还有几篇短篇小说。泰戈尔是我心仪已久的诗人，（特别我自五十年代初以后，去过印度三次，对于他的作品的背景，比较有些认识。）他的诗和纪伯伦的一样，也有充满了东方气息的超妙的哲理和流丽的文词，但他们的社会和家庭背景不同，宗教信仰不同，泰戈尔的诗显得更天真，更欢畅，更富于神秘色彩，而纪伯伦的却像一个饱经沧桑的老人，对年轻人讲处世为人的道理，平静里却流露出淡淡的悲凉。总之，我翻译这两位作家的散文诗的时候，都没有感到辛苦，只得到一种美的享受！后来我又应印度作家安那德之约，译了一本他自己用英文写的童话《石榴公主》，也因为我到过印度，作品中的故事背景，我还可以领会一些。此后，又译过尼泊尔国王马亨德拉的诗集，那是“上头”给我的任务，原诗的英译本是有韵的，我也只好译成一些合辙押韵的句子，就显得吃力了。大概是一九七八年吧，有关方面又交给我一本马耳他总统布蒂吉格的英译散文诗《燃灯者》。这本诗集在我手里耽误了很久，直到一九八〇年五月我从日本访问回来，才匆忙地赶译了出来。我没有到过马耳他，对那里的风土人情，都没有感性知识，也只好照着字面直译下去。等到六月中旬译完抄好，我就病了，连序文也没有译出，就交卷了。

一般说来，我翻译的文学作品很少。一是我只喜欢翻译我喜爱的作品，而且必须是作家自己用英文写的，我总担心重译出来的东西，不能忠实于原作。

第二，我只敢翻译散文诗或小说，而不敢译诗。我总觉得诗是一种音乐性很强的文学形式。我在美国留学的时候，听过好几门诗歌的课。有许多英美诗人的作品，都是我所喜爱的。如莎士比亚，雪莱，拜伦等。当老师在台上朗诵的时候，那抑扬顿挫的铿锵音节，总使我低迴神往，但是这些诗句要我用汉文译了出来，即使是不失原意，那音乐性就都没有了。我一直认为译诗是一种卖力不讨好的工作，若不是为了辞不掉的“任务”，我是不敢尝试的。

第三，我觉得要译好外国文学作品，必须比较丰富地掌握一些本国的文学词汇。在遇到好句的时候，词汇多了才有斟酌选择的余地。在选择到一个适当的字眼，来移译某一个好句的时候，往往使我欢欣累日。这快乐比自己写出一篇满意的作品还大，可惜的是这种快乐的享受并不常有！

关于文学翻译，我所能谈的就是这些了。“浅”人无“深”语，这篇漫谈能厕入“百家谈”之列，我深深感到荣幸而又惭愧。

1983年10月12日

伍蠡甫（1900—1992），广东新会麦园乡人（现属江门市外海镇麦园村）。其父伍光建是一位卓越的外国文学翻译家。伍蠡甫也是我国当代著名的翻译家、美术理论家、西方文论专家、文学家、国画家，一生著述写作，教书育人，与其父伍光建被称为“中国译坛双子星”。

伍光建的翻译

——《伍光建翻译遗稿》前记

先父伍光建（1866—1943），广东新会人。十九世纪八十年代在天津的北洋水师学堂读书。学堂总教习严复规定中文、外文（英语）和自然科学为主要课程，而中文则要求掌握汉语和中国历史基本知识，其中作文一课分量特重。父亲毕业后，被派往英国格林威治皇家海军学院（Greenwich Royal Naval College，建于 1873 年）深造五年。这段期间里，他以余暇阅读英国文学和历史。回国后留在母校教书，并开始钻研中国文、史、哲方面的书，用力很勤，直到晚年。一九〇五年，清朝政府派载泽等考察西方宪政，他随同前往西欧和美国，对西方科学、文化、文学更感兴趣。回国后陆续编写了物理、化学等凡九种，《帝国英文读本》五卷，《英文范纲要》、《英文习语辞典》、《西史纪要》二卷等，前二书名为“学部审定教科”。同时，由于担任“洋务”工作较久，在英语写和说上也有很高水平。他从事翻译则始于十九世纪九十年代，起先是业余性质，二十世纪三十年代逐渐转为专业，先后约五十多年，所译文学、历史、哲学等方面的书一百三十余种，近一万万字。

甲午战后，维新运动蓬勃展开，汪洛年(字穰卿)在上海创办《中外日报》，通过社论、副刊、插画等，揭露满清政府和官僚、贵族的昏庸腐朽，迫害人民。先父应约撰稿，介绍西方科学文化，并翻译一些外国文学作品。那时候，林纾的“古文改写”式的翻译小说由商务印书馆出版，广泛流行。父亲所译，则改用白话，署名“君朔”，陆续在《中外日报》发表，使读者耳目一新。他曾谈到：当时较多取材于英国弗劳德的《大问题小议论》，读者最喜爱的是几篇寓言故事，例如《母猫访道》[1]，讲的正是当时中国读书人所向往的“新学”、“物竞天择，适者生存”。他还说：英国批评界认为，弗劳德文笔精纯而又自然，胜过吉朋（Gibbon)、麦考莱（Macaulay）或卡莱尔（Carlyle)。辛亥革命前，他的白话译作改由商务印书馆出版，仍署名“君朔”，封面格式同林译《说部丛书》相同，这说明语体翻译在吸引着更多读者了，其中以法国大仲马的《侠隐记》、《续侠隐记》等，译笔生动传神，深受读者欢迎（前一书后来也有其他译本，名《三个火枪手》)。约二十年代中期，商务印书馆曾出版沈德鸿[2]评注本《侠隐记》，收入《万有文库》，并作为高中学生语文自修读物，起过良好作用。约在同一时期，胡适、曾孟朴、徐志摩等都很称赞父亲的译笔，觉得《霸术》[3]是继《侠隐记》之后另一部好翻译。徐志摩还约他给新月书店译了英国启蒙主义时期谢立丹的剧本《造谣学校》和《诡姻缘》[4]；胡适约他为中美文化基金委员会译吉朋的《罗马帝国衰亡史》。不过，由于胡、徐的名声，翻译界对先父曾有些看法，这也是难免的。他晚年所译，大致有两方面：英汉对照本外国小说数十种，和麦尔兹的《十九世纪思想史》、基佐（Guizot)的《法国革命史》、麦考莱的《英国史》等。后一方面，包括《罗马帝国衰亡史》，大都尚未发表。

先父平时常谈翻译问题，也有一些看法，现在就记忆所及，尽量保留原来语气，写在下面。

翻译总共是理解和表达这末两件事。对原文懂多少，不一定就译出多少，也有人懂而译不出，因为中文很差。译者如有外文表达力，对原作者在遣词造

[1] 弗劳德（James Anthony Froude，1818—1894）所著 *Short Studies on Great Subjects*，内有 *The Cat's Pilgrimage* 共四章，(1850)。

[2] 茅盾先生本名。

[3] 意大利马基雅弗利（Niccolò Machiavelli，1469—1527）著有《君主论》(1513)，英译名 *The Prince*；它宣扬君主专制，后来成为资产阶级反封建的武器。

[4] 谢立丹（Richard Brinsky Sheridan，1751—1816）的 *The school for scandal* 和 *The Rivals*。

意上的功力和妙处，自然领会较深，加上中文根底，在这些地方不会轻轻放过，译文也就高明多了。倘若外文理解和中文表达都很到家，那末外国诗也未尝不可译，尽管西方有人说译诗是徒劳无功（按：是指雪莱的看法），国内也有人反对把洋诗译成中国古诗，说是原作的精神、趣味全丢光了。但事实也不尽然。例如辜汤生译《痴汉骑马歌》[1]，就用五言古诗体，却把诗人的风趣和诗中主角、布贩子的天真烂漫，特别是他的那股“痴”、“呆”味儿，都译出了，读来十分亲切，而原因就在辜的中国古代文学很有底子。这里想插一段：回忆我们姊妹兄弟五人在家塾读书时，有一部教材是辜氏编选的《蒙养弦歌》[2]，父亲亲自讲授，反复强调：散文写得自然而无斧凿痕，方有韵致，时常是从声调、节奏中来，在这方面古体诗胜于近体诗，多读多背古诗，文章将会写得流畅，朗朗上口。后来，关于写好散文可以锻炼译笔这一点，先父谈得较多。

写文章先从叙事、说明入手，不急急于描绘、抒情，久而久之，自然干净利落而又有神采。《左传》、《孟子》、《史记》，叙述简明而生动传神，《国语》和《战国策》相比，宁取后者，因为写得活泼一些。《庄子》驰想高远，又多情趣，这样的文章，在西方是罕见的。十八世纪英国小说的笔法，哥尔斯密（Goldsmith）实而不华，亲切有味，斐尔丁（Fielding）议论多了一些。十九世纪英国有些自然科学家如丁德尔（John Tyndall）、赫胥黎（Thomas Henry Huxley），以至经济学家、逻辑学家穆勒（John Stuart Mill），义理清楚，行文平易。多读读这些古人、前人或外国人的书，对自己的文章、自己的译笔都有好处，至少不致拖沓、零乱、呆板了。

为了译文准确，先得正确理解原文。正确理解，就是通过原文字面看到原作精神。这样，可以避免在字句上锱铢必较，仅得其貌而失其神。反过来

---

[1] 英国诗人科柏（William Cowper，1731—1800）的 *John Gilpin* ，全称为 *The Diverting History of John Gilpin, Linen Draper*，即《布贩约翰·基尔宾的趣事》，共 63 段。辜译由商务印书馆出版，书名《华英合璧：痴汉骑马歌》。试举第 1 段和第 23 段：

1.

John Gilpin was a citizen 昔有富家翁
Of credit and renown，饶财且有名
A train-band captain eke was he 身为团练长
Of famous London town. 家居伦敦城（原译文无标点）

23.

So stooping down，as needs he must 马上坐不稳
Who cannot sit upright，腰折未敢直
He grasped the mane with both his hands 两手握长鬃
And eke with all his might. 用尽平生力

[2] 木版大字本。线装，只收五古和七古约百余首，是辜鸿铭自费刊行的。

说，也不宜望文生义，故作铺张。例如《天演论》一开头那段从书斋遥望的描写，原著并没有，这样的译法是不宜提倡的。此外，为了译文准确，也不妨把“信、达、雅”搞搞清楚。这个标准，来自西方，并非严复所创，但我们对于洋人的话，也未可尽信。这三字分量并不相等，倒是“信”或者说忠实于原文的内容和风格，似应奉为译事圭臬。至于译文是否达、雅，还须先看原文是否达、雅；译者想达、想雅，而有些原文本身偏偏就不达、不雅，却硬要把它俩译出，岂非缘木求鱼。例如英国著名的文学批评史家圣茨伯雷（George Saintsbury）文笔拖沓晦涩，念不了几段就遇到一个疙瘩，很难说得上“达”，而且也未必“雅”，译这位先生的著作，恐怕有些地方首先须摸清原义，再加以改写，这样还可保持一个“信”字。又如小说中人物有时说话俚俗、粗野，如译到此处也要“雅”一下，未免多事，而且也太不“信”了。

关于翻译小说的选题，有些是书店决定的，但也有自己喜爱的，例如：把世故人情摸得很透，写来逼真；描摹真情至性，肝胆照人，倒不一定情节曲折，甚至离奇；笔墨细致，刻画入微，却不是大场面、大问题。此外，了解西洋，介绍西洋，不等于盲目崇拜西洋，也要让读者看到西方社会那些肮脏东西，因此专写这类东西的小说，也可翻译，即使作者是无名之辈。例如英国有一套《真情小说集》（《Queer Stories》），因非名作，有的出版家硬说是“黑幕大观”一类货色，而大摇其头，这也难怪。

最后，翻译和创作犹如模仿和创新，并非绝然两码事，而是相因为用的。曾孟朴的《孽海花》，善写真人真事，文笔颇有情致，他的法文也好，大可多搞一些翻译。茅盾的翻译也读过不少，都很不错，虽未见过他本人，但总觉得小说成家而丢了翻译，未免可惜。

1979 年 5 月 4 日
——节录自《伍光建翻译遗稿》
（人民文学出版社 1980 年版）

梁实秋（1903—1987）原名梁治华，出生于北京，浙江余杭人。中国著名散文家、学者、文学评论家、翻译家。国内首位研究莎士比亚的权威，曾与鲁迅等左翼作家笔战不断。一生留下两千多万字的著作，其散文集创造了中国现代散文著作出版的最高纪录。代表作《莎士比亚全集》（译作）等。1923年赴美留学，取得哈佛大学文学硕士学位。1926年回国后，先后任教于国立东南大学（南京大学前身）、国立青岛大学（山东大学前身）并任外文系主任。1949年到台湾，任台湾师范学院英语系教授。1987年病逝于台北，享年84岁。梁实秋40岁以后着力较多的是散文和翻译。散文代表作《雅舍小品》，从1949年起共出4辑。从30年代开始翻译莎士比亚作品，持续近40载，到70年代完成《莎士比亚全集》的翻译，计剧本37册，诗3册。晚年完成百万言著作《英国文学史》。

莎士比亚与性

一位著名的伊利莎白文学专家在伦敦泰晤士报上说，“莎士比亚是最富于必珠描述的英文伟大作家。他毫不费力的，很自然的，每个汗毛孔里都淌着性。”这位六十七岁的英国学者劳斯又说：“在莎氏作品中，可以清楚的看到，他集中注意力于女人身上。所以他创造出一系列的动人的文学中的女性。同时有人坚信莎士比亚作品乃是培根或玛娄或牛津伯爵所作，其说亦显然的是狂妄，因为这几个人都是同性恋者。”“这一点在莎士比亚研究上甚为重要，他是非常热烈的异性恋者——就一个英国人身分而言也许是超过了正常的程度。”

西雅图泰晤士报于同年四月二十四日亦刊有一段类似的电讯：

性与诗人
现代的色情作家会使莎士比亚生厌

伦敦美联社讯——想找一本色情的书么？不必注意目前充斥市场的淫书，去读莎士比亚的作品吧。

这是两位文学界权威的劝告，他们说这位诗人的十四行诗集有的是猥亵的描写。

伦敦泰晤士报今天发表了这两位戏剧专家的意见，宣称莎士比亚是英文中最富色情的作家。

莎氏传记作者牛津大学的劳斯博士学，莎士比亚“从每一个汗毛孔淌出色情”。

劳斯引述《莎士比亚的猥亵文字》作者帕特立芝（Eric Patridge）的话，说莎氏是“一位极有学识的色情主义者，渊博的行家，非常善于谈情说爱的能手，大可以对奥维德予以教益哩。”

但是专家们说，把淫秽部分发掘出来不是容易事。

莎士比亚的色情描述通常是隐隐约约的，使用文字游戏来表达，需具有精通伊利莎白英文能力的学者才能欣赏。

劳斯说，莎氏是“非常热烈的异性爱者——以一个英国人身分来说可能是超过了一般常态”。

劳斯的文章是为纪念一五六四年诗人诞辰纪念而作，立即引起争论。

“大诗人是色情狂么？”太阳报的一个标题这样问。

莎士比亚学会秘书 Gwyneth Bowen 说：“胡说！其他大部分伊利莎白作家比他的色情成分要多得多哩。”

看了以上两段报道文字，不禁诧异一般人对莎士比亚的认识是这样的浅薄。戏剧里含有猥亵成分是很平常的事，中外皆然。尤其是在从前，编戏的人不算是文学作家，剧本不算是文学作品，剧本是剧团所有的一项资产；剧本不是为读的，是为演的；剧本经常被人改动有所增损；剧本的内容要受观众的影响。所以，剧本里含有猥亵之处，不足为奇。看戏的人，从前都是以男人为限，而且是各阶层的男人。什么事情能比色情更能博取各色人等的会心一笑呢？不要以为只有贩夫走卒才欣赏大荤笑话，缙绅阶级的人一样的喜欢那件人人可以做而不可以说的事。平素处在礼法道德的拘束之下的人，多所忌讳，一旦在戏院里听到平素听不到的色情描写，焉能不有一种解放的满足而哄然大笑？我们中国的平剧，在从前观众没有女性参加的时候，有几出戏丑角插科打诨之中，猥亵成分特多，当时称之为“粉戏”，以后在“风化”的大题目之下逐渐删汰了比较大胆的色情点缀。莎氏全集，一八一八年包德勒（Thomas Bowdler）也曾加以“净化”，删削了一切他所认为淫秽的词句，成了“每个家庭里皆适于阅读”的版本。不过至今我还不能不想到那些所说的“粉戏”。至今似乎没有人肯购置一部包德勒编的莎氏全集放在他的家里（事实上这个版本早已绝版）。

若说莎士比亚作品最富色情，似亦未必。十四行诗第一百二十九首是著名的一首，以性欲为主题，表现诗人对于性交之强烈的厌恶，我的译文如下：

肉欲的满足乃是精力之可耻折浪费；
在未满足之前，肉欲是狡诈而有祸害，
血腥的，而且充满了罪，
粗野无礼，穷凶极恶，不可信赖
刚刚一满足，立即觉得可鄙；
猎取时如醉如狂；一旦得到，
竟又悔又恨，像是有人故意，
布下了钓饵被你吞掉：
追求时有如疯癫，得到时也一样；
已得，正在得，尚未得，都太极端，
享受时恍若天堂，事过后是懊丧；
这一切无人不知；但无人懂得彻底，
对这引人下地狱的天堂加以规避。

诗写得很明显，其中没有文字游戏，亦未隐约其词，但是并不淫秽。我记得罗赛蒂（Dante G.Rossetti）有一首《新婚之夜》（Nuptial Night），也不能算是色情之作。

莎氏剧中淫秽之词，绝大部分是假借文字游戏，尤其是所谓双关语。朱生豪先生译《莎士比亚全集》把这些部分几乎完全删去。他所删的部分，连同其他较为费解的所在，据我约略估计，每剧在二百行以上，我觉得很可惜。我认为莎氏原作猥亵处，仍宜保留，以存其真。

在另一方面亦无需加以渲染，大惊小怪。

莎士比亚与时代错误

梁实秋

所谓时代错误（anachronism）即是把一个人、一件事，或一个东西于其尚未出生、尚未发生或尚未产生的时候就提前予以陈述或提及。在一个人已不存在的时候而误以为他尚在人间，这当然也是时代错误。文学作品里这是常见的事，古今中外的大作家有时亦不能免。莎士比亚当然不是例外。且举一些例子如下：

《冬天的故事》里提到雕刻家朱利欧·拉曼诺为赫迈欧尼画像的事，按拉曼诺卒于一五四六年，和《冬天的故事》时代相距有一千六百多年之遥。这一错误近似“宋版的康熙字典”了。在这出戏里我们知道赫迈欧尼的父亲是俄罗斯的皇帝，但是这故事的背景是放在耶稣纪元以前，彼时俄罗斯尚是一个未开化的地方，哪里能有皇帝存在？这个故事既然是发生在耶稣诞生以前，如何可以提到“清教徒”、“原始罪”、“犹大卖主”、“圣灵降临节”？

《朱利阿斯·西撒》一剧里也有严重的时代错误。布鲁特斯一派的人定钟鸣三声为分手的时刻。钟而能鸣，当然是自鸣钟。这样的钟是很晚近的事。自鸣钟的发明大概只有三百多年。“明万历二十八年大西洋人利玛窦来献自鸣钟，秘不知其术，大钟鸣时，正午一击，初未二击，以至初子十二击；正子一击，初丑二击，以至初午十二击。小钟鸣刻，一刻一击，以至四刻四击。”按万历二十八年为西历一六〇〇年，利玛窦以钟来献，想来钟在彼时尚是新奇之物，距新发明当不甚远。西撒卒于纪元前四十四年，距自鸣钟之发明当有约一千六百多年。故西撒时代的人不可能知道有自鸣钟其物。那个时代报时的工具应该是“漏”，水漏。还有，剧中提到布鲁特斯“读书时把书页折了一角”。按罗马时代的书只有“卷”而无“页”，故书页折角乃绝无可能之事。

《波里克利斯》剧中提到“手枪”。按手枪始创于意大利，约在十九世纪中叶。波里克利斯是纪元前五世纪希腊政治家，在这样古的时代怎能说到手枪？

《泰特斯·安庄尼克斯》剧中萨特奈诺斯与塔摩拉结婚前发誓说，“牧师与圣水就在近边……”按牧师与圣水为天主教堂行婚礼时所必需，而此剧背景是在罗马时代，与天主教堂根本风马牛不相及。又，此剧中之陆舍斯扬言要“砍下‘俘虏们的’肢体，放在柴堆上燔烧……祭奠我们的弟兄们的亡魂。”按罗马一向没有燔祭人肉的习惯，罗马人固然坚悍残忍，但是杀死俘虏燔其肢体以飨阵亡将士之灵，罗马文化中尚无此一项目。

《考利欧雷诺斯》剧中拉舍斯赞美马尔舍斯之勇敢善战曰：“凯图理想中的军人。”按凯图生的那一年，考利欧雷诺斯已死去了二百五十五年之久。拉舍斯是考利欧雷诺斯同时的人，如何能在他的口中说出凯图？莎士比亚此一错误亦有其根据，他根据的是普鲁塔克的传记。须知普鲁塔克的传记，是叙事体，作者以第三人的地位尚论古人，引用较晚的凯图的理想来赞美较早的马尔舍斯，固未尝不可。但莎士比亚的作品是戏剧，句句话都是对话，那便不可让拉舍斯口中吐出凯图这个人名。莎士比亚喜用普鲁塔克的文句，偶一不慎，遂生纰漏。

《亨利八世》剧中，诺佛克公爵对白金安公爵说：“法国破坏盟约，扣留英商货物。”按扣留货物一事发生在一五二二年三月，而根据历史白金安公爵已于前一年五月十七日斩首。

《利查三世》二幕一景格劳斯特乞求大家对他谅解，一位一位的数着，把乌德维尔大人黎佛斯大人和斯凯尔斯大人当做了三个人。其实所谓乌德维尔夫人，根本无其人。事实上王后的弟弟安东尼·乌德维尔即是后来的黎佛斯伯爵，亦即是斯凯尔斯大人，一个人有两个勋衔，莎士比亚遂误以为是三个不同的人了。这倒不是时代错误，不过也是错误。

《亨利六世》上篇五幕四景约克称阿朗松为“声名狼藉的马基阿维尔”，是把马基阿维尔当做野心家的别名，因为马基阿维尔著《君王论》，申述用人处事以及纵横捭阖之术，一般人（尤其是未读过其书的人）斥为有关霸道权术之作，不合于宗教道德之理想。但是《君王论》之刊行乃在一五一三年，而亨利六世在一四七一年就死了！又，三幕二景琼恩对白德福公爵说：“你要做什么，白胡子老头儿？”按白德福即《亨利四世》中之兰卡斯特亲王约翰，为四世之第三子，死于一四三五年，时仅四十五岁，比琼恩还晚死四年，焉得称之为“白胡子老头儿”？又，二幕五景毛提摩临死前自述家世谱系，“从我母亲方面讲，我是老王爱德华三世的第三子……之后”。按母亲是祖母之误。莎士比亚之所以有此误，乃由于叔侄同名为毛提摩之故。英国王家谱系甚为繁杂，有时很难弄得清楚。

《亨利四世》上篇三幕二景有“苏格兰的毛提摩”一语，怎么苏格兰又有一个毛提摩？原来是乔治·顿巴尔，只因他也拥有“玛尔赤勋爵”衔，故与英国的毛提摩相混了。

在地理方面莎士比亚也出过乱子。《冬天的故事》把阿波罗在 Delphi 的神庙说成是在 Delphos 岛上，其实是在大陆上的 Phocis。莎士比亚把阿波罗出生地 Delos 岛与 Delphic 神谕混为一谈了。这还不太严重，较严重而最成为话柄的是莎士比亚误以为波希米亚是一个滨海的国家，其实波希米亚是在内陆，根本没有海岸。他这两个错误，都是沿袭格林的一篇散文传奇而以讹传讹。另一剧《维洛那二绅士》说起瓦伦坦由维洛那“搭船到米兰”也颇引人的非议。有人为莎士比亚开脱，说那时候两地之间是有一条运河。其实这也是多余，因为剧中后来明说瓦伦坦是从陆路回来的。

以上举例，仅是其作品中一小部分的疵谬，不足为莎士比亚病。幸亏他的戏剧不是教科书，否则即难免误人子弟之咎，幸亏他的戏剧不是推行社会教育的工具，否则亦难免要遭受学人的非难。可是事实上，莎士比亚的戏早已成为许多学校的教科书，他的戏（尤其是历史剧）早已成为英国一般民众认识英国历史的主要工具之一。而戏中这许多许多瑕疵，还任由它谬种流传，没有人能成功的予以纠正，其故安在，可深长思。

张友松（1903—1995），笔名松子、张鹤、常健。湖南醴陵人。1915年秋迁居北京。1921年夏中学毕业，到荷属苏门答腊首府棉兰做小学教师。次年回到北京，考入北京大学半工半读，课余翻译英文小说。1925年开始发表译著。1951年9月来北京参加初办的英文版《中国建设》的编译、采访和组稿工作。1954年后，转到人民文学出版社从事文学专业翻译。1955年加入中国作家协会。译作主要有：契诃夫的《三年》和《契诃夫短篇小说集》，屠格涅夫的《春潮》和《薄命女》，斯托谟的《茵梦湖》，英汉对照的《欧美小说选》，普列弗的《曼侬》，马克·吐温的八部小说：《马克·吐温中短篇小说选》、《汤姆·索亚历险记》、《哈克贝利·费恩历险记》、《王子与贫儿》、《密西西比河上》、《镀金时代》、《傻瓜威尔逊》、《赤道环游记》。

文学翻译漫谈

我从二十年代初期就开始从事文学翻译，断断续续地干这种工作至今将近六十年了。虽然出过不少书，但照现在的标准来衡量，前半期的译品是不及格的。解放后在新的条件下译的书质量有所提高，但整个说，我对文学翻译事业的贡献与我的年龄还是不相称的。现在我写文学翻译家自传，我感到愧不敢当。我只好拉杂地谈谈自己对文学翻译工作的探索过程和经验体会，提出一些关于开展这一事业的浅见。同翻译界的同志们商讨，争取批评和指正。这对有志于文学翻译工作的青年读者也许能稍有参考价值。

在四年制中学时期，我原想进大学后学理科，但因十九岁时父亲就去世了，我和亡姊挹兰考入北京大学，只能半工半读，我们除了维持自己的学业而外，还得供养母亲，抚育弟妹，生活非常艰苦，理科功课太紧，我们就在大学预科选修文科，后来升入本科，进了英文系。在那以前，我对英语很感兴趣，学习成绩较好。当时在北大进英文系要经过甄别考试，我是以第一名被录取的。教授们对我颇为赏识。在那年预科期间，我做过多种课余工作。还多次失业。深以为苦。升入本科以前，我就试做翻译，给报刊上投稿。为了求易求快，我专选一些译成英语的外国短篇小说来转译，以契诃夫的作品为主，后来收编的那本集子，还出了一些袖珍本小册子，译过屠格涅夫的《春潮》和《薄命女》，均由上海北新书局出版。另外还和石民合译普列弗的《曼侬》，由我自办的春潮书局出版。后来北新书局出了许多英汉对照的书，其中有我译的《欧美短篇小说选》和斯托谟的《茵梦湖》等，都曾畅销多年。

当时的书商都只图牟利，对译文的质量很不重视，粗制滥造的译本充斥市场。我译的东西虽然相当草率，居然还被认为水平是较高的，颇受欢迎。在那个阶段，我虽然译得太快，却还是力求在文字上忠于原著，不增不减，并使译文通畅，不让读者看了头痛。但实际上并没有做到这一步。

我在大学还没毕业，就出了好几种书，在当时的翻译界开始有了一点名气。一九二八年至一九三〇年间，我在上海经营的春潮书局虽然失败了，译书却还是很有出路的。从一九三一年秋起，我先后在山东、湖南、四川等省任中学教师，同时给北新书局编了一部初中英语教本，暂停了翻译工作。我每到一地，学校的同事和学生都因我出过那么多书，对我另眼看待。我也就扬扬得意，只满足于出书的数量，忽视了质量，徒有虚名，结果就堵住了进步的路，很可痛惜。解放前几年，我在重庆又办了一个规模比春潮书局更小的晨光书局，出书很少，其中包括几种英汉对照的小册子，质量比过去在上海出的较好。我从二十年代初期至四十年代末期搞文学翻译工作，对外国文学作品缺乏鉴别和分析的能力，对作家和作品的理解也很肤浅，而且自以为对翻译工作很熟练了，便译得不够仔细，只能算是差强人意罢了。现在总结起来，我总算没有译过毒害读者的坏书，在当时的历史条件下，我对介绍外国文学的启蒙运动，多少尽了一份微力，对看不懂原著的读者要算是稍有贡献的。现在有些中年以上的朋友友谈起来，都肯定这一点。但是我当初如果没有自满的情绪，对外国文学多做研究工作，在翻译理论和技巧上多下一番功夫，严格要求自己，那二十多年中的成绩就要大得多了。现在回想起来，真是追悔莫及啊。

在旧社会，出国镀金回来的人都很吃香，不学无术，擅长吹拍的博士、硕士之流当上大学教授的，颇不乏人。他们的中文和外语都很差，偏要译书献丑，往往谬误百出，误人不浅。我记得曾有一位在伪中央大学当文学院长的余某出了一本英汉对照的尼赫鲁在狱中致女儿书（前印度总理英·甘地的父亲从狱中写给她的信，当初尼赫鲁被统治印度的英帝国主义者关在牢里，他的女儿英蒂娜还是个孩子）。原文相当浅易，但这位院长竟把它译得荒谬绝伦，而且是由当时最大的书局商务印书馆出版的。与此类似的怪事还多得很。我对这类自欺欺人的角色十分鄙视，因此也就滋长了自满情绪。这是我的失误。凡是爱和不如自己的人相比，以见自己的高明的人，都是不易长进的。

新中国成立后，我的工作岗位变换了几次。一九五一年秋，我应邀由重庆来京，先在初办的《中国建设》编辑部工作，和那些外国专家同事，我由中文译成英文的稿件由他们修改。我在工作中向他们请教一些问题，起了提高英语水平的作用，对后来的文学翻译工作大有益处。

从一九五四年起，我转到人民文学出版社从事文学专业翻译，这种工作正合我的心愿。一开始社里就叫我译马克·吐温的小说。我过去从来没有译过这样难的作品，对这位作家也很生疏。但是我抱着边学边干的决心，还是愉快地接受了这个任务。这副重担倒是对我大有好处，它使我在文学翻译生涯中有了一个新的起点。我以过去积累的一些初步的经验为基础，下定决心，要创造新的水平。我相信有了党的领导，我就有实现这一愿望的条件了。

在实践中，我体会到要把优秀的文学作品译好，单凭我过去转译外国名著时那一点经验是远远不够的。马克·吐温是一位幽默大师，译他的作品很难传神。译者必须细心揣摩原作中描绘的各色各样的人物形象及其言谈举止，把自己溶化在作品的境界里，下笔时就要力求使原著的各种人物和自然景色活生生地呈现在读者眼前，使读者得到艺术的享受。

文学翻译就是一种再创作，比其他翻译难度较大。这种再创作说倒是容易，做起来却很不简单。文学翻译工作者也像作家一样，需要运用形象思维，不可把翻译工作当作单纯的文字转移工作。译者如果只有笔杆子的活动，而没有心灵的活动，不把思想感情调动起来，那就传达不出作者的风格和原著的神韵，会糟蹋名著，贻误读者。

作品的优劣主要取决于人物的刻画是否成功，凡是优秀的作家都有善于刻画人物的长处。译者的任务主要是使原作中的各色人物有血有肉，有声有色地活现在纸上。年龄、身份、习性和社会地位、文化水平等等各自不同的人物，各有其特点，他们的外貌、语言、举动和表情，在译文中都要恰如其分地表达出来，才算真正的忠于原著。光在字面上死抠是不行的。

文学翻译工作者也要有较多的生活体验和广博的知识——董乐山同志写的《翻译和知识》一文讲得很好。我的知识面不广，生活体验不多，现已精力不足，就不得不靠向人求教来解决疑难。凡是搞文学翻译的人都要认真对待自己的工作，要有责任感。首先要认清这种工作的重大意义，要有明确的目的性。无论译什么，都要考虑介绍这种作品能起什么作用，对哪些读者有哪些好处。严肃的老翻译家曹靖华同志对这个问题提出了宝贵的意见，值得重视。

我从事文学专业翻译以来，结合实践，逐步加深了上述的认识，对自己的工作提出了较高的要求，并虚心学习优秀的翻译家的长处。有时为了一个难题，曾向许多同志请教，而所得的答案却往往大不相同。我就仔细加以比较和分析，决定最恰当的译法。这样，我才觉得自己的翻译能力和译品的质量逐步有所提高，深感欣慰。我译出的马克·吐温的第一部书是他的短篇小说集，这次尝试虽然有不少缺点，大体上还是受到了翻译界和读者的好评。这使我深受鼓舞，又继续努力，在十三年中，总共译了八部马克·吐温的名著和十来部别人的作品，总计三四百万字。我吸取了过去的经验教训，力戒自满，随时勉励自己多下功夫，提高业务水平和政治水平。遗憾的是，由于政治上受到挫折，生活条件和工作条件都起了很大的变化，少做了一些工作，并因心情不好，有些书译得不够仔细，今后还得加以修订。但我的遭遇并不是最不幸的，我好歹总算熬过来了，而且还没有丧失工作能力。我并没有因为受到严重的挫折而灰心丧气。一九五七年我被错划为右派，有许多书就是在那以后译的（改用笔名“常健”）。我根据自己从事文学专业翻译以来的经验体会，深深感到文学翻译工作者应该争取多译同一作家的作品；出版单位也应尽可能给予译者这种机会。同一作家的作品译得越多，就会越熟悉这一作家的风格，译品质量肯定会比常常更换作家要强得多。知名的翻译家傅雷译巴尔扎克，叶君健译安徒生，潘家洵译易卜生，都取得了优异的成就，为翻译界树立了好榜样。

十年浩劫中我受到了更大的摧残，被剥夺了工作的权利，令人痛心。一九七八年恢复工作后，我又鼓足余勇干起来了。近三年多来，我除了整理部分旧译本而外，还译了几部新书，陆续出版，有的尚在排印中。此外还给一些刊物译了几个中短篇小说和一个电视剧本，写过几篇回忆录。今年我已七十九岁，至今还在相当艰苦的条件下生活和工作，但我有决心和勇气克服重重困难，争取再干几年，弥补过去的损失，绝不愿虚度晚年。我连节假日都不休息，但并不以此为苦。人到晚年，还能为党和人民做些有益的工作，这就是莫大的幸福。

新中国成立以来，我国文学翻译事业在党的领导下，有了很大的发展。广大读者对外国文学的爱好日益增长，修订重版和新译的古代、近代和当代的外国名著，种类之多和发行量之大，都很惊人。各国文学的讨论会举行过多次，都有相当成果。我国的知名作家和翻译家在国内外同各国有成就的文学家接触，促进了中外文化交流。党和文艺界的团体设有领导机构，文学翻译工作的分工和协作也就逐渐有了眉目。十年浩劫使整个革命事业遭到了严重的破坏，文学翻译事业虽然未能幸免，但在“四人帮”覆灭后，有了党中央的正确领导，在世的老年和中年文学翻译工作者多半都恢复了工作，青年一代也出现了不少新秀，做出了可喜的成绩。这一切都是令人庆幸的。但无可讳言，现在还存在下列一些问题，亟待解决：

①人力的合理调配和人才的培养问题——现在需要翻译或重译的各国文学作品还很多，而现有的翻译工作队伍的实力却并不雄厚，不足以承担当前的繁重任务。各出版单位、学术团体和研究部门有大量需要译的书和需要校订的译稿或旧译本，找不到胜任的译者和校订者；同时有些在政治运动中遭到冲击的翻译工作者被调到别的工作单位，现在不能恢复原来的工作，发挥他们的专长。关键在于各有关部门对发掘、安置、调动和培养翻译人才的工作未予重视，有些可用之材被埋没了。老一辈译者已为数不多，能力较强的中年人多因工作繁重，穷于应付；培养新生力量和接班人的任务无人承担。现在如果再不抓紧人力的合理调配，实现老中青三结合，文学翻译事业就难以顺利发展，棘手的问题就会层出不穷，越来越不易解决了。

②领导上对文学翻译事业不够重视。一九七九年三月三十一日《人民日报》发表了江苏王汉梁同志给《世界文学》的一封关于促进文学翻译事业发展的信。《世界文学》认为这个问题不是一个刊物所能解决的，便将此信转交《人民日报》发表。但后来一直未见报刊上展开讨论，也没有引起领导上的注意。我始终认为文学翻译工作是整个文艺工作的一个重要环节，应该受到各方面的注意才对。

③出版单位片面追求营业利润的风气太甚，工作作风有待改善。出版业上缴巨额利润，对国家财政是有贡献的。但如过分重视利润，对文学工作者应得的合理报酬过于苛刻，是否妨碍文学事业的发展，那是值得考虑的。

④目前文学翻译的成品，质量参差不齐，粗制滥造的抢译之风还颇为严重，读者买到质量太差的译品，上了当之后，就不免对翻译的东西有所怀疑，甚至产生厌恶心理。同一作品多出一两种各有所长的译本是有好处的，但每个译者和出版者对自己的工作都要有责任感。水平较高的几种译本可以收到互相观摩和提高质量的效果。出版质量太低劣的译品则是人力物力的浪费，对国家和广大读者都是不应有的损失。有些人窃取别人的劳动成果，改头换面，另出译本，这种作风也是应予制止的。

⑤翻译界至今还没有全面搞好团结合作。一些小团体之间多少还有些门户之见和本位主义的争论。有些造诣较深的翻译家过于自负，他们译稿不许编辑改动一个字，他们也不肯与水平不相上下的同行互相切磋，取长补短，互助互勉，走共同提高的路。其实任何有成就的译者都应对自己和别人的译作做实事求是的客观分析，虚心诚恳地交换意见，坦率地互相批评，共同争取新的成就，使各自水平不断提高；切忌为了争面子而互相鄙薄。较有成就的老一辈译者和中年同志应该重视新生力量的成长，尊重他们的意见和要求，充分发扬民主，树立新风尚，把翻译界搞得朝气蓬勃，欣欣向荣。译者和编辑、校订同志之间，也应该搞好关系。即使是有名的翻译家，也不要看不起编辑和校订者；但有些编辑和校订者随意改稿，不经译者同意就付印。以致影响译者的信誉，那也是不对的。只要大家都对工作负责，以革命利益为重，破除私见，就可以搞好团结合作，为翻译界开创一个新局面，使我们的共同事业日益兴旺起来。

⑥编辑同志要严于把关，力求保证译品的质量。译者应该尊重严肃认真的编辑同志，欢迎他们挑错。在这方面，我是体会较深的。我在青年时期出过一本英汉对照的《茵梦湖》，读者颇多。当时的编辑根本没有改动我的译稿，我也就自以为译文是靠得住的。近来有人建议重印此书，我征得了商务印书馆的同意，决定出一个新版本。我仔细对照英译文修改旧译本，发现译文质量大成问题，便做了许多修订，自觉该改的都改了。责任编辑陈羽纶同志做了细致的核对，发现我改过的译文仍有一些错误和欠妥之处，便提出了他的具体意见，和我商榷。他说商务（印书馆）出过的对照本有不少是出自名家手笔的，编辑同志未经细看，便付印了。但出书之后，却接到许多读者来信，指出某些译本中的错误。他吸取这个经验，才认真核对我的译文。我非常赞赏和感谢他，双方经过共同推敲，圆满地做了最后一次修改，彼此都很愉快。只要译者同编辑和校订者之间建立良好的关系，文学翻译工作就能有所改进。

⑦编辑和校订工作人力不足的问题。现在的编辑和校订工作主要靠中年同志担任，他们因为工作太繁重，待遇太低，多半都要搞些业余翻译；如有机会，就找较好的职务去了。因此许多出版社都感到编辑部门的力量太单薄。校订译稿和修改旧译本是个吃力不讨好的工作，很不容易找到胜任的人来承担这项任务。旧译本和新译稿如不经仔细校订就出版，就难以保证质量；既要贻误读者，也不能促使译者加强进取心和责任感。出版单位似应要求编辑和校订工作者认真负责，把好质量关。这就需要适当地尊重他们的辛勤劳动，并给予较好的待遇。凡是修改较多的译本，责任编辑和校订者都应在显著地位列名，与译者处于同等地位。翻译的书和改稿的工作都有难易不同，对稿费和校订费都

应力求公平分配。编辑同志应该打破只凭译者的资历和名气为依据的成规，以工作的难易和译文的质量为标准，评定稿酬的等级。出版单位对工作成绩优异、责任心强的编辑人员应给予奖励，对严肃认真的校订者应从优致酬。这样才能调动大家的积极性，以求达到提高译品质量的目的。物质利益对工作态度和质量的作用是不可忽视的。

⑧应加强作家和翻译家的互助合作。作家从事创作的经验对翻译工作者是有益的，翻译家的译品也有助于作家吸收外国文学的精华，以资借鉴。彼此交流经验，互助合作，双方都可以提高水平。此外，翻译的东西由别人不对照原文加以品味，往往能发现一些核对原文所不能发现的修辞之类的问题。我有时找一些不懂外文而有相当文化水平的同志（包括青年朋友）给我的译文提意见（找毛病），颇有收获。

⑨我们缺乏文学翻译的批评工作，这很不利于译品质量的提高，也不能制止粗劣的译品的出版。现在评介文学翻译的文章往往有两种偏向：一是对名家和相好的朋友的译作赞扬过分；一是文人相轻，意气用事，对一些较好的译本专挑错误，加以夸张，损害译者的声誉。我们应该提倡摒除私见，实事求是的精神。希望《世界文学》和其他文艺刊物妥善地开展文学翻译的批评工作，促进我国文学翻译事业的发展。

⑩缺少外国文学原著和辞典之类的工具书。由于外汇紧缺，有许多书都买不到，也借不到，不但从事翻译的同志苦于无书可译，想读原著的读者也无书可读。有些翻译和阅读所必需的辞典之类的书太缺乏，许多译者和读者都难以解决疑难。建议商务印书馆等择要影印一些原版书，以济急需。

前面我谈了自己对文学翻译工作的一些意见和要求，但我所提出的几项标准只是我的理想和努力方向，我自己的成就是很有限的。我国翻译界的先驱严复提出的“信、达、雅”三个条件曾长期为翻译界所信奉，后来才逐渐有人提出不同的意见。当时严复译书，总是先在屋里来回踱步，反复体会原著的本意，然后甩开原文，经过反复寻思才坐下来整段整段地写出流畅的译文，基本上符合信、达、雅的标准。虽然对照原文来看，他的译文总不免有疏漏和不甚恰当之处，但他这种意译法却是很不简单的，只有造诣深的译者才能采用。功夫不到的译者如果效法他，那就很可能谬误百出，不成其为翻译了。林琴南不懂外文，靠别人给他口述原著的内容，他用文言译了许多西方文学名著，颇有成就，但也闹了一些笑话。“五四”运动时期，白话文开始流行，文言的翻译渐归淘汰，我国文学翻译工作进入了一个新时代。但在“五四”以后一个相当长的时期内，文学翻译的水平是相当低的。许多青年译者往往不求甚解，草率从事，出了大量低劣的译品。别的国家的文学翻译工作也有一个类似的过程。比如我国过去有些根据日文译本转译的欧美名著，就译得不太像话。用东方语文译西方的作品，是相当费力的。

关于直译与意译的问题，曾经有过不少争论。其实二者并不是互相排斥的。如能把直译和意译溶合起来，倒是可以译出上等的成品。有些人过分强调直译，认为只有直译才能忠于原文，结果所谓直译实际上成了死译和硬译，谁也不爱看，也看不懂。有人曲解意译，认为要使译文通顺，就不能采取直译法，尽可以“灵活”一些，不要拘泥于原文。结果所谓意译就成了乱译。即使每个句子单独看来显得通顺，连贯起来就有许多荒唐可笑的错误。曾经有过所谓“宁信而不顺”和“宁顺而不信”之争，其实两种主张都不是翻译的正道，谁也不要为自己的硬译和乱译辩解。中文和外国语文各有其语言特点，由于语法结构不同，译文必须灵活安排，既不可漏掉原文的词义，又不可译得生硬、死板，总要尽可能避免所谓“翻译体”的似通非通的毛病，力求使人读了像读创作的东西一样舒畅。原文中有时出现一些结构非常复杂的长句或是有奇趣的妙语，这就需要译者反复分析，细加品味，透彻地理解原意，经过消化，译成中文，尽量保存原文的神韵，切不可草率落笔。作家可以妙笔生花，翻译家也应该练出同样的本领，才能创造优异的成绩。总之，我认为直译和意译不能截然分开，二者是可以相辅相成的。至于文言词句，如果用得恰当，是可以为译文增色的。文学翻译工作者应对祖国的古典名著有些修养，但切不可卖弄文言字句，或乱用成语，以致违反原意，弄巧成拙。

我国现行的稿酬标准偏低，有待调整。但译者如果只为个人利益着想，缺乏为读者服务的精神，即使稿费提高，也不一定能认真把译品的质量搞好。解放初期实行版税制时，就曾有一些多产译者出过不少粗劣的译品，赚得巨额稿酬。现在稿酬标准低得多，却还是有不少翻译家为读者着想，勤勤恳恳地工作，提供高质量的译稿。翻译界的文风也是很重要的。过去的一些极“左”的政治运动给广大知识分子带来了惨重的灾难，翻译工作者也不例外。我们在受到严峻的考验之后，获得了新生。凡是没有丧失工作能力的人都要振作精神，为党和人民的事业重新做出贡献，弥补过去的损失。根据我个人的经验体会，人在身处逆境时，也要透过迷雾，看到光明的前景，保持积极乐观的精神；现在处境好转多了，我们更应振作精神，在新的长征路上奋勇前进。现在，青年一代的文学翻译工作者多半还不够成熟，老一辈人应承担一些辅导工作，帮助他们成长起来。

十年浩劫不仅使多数青年荒废了学业，缺乏知识，还使一部分人丧失信心，意志消沉。但多数青年是有进取心的。为了培养文学翻译事业的接班人，老一辈人应该出一把力，扭转后继乏人的局面。现在有了党的正确领导，无论干什么工作，都可以少走许多弯路，比我们老一辈人年轻时的条件强得多了。但据我所知，不少青年人不知道文学翻译的困难，很想干这一行，以为可以轻而易举地登上译坛。有了这种侥幸心理，就会放松自己的主观努力，也就不会有所成就。在正式从事这种工作之前，必须苦练基本功，通过实践，摸清外文和中文的异同，探索翻译的手法；先找一些浅易的东西试译，在确实有了心得之后，再选择一些较难的作品，循序渐进，逐步提高自己的水平。在这一过程中，从头起就要养成严肃的译风，认真吸取前辈的长处，脚踏实地打好基础；有了进步，切不可自满——提高水平是永无止境的。对中文和外文的语法和修辞，都要刻苦钻研，翻译时切忌粗枝大叶，不求甚解，轻易动笔。查字典要认真选择最恰当的译词；但字典并不是个万能的工作，我们遇到字典上找不到适当的译词的单字或词组，就要自己多动脑筋，反复推敲，琢磨出一个恰当的译法。有些翻译家的妙笔，表面上似乎与原文对不上号，实际上却是译者苦思力索的结晶。商务印书馆和其他书店出版的中文和原文对照的译本，可供参考；但译文并不一定毫无瑕疵。学习翻译的同志最好是先读原文，不看译文；自觉懂了原文时，先行试译，译完一段，再逐字逐句地和书上的译文仔细对比，检验两种译文的质量。这种作法是较易收效的。如果发现书上的译文有错误，尽可以向译者或其他水平较高的同志提出自己的意见，认真商讨，求得正确的译法。在练基本功的阶段，最好是找几个有共同志愿的伙伴，互相切磋，互校译文；这比独自学习更有为效。

出版单位应该把比较浅易的作品给青年人译，使他们有尝试的机会。专为辅导外语学习的刊物也可以刊载一些短篇外文材料，让青年人试译，择优发表。总之，各有关方面都要多想办法，培养新生力量。只要能调动一切现有的力量，实现老中青三结合，壮大文学翻译队伍，我们的文学翻译事业是大有希望的。

1982 年 1 月 16 日

张谷若（1903—1994），原名张恩裕，山东烟台人，北京大学教授。于20世纪30年代以翻译了英国文学大师托马斯·哈代的代表作《德伯家的苔丝》和《还乡》一举成名。一生从事教授英国语言文学和翻译工作，以治学专注执着、做人正直厚朴而为人尊重。译有七部、约400万言英国古典文学名著，除《苔丝》与《还乡》外，还有哈代的《无名的裘德》、狄更斯的《大卫·考坡菲》、亨利·菲尔丁的《弃儿汤姆·琼斯史》、莎士比亚的长诗《维纳斯与阿都尼》、肖伯纳的戏剧《伤心之家》以及唐诗英译等。

谈我的翻译生涯

我做翻译，首先由译哈代做起。哈代当时是英国第一小说家兼诗人，刚于一九二八年故去。我国各大学，当时多用他的小说作课本。我于一九二九年，还在北京大学上学时，就已着手译他的《还乡》，因为我最喜欢他这部书，尤其喜欢其中的描写。我把此书译完后，把译稿卖给了北新书局，两三年没有消息。听说中华教育文化基金董事会编译委员会想找人译哈代的小说，我从北新书局里把《还乡》的译稿赎回一半（那一半已找不到），重新加工，把失落了的那一半补译出来，去编译委员会投稿，他们接受了我这本译稿，并且认为译得很好，所以《还乡》译完后，又叫我接着译哈代另一本最重要的小说《德伯家的苔丝》。这两部书，一于一九三五年，一于一九三六年，分别由上海商务印书馆印行问世。

这两部书出版后之次年，七七事变起，抗日军兴，无人能顾及译事，我的译事当然不能继续。但是在出书后抗战前的短短时间内，间接、直接听到一些过奖之词。最有意义的，是两位老先生，对我所译谬加称赏。其中一位清代末科的进士，思想开明，到日本留过学，还自学了英文。另一位是武汉有名的藏书家，也是自学英文。他们两位同与我在一次宴会上见到，说起我所译，我得以听到他们的意见。那位名藏书家还指出《苔丝》里漏掉了半行。我后来一查，果然不错。可见他们读此书之细，而他们对此译本之感兴趣，亦可于此中窥见一二。

我这样自卖自夸，是不是犯了老王卖瓜的毛病，而忘了曹丕之言，行曹丕之实？但是我想，史官既以记实为称职，孔子作春秋，也有褒有贬。自传也属于史一类，不应自夸，也不应自贬，记实就好。我这样一解释，是不是就可以免于出言不得体之讥？不过出言得体与否，倒还是第二义，说一说我所译的这两本为什么得到好评，更关重要。其实这也无甚奥秘，只是在硬译、死译风靡的时候，我之所译与之相反，使中国人读起来，觉得通畅明白。我之所译所以如此，是我有意而为。我认为译书主要是给不懂原文的人看的。看译文的人所得的感受，所起的反应，应该与读原文的人是一样的。如果说，所译既为外国人、外国事，语言文字表达方式也得有外国味儿，也得新奇，否则就不是翻译，我则不敢苟同。这个问题方面很多，不是几句话就能说得清楚的。我只提出一点。假使原文是通常的语言文字，但是表达方式与我们的不同，我们初次见其表达方式与我们自己原有表达方式不同，以为新奇，而死译之，那么遇到原文不是普通表达方式，而是有意作出的新奇表达方式，则译时当如何对待？举例言之。我们说“戴帽子”英文说“放上帽子”或“放帽子在上”，我们采用什么方式来译？当然，这个例子不好，从来没有人把“戴帽子”译作“放上帽子”等。不过这是因为这句话太熟悉了，不会令人想到别的说法。但是稍为不熟悉，或者更不熟悉、更生的表达方式，有多少应说“戴帽子”的而却译成了“放帽子在上面”？我这个例子，也许太极端化，不足为训。但确有把“老人”或“老翁”或“老头儿”译为“老男人”者。

我不大发表关于翻译的理论，因为人人可有，而且对于同一内容（甚而对于同一名词），见解可以各人不同。并且理论说得非常高明，而做起来却满不是那么回事（我就见过这样的人）。所以我以为托之空言，不如见之实行。但我把我之实行者，总括起来说明事实，未尝不可为了解我做翻译之一助；同时谈一谈普通谈翻译的人不谈或者不大谈的问题，附带地谈一谈普通谈得最多而似乎有问题的问题，似乎也应该是一个翻译者可以谈的东西吧。

我先从一个小小的问题谈起。谈翻译的人几乎没有不引严复“信达雅”三字诀的，而几乎没有不驳斥他那个雅字的。我以为似乎不必要。我认为严复说的雅字，是指“古文”而言。他的意思是说，翻译西洋《天演论》一类的东西(其中似乎不包括小说之类)，他似乎没提到小说之类，也没译过小说之类，但是否如此，我不十分敢保，我现在手头连他的一部书都没有。还有我所说的其他问题，如有问题，我都欢迎读者提出、驳斥。如驳斥得有道理，我自然“捐弃故伎，更受要道”。我最初译《苔丝》和《还乡》，都在书后附一附录，把书里未解决的问题列出来，请读者赐教。但我引以为憾的是，从来没有人猥自枉屈，不吝赐教。(我这里应该按照通常说法，说我很“遗憾”。但我现在还没死，因而不能“遗”，所以就请恕我不“遗”了。) 闲话少说，且归正传。当年严复提出译西书要雅，因为当时情势，不得不如此。如用白话，必难为人接受，等于不译。连林纾译小说，都不用白话（他反对白话文)，何况文哲之类的书？应该用周秦诸子一类的文章译，才有人读。盖当时中国人一般对西洋人尚不太了解，只知其有坚甲利兵，军舰大炮，但总认为他们是洋鬼子，没有文化，更没有文艺哲学之类。连他们的膝盖都不会弯曲，跌倒了就爬不起来。这不但是普通人这般看，我曾见之于《林文忠公（则徐）奏议》(林文忠是抗英的，恕我这儿不敬，同时我这话可能有人误解为有崇洋的意思。这个问题，我在“三反”的时候。早已检讨过了。恕在这里不再重复)。从前“雅”字，有时有特别意义。清乾隆下江南的时候，接驾诸大僚给他准备的娱乐诸项之中有演戏一项，当时的戏分为雅部与花部。雅部是昆曲，花部则将其他当时剧种都包括在内，这话不见《红楼梦》，似见于《扬州画舫录》，手头无书，不能查对，姑认为如此吧。反正雅字有时有特别意义。雅字在“雅部”一词中，就几乎等于昆曲。在严复笔下，则等于“古文”或“文言文”，至于桐城派古文，或先秦诸子的古文，我不明确，或兼而有之，或只是桐城派古文。但这都无关系，反正得是古文，而且得是雅正的古文。此其雅字之意。有人以文雅之意解之，认为如原文写粗鄙之人，说粗鄙之语，即不应以雅译之。这话很对。但以雅作古文解，则此结自解。古文中亦有形容粗鄙之人的或说粗鄙之语的。史记中之“夥颐，涉之为王沉沉者”，还有“嚄　”，据章太炎《新方言》说，即现在之家伙(如“好家伙”)，非粗鄙而何？（他倒无暇举。)

现在我再谈一谈翻译的注释问题。这是一般谈翻译者不大谈或者根本不谈的问题。不谈的原因，或者由于他们因为这是末节细事，不值一谈。我则不然，这要看从什么角度来看。我认为注释是翻译的必要工作，未作翻译先要作注释。我所译的注释，当然不是字典或词典搬家。那是人人都会作的。我所谓的注释是针对所译的地方解决问题。当然注不出来，照样可以翻译，但是那算是尽了翻译应尽的责任了吗？同时，普通书籍，也许没有要注的东西，时兴的东西，昙花一现，烟云过眼，当然都不必注或不值得注（个别情况除外）。我所说的，是经过时间考验，文学史上确定了地位，且有其内在、自己的价值，译文译得好的也可以成为所译之文的古典译作而言。这类书是在研究之列的，注释也就是研究工作的成果。说到研究，里面包括的东西当然很多。我现在且举出一些例子，然后从这些例子看一看，都可以包括一些什么内容。狄更斯的《大卫·考坡菲》第二十二章，说到一个理发修脚的小矮妇人，叫她的主顾理发的时候说，“小鸭，小鸭，快到滂得太太这儿来挨刀”，滂得太太并不是她自己的名字。同时她为什么叫她的主顾是“小鸭”，并说理发是“挨刀”？没有注如何能懂？原来她是引用一首英国儿歌的头一段话：“滂得太太，你有什么给我们吃？／肉橱里有牛肉，池塘里有鸭子。／小鸭，小鸭，小鸭，快快来挨刀！”这个小矮妇是引用这段歌词，来开玩笑。同一章里，说到大卫幼年爱慕的人，这个小矮妇人说，“是不是他这个人用情不专哪？……他是不是把花儿朵朵咂，每时都有变化，一直到波丽把他的热爱酬呢？她是不是就叫波丽哪？”这儿波丽与前后文都没有关系，全书里也没见过二次。这几句话什么意思呢？意思很明显，用情不专。但何以以“把花儿咂”为喻，并说到波丽呢？原来这是引用英国十八世纪诗人约翰·盖伊《乞儿歌剧》的几行歌，那几行与此有关的歌说：“我的心逍遥自由，／像蜜蜂到处遨游；／一直到波丽把我的热爱酬，／我的相思才能够一笔勾。／我把花儿朵朵咂，／我每时都有变化。”原来是引用的这句歌儿。波丽是该歌剧的女主角。又如同书第四十二章末尾，米考伯太太因丈夫性情改变，对之不解，写给朋友一封信里说，“我现在……除了知道他从早到晚，都在事务所里而外，我对他所知道的，还不如我对靠着南边往前进那个人知道得多（关于那个人，无识无知的小孩子都会说一套瞎话，说他喝凉李子粥把嘴怎样怎样）这句话，无识无知的小孩子懂得，而有的有知识的译者反倒不懂，累他东猜西猜，结果还是没猜着。原来这不是猜的，而是知与不知的问题。知道呢，容易极了；不知道呢，猜多少天也没有用处。原来这又是一首英国儿歌，叫《月里的人》（本意指月中阴影而言），歌词是：月里的人掉下来，／一直落地真叫快。／他想要去呶锐镇，靠着南边往前进。／把嘴烫得好不难受，／只因喝了凉李子粥。”其实是没什么意义的歌谣，但不知道，则竟无法懂得。又如哈代在《苔丝》第40章里，有这样一段对话：“你想，你这个坏人，上寺院去就是去当僧侣，当僧侣就是信罗马天主教了。”“信了罗马天主教就是犯了罪恶，犯了罪恶就得下地狱了。这么说来，安玑·克莱呀（自呼己名），你的地位可危险啦！”原来莎士比亚的喜剧《如你所愿》里，有这么一段对话：“如果你没在宫廷里待过，你就永远也没看见礼节，没有礼节就是坏。坏就是罪恶，有罪恶就得下地狱。你的地位可危险啦。”在《苔丝》里那一段对话，原来是模仿莎士比亚这段对话，以为嘲笑的。又如，斐尔丁在他的小说《汤姆·琼斯》第8卷第1章里说，人之常情，易信坏人坏事，而难信好人好事，于是各举一例。举善人时，把他说得特别好。说完了引用了两行拉丁文，作为结论，这两行拉丁文译为中文是：

“谁其信之？咦，天乎，并无一人[信之]！并无一人！或只有一二人，或并无一人。”

这两行拉丁文是哪儿来的？为什么要这样说？原来罗马诗人波尔歇斯在他的《讽刺诗》第1卷里写道（原为拉丁文，现译为中文）：

“谁其读之？”
“咦，天乎，并无一人[读之]？”
“并无一人？”
“或只有一二人，或并无一人。”

原诗是“无人读之”，为二人问答式，共分四行。菲尔丁则戏仿之，但变“谁其读之”为“谁其信之”，且变问答式为感叹式，把原文四行合并为两行。

这类例子举不胜举，所以就此打住好啦。我们从这几个例子里，可以明显看出一样事来，即原作者所读过的书，译者也应该读过。原作者所知道的，译者也应该知道。否则译时只能照猫画虎。

读者对注释的态度，可能各有不同。有的（我只是说“有的”，不是说“所有的”）出版社或编辑愿意注释越少越好，我想是为印刷方便起见，他们或许也有别的理由，但有的说，读者不要注释。这可不见得。我就遇见过不少读者，当面对我说，要我的注释。

前面虽说可以打住，但仍有更有用处、更有意义的例子，不举不快。所以还得不惮食言，唐突读者一次。因为还有一种注释，不加注更使读者摸不着丈二金刚。例如狄更斯在他的《大卫·考坡菲》第21章里，有这样一句话，“我们一到客店就上床就寝（我们从我有过交道、叫作海豚的房间门外过，我看到那儿有一双泥污沾濡的皮鞋和裹腿），我们第二天早餐吃得很晚。”这儿，括弧里的话，由意思和行文方面看，都和前后文没有关系，是地地道道的插入句。其中的小问题，如房间叫“海豚”，因为当时还不大兴号数，脏靴子放在房间门外，因为要让旅馆里擦靴鞋的仆役擦净上油，那是旅馆的习惯。这都不是问题所在。问题所在的是：狄更斯为什么在这儿忽然横插进来这样一句与前后文没有关联的插句？回答这个问题，似乎只有从他的思想、感情、性格方面找原因。他旅美时，给了他的友人一封信，说他住在旅馆，夜间欢迎他的人，在房间外给他奏夜曲，他非常感动。但在感动时，忽然一种念头起于心中，使他大笑难禁，因此只好以被蒙首，他对他太太说："天哪，门外我那双靴子，看着有多极尽情致地可笑，有多极尽情致地庸俗啊！"他一生之中，从来没像那一次那样，让靴子引得起那样荒谬可笑的感觉，云云。从这封信里，可以看出来，狄更斯对于放在旅馆房间外的脏靴鞋，似乎感到特别好玩儿。这种感觉，有时会突然发出。如遇到他正写文章的时候，而这种感觉突发，他就随手把它横插在文章里，不管它和上下有无关联了。他在《游美札记》里，写到蛎黄食堂，突然插了一句话，"也并非为他，希腊文教授啊！"也可以作同伴的解释，萨克莱在他的《名利场》序言"幕前"里，写到卖假药的，忽然用括弧插进一句说，"别的卖假药的，叫他们遭瘟去吧！"这别的卖假药的是指社会上一切用种种方式骗人的骗子。他在写《名利场》以前的几乎十年中，所发表的文章，全以攻击这类人为事。他最痛恨的是假慈善家，认为他们使假借道德之名而行杀人之实的行为成为风尚。他这种感情永远横亘心头，不觉随时迸发而出。凡是这类例子，不加注释，读者无从明白，而不懂作者的思想感情，心里活动；译者也无从明白，无以注释。例子很多，可以说不胜枚举，所以可以在此打住。但由此引起我另一番理论。从作者所引用的儿歌、诗歌看，译者不知其出处，无从注出，是译者须知作者之所知，须读作者之所读。这个知作者之所知，还应扩而大之，及于作者的所知之社会、政治、法律、民风习俗、历史、地理等等。从另一类例子里看，译者更须知作者之思想、感情。罗马诗人贺拉斯说道，欲令读者哭，先须作者自己哭；欲令读者笑，先须作者自己笑。一个译者亦应同然。读译文者应与读原文者起同样感应。这儿这个笑与哭，当然不单纯只指哭与笑，是包括各种感情在内的。这就牵涉到形似与神似、　译与再创作的问题。关于这一方面，我也不想徒见之空言，所以不再多谈。

一个译者，另外一个条件，就是两种文字语言的修养造诣问题。这令人想到孔尚任。他在他的《桃花扇》的"小引"里说："传奇虽小道，凡诗、赋、词、曲、四六、小说家，无体不备。至于摹写须眉，点染景物，乃兼画苑矣。"我们今日虽不需四六、词、赋，但其所言，总的精神，实无二致。我常听到某人有译笔拙劣之讥。甚至有的读者，因译者之拙劣，而累及作者，使读者疑作者原亦拙劣。这个问题之所以出现，当然有其种种原因。我对这个问题，只说一句话：即读者和批评者应分别清楚，何者为戛戛独造，真正使汉语丰富起来，何者为幼童涂鸦，初识之无，不知字、词应当怎么用，而胡乱搭配。

我本不主张谈理论，而却言行不符，还是空议论了一番。我所以如此，疑为使读者就我所谈的这几方面（其实是挂一漏万）来看、来批判我之所译。我在译狄更斯的《大卫·考坡菲》的时候，把原有的双关语，一概译成汉语双关语。从这一点也可以看出我译书的态度。我只举此一端，以概其余。我这里也不举例。因明眼的读者自能得之。且我对书中双关语，大部分都有注释，说明原委。读者可以参考。

有人谈直译，举出“酸葡萄”、“木马计”等词为例。我认为这是命名的问题，而不是翻译的问题。凡是我们没有的事物，要引进来的，都得给它个名字。不然如何叫它？头一辆自行车来到中国，马上就得给它个名字，甚而东西没到，就早已先有了名字了。化学药物以及一切科技方面的东西，除了少数是中国原有的而外（如金、银、铜、铁等等）其他元素，哪一个不是新给的名字。给名字的方法，可以不同，有的恰当，有的方便，有的则否。英美人自己也有同样问题，他们当然更是给名字，而不是译名字。我们因为别的国先有了名字，然后再给名字，所以也可以说译。韦氏新国际英语字典第三版，把这类字或词直呼之为“国际科学词汇”。这样一来，更难说是谁译谁了。“酸葡萄”之类，只是故事的名字，哲学上则多是概念的名字。是否可以这样说，当然可以人人各有已见。

我现在言归正传，再谈一谈我做的翻译好啦。

我从一九三五年和一九三六年出了《还乡》和《德伯家的苔丝》二书之后，一直到解放后，才有此二书的重版。又于一九五六年，出了肖伯纳的《伤心之家》（在《肖伯纳戏剧选集》内），于一九五八年，出了哈代的《无名的裘德》（最近已有修改增注本再版），于一九六二年出版狄更斯的《游美札记》（即将有修改增注本再版），于一九八〇年出莎士比亚的长诗《维纳丝与阿都尼》（在《莎士比亚全集》内）；于一九八〇年出狄更斯的《大卫·考坡菲》。

上译各书，大半应出版社之命而译，如《伤心之家》为纪念肖伯纳，《维纳丝与阿都尼》原为纪念莎士比亚等，且小说多于其他类品。英国文学，以诗见长，诗人之多、之美，胜于他国，我尝有志于英诗之翻译，而除莎氏之《维纳丝与阿都尼》外，再无其他机会。现在手头上正要翻译的也是小说。但我想译英诗之志始终未已。苟天假以年，惟有俟诸异日而已。

1982年3月于北京

李霁野（1904—1997）著名作家、翻译家，1925 年参加未名社，曾任孔德学院讲师、河北女子师范学院、辅仁大学、台湾大学教授。新中国成立后，任南开大学外语系主任、天津市文化局长、天津市文联主席。译著有《简爱》《被侮辱与被损害的》等。

译诗小议

西班牙、葡萄牙、拉丁美洲文学学会在天津开会，我应该也打算在开幕时来表示欢迎和祝贺，不料老天爷捣乱，刮了一阵台风，我坐的船从大连迟开了两天。我虽然乘风破浪，冲过渤海，但到天津时已经是八月十六日中午，你们的会议已经进行半天了。所以诸位要兴师问罪，只好请去找老天爷算账了。

我是向来不悲观失望的。我想老天爷尽管捣了一点乱，十级台风也不过如此，我还是安然到了天津，并且同诸位见面了。因此，我更相信人定胜天的道理了。

英国的诗人斯宾塞（Edmund Spenser）有一首诗，劝他的情人不要白白度过大好时光，其中有四句：

“Goe to my love, where she is careless layd,
Yet in her winters bowre not well awake;
Tell her the joyous will not be staid,
Unless she doe him by the forelock take;”

我年轻的时候译了这首诗，这四行是这样译的：

“我的爱人在冬闺还未全醒，
漫不经心躺着没有起来；
去告诉她快乐时光不会久停，
除非你抓住时光的刘海。”

我并不是偶然想到这四句诗的，我想到能赶上你们会议的闭幕式，虽然没有抓到时光老人的刘海发，总算抓到了他的尾巴，可见时光老人无论怎样毒狠，也不是完全没有制服住他的办法。

说到这里，诸位中有人也许以为我被时光老人捉弄得忘乎所以，在满口胡说了。

请放心，不是的。

你们这次开的是学术会议，诸位有许多人是搞翻译工作的，我胡乱翻译过几本书，因此有同志希望我从这方面谈几句。我觉得很有点为难，因为我实在没有什么可谈的。但既然打鸭子上了架，我也只好呱呱几声了。

我想搞翻译工作，第一要坚定人定胜天的信心，第二要有击败时光老人的气魄。当然这只是一种理想，不是轻易就可以做到的。我们从母胎出来，就开始学习祖国的语言，几岁起就学习祖国的文字，但是到头来还是学不好的人多。学外国的语言文字自然就更困难了。但我们常说，天下无难事，只怕心不专。要专心，就可以学好祖国和外国一种至几种文字。这是基础，缺少不了的。这都是终身的事，确实学无止境。我的时间精力都有限，不能多读什么书了，但时时觉得开卷有益，至少使自己知道所知太少，不仅不能深解，有时还有误解之处。搞翻译是要把外国的东西移植到中国来，这就要突破两种文字关，弄不好就容易面目俱非，或者只有躯壳，没有灵魂。但只要有人定胜天的信心，困难可以逐渐克服，水平是可以不断提高的。

我说时光老人是可以击败的，因为有许多经过时间考验的名著，一直在世间流传着。若是名著被翻译过来仍然是名著，那自然也经得起时间的考验。这自然是一个很高标准的要求，但做翻译工作的人应当努力争取。

我上面谈到年轻时翻译斯宾塞的诗，我可以顺便谈谈翻译的经历和甘苦。我翻译抒情诗是半个多世纪以前的事了，那时候经验既少，也没有看过什么谈论翻译技术的书，但是初生牛犊不怕虎，觉得大意明白，就可以动手了，并将少数几首加以发表。后来看到不少论客说，诗是不能翻译的，翻译只是吃力不讨好。我也忙了别的事，把译诗的事二十多年都置之脑后了。但我是很喜欢读抒情诗的，喜欢的诗篇也时时反复诵读。中国古典诗词我也是很喜欢读的，比较容易记，背诵又是以前上私塾的老习惯，休息时哼哼倒是愉快的。

在抗日战争时期，我在四川一个山沟的学校里教书，手边有一本菲茨杰拉德（Eduard Fitzgerald）翻译的《鲁拜集》（The Rubaiyat）比较闲暇，我就用五七言绝句翻完了初版的七十五首。译稿已经在十年动乱中丢失了，我还记得其中的几首：

(一)
劝君且尽欢，
黄土待君眠；
黄土一朝覆，
永无歌酒弦。

(二)
葡萄美酒了生涯，
绿叶裹体代尸纱，
玉液洗净皮囊后，
葬余园里近芳葩。

菲茨杰拉德的英译是这样的：

1.
Ah, make the most of what we yet may spend,
Before we too into the dust Descend;
Dust unto Dust, and under Dust to lie,
Sans Wine, sans Song, sans Singer and sans End!

2.
Ah, with the Grape my fading Life provide,
And wash my Body whence the Life has died,
And lay me, shrouded in the living Leaf,
By some not unfrequented Garden-side,…

我们知道，英国翻译古典希腊罗马和外国诗歌是很多的，其中不少出于名诗人之手；但是一般评论认为只有菲茨杰拉德所译的俄默还是真诗。但他的译诗只提取原诗几百首的精神进行再创作。

这时我已经不是初生的牛犊，却已经可以算是中年的人了，不免对翻译的问题，尤其译诗，稍加思索了。我觉得译诗是极困难的，但不是不能译。信达雅的标准要遵守，但译诗比译散文要稍自由些；可是我不赞成贝洛克（H. Belloc）的主张，他说译诗不能节对节，更不能行对行。我赞成雪莱的主张：尽力保存原诗的形式。我觉得译诗主要是为借鉴，要保持原诗的行节和全诗的形式，包括脚韵在内。

但保存原诗的形式不能绝对化，自由些也有程度之差，这只能由译者自己去掌握分寸了。我这里只举几个例子作参考，希望得到读者的指教。

兰多（W．S．Landor）有这样一首诗：

Finis

I strove with none, for none was worth my strife,
Nature I loved and, next to Nature, Art;
I warm'd both hands before the fire of life;
It sinks, and I am ready to depart.

我的译文在形式上变成六行了：

我不和人争斗，
　因为没有人值得我争斗。
我爱自然，其次我爱艺术；
我在生命的火前
　温暖我的双手；
一旦生命的火消沉，
　我愿悄然长逝。

兰多另有一首诗，我的译文变动就更大了：

Proud word you never spoke, but you will speak,

Four not exempt from pride some future day.
Resting on one white hand a warm wet cheek,
Over my open volume you will say,
'This man loved me'—— then rise and trip away.

你没有说过骄傲的语言，
但是将来有一天，
打开我所写的诗卷，
　　用一只白手托着
你的又暖又湿的脸面，
你会说出几个字眼，
　　骄傲气并未摆脱：
"这个人爱过我"——
于是站起身来，
用轻盈的脚步走开。

但这些只是例外，常例我还是尽力遵守原文形式的，尽管有时译文不免呆滞一些。

有时为了使译文协韵或好读些，我想文字可以稍有增减。例如莎士比亚有这样一首歌：

Where the bee sucks, there suck I:
In a cowslip's bell I lie,
There I couch when owls do cry.
On the bat's back I do fly
After summer merrily
Merrily, merrily, shall I live now,
Under the blossom that hangs on the bough.

我把首行稍加几个字，是这样译的：

在蜜蜂吸汁酿蜜的地方，
　　我也在那里吸汁酿蜜；

我在野樱花朵里安息，
我卧在那里，其时猫头鹰夜啼；
我坐在蝙蝠背上飞来飞去，
欢欢乐乐地追随夏季：
　　现在我快快乐乐过活，
　　上面枝头满开着花朵。

雪莱有这样一首诗：

Music, when soft voices die
Vibrates in the memory;
Odours, when sweet violets sicken,
Live within the sense they quicken.
Rose leaves, when the rose is dead,
Are heaped for the beloved's bed;
And so thy thoughts, when thou art gone,
Love itself shall slumber on.

我将第四行的“they quicken”省去了，句子的组织也略加变动：

轻柔的声音化为乌有，
音乐还在记忆中颤抖；
甜蜜的紫罗兰不再发香，
感官中还存留着它的芬芳。

玫瑰的叶子，当玫瑰变成了枯花，
可以堆起来做情人的卧榻；
等到你一朝不见，
在对你的怀念中，爱情继续微睡。

我觉得诗有时对句子组织略加变动是很必要的，不然读起来拗口。

用中国旧体诗译外国诗是不适宜的，马君武和苏曼殊的前例可参考。俄默的诗近似中国的绝句，但就我的译诗论，是很不够味的。其他体裁的诗就更不用说了。长期习惯形成的成语是语文的灵魂，各国文字中都是很多的，这些既难理解，更难翻译，富有联想的词就更困难了。这是诗特别难译的主要原因之一。我在年轻时还译过彭思（Robert Burns）的“A Red, Red Rose”（一朵红红的玫瑰），诗中以“海枯石烂”比喻爱情的忠贞。我想用这个成语与原文一致，是很适当的。那时这个成语在我心中引起的联想，只是《上邪》一诗中的“山无陵，江水为竭”的诗句，也是形容爱情忠贞的，我并未觉得是陈词滥调。我这首诗并未发表过。近日看到王佐良同志的一篇文章，说用“海枯石烂”不妥，应当创新。当然，创新是很好的。能化腐朽为神奇更好，但我觉得都力不从心，暂时还保存着旧译。我顺便谈到这个例子，只是说明自己在翻译过程中的情况：最初是初生牛犊不怕虎，随便动笔；中间是颇费思索，苦头多于甜头，不敢轻于动笔了；最后是觉得结了些酸苦的果实，并没有橄榄的回味。有批评家说，青少年读《吉诃德先生》欢笑，中年人读它思索；老年人读它哭泣。我年近八十，算得老人了，翻译有时闹得我很苦恼，因为修养不够，力不从心的时候很多，但还未哭泣。我下面要说的事可以为证。

思索的结果是：不翻译第一流的名著，免使其在翻译过程中受太大的损失。喜爱的抒情诗时时反复诵读，但不轻易动手，只在回忆年轻时的心情时试一试。我觉得这种反复诵读是大有好处的，仿佛朋友熟了，声音容貌更为亲切了。执笔试译，往往觉得较好。前年有同志办刊物向我征稿，无以应命，拿出几首旧译诗去补白，北京有青年人写信来问，我将旧译的几十首诗寄给他看，竟有几个青年同学要传抄，这自然是因为可读的诗太少，所接触的外国诗又不多，所以觉得有点新鲜了。

近两年来，我在整理自己的译书，深深觉得译文太差，很对以前的读者感到歉疚。我尽力进行修改，但很难改到好处。我不打算再译什么书了，过去的译书也只重印几本原著还可以看看的。译书固然给我吃过些苦头，但也尝过些甜头，我并不是失败主义者，只是经过一段实践，知道自己的能力有限。我寄希望于诸位。但我可以告慰的是，我对英国抒情诗的兴趣还是很浓的，又从青年读者得到欣慰和鼓励，近来在开会旅游时偷闲译了约百首抒情诗，我很高兴，心情愉快还不减当年。假如译诗还有几首可读，我想译前反复诵读原诗是很有益处的。有人说，西班牙文是写情书的文字，我想葡萄牙文也是如此，诸位学了这两种文字，在翻译上是大有可为的。假如我的几句浅薄话可略供参考，那就希望诸位坚定信心，很有气魄，知其不可而为之。

1982年8月22日

吕叔湘（1904—1998），江苏丹阳人。1926 年毕业于国立东南大学外国语文系。1936 年赴英国留学，先后在牛津大学人类学系、伦敦大学图书馆学科学习。1938 年回国后任云南大学文史系副教授，后又任华西协和大学中国文化研究所研究员、金陵大学中国文化研究所研究员兼中央大学中文系教授以及开明书店编辑。新中国成立后，1952 年起任中国科学院语言研究所（1977 年起改属中国社会科学院）研究员、中国科学院哲学社会科学部委员（院士）、语言研究所副所长、所长、名誉所长。

翻译工作和"杂学"

要做好翻译工作，——请读者原谅我用这样的老生常谈来开始这么一篇短文章——必得对于原文有彻底的了解，同时对于运用本国语文有充分的把握（我不把学科内容算进去，因为，一、那是不成问题的先决条件，二、文学作品和一般性的论文很难规定它的学科内容）。这两个条件的比重，该是前者七而后者三，虽然按现在的一部分译品来说，似乎应该掉个过儿。我是按原则说话，所以把大份儿派给第一个条件；因为一种外国语毕竟是一种外国语，要充分把握，即令只是了解而不是写作，也谈何容易。

了解原文的第一步，不用说，是获得足够的词汇和文法知识。在原稿纸的一边放一本字典，另一边放一本文法，左顾右盼一阵之后才提起笔来写一行，——这，咱们不必去谈它，那不是翻译，那是开玩笑。

第二道关是熟语。在最近一两天之内有两位朋友来跟我斟酌译文。一位朋友拿着“...and line their pockets by falsifying election rerurns（伪造选举结果，借此牟利）”不知道怎么翻。一位朋友把“But for all that he was a keen observer of...”翻做“但是为了这一切，他是一个……的敏锐的观察者”，可是跟上文的意思不合；这是因为他不知道 for all that 作 in spite of that 讲。这两个例子恰好代表熟语的两类，一类是摆出陌生的脸来的，一类是冒充老朋友的——后一类更危险，一不小心就要上它的当（有人说，只有英文里头的熟语多；像俄文，文法虽麻烦些，熟语可比较少。我的俄文程度不够下判断，不过凭着关于语言的常识说，我不大敢相信；凡是有相当历史的语言，没有不包含大量的熟语的）。不过熟语是可畏而不足畏的，只要咱们不“掉以轻心”，就不会不发现问题，而手头有一本较好的字典，也就不怕不能解决问题。

以上是个陪衬，我要讲的是了解原文的第三道关，就是字典不能帮忙的那些个东西：上自天文，下至地理，人情风俗，俚语方言，历史上的事件，小说里的人物，五花八门，无以名之，名之曰“杂学”。就手头的材料随便举几个例子。

先来一个简单的。Jane Austen 的 Pride and Prejudice 的第一章，常常选入英文读本，因之有好些初学翻译者用来小试其锋。其中有一句“Sir William and Lady Lucas are determined to go，merely on that account，”往往译做“威廉爵士和路卡斯夫人……。”中国读者一定把他们当作不相干的两个人。译者要是熟悉英国贵族圈子里的称呼习惯，他一定会翻成“路卡斯爵士夫妇……。”

再来一个比较曲折点儿的。有一位朋友翻译拉斯基的一篇文章，里面有这么一段：

I think it is a reasonable criticism of a good deal of academic work in politics that，because the writer has not seen things from the inside，he tends to mistake the formal appearance for the living reality... The captaincy in the Hampshire grenadiers was not entirely useless to the historian of Roman empire; long years in the service of Shaftsbury were vital to the thought of Locke; and the election campaigns for the London County Council taught Graham Wallace a good deal he could not have learned in books about human nature in politics.

第二句他的译文是“在 H. 郡的掷弹兵里当上尉，对于罗马史家不是完全无用；在Shaftsbury城服务多年，对于洛克的思想极为重要；伦敦市议会的竞选教给格拉罕·瓦勒斯许多东西，是他在论政治中的人性的书本上所不能得到的”。这位朋友跟我说，这里的第二第三分句他相信没有什么问题，就是第一分句里，他不懂当掷弹兵上尉为什么对罗马史家有用。他不知道这里的“罗马史家”不是泛指，是指的《罗马帝国衰亡史》的作者吉朋，吉朋曾经在1759—1763年在H.郡民团里当过上尉。他所谓没有问题的第二第三分句也不是全无问题。Shaftsbury在这里不是地名，是人名，指的是Shaftsbury伯爵，是查理二世时代的权臣，洛克曾经当过他的医官，并由他的力量做过好几任官，一直在他门下十几年。Graham Wallace曾经写过一本书，就叫《政治中的人性》，1908年出版。

再举一个比较别致点儿的例子。Rebecca West有一篇论丘吉尔的短文；因为短，我曾经用来做翻译班上的练习材料。里面有一句：“...going vegetarian and repeating ‘Om mani padme hum’ a hundred times between each bite of lettuce.”班上的同学没有一位能把这“Om mani padme hum”翻对的，这不能怪他们。他们问我怎么翻，我问他们看过《济公传》这部旧小说没有？有同学看过这部小说，想出来这是所谓“六字真言”，可是不知道怎么写。我让他查《辞海》，他找出来。“唵嚒呢叭咴吽”的写法。这可以用来表明，翻译工作者所需要的“杂学”杂到什么程度。

也许有人说，只有资本主义社会里的作家们才会这样别别扭扭地写文章。不，为了使文章里的用语具体而生动，社会主义社会里的作家同样地应用这种手法，例如爱伦堡。他在巴黎和平大会上的演说已经选在新华书店的《大学国文》里，单在这一篇文章里就有几十处非注解不能明了。至于马克思著作里“用事”之多，更是一向有名，无庸赘述。

翻译工作者的第一个任务是了解原文，第二步就得把他所了解的传达给读者。有些疑难之点，只要弄明白了，译了出来，就不再需要什么，例如上面所引Sir William and Lady Lucas之例，in the service of Shaftsbury之例，Om mani padme hum之例。像human nature in politics之例，就最好得加个注；至于the historian of Roman empire，就更非注不可了（有人主张，遇到这种场合，干脆就把它译做吉朋，这就破坏了原作者的风格，似乎不是最妥当的办法）。

所以，必要的注释应该包括在翻译工作之内。鲁迅先生译书就常常加注，也常常为了一个注释费许多时间去查书。当然，注释必须正确，否则宁可阙疑。比如今年十月十二日《人民日报》的保卫世界和平专刊里刊载的爱伦堡所作“和平拥护者”那篇文章的头一段有这么一句：“那时候，美国的和亲美的报纸上所谈论的是杜鲁门先生的人道主义，原子弹的诗句，封腾布罗的马刺声……”篇后附注：“封腾布罗是法国东南部的一个城市，以古典建筑和森林著名。当地有兵工学校一所。”这就有问题了。封腾布罗城在巴黎东南，以法国全境而论，还应该算是北部，这且不去说他：兵工学校跟马刺声如何连到一块呢？法国的军事学校多得很，为什么单单提出这一个来说呢？原来爱伦堡心目中的封腾布罗，不是指那个才有一万多居民的小城，而是指那有四百多年历史的有名的离宫，拿破仑在这里签字退位，现在是那有名无实的“西欧联盟”的联军总部所在（那马刺声该是那“联军统帅”蒙哥马利脚上的吧）。

讲到注释，连荷马也有打盹的时候，鲁迅先生译的《死魂灵》（文化生活社版）243面上说到“邮政局长较倾向于哲学，很用功的读雍格的《夜》……”鲁迅注作：Young（1826—1884）德国伤感派诗人。这儿显然有问题，因为《死魂灵》作于1835-1841年间，1826年出生的诗人这个时候才不过九岁到十五岁。我猜想是指英国诗人Edward Young（1683—1765），他的有名的一万多行的长诗Night Thoughts作于1742—1745年，在浪漫主义运动时代是的确曾经传诵各国的。

一般人总觉得创作难而翻译易，只有搞过翻译工作的人才知道翻译也不容易。创作可以“写你所熟悉的”，翻译就不能完全由自己作主了。即使以全篇而论可以算是“熟悉”了，其中还是难免有或大或小或多或少的问题，非把它解决不能完成你的任务。而其中最费事的就是这里所说“杂学”这方面的东西。要解决这些问题，当然得多查书和多问人。希望好几位同志在本刊上提议的计划能够实现，在各地建立起翻译工作者的组织，设置够用的参考书，这就可以彼此谘询，共同研讨。但是最重要的还是每人自己竭力提高自己的素养，有空闲就做一点杂览的工夫，日积月累，自然会有点作用。

——原载《翻译通报》1951年1月第二卷第一期

周煦良（1905—1984），安徽至德（今东至）人。1926 年毕业于上海光华大学化学系，1932 年春毕业于英国爱丁堡大学、获得文学硕士学位。英国文学翻译家、教授、诗人、作家。《周煦良文集》收集了作者的主要译著和论著。

翻译三论

一、还是信、达、雅好

我同意沈苏儒先生《论信、达、雅》的文章，要谈翻译标准，还是信、达、雅好。我也同意他的结论："历史已经证明，'信、达、雅'理论 80 年来一直在对我国的翻译工作起着指导作用，至今还有它的生命力。许多学者先后提出过各种不同的翻译原则（标准），但看来还没有一种能够完全取代它，如'忠实、通顺'、'忠实于原作，完善的译文形式'、'在准确的基础上通顺'、'准确、简明、通顺'、'准确、流畅'等等，我的浅见总觉得并没有超出信、达、雅的范畴，在理论深度上或尚不如……"。他举的那些标准里，忠实和准确实在都是信的变相说法，通顺和流畅本身既有些重复，而且都跳不出达的范围。至于简明，那要看原文内容而定，像康德的文章，原文那样繁复，译得通顺就很不容易，简明是无法做到的；葛传椝先生异军突起，提出"不增，不减，不改"的标准，其实并没有越出一个"信"字。很多 Chinglish 和极端欧化的翻译都可以援引这"三不"为自己辩护。林语堂于忠实、通顺之外，加上一个美的标准，这个“美”字仍是严复“雅”的变相；而且严复在他的时代提出雅字我们可以理解，林语堂在三十年代提出美的标准则并不妥当。林氏的意思是，翻译必须是一种艺术，能给人以美的享受。实际上，许许多多的翻译只要文字通顺，就达到要求了，并不需要译成文学，也不可能译成文学。社会科学文章，报纸社论，科技文章，调查报告，都属这一类。翻译历史，并无须当作吉朋的《罗马衰亡史》译；翻译传记，也无须译得像鲍斯威尔的《约翰孙传》。

美既不能用，雅又不能照严复当时提出的那样去理解，那么究竟应当怎样理解呢？我认为应当作为“得体”来理解。得体不仅仅指文笔，而是指文笔基本上必须根据内容来定；文笔必须具有与其内容相适应的风格。

现举例说明。我在一九四七年译了一部科幻小说《地球末日记》，故事叙述宇宙空间有两个行星大小的天体将要进入太阳系。天文学家计算的结果认为大的一个肯定将把地球撞掉，小的一个则与地球相似，人类说不定可以迁往居住。这两颗星首先在非洲被一位天文学家发现；他作了无数次的观察和计算，都得到同样结果：地球一定会被撞掉。科学家们吓坏了；他们成立末日委员会商量对策，并请末日委员会首席科学家韩德隆代表六十位世界著名科学家在《纽约时报》上向全世界发表声明。

这篇声明如果在今天译，当然全部用白话译，但在一九四七年的蒋管区，就不得不译成当时那种半文不白的报章体裁。如：

> 凡太阳系吾等所熟悉之行星皆与地球之轨道约略在同一平面移动，自水星至冥王星，不论体积大小，距离远近，莫不如此。但此白朗生星体之移动面则几与行星之移动面成一直角。
>
> 流星可能来自任何方向；但此二星体在大望远镜中所见，与流星绝不相似。其中之一，当第二次观察时，现有一可察觉之盘形，其光带显示之条纹证明为反射之日光。经数次观察测量其地位及速度之后，此二白朗生星体确实证明为远自恒星区域或空间向吾等行来之行星类，大小亦与行星相等。

译文要具有与内容相适应的体裁，这就是我叫作的雅。今天要我解释信、达、雅，我会说，信就是忠实于原文的意义，达就是使译文能使人看得懂，雅就是和原文的内容和体裁相称，要得体。

有人会问，为什么我要坚持一个雅字？换一个“文”字不是更接近我的意思么？我的回答是，用“文”字可能有人误会我主张用文言。单字固然笼统，但也有笼统的好处：容易记。雅字既包括古雅，也包括文雅、典雅、雅驯，至少不能俗，要有风格。

信、达、雅标准的好处在于它既不空洞，又不重叠，就像多、快、好、省一样，去一不可，添一不可，然而在指导实践、检查实践成果上却最有效用。它是必要的，又是足够的。

信、达、雅三者哪一个最重要？我以为要看内容而定。如果译的是《读者文摘》或旅游见闻，那就要着重达，便是漏译一两句也无关宏旨。如果译的是哲学、社会科学，特别是经典著作，信就应当放在首位。中国人最不喜欢的长句子，不得已时，只好让它长一点。词类，甚至句子结构，只要不至读上去不通，能不变动就不变动，硬一点只好硬一点。这是为了（一）防止引用时误解；（二）前后照应；还因为（三）准备人找岔子，在并非专门名词上找漏洞。举个例说，约翰·密勒的《功利主义》中有这样一句："It is better to be Socrates dissatisfied than a pig satisfied"，这里的satisfy一词并非哲学名词，但这句话和他的功利主义哲学是格格不入的，抓着这个字眼一步步进行分析，就可以揭露密勒自相矛盾之处。因此译satisfy最好朴素点，可译作"满足"，什么"心满意足""称心如意""开心"，在别的文章里也许无所谓，在这里却会节外生枝，把分析研究引导到错误的方向去。

又如commitment这个词可以译承担责任，也可以译表态，但译存在主义哲学时，一经译"承担责任"就不能动，不能一会儿译"承担责任"，一会儿译"表态"，一会儿又译"出头"。这样做会弄得前后不能呼应，使读者不知所从。

至于文学翻译，那当然要讲究文笔。若是文言，虽不能夏商周，总不能不通，或者半生不熟，即文言夹杂白话，然而竟有大学者这样写的。若是白话，倒不妨大大放宽，不但可以适当使用文言，也完全可以使用欧化句法。特别是诗歌翻译，为了格律整齐和押韵的需要，更是无法避免。试看这一节：

田间的雏菊，你的色彩种类繁多，
不只为悦人耳目而开放，
还道破我们心中的愿望，
指出人心的趋向，用你的诗歌；

这"用你的诗歌"放在句末就是欧化语法，而这是取自傅雷译的巴尔扎克《幻灭》中一首十四行的。傅雷最不喜欢欧化句法，但这是译诗，所以他并不回避。

把雅的标准用于文学翻译就是要求文学翻译要有风格，但这并不是说要反映原著风格。英国的泰特勒（Alexander Fraser Tytler）在十八世纪九十年代写过一本《翻译原理》，也提出三条翻译标准。其第二条就是要求翻译要反映原著风格，这是他不及严复的地方。严复只提雅，而不提原文风格，我们现在提文学翻译要有风格，也不宜要求译出原文风格：原文风格是无法转译的。

一九五九年《外语教学与翻译》第七期发表了我的一篇题为《翻译与理解》的文章。为了强调理解的重要性，我顺带奉劝翻译家对原著的风格不要多费脑筋，并说有人自称“译司汤达，还它司汤达；译福楼拜，还它福楼拜”是英雄欺人语。文章发表后，哈外有位同志就进行反驳，认为风格是能译的。上海外文学会认为这是个很好的争鸣题目，就召开了讨论会，由我主持。与会者有从事外语教学的同志．有搞实际翻译的同志；前者主张风格能译，就如人能模仿别人走路的动作一样，这是不妥当的，人都有身体四肢，甲模仿乙的走路动作是容易的。但翻译的媒介是语言，这等于用铅笔或钢笔临摹水墨画，怎样能反映出原作的风格呢。但是主张风格不能翻译的人也提不出有力的理由来，只能说风格是不可捉摸的东西。后来某月刊组织了两篇文章，也只进行了一般的讨论。

现在二十多年过去了，我倒想借这个机会答复哈外那位同志。我仍旧认为风格是无法翻译的，风格离不开语言，不同的语言无法表达同样的风格。一个好的翻译家总想能使读者从他的译作获得他读原文作品同样的艺术满足。他有些地方成功了，有些地方失败了，有些地方在他当时被认为是成功的，但若干年后又被人否定了。蒲伯译的荷马就是一例；当时风靡一时，现在已经无人问津了。德莱登译的《伊尼德》在当时也非常出色，但继德莱登之后又有多少人译过《伊尼德》。Taylor，Cunningham，Rhodes。为什么会如此，这是因为人们对伟大的文学作品会不断加深认识（包括作品的风格在内），从而对旧译感到不满，觉得有重译的必要。另一方面，原来的翻译也会随时代的变迁和语言的变化而变得过时，需要有新的译本。

总的说来，一部文学译品的风格是由四方面决定的：一、原作的风格，如《旧约圣经》原文为古希伯来文，形容词极少，副词简直没有，译文当然不会给它加上。英国《格列佛游记》的作者斯威夫特的文章简直不用比喻，知道这一点的译者就得当心，不要随便运用带隐喻的习语。但《罗马衰亡史》的作者吉朋在一段文章末尾常喜欢用 of a nation，of war 的短语结束，这也构成他文章风格的一部分，但译者就无法做到了。二、译者本人的文章风格，如鲁迅的文章凝炼，常省掉白话文中的单位名词，如“这书”、“要医这病”而不说“这本书”、“这种病”；傅雷的译作四字词比较多，这和他本人写文章的风格也有关系。三、译者本国语言的特征。英语句子较长，汉语句子较短，英译汉时往往要将一句拆成几句，而汉译英时又得将几句汉语合译为一句英语；这情况势必影响到译文的风格；尽管我国现在译马列主义经典著作时往往不得不用长句，新闻报道由于赶译，长句的出现也越来越多，文学翻译的句子还是不宜过长。这种情况势必影响到风格。四、译者所处的时代。五四以前译书用文言，译诗都用旧诗体，这当然是受时代的影响。便是五四以前的白话文和五四以后的白话文，也有很大的差别；五四初期的翻译和新中国成立后的翻译，差别也不小。有后面三个因素掺杂其间，译者怎能正确反映出原作的风格呢？

所以拿雅的标准衡量文学翻译，我认为只能要求它有个风格，另外还有一个意思：就是文笔切不能俗，因为毕竟要人当文学读的。

二、究竟什么是直译？

我教翻译，开头只从袖珍牛津词典引用一条定义，那就是 give the sense of（word, speech, passage, book, etc.）in another language。至于 sense 包括多广，那是后话；对于多数搞翻译的人说来，译意义已经够了。

我用的这个定义当然不是唯一的。最近我看到有人把“意义”改为“内容”，我觉得这样反而会把翻译的概念搞模糊了，会与严复的“达旨”混淆，也可以误为只是简单的内容介绍，像电影说明书那样。最引人瞩目的是冯世则先生在一九八一年《翻译通讯》第二期中《意译·直译·逐字译》中下的定义。他说：“翻译的定义有一点大致是相同的，就是把已用一种语言表达出来的东西用另一种语言重新表达出来……”[1] 文中对“意义”不置一词，这使我感到不好理解。

试问不提意义能进行翻译吗？不要说外国语了，便是用本国语进行交谈，我们也时常听到“你这话是什么意思？”可见任何语言，在没有弄清其意义之前，是无法做出反应的。这是不言自明之理。

约摸在二十年前，我谈到意译与直译之争，认为要在直译的基础上逐步提高到意译。当时自己对这种说法还很得意。但在一九七八年和一些年青朋友谈翻译时（讲稿修订后又在上海外文学会翻译小组讲了一次），已经觉得这种说

---

[1] 重点是笔者加的；限于篇幅，不多引，请查看原作。

法不妥，改为根据原文逐步提高，并举了八条不得不突破原文框框的例子。但这样改了，自己终究不满意，觉得还是没有把问题说清楚。现在看了冯先生的文章，我又重新考虑究竟什么是直译的问题，认为可以分为下列三类。

第一类是译音而不译意。所以如此，是因为译意怕译不准确，或者容易引起误解，或者别有用意，或者为了来一点异国情调。五四运动后头十年中，democracy 和 science 都音译为“德谟克拉西”和“赛因斯”，而不译“民主”和“科学”。据我猜想，这是因为译“民主”很可能被人认为就是当时有名无实的共和政体；译“科学”则容易被认为就是造机器、大炮、军舰。等到马克思主义传到中国以后，又有了“布尔乔亚”和“普罗列塔利亚”。这两个音译是为了使人认识到资产阶级不同于封建地主阶级，无产阶级不同于城市贫民，而“普罗文学”的名称则终鲁迅的一生都保持着。inspiration 译“烟斯披里纯”似是《狂飙》先使用起来的；humour 译“幽默”是林语堂创始的。这两个例子都是因为原文的意义不容易译得准确。奇怪的是“烟斯披里纯”很快就为“灵感”所代替，而“幽默”则至今保留着，逐渐为大众所习惯了。logic 本来译“名学”，后来改译为“论理学”，但最后又译“逻辑”，可能和罗素来中国讲学，带来了符号逻辑有关。Utopia 译“乌托邦”而不译“理想国”或“大同世界”可能有其用意，因为乌托很容易使人联想起子虚乌有，亦即暗示其为空想的社会主义。点缀一点异国情调的例子似以“马丹”译 madam 为最早，林纾译的小说中就已经有了。

第二类的直译是照字面译。原因也有多种。一是保持原来形象化语言的生动性，crocodile tears 译“鳄鱼的眼泪”而不译“虚伪的眼泪”，即是一例。其他如 one man's meat is another man's poision 译“此之食，彼之鸩”比译“利于此者不利于彼”好。stick and carrot 译“大棒与胡萝卜”比译“威胁利诱”好。其次也有防止误解的用意，如 one stone kills two birds 译“一箭双雕”有贬意，译“一举两得”不够形象化，不如径译为“一石击两鸟”。The early bird gets the worm 译“早起的鸟儿捉到虫儿”是勉励人们勤劳，若译“近水楼台先得月”就含有指摘之意了。

再就是属于外国典故性质的，中国人在文章中也已经使用了，如“你是吃不到葡萄嫌葡萄酸”典出《伊索寓言》；“非要他的一磅肉不可”出自莎士比亚的《威尼斯商人》。如果碰见 sour grapes 和 his pound of flesh，那就最好直译；顶多怕读者不懂，加个注。

还有就是科学、哲学、政治、社会科学方面的专用语，如 natural selection 严复译为“天然淘汰”实是符合达尔文学说精神的，因为达尔文的进化论学说的中心思想是优胜劣败，物种能够生存下去并不是像《旧约圣经》中以色列人是上帝的选民的缘故。但是后来的生物学家并不如严复那样饱学，见到英语是 selection，当然就译为选择，从此“自然选择”就代替了“天然淘汰”。然而，这毕竟是生物学名词，生物学家最有发言权，我们无须插嘴。至于政治短语 shadow cabinet 译“影子内阁”，armed to the teeth 译“武装到牙齿”，物理名词 chain reaction 译“连锁反应”，以及其他学术名词这样照字面译的很多，就不一一列举了。

第三类是不按照中国语言习惯和词序而按照原文的结构或词序的翻译。最简单的是：“‘你来了，’她说”，现在早已没有人觉得这是直译原文了。“当我二十一岁的时候”是从英语的 when 副句搬来的，尽管汉语说“我二十一岁的时候”就够了。汉语还有“那时我二十一岁”的说法，但是多一种句法变化好像并不使人感到多余，所以我们自己的文章里也出现了。Hearing that they had won the match，the children rejoiced，由于汉语没有现在分词，只能把主词移在句首，译为“孩子们听说他们赢了球赛，全都欢腾起来”。但是前两年我却发现这样的句子：“和泰晤士报不同，中国的《人民日报》……”鉴于三十年代中国新诗里已出现这样的句法：

道　旁

家驮在身上像一只蜗牛，
弓了背，弓了手杖，弓了腿，
倦行人挨近来问树下人
（闲看流水里行云的）：
“请教北安村打哪儿走？”

骄傲于被问路于自己，
异乡人懂得水里的微笑
又后悔不曾打开倦行人的话匣
像家里小弟弟检查
远方回来哥哥的行箧。[1]

---

[1] 卞之琳：《雕虫纪历》，35 页，1934 年作

看来，“和泰晤士报不同，……”这种语句是会使用起来的。还有常见的“……是如此的……以至……”的句子，是直译英语的 so... that，而汉语却早已有了“屋子里黑得简直看不见”“他疲倦得连话都说不出来了”。这种直译的句子，将来的命运如何，现在就难说了。

总之，这样一些直译好像为数不少，但就一篇文章、一部书来看，直译的成分毕竟是少数。所以我的翻译定义还是我开头提的那样：把一个词、一句话、一段文章、一本书的意义用另一种语言表达出来。

三、翻译与语言

我总劝初搞翻译的人读一本汉语语法，也无须读那卷帙浩繁的，只要一本中等学校使用的就够了。这样做是为了使译者认识到自己的汉语尽管幼而知之，少而习之，还是不够用的。许多词法和句法在书本上经常接触到，甚至谈话中自己也使用，但在翻译时却忘得一干二净，看点汉语语法会在这方面提醒自己，有助于摆脱原文的束缚，而如果能从中得到启发，注意到一些语言现象，那就更好了。一个搞翻译的人对语言不感觉兴趣，翻译水平是不大会提高的。

但要从翻译实践提高到理论，就是说从自己搞翻译过渡到和人家谈翻译，或者更具体一点，在学校里教翻译，那我就要劝他读一读王力先生的《中国语法理论》第六章：欧化的语法。这书我有一九四五年重庆版，一九四七年上海重印，距今已三十多年，不知有否增益。但是单就这一版而论，人们已经可以看出，从五四运动后提倡白话文以来，无论在词法或句法方面都起了很大的变化。所以那种认为语言一成不变的观点是错误的。我们一定要用发展的观点看待语言。

从这一章里，我们还可以获知，在汉语出现欧化之前，还有个日化过程。“经济”、“肯定”、“否定”、“积极”、“消极”这些我们用惯了的名词，最初原来是日本从英语译过来的。我们还可以看到，作者在这一章里举的许多欧化的例子，都是与攻击鲁迅的翻译为硬译的梁实秋同属新月派的作家，和鲁迅译普列汉诺夫《论艺术》以及他与瞿秋白通信，主张宁信而不顺的年代几乎是同时。

王力先生这章“欧化的语法”等于为五四以来白话文的急剧变化做了总结。他承认在本章“谈欧化往往同时谈翻译，有时差不多把二者混为一谈。这也难怪，本来欧化的来源就是翻译，译品最容易欧化，因为顺着的词序比较地省力。这是显而易见的事实……青年们的欧化文章都是从它们辗转学来的”。

五四以前，我们看到的白话文有话本和章回小说。它们是说书人的底本，是一种以口语为主，书面语极少的叙事文。后来被书商印了出来，又被文人加以润色，今本《平妖传》、《水浒传》于是形成。到了文人自己写小说，基本上也仍是按照章回小说的体裁和语言，如吴承恩的《西游记》，曹雪芹的《红楼梦》，吴敬梓的《儒林外史》，短篇创作则有二拍三言，全都如此。这种文体遇到写景便往往借用文言，或者索性来段诗词了事；在说理方面，有宋明理学家的语录，虽更接近口语，但只在小范围内流传。五四以前白话文使用的园地就是这样窄。

五四以后不同了。在文学上，白话文不但用来叙事，也用来写景、抒情，不但用来写小说，写散文，也用来写诗。在哲学和社会科学方面，用白话文写的长篇大论文章，论争性的文章，一下子全出笼了。西方思潮的涌到，十月革命给中国送来了马列主义，迫使白话文要表达以前没有表达过的事物和概念，迫使它不得不扩充词汇并使用新的和更复杂的句子构造。这种情形好像在二十年代末、三十年代初达到了高峰，其原因是这时候中国革命正处于低潮，进步作家在白色恐怖的压力下，无法发表鼓舞人民革命斗志的文艺作品，转而翻译社会科学。正如鲁迅所说，“出版界的趋势，已在转向社会科学……大部分因为市场需要，社会科学的译著又风起云涌了，较为可看的和很要不得的都杂陈在书摊上”，[1] 而梁实秋攻击鲁迅译的普列汉诺夫的《艺术论》为硬译，也恰恰在这时侯。鲁迅当仁不让。他先指出，“日本语和欧美语很‘不同’，但他们逐渐添加了新句法，比起古文来，更宜于翻译，开初自然……给了一些人‘不愉快’的，但经找寻和习惯，现在已经同化，成为己有了。中国的文法，比日本的古文还要不完备，然而也曾有些变迁，例如《史》、《汉》不同于《书经》，现在的白话文又不同于《史》、《汉》；有添造，例如唐译佛经，元译上谕，当时很有些‘文法句法词法’是生造的，一经习用，便不必伸出手指便懂得了。现在又来了外国文，许多句子，即也须新造——说得坏点，就是硬造。”[2]

鲁迅的这个主张，比他和赵景深论争，主张“宁信而不顺”，和与瞿秋白《关于翻译的通信》[3] 中提出要给白话文“装进异样的句法去，古的，外省外府的，外国的，后来便可据为己有”要早一年。鲁迅和严复一样，都是寻求真理的人；要寻求真理势必要接触到哲学、社会科学，而哲学、社会科学，比之自

[1] 《我们要批评家》，见《二心集》。

[2] 《“硬译”与“文学的阶级性”》，见《二心集》。

[3] 见《二心集》。

然科学，比之文学，翻译时更经不起出错。自然科学的名词有一定的译法，自然科学的陈述有比较固定的一套，译起来并不太费力。文学则是八仙过海，各显神通，十个人可以译出十个样子；如果译文大致相同，那准是后来的译者抄袭前人的。文学译错一点关系不大，转译也可以，根据近代本子译古代诗歌，甚至译成散文，也无不可。文学虽说于世道人心有影响，但毕竟不是靠它来救世济民。而社会科学和哲学的翻译，则可以差之毫厘，失之千里。一字之错，贻害无穷。一般翻译行所无事的词类变换，在译社会科学和哲学时却要谨慎小心。如果为了行文的方便，随意变换一下词类，说不定下面作者又使用到这类句子时，会和上文凑不拢来。

鲁迅认为中国文不够用，要装进异样句法去，在和瞿秋白的通信中也提到了。但是瞿秋白把中国的白话文贬得太低，什么“中国的言语（文字）是那样穷乏，甚至常用品都是无名氏的。中国的语言简直没有完全脱离所谓‘姿势语’的程度……宗法社会的中世纪余孽，还紧紧束缚着中国人的活的言语（不但是工农群众）……”，都是站不住脚的。照他的说法，《水浒》、《红楼梦》、《西游记》、《儒林外史》等等，我们今天都不必当作文学来研究了。

瞿秋白在《关于翻译的通信》中有三点是与鲁迅相左的。（一）为了反对赵景深认为是“顺”的翻译，他说的其实只是梁启超和胡适之混合的半文不白、半死的语言；但是鲁迅在复信中没有附和他的说法。反之，鲁迅也主张从古文吸收营养。（二）瞿秋白不止一次地提到“中国白话文的文法公律”；“凡是‘白话文’里面，违反这些文法公律的新字眼、新句法——就是说不上口的——自然淘汰出去，不能够存在”。“书面上的白话文，如果不就着中国白话原来有的公律去创造新的，那就容易走到所谓不顺方面去。”而鲁迅却认为“……译本不但在输入新的内容，也在输入新的表现法。中国的文或话，法子实在太不精密了……”。换言之，这种“文法公律”既存在，又不存在；它是留有余地的，甚至是可以冲破的。（三）瞿秋白不同意鲁迅宁信而不顺的主张，他说：

> 翻译应当把原文的本意，完全正确地介绍给中国读者，使中国读者所得到的概念等于英、俄、德、日、法……读者从原文得来的概念，这样的直译，应当用中国人口头上可以讲得出来的白话来写。为着保守原作的精神，并用不着容忍“多少的不顺”。相反地，“容忍多少的不顺”（就是不用口头上的白话），反而要多少地丧失原作的精神。

就是根据这段文章，刘靖之先生在他主编的《翻译论集》（香港版）代序

《要神似不要形似》里把瞿秋白也划归到严复、林语堂、赵元任、胡适、傅雷、林以亮、钱锺书的一方，说他主张的岂但不是直译，简直是广义的意译，而把鲁迅划在另一方，认为“他的翻译的确与众不同”。接着又说，“但翟秋白在许多地方指出了鲁迅翻译的‘硬’和‘讹’”。言下之意是，只要翻译出现了“硬”和“讹”，一个人的翻译主张就可以否定了。试问当代翻译家，便是第一流的，谁能保证全无误译？倒是鲁迅能接受瞿秋白那样比他年轻得多的人的改正，确是难能可贵。至于“硬”，那正是鲁迅主张的宁信而不顺，但鲁迅又说“但这情形也当然不是永远的，其中的一部分，得从‘不顺’而成为‘顺’，有一部分，则因到底‘不顺’而被淘汰，被踢开。”[1]

这就是我要搞翻译的同志读一读王力先生那一章“欧化的语法”的缘故。因为鲁迅已故，要为鲁迅的主张辩护，非得像王力先生那样掌握大量的资料不可。至于建国后，我国语言随着社会变革和外来影响所起的变化，那就得另写一章来阐明，不是这篇短文能容纳得下的，也不是我能胜任的了。还有，刘靖之先生说，“自严复以来……经过了几个成长期，从‘信、达、雅’开始，经过‘字译’和‘句译’，直译、硬译、死译和意译，然后抵达‘神似’和‘化境’……”，依我看，严复只提了一个信、达、雅标准，赵元任和林语堂都是语言学家，他们的翻译理论可能比较全面。傅雷的“神似”和钱锺书先生的“化”顶多只能施之于文学翻译；如根据这些主张来译哲学、社会科学以及自然科学，就非出乱子不可。这里根本谈不上什么“一脉相承”。

语言在不断变化，但翻译理论并不随之变化多端。至于翻译语言虽然不能像五四以后的头二十年中对中国语言的现代化起那样的积极作用，但总应该带有时代的色彩，不能回到五四以前的白话去，这是不言而喻的。

——原载《翻译通讯》1982 年第 6 期

[1] 《关于翻译的通信》，见《二心集》。

卞之琳（1910—2000），祖籍江苏溧水，生于江苏。高中毕业于上海浦东中学，1929年考入北京大学英文系，1933年毕业。历任四川大学外文系讲师（1937—1938，成都；1939—1940，峨眉山），昆明西南联合大学外文系讲师（1940—1943）、副教授（1943—1946），天津南开大学外文系教授（1946—1947）、北京大学西语系教授（1949—1952）。1952年起在中国社会科学院外国文学研究所任研究员。译有《西窗集》（现代欧美诗文选译）、《英国诗选》（附法国诗十二首）、莎士比亚的《哈姆雷特》（1956年北京作家出版社初版，1957年、1958年人民文学出版社重印两次；与已译出的《里亚王》、《麦克白斯》及《奥瑟罗》，合成一卷已列入《外国文学名著丛书》项目）、斯特雷契的《维多利亚女王传》、衣修午德的《紫罗兰姑娘》（小说）、贡思当的《阿道尔夫》（小说）、纪德的《新的粮食》、《浪子回家集》等。

译诗的经历和看法

一、《英国诗选》前言摘录

一年四季，周而复始，决不是“永久的回复”。现在，承出版社约我出一本译诗集，我首先不由不想到过去的二十春秋以至四十春秋。

四十年前，我初到北平，在北京大学英文系（后来和另外系合并成外国语言文学系）读一九二九年度的一年级英诗课，恰好在二十年后我辗转万里，回到北京大学西语系教一九四九和一九五〇年度的二年级英诗课。原先读书的时候，我听课后把所读诗中我所喜欢的十之三四试译成中文，随译随弃，从未向报刊投稿；后来教书的对候，我上课前把所选诗的十之七八又译成中文，积置一边，仅在一九五四年和一九五七年整理出三家若干首（章、节）给《译文》和《诗刊》发表过。这些旧译草稿和发表稿，经过十年浩劫，基本幸存；一九七九年至一九八〇年，我重新修订和新译了几首现代英、法诗。发表在《世界文学》和《诗刊》上。经出版社督促，又受译诗界一些新成就的鼓舞，我今年一月中旬，放下一切，找出旧译稿，加以删汰、修订，另补新译，突击一个多月，基本完成一本书稿。书名，经过自己踌躇再三后，就大胆叫《英国诗选，莎士比亚至奥顿，附法国诗十二首，波德莱尔至苏拜维埃尔》。

时间总不会白过，带来了衰老，也带来了成长。当年一位美国女老师教我们英诗，是用的现成老课本《金库》，从第四卷即浪漫主义复兴时期教到新增诗卷即维多利亚时代，一学年结束，只倒上去教了几首伊丽莎白时代诗。我后来教英诗，是从英国文艺复兴时期的斯本塞教到十九世纪末尾的霍思曼。当时苏联出版的一本大约也是英诗初步课本，选题起迄，也正是从斯本塞到霍思曼，是我事后见到的，和我在这一点上完全是偶合。我在大学听了一年级英诗课（其实我在高级中学时代就曾试译完柯尔立治的《古舟子咏》），上了一年第二外国语法文课以后，就已经接触了英国二三十年代的现代派诗和法国的象征派以及后期象征派诗。可是二十年后，考虑到当时社会的容许程度和学生的接受能力，我选讲英国诗，到十九世纪末就这样一刀切断了。现在情况又不同了，我选编这本小书，就从莎士比亚时代起（略早的斯本塞和锡德尼，我记得各选过一点，可是不见旧译稿，可能当时也没有译，这次懒得补译了），往后延伸到三十年代中后期，而且附上十九世纪后半到二十世纪二三十年代的十来首法国诗，主要算是象征主义诗。我相信这不是倒退了一步，而是前进了一步。

现在这个小小的选本里所收的都是历代名家，只是少收了另一些名家。所选诗，大部分任何一个通行选本都有，小部分则是一般选本里都难找到。这可以说是主、客观的平衡吧？

当然，这本诗选也是检验我自己的译诗主张。四十年代初期，我在昆明西南联合大学西语系教文学翻译课，我在班上总是首先特别就译诗而论，破“信达雅”说、“神似形似”说、“直译意译”说。我完全不记得当时怎样讲了，但是今天想起来，基本精神大约可以概括为三说中只应各保留一个字，即“信”、“似”、“译”。较完美的诗，在文学类型中，特别是内容与形式、意义与声音的有机统一体，译成外国语，“信”于一方面，就损失一半，就不真“似”，就不是较完善的翻译。“信”即忠实，忠实又只能相应，外国诗译成汉语，既要显得是外国诗，又要在中文里产生在外国所有的同样或相似效果，而且在中文里读得上口，叫人听得出来。难，确是难。但是我们叨光祖国语言的富于韧性、灵活性，有时还可以适当求助于不太陌生的文言词汇和句法，也可以自然引进一些不太违反我们语言规律、语言纯洁性的外来词汇和句法（例如倒装句法）。我们译西方诗，要亦步亦趋，但是也可以作一些与原诗同样有规律的相应伸缩。在大多数场合，我们只要多下点苦工，总可以办到。

最难自然是翻译西方格律诗。韵式可以相同或相似，音律只能相应。英语格律诗每行数音步，按轻重音分抑扬格（最常用）、扬抑格、抑抑扬格等；法国格律诗每行算音节（相当于中文单字）数，配置行中大顿。我们用语体（现代白话）来翻泽他们的格律诗，就不能像文言诗一样，像法文诗一样，讲音节（单字）数；只能像英文诗一样，讲“顿”数或“音组”数（一音节一顿就不便说“音组”了），但是不能像英文诗一样排固定的轻重音位置。这也就是相应。

实际上，有韵（脚韵）英语格律诗，最常用的严格按固定轻重音配置的抑扬格，音节（单音）数也自然各行相等，像法语格律诗一样。另一方面，脚韵需押在重音上，抑抑扬格还可以通行贯彻（只是很少用），扬抑格和扬抑抑格总不能贯彻始终。最常用的抑扬格早容许变通，为了避免单调，也需要变通，正如标准法语格律诗，十二音节的亚历山大体也早在行中大顿，从固定在第四、六音节后，变为位置不太固定一样。这种变通或存心出格的倾向在英法十九世纪后半期以来越发显著。这样一来：英语格律诗每行以音步为衡量单位，和我们试用不拘轻重音位置的顿或音组或拍作为每行诗的衡量单位，不仅相应，而且相近了。至于韵式，西方诗花样繁多。比我们原有的复杂，虽然我们也有交韵、抱韵以至阴韵之类。另一方面，现代英语格律诗有一种新趋势，为了避免浮滥，近似韵、假韵等也成为常备的手法。这和我们避免把脚韵行行押在单字（单音节）重音上（不是多音节的重音上）所引起的单调感以及不拘平仄的押韵，也较接近了。

那么，我逢到这种变通的场合，为什么有时在音律、韵式上，比原诗还相应的严格？这种变体诗不是正合我们今日最常见的所谓“半格律体”或“半自由体”诗吗？问题的答案是：实际上一切事物都有一个发展阶段，都有一个“入而出”的过程。西方诗十九世纪后半期以来，较有意识的从严格的律体发展出变格的结体以至自由体（当前自由体也不是独霸诗坛，不过与变体格律诗平分秋色，各占优势，在较广范围内，又倾向于变体格律诗渐占优势），这是“入而出”。中国“五四”以来，由于西方诗的触媒作用，从旧诗（词、曲）发展出新体白话诗。是更大的“入而出”，是革命；但是就引进西式而论，在大多数场合，是未入而出，这是自由诗和所谓“半格律诗”或“半自由诗”无可讳言的相当普遍的缺陷。所以，我认为现在还首先应主要如实介绍西方诗，特别是从历史上说还是主体的格律诗。保持原来面貌，以供我们根据中国实际的正确借鉴。

二、译诗艺术的成年

年尽岁毕，大家结账一看：这一年（一九八一）尽管多灾多难，全国总体来说，却又是个丰年。最近接连读到飞白在《外国文学研究》季刊（湖北）第三期上发表的举例论译马雅可夫斯基诗的文章、杨德豫在湖南人民出版社出版的《拜伦抒情诗七十首》译本和屠岸在上海译文出版社修订新版的莎士比亚《十四行诗集》译本。虽然我还没有见到或注意到其他可能是同样的成就，但我惊喜译诗艺术，就质量论，这一年原来也是个新丰年，而且好像一下子达到成年了。

这些译诗艺术实践与理论的成就（莎士比亚《十四行诗集》和《拜伦诗七十首》都有后记，阐述了译诗见解）当然是出于逐步的功夫磨炼和长期的经验积累。

功夫磨炼、经验积累，自然也不专指哪些个人的，而是包括了“五四”以来六十多年许多人的共同甘苦、得失。远的且不说，这里首先提一下“文化大革命”初期和其后不久去世的两位译诗人才，前北京大学教授吴兴华和前南开大学副教授查良铮（穆旦、梁真）。

五十年代起译诗最勤奋的查良铮遗译稿，由北京外国语学院教授王佐良校注出版的拜伦《唐璜》，应是一九八〇年译诗出版界的一件大事（虽然我感到遗憾的是：书名沿袭了不恰当的旧译名。鲁迅早就有正确的主张，不要把外国姓名“张三”“李四”化，而“Don”也本不是姓；同时，照拜伦的英读法，这里应为“堂久安”，若照西班牙原名，现已通用“堂胡安”）。而吴兴华从意大利文翻译的但丁《神曲》也不知译完了没有，反正已不见译稿，这是不可弥补的损失。所幸他在莎士比亚历史剧《亨利四世》译本（一九五七年人民文学出版社的单行本）当中的诗体部分，已达到圆熟的境地，而书还在，当还可以和读者重新见面。译诗艺术的成长，实在也不应以个人论功，特别谁居首功。屠岸译莎士比亚《十四行诗集》初版还早在一九五〇年，只是现在的新版，谨严、光润，又才进了一步；而杨德豫今日译拜伦诗的熟练也是他多年来潜心参考前人的成败、得失而后达到的成果。所以这也是大家的贡献。

译诗是难事。有些诗根本不能译，或译成某一种语言。诗，比诸用散文写的其他文学作品，更是内容与形式的高度统一体。撇开形式，内容也受损失。把外国诗译成中国语言，既要有原诗在其本国语言里的同样或相应效果，又要保持它外国的本来面目，否则除非通过原文，何由借鉴？自由体比较易译，但也得正确传出原来的思路节奏、语言节奏，何况格律诗！

译诗，比诸外国诗原文，对一国的诗创作，影响更大，中外皆然。今日我国流行的自由诗，往往拖沓、松散，却不应归咎于借鉴了外国诗；在一定的“功”以外，我们众多的外国诗译者，就此而论，也有一定的“过”。今日我国同样流行的“半自由体”或“半格律体”，例如四行一节，不问诗长诗短，随便押上韵，特别是一韵到底，不顾节同情配，行随意转的平衡、匀称或变化、起伏的内在需要，以致单调、平板，影响所及，过去以至现在大批外国格律诗译者也负有一定的责任。

过去李金发首先介绍的法国十九世纪后期象征派诗，原来都是格律诗，而且条理清楚，合乎正常语法，在他白话文言杂揉的译笔下，七长八短，不知所云，一度影响过我国的所谓“象征诗”。和他相反，朱湘译西方格律诗是认真的：原诗每节安排怎样，各行长短怎样，行间押韵怎样（例如换韵，押交韵、抱韵之类），在中文里都严格遵循，一般说是如此，他有些场合，甚至借外国诗自己作诗，可是他的译诗或者也多少影响过我国的所谓“方块诗”或者使一般诗读者望而却步，不耐心注意他译诗的苦心。问题是出在没有适当解决用白话译诗究竟以什么标准来衡量一行诗的长短：也像文言诗一样，以单音字作单位呢，还是以我们今日说话的基本自然停、逗为单位。他采取了前者；这是他译格律诗往往不像原诗一样的实际整齐而又念起来上口的主要症结所在。

像朱湘一样，有意识在中文里用相应的格律体译诗（和写诗）而走后一条音律道路，既有实践也有理论，较为人注意的，早期有闻一多（他在实践中也没有严格做到）、孙大雨，后期有何其芳（他晚年试译诗未及加工定稿）。作为诗行长短衡量单位，闻沿用英诗律而称“音足”（或“音步”），孙首称“音组”，何称“顿”，三者实际上是一回事。陆志韦讲“拍”，就是一行里有几个间隔的重音。闻一多也曾想在每个“音尺”里兼讲究轻重音。还有些人试兼顾平仄，而实践证明此路难通。轻重音安排、平仄安排，自然在白话新诗里也会起一定作用，但是同西方大多数语种诗不一样，也和我国让每个单音字在诗句中都是独立的“近体诗”等不一样，白话新诗，根据我们今日的说话规律，并不需，也不能，以此二者为诗律的组成部分。它们应属于诗艺范畴，有如双声叠韵等讲究。而各“音组”或“顿”内部和相互间还可以有许多讲究值得探索。现在屠岸和杨德豫，像过去吴兴华一样，以实践证明了以二、三单音（单音节，单字）成组为主体，适当配置，以有别于分行散文这一条基本道理。其实，朱湘后期的一些译诗，如不死扣字数，按情况稍一增减，就既不失原诗的行文凝炼、音调和谐，也可避免在中文里生涩、拗口；另一方面，查良铮，特别到晚期，在那部避免了常失诸冗赘（把原诗行拉长）这种毛病的《唐璜》这部译诗力作里，只要稍一调整，也就和原诗行基本合拍了。

翻译外国格律诗，除了少数语种诗以及英国无韵五音步抑扬格体（“白诗体”）等，自然也有押韵问题（西方也有有韵自由体诗）。朱湘译诗在韵式上是紧随原诗不舍的。查良铮不同，他在中译文里是存心不采用原诗的韵式。例如他把《唐璜》的原脚韵安排 a b a b a b c c 一律改为 x a x a x a b b（X 为无韵），自有一定规律，就此而言，当然也是格律体。固然，我们在中文诗创作里一律照搬西式是有问题的，那是另一回事。既是译诗，在这方面，也应尽可能保持原诗的本来面目。现在屠岸的新版莎士比亚《十四行诗》和杨德豫初版《拜伦抒情诗七十首》一律都遵循原韵安排，都至少未见得因此而稍逊色，虽然牵强处、出格处也在所难免。可惜英年早逝者也就被彻底剥夺了百尺竿头更上一层的机会。

马雅可夫斯基的许多诗，通过一些译者的努力，在中国已经为大家熟悉了，而且发生了很大的影响，引发了许多自由体的所谓“楼梯诗”。他的诗据说基本上是格律诗，有规则押韵，只是往往一行分成几个阶梯而已。飞白在他的《译诗漫笔》这篇文章里也提到这一点。马雅可夫斯基格律诗每行长短单位往往是几个重音。飞白在这篇文章里没有谈如何处理这个问题。但是他就押韵问题，以自己译例说明大体保持原来面貌、原来神味，极有说服力。非常生动，使我们耳目一新。他的译本出来，一定会大大修正我们过去接受的马雅可夫斯基诗的形象。

从这三个新实例中，我们可以看到“信、达、雅”教条的无稽，“直译”“意译”争论的无谓，不限于译诗。突破这些框框，放手译诗，既忠于内容，也忠于形式，在译格律诗场合，看究竟是人受了格律束缚还是人能驾驭格律，关键就在于译者的语言感觉力和语言运用力。掌握了这一着，面前就会是好像得心应手的成果，虽然可能还是绞尽脑力的结果。这三个新实例共同标志了我国译诗艺术的成熟。从此出发，可以预期，随新一年的来临，不久会有更多更大的喜讯。

钱锺书（1910—1998），江苏无锡人，原名仰先，字哲良。后改名锺书，字默存，号槐聚，曾用笔名中书君。中国作家、文学研究家。曾为《毛泽东选集》英文版翻译小组成员。1933 年毕业于清华大学外文系。1935 年赴牛津大学学习，后至巴黎大学研究法国文学。1938 年回国后，任西南联大、暨南大学教授，中央图书馆外文部总编纂。新中国成立后，历位清华大学教授，中国科学院文学研究所研究员、哲学社会科学部委员，中国社会科学院副院长。书评家夏志清先生认为小说《围城》是“中国近代文学中最有趣、最用心经营的小说，可能是最伟大的一部”。钱锺书在文学、国故、比较文学、文化批评等领域的成就，推崇者甚至冠以“钱学”。

林纾的翻译

汉代文字学者许慎有一节关于翻译的训诂，义蕴颇为丰富。《说文解字》卷六《口》部第二十六字：“囮，译也。从‘口’，‘化’声。率鸟者系生鸟以来之，名曰‘囮’，读若‘讹’。”南唐以来，“小学”家都申说“译”就是“传四夷及鸟兽之语”，好比“鸟媒”对“禽鸟”所施的引“诱”，“讹”、“讹”、“化”和“囮”是同一个字[1]。“译”、“诱”、“媒”、“讹”、“化”这些一脉通连、彼此呼应的意义，组成了研究诗歌语言的人所谓“虚涵数意”（manifold meaning），把翻译能起的作用、难于避免的毛病、所向往的最高境界，仿佛一一透示出来了。文学翻译的最高理想可以说是“化”。把作品从一国文字转

[1] 详见《说文解字诂林》第 28 册 2736—2738 页。参看《管锥编 · 全晋文》卷论潘岳《射雉赋》。

变成另一国文字，既能不因语文习惯的差异而露出生硬牵强的痕迹，又能完全保存原作的风味，那就算得入于“化境”。十七世纪有人赞美这种造诣高的翻译，比为原作的“投胎转世”(the transmigration of souls)，躯壳换了一个，而精神姿致依然故我[1]。换句话说，译本对原作应该忠实得以至于读起来不像译本，因为作品在原文里决不会读起来像翻译似的[2]。但是，一国文字和另一国文字之间必然有距离，译者的理解和文风跟原作品的内容和形式之间也不会没有距离，而且译者的体会和他自己的表达能力之间还时常有距离。从一种文字出发，积寸累尺地度越那许多距离，安稳到达另一种文字里[3]，这是很艰辛的历程。一路上颠顿风尘，遭遇风险，不免有所遗失或受些损伤。因此，译文总有失真和走样的地方，在意义或口吻上违背或不尽贴合原文。那就是“讹”，西洋谚语所谓“翻译者即反逆者”(Traduttore traditore)。中国古人也说翻译的“翻”等于把绣花纺织品的正面翻过去的“翻”，展开了它的反面。释赞宁《高僧传三集》卷三《译经篇·论》：“翻也者，如翻锦绮，背面俱花，但其花有左右不同耳”；这个比喻使我们想起堂吉诃德说阅读译本就像从反面来看花毯(es como quien mira los tapices flamencos por el revés)[4]。“媒”和“诱”当然说明了翻译在文化交流里所起的作用。它是个居间者或联络员，介绍大家去认识外国作品，引诱大家去爱好外国作品，仿佛做媒似的，使国与国之间缔结了“文学因缘”[5]。

---

[1] 乔治·萨维尔（George Savile First Marquess of Halifax）至蒙田（Montaigne）《散文集》译者考敦（Charles Cotton）书，瑞立（W. Raleigh）编萨维尔《全集》185页。近代德国学者（Wilamowitz-Moellendorff）和法国诗人（Valéry）也用了同样的比喻，知道的人比较多。

[2] 因此，意大利大诗人列奥巴迪（Leopardi）认为好翻译应备的条件看来是彼此不相容乃至相矛盾的（Paiono discordanti e incompatibili e contraddittorie）：译者得矫揉模仿（ora il traduttore necessariamente affetta），对原文亦步亦趋，以求曲达作者的天生自然（inaffettato, naturale o spontaneo）的风格。详见所著《笔记》(*Zibaldone*)，弗洛拉（F. Flora）编本第1册288—289页。

[3] 维耐（J.P.Vinay）与达勃而耐（J.Darbelnet）合著《英法文风格比较》(*Stylistique Comparé e du Fancais et de l' Anglais*)（1958）10页称原作的语言为“出发的语言”（language de départ）、译本的语言为“到达的语言”（langue d' arrivée）。徐永煐同志《论翻译的矛盾统一》(《外语教学与研究》1963年1期）也分为“出发语言”和“归宿语言”。这比英美习称的“来源语言”（source language）和“目标语言”（target language）似乎在比喻上更配合。

[4] 《堂吉诃德》第2部62章；马林(F. B. Marin)编注本第8册156页有注，考订这个比方原是霍拉斯(Horace)诗的一个西班牙译者在1591年说的。赞宁主要在讲理论著作的翻译，原来形式和风格的保持不像在文学翻译里那么重要；锦绣的反面虽比正面逊色，走样还不厉害，所以他认为过得去。塞万提斯是在讲文艺翻译；花毯的反面跟正面就差得很远，所以他认为要不得了。参看爱伦·坡（E. A. Poe）《书边批识》(*Marginalia*)说翻译的”翻”就是“天翻地覆”（turned topsy-turvy）的“翻”，见《全集》，斯戴德曼（E. C. Stedman）与沃德倍利（G. E. Woodberry）合编本第7册212页。

[5] 《文学因缘》是苏曼殊所辑译诗集名，自序里只说起翻译的“讹”——“迁地勿为良”(北新版《全集》第1册121页)，并未解释书名，但推想他的用意不外如此。

彻底和全部的“化”是不可实现的理想，某些方面、某种程度的“讹”又是不能避免的毛病，于是“媒”或“诱”产生了新的意义。翻译本来是要省人家的事，免得他们去学外文、读原作的，却一变而为导诱一些人去学外文、读原作。它挑动了有些人的好奇心，惹得他们对原作无限向往，仿佛让他们尝到一点儿味道，引起了胃口，可是没有解馋过瘾。他们总觉得读翻译像隔雾赏花，不比读原作那么情景真切。歌德就有过这种看法；他很不礼貌地比翻译家为下流的职业媒人（Uebelsetzer sind als geschäftige Kuppler anzusehen）——中国旧名“牵马”，因为他们把原作半露半遮，使读者想象它不知多少美丽，抬高了它的声价[1]。要证实那个想象，要揭去那层遮遮掩掩的面纱，以求看得仔细，看个着实，就得设法去读原作。这样说来，好译本的作用是消灭自己；它把我们向原作过渡，而我们读到了原作，马上掷开了译本。勇于自信的翻译家也许认为读了他的译本就无需再读原作，但是一般人能够欣赏货真价实的原作以后，常常薄情地抛弃了翻译家辛勤制造的代用品。倒是坏翻译会发生一种消灭原作的效力。拙劣晦涩的译文无形中替作品拒绝读者；他对译本看不下去，就连原作也不想看了。这类翻译不是居间，而是离间，摧灭了读者进一步和原作直接联系的可能性，扫尽读者的兴趣，同时也破坏原作的名誉。法国十七世纪德·马露尔神父（Abbé de Marolles）的翻译就是一个经典的例证，他所译古罗马诗人《马夏尔的讽刺小诗集》（Epigerams of Martial）被时人称为《讽刺马夏尔的小诗集》（Epigerams against Martial）[2]。许多人都能从自己的阅读经验里找出补充的例子。

林纾的翻译所起的“媒”的作用，已经是文学史上公认的事实[3]。他对若干读者也一定有过歌德所说的“媒”的影响，引导他们去跟原作发生直接关系。

---

[1] 《慧语集》(*Spruchweisheit*)，神寺(Der Tempel)出版社版《歌德集》第3册333页。参看鲍士威尔(Boswell)《日记》(*The Ominous Years*) 1776年4月11日记约翰生论译诗语，李斯甘（C. Ryskamp）与卜德尔（F. A. Pottle）合编本329页；又所作的《约翰生传》牛津版742页。

[2] 狄士瑞立（I. Disraeli）《文苑搜奇》(*Curiosities of Literature*) 引《梅那日掌故录》(*Menagiana*)，《张独司(Chandos) 经典丛书》本第1册350页。圣佩韦（Sainte-Beuve）有两篇文章讲这位神父，引他同时人一封信，说他发愿把古罗马诗家统统译出来，桓吉尔等人都没有蒙他开恩饶命（pardonner），戴伦斯等人早晚会断送在他的毒手里（assassinés）——见《星期一谈文》(Causeries du Lundi)，迦尼埃（Garnier）版第14册136页。十八世纪英国女小说家番尼·伯尔尼（Fanny Burney）幼年曾翻译法国封德耐尔（Fontenelle）的名著，未刊稿封面上有她亲笔自题：“用英语来杀害者：番尼·伯尔尼”(Murdered into English by Frances Burney) ——见亨罗（Joyce Hemlow)《伯尔尼传》(The History of Fanny Burney) 16页。彭斯（Robert Burns）嘲笑马夏尔诗集的一个英译本，也比之于“杀害”(murder) ——见福格森（J. De Lancy Ferguson）编《彭斯书信集》第I册163页。

[3] 在评述到林纾翻译的书籍和文章里，郑振铎先生《中国文学研究》下册《林琴南先生》和寒光《林琴南》都很有参考价值。他们讲过的，这里不再重复。

我自己就是读了他的翻译而增加学习外国语文的兴趣的。商务印书馆发行的那两小箱《林译小说丛书》是我十一二岁时的大发现，带领我进了一个新天地，一个在《水浒》、《西游记》、《聊斋志异》以外另辟的世界。我事先也看过梁启超译的《十五小豪杰》、周桂笙译的侦探小说等等，都觉得沉闷乏味[1]。接触了林译，我才知道西洋小说会那么迷人。我把林译里哈葛德、欧文、司各特、迭更司的作品津津不厌地阅览。假如我当时学习英文有什么自己意识到的动机，其中之一就是有一天能够痛痛快快地读遍哈葛德以及旁人的探险小说。四十年前[2]，在我故乡那个县城里，小孩子既无野兽电影可看，又无动物园可逛，只能见到"走江湖"的人要猴儿把戏或者牵一头疥骆驼卖药。后来孩子们看野兽片、逛动物园所获得的娱乐，我只能向冒险小说里去追寻。因为翻来覆去地阅读，我也渐渐对林译发生疑问。我清楚记得这个例子。哈葛德《三千年艳尸记》第五章结尾刻意描写鳄鱼和狮子的搏斗；对小孩子说来，这是一个惊心动魄的场面，紧张得使他眼瞪口开、气也不敢透的。林纾译文的下半段是这样：

> "然狮之后爪已及鳄鱼之颈，如人之脱手套，力拔而出之。少须，狮首俯鳄鱼之身作异声，而鳄鱼亦侧其齿，尚陷入狮股，狮腹为鳄所咬亦几裂。如是战斗，为余生平所未睹者。"

狮子抓住鳄鱼的脖子，决不会整个爪子象陷在烂泥里似的，为什么"如人之脱手套"？鳄鱼的牙齿既然"陷入狮股"，物理和生理上都不可能去"咬狮腹"。我无论如何想不明白，家里的大人也解答不来。而且这场恶狠狠的打架怎样了局？谁输谁　，还是同归于尽？鳄鱼和狮子的死活，比起男女主角的悲欢，是我更关怀的问题。书里并未明白交代，我真觉得心痒难搔，恨不能知道原文是否照样糊涂了事[3]。我开始能读原文，总先找林纾译过的小说来读。后来，我的阅读能力增进了，我也听到舆论指摘林译的误漏百出，就不再而也不屑再看它。它只成为我生命里累积的前尘旧蜕的一部分了。

最近，偶尔翻开一本林译小说，出于意外，它居然还没有丧失吸引力。我不但把它看完，并且接二连三，重温了大部分的林译，发现许多都值得重读，

---

[1] 周桂笙的译笔并不出色；据吴趼人《新笑史》里《犬车》条记载，周说："凡译西文者，固忌率，亦忌泥"云云，那些意见还是很中肯的。

[2] 这篇文章是 1963 年 3 月写的。

[3] 原书是 She，寒光《林琴南》和朱羲胄《春觉斋著述记》都误淆为 *Montezuma's Daughter*。狮爪把鳄鱼的喉咙撕开（rip），象撕裂手套一样；鳄鱼狠咬狮腰，几乎咬成两截；结果双双送命（this duel to the death）。

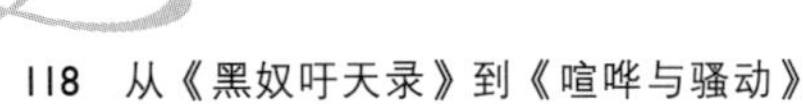

尽管漏译误译随处都是。我试找同一作品的后出的——无疑也是比较“忠实”的——译本来读，譬如孟德斯鸠和迭更司的小说，就觉得宁可读原文。这是一个颇耐玩味的事实。当然，能读原文以后，再来看错误的译本，有时也不失为一种消遣。有人说，译本愈糟糕愈有趣。我们对照着原本，看翻译者如何异想天开，把胡猜乱测来填补理解上的空白，无中生有，指鹿为马，简直像一位“超现实主义”的诗人[1]。但是，我对林译的兴味绝非想找些岔子，以资笑柄谈助，而林纾译本里不忠实或“讹”的地方也并不完全由于他的助手们语文程度低浅、不够理解原文。举一两个例来说明。

《滑稽外史》第十七章写时装店里女店员的领班那格女士听见顾客说她是“老妪”，险些气破肚子，回到缝纫室里，披头散发，大吵大闹，把满腔妒愤都发泄在年轻貌美的加德身上，她手下的许多女孩子也附和着。林纾译文里有下面的一节：

“那格……始笑而终哭，哭声似带讴歌。曰：‘嗟乎！吾来十五年，楼中咸谓我如名花之鲜妍’——歌时，顿其左足，曰：‘嗟夫天！’又顿其右足，曰：‘嗟夫天！十五年中未被人轻贱。竟有骚狐奔我前，辱我令我肝肠颤！’”

这真是带唱带做的小丑戏，逗得读者都会发笑。我们忙翻开迭更司原书（第一八章）来看，颇为失望。略仿林纾的笔调译出来，大致不过是这样：

“那格女士先狂笑而后嘤然以泣，为状至辛楚动人。疾呼曰：‘十五年来，吾为此楼上下增光匪少。邀天之祐’——言及此，力顿其左足，复力顿其右足，顿且言曰：‘吾未尝一日遭辱。胡意今日为此婢所卖！其用心诡鄙极矣！其行事实玷吾侪，知礼义者无勿耻之。吾憎之贱之，然而吾心伤矣！吾心滋伤矣！’”

那段“似带讴歌”的顺口溜是林纾对原文的加工改造，绝不会由于助手的误解或曲解。他一定觉得迭更司的描写还不够淋漓尽致，所以浓浓地渲染一下，增添了人物和情景的可笑。批评家和文学史家承认林纾颇能表达迭更司的风趣，但从这个例子看来，他不仅如此，而往往是捐助自己的“谐谑”，为迭更司的

[1] 普拉兹（M. Praz）《翻译家的伟大》（*Grandezza dei traduttori*），见所作论文集《荣誉之家》（*La Casa della fama*）50 页又 52 页。

幽默加油加酱[1]。不妨从《滑稽外史》里再举一例，见于第三三章（迭更司原书第三四章）：

“司圭尔先生……顾老而夫曰：‘此为吾子小瓦克福……君但观其肥硕，至于莫能容其衣。其肥乃日甚，至于衣缝裂而铜钮断。’乃按其子之首，处处以指戟其身，曰：‘此肉也。’又戟之曰：‘此亦肉，肉韧而坚。今吾试引其皮，乃附肉不能起。’方司圭尔引皮时，而小瓦克福已大哭，摩其肌曰：‘翁乃苦我！’司圭尔先生曰：‘彼尚未饱。若饱食者，则力聚而气张，虽有瓦屋，乃不能閟其身。……君试观其泪中乃有牛羊之脂，由食足也。”

这一节的译笔也很生动。不过迭更司只写司圭尔“处处戟其身”，只写他说那胖小子若吃了午饭，屋子就关不上门，只写他说儿子眼泪是油脂（oiliness）；什么“按其子之首”、“力聚而气张”、“牛羊之脂，由食足也”等等都出于林纾的锦上添花。更值得注意的是，迭更司笔下的小瓦克福只“大哭摩肌”，没有讲话。“翁乃苦我”这句怨言是林纾凭空穿插进去的，添个波折，使场面平衡；否则司圭尔一个人滔滔独白，他儿子那方面便显得呆板冷落了。换句话说，林纾认为原文美中不足，这里补充一下，那里润饰一下，因而语言更具体、情景更活泼，整个描述笔酣墨饱。不由我们不联想起他崇拜的司马迁在《史记》里对过去记传的润色或增饰[2]。林纾写过不少小说，并且要采用“西人哈葛德”和“迭更先生”的笔法来写小说[3]。他在翻译时，碰见他心目中认为是原作的弱笔或败笔，不免手痒难熬，抢过作者的笔代他去写。从翻译的角度判断，这当然也是“讹”。尽管添改得很好，终变换了本来面目，何况添改处不会一一都妥当。方才引的一节算是改得好的，上面那格女士带哭带唱的一节就有问题。那格确是一个丑角，这场哭吵也确有做作矫饰的成分。但是，假如她有腔无调地“讴歌”起来，那显然是在做戏，表示她的哭泣压根儿是假

---

[1] 林纾《畏庐文集》里《冷红生传》说自己“木强多怒”，但是他在晚年作品里，常说到自己的幽默。《庚辛剑腥录》第 48 章邴仲光说：“吾乡有凌蔚庐［‘林畏庐’谐音］者，老矣。其人翻英、法小说至八十一种……其人好谐谑。”邴仲光这个角色也是林纾的美化的自塑像；他工古文，善绘画，精剑术，而且“好谐谑”，甚至和强盗厮杀，还边打架、边打趣，使在场的未婚妻愈加倾倒（第 34 章）。《践卓翁小说，第 2 辑《窦绿娥》一则说：“余笔尖有小鬼，如英人小说所谓拍克者”；拍克即《吟边燕语 · 仙狯》里的迫克（Puck），正是顽皮淘气的典型。

[2] 例如《孔子世家》写夹谷之会一节根据《穀梁传》定公 10 年的记载，但是那些生动、具体的细节，像“旍旄羽袯，矛戟剑拨，鼓噪而至”、“举袂而言”、“左右视”等，都出于司马迁的增饰。

[3] 见《庚辛剑腥录》第 33 章、《践卓翁小说》第 2 辑《洪嫣篁》。前一书所引哈葛德语“使读者眼光随笔而趋”，其实就是“迭更先生”《贼史》第 17 章所谓：“劳读书诸先辈目力随吾笔而飞腾。”

装的，她就制造不成紧张局面了，她的同伙和她的对头不会把她的发脾气当真了，不仅我们读着要笑，那些人当场也忍不住要笑了。李贽评论《琵琶记》[1]里写考试那一出说："太戏！不像！"又说："戏则戏矣，倒须似真，若真反不妨似戏也。"林纾的改笔夸张过火，也许不失为插科打诨的游戏文章，可是损害了人情入理的写实，正所谓"太戏！不像！"了。

大家一向都知道林译删节原作，似乎没注意它也像上面所说的那样增补原作。这类增补，在比较用心的前期林译里，尤其在迭更司和欧文的译本里，出现得很多。或则加一个比喻，使描叙愈有风趣，例如《拊掌录》里《睡洞》：

"……而笨者读不上口，先生则以夏楚助之，使力跃字沟而过。"

原文只仿佛杜甫《漫成》诗所说"读书难字过"，并无"力跃字沟"这个新奇的形象。又或则引申几句议论，使含意更能显豁，例如《贼史》第二章：

"凡遇无名而死之儿，医生则曰：'吾剖腹视之，其中殊无物。'外史氏曰：'儿之死，正以腹中无物耳！有物又焉能死？'"

"外史氏曰"云云在原文是括弧里的附属短句，译成文言只等于："此语殆非妄"。作为翻译，这种增补是不足为训的，但从修辞学或文章作法的观点来说，它常常可以启发心思。林纾反复说外国小说"处处均得古文义法"，"天下文人之脑力，虽欧亚之隔，亦未有不同者"，又把《左传》、《史记》等和迭更司、森彼得的叙事来比拟[2]，并不是在讲空话。他确按照他的了解，在译文里有节制地掺进评点家所谓"顿荡"、"波澜"、"画龙点睛"、"颊上添毫"之笔，使作品更符合"古文义法"[3]。一个能写作或自信能写作的人从事文学

[1] 《李卓吾批评〈琵琶记〉》第八出。据周亮工《书影》卷 1，这部评点出于无锡人叶昼的手笔。钱希言《戏瑕》卷 3《赝籍》条所举叶氏伪撰书中无《批评〈琵琶记〉》，而李贽《续焚书》卷 1《与焦弱侯》自言："《水浒传》批点得甚快活，《西厢》、《琵琶》涂抹改窜得更妙"；袁中道《游居柿录》卷 6 也记载："见李龙湖批评《西厢》、《伯喈》，极其细密。"不管是否李贽所说，那几句话简明扼要，提出了西洋古典文评所谓"似真"（vraisemblance）、"合乎情理"（probability）的问题。

[2] 见《黑奴吁天录·例言》、《冰雪因缘·序》、《孝女耐儿传·序》、《洪罕女郎传·跋》、《撒克逊劫后英雄略·序》等。《离恨天 · 译余剩语》讲《左传》写楚文王伐隋一节最为具体。据《冰雪因缘 · 序》看来，他比直接读外文的助手更能领会原作的文笔："冲叔［魏易］初不着意，久久闻余言始觉。"

[3] 林纾觉得很能控制自己，对原作并不任性随意地改动。《块肉余生述》第 5 章有这样一个加注："外国文法往往抽后来之事预言，故令读者突兀警怪，此用笔之不同者也。余所译书，微将前后移易，以便观者。若此节则原书所有，万不能易，故仍其原文。"参看《冰雪因缘》第 26、29、39、49 等章加注："原书如此，不能不照译之"，"译者亦只好随他而走。"

翻译，难保不像林纾那样的手痒；他根据自己的写作标准，要充当原作者的“诤友”，自以为有点铁成金或以石攻玉的义务和权利，把翻译变成借体寄生的、东鳞西爪的写作。在各国翻译史里，尤其在早期，都找得着可和林纾作伴的人[1]。正确认识翻译的性质，严肃执行翻译的任务，能写作的翻译者就会有克己工夫，抑止不适当的写作冲动，也许还会鄙视林纾的经不起引诱。但是，正像背着家庭负担和社会责任的成年人偶而羡慕小孩子的放肆率真，某些翻译家有时会暗恨自己不能像林纾那样大胆放手的，我猜想。

上面所引司圭尔的话：“君但观其肥硕，至于莫能容其衣”，应该是“至于其衣莫能容”或“至莫能容于其衣”。这类颠倒讹脱在林译里相当普遍，看来不能一概归咎于排印的疏忽。林纾“译书”的速度是他引以自豪的，也实在是惊人的[2]。不过，下笔如飞、文不加点有它的代价。除掉造句松懈、用字冗赘以外，字句的脱漏错误无疑是代价的一部分。就像前引《三千年艳尸记》那一节里：“而鳄鱼亦侧其齿，尚陷入狮股”（照原来的断句），也很费解；根据原作推断，大约漏了一个“身”字：“鳄鱼亦侧其身，齿尚陷入狮股。”又像《巴黎茶花女遗事》：“余转觉忿怒马克揶揄之心，逐渐为欢爱之心渐推渐远”，“逐渐”两字显然是衍文；似乎本来想写“逐渐为欢爱之心愈推愈远”，中途变计，而忘掉把全句调整。至于那种常见的不很利落的句型，例如：“然马克家日间谈宴，非十余人马克不适”（《巴黎茶花女遗事》），“我所求于兄者，不过求兄加礼此老”（《迦茵小传》第四章），“吾自思宜作何者，讵即久候于此，因思不如窃马而逃”（《大食故宫余载·记帅府之缚游兵》），它已经不能算是衍文，而属于刘知几所谓“省字”和“点烦”的范围了（《史通》：内篇《叙事》、外篇《点烦》。）。排印之误不会没有，但有时一定由于原稿的字迹潦草。最特出的例是《洪罕女郎传》的男主角 Quaritch，名字在全部译本里出现几百次，都作“爪立支”；“爪”字准是“瓜”字，草书形近致误。这里不妨摘录民国元年至六年主编《小说月报》的恽树珏先生给我父亲的一封信，信是民国三年十月二十九

[1] 参看吴汝纶《桐城吴先生全书·尺牍》卷 1《答严幼陵》论严氏译《天演论》，“用为主文谲谏之资”，把“元书所称西方”古书、古事“改为中国人语”。斯宾迦（J. E. Spingarn）编注《十七世纪批评论文集》（*Critical Essays of the Seventeenth Century*）第 1 册《导言》自 51 页起论当时的翻译往往等于改写；又马锡生（F. O. Matthiessen）《翻译：伊丽沙伯时代的一门艺术》（*Translation: An Elizabethan Art*）自 79 页起论诺斯（North），又 121 页起论弗罗利奥（Florio），都是翻译散文的例子。

[2] 《十字军英雄记》有陈希彭《序》，说林纾‘运笔如风落霓转，……所难者，不加窜点，脱手成篇”；民国 27 年印行《福建通志·文苑传》卷 9 引陈衍先生《续闽川文士传》也说：“口述者未毕其词，而纾已书在纸，能限一时许就千言，不窜一字。”陈先生这篇文章当时惹起小小是非，参看他的《白话一首哭梦旦》：“我作畏庐传，人疑多刺讥”云云（《青鹤》第 4 卷 21 期）。

日写的，末了讲到林纾说："近此公有《哀吹录》四篇，售与敝报。弟以其名足震俗，漫为登录[1]。就中杜撰字不少：'翻筋斗'曰'翻滚斗'，'炊烟'曰'丝烟'。弟不自量，妄为窜易。以我见侯官文字，此为劣矣！"这几句话不仅写出林纾匆忙草率，连稿子上显著的"杜撰字"或别字都没改正，而且无意中流露出刊物编者对投稿的名作家常抱的典型的两面态度。

在"讹"字这个问题上，大家一向对林纾从宽发落，而严厉责备他的助手。林纾自己也早把责任推得干净："鄙人不审西文，但能笔达，即有讹错，均出不知"(《西利亚郡主别传·序》)[2]。这不等于开脱自己是"不知者无罪"么？假如我前面没有讲错，那末林译的"讹"决不能完全怪助手。而"讹"里最具特色的成分正出于林纾本人的明知故犯。也恰恰是这部分的"讹"起了一些抗腐作用，林译多少因此而免于全被淘汰。试看林纾的主要助手魏易单独翻译的迭更司《二城故事》(《庸言》第一卷十三号起连载)，它就只有林、魏合作时那种删改的"讹"，却没有合作时那种增改的"讹"。林译有些地方，看来助手们不至于"讹错"，倒是"笔达"者"信笔行之"，不加思索，没体味出原话里的机锋。《滑稽外史》一四章（原书一五章）里番尼那封信是历来传诵的。林纾把第一句笔达如下，没有加上他惯用的密圈来表示欣赏和领会：

"先生足下：吾父命我以书与君。医生言吾父股必中断，腕不能书，故命我书之。"

无端添进一个"腕"字，真是画蛇添足！对能读原文的人说来，迭更司这里的句法（…the doctors considering it doubtful whether he will ever recover the use of his legs which prevents his holding a pen）差不多防止了添进"腕"或"手"字的任何可能性。迭更司赏识的盖司吉尔夫人（Mrs Gaskell）在她的小说里有相类的笑话：一位老先生代他的妻子写信，说"她的脚脖子扭了筋，拿不起笔"(she being indisposed with sprained ankle, which quite incapacitated her from holding a pen)[3]。唐代一个有名的话柄是："李安期……看判曰：'书稍弱。'选人对曰：'昨坠马伤足。'安期曰：'损足何废好书！"

---

[1]　按指《小说月报》第 5 卷 7 号。

[2]　这是光绪三十四年说的话。民国三年《荒唐言·跋》的口气大变："纾本不能西文，均取朋友所口述者而译，此海内所知。至于谬误之处，咸纾粗心浮意，信笔行之，咎均在己，与朋友无涉也。"助手们可能要求他作这样的声明。

[3]　《克兰福镇往事》(*Cranford*)《几封旧信》(*Old Letters*)。

(《太平广记》卷二五　引《朝野佥载》)。林纾从容一些，准会想起它来，也许就改译为“股必中断，不能作书”或“足胫难复原，不复能执笔”，不但加圈，并且加注了[1]。当然，助手们的外文程度都很平常，事先准备也不一定充分，临时对本口述，又碰上这位应声直书的“笔达”者，不给与迟疑和考虑的间隙。忙中有错，口述者会看错说错，笔达者难保不听错写错；助手们事后显然也没有校核过林纾的写稿。在那些情况下，不犯“讹错”才真是奇迹。不过，苛责林纾助手们的人很容易忽视或忘记翻译这门艺业的特点。我们研究一部文学作品，事实上往往不能够而且不需要一字一句都透彻了解的。有些字、词、句以至无关重要的章节都可以不求甚解；我们一样写得出头头是道的论文，完全不必声明对某字、某句和某节缺乏了解，以表示自己特别诚实。翻译可就不同。原作里没有一个字可以滑溜过去，没有一处困难躲闪得了。一部作品读起来很顺畅容易，到翻译就会出现疑难，而这种疑难常常并非翻翻字典所能解决。不能解决而回避，那就是任意删节的“讹”；不肯躲避而强解，那又是胡猜乱测的“讹”。翻译者蒙了“反逆者”的恶名，却最不会制造烟幕来掩饰自己的无知和误解。譬如《滑稽外史》原书第三五章说赤利伯尔弟兄是“German-merchants”，林译第三四章译为“德国巨商”。我们一般也是那样理解的，除非仔细再想一想。迭更司决不把德国人作为英国社会的救星[2]；同时，在十九世纪描述本国生活的英国小说里，异言异服的外国角色只是笑柄[3]，而赤利伯尔的姓氏和举止是道地的英国人。那个平常的称谓此地有一个现代不常用的意义：不指“德国巨商”，而指和德国做生意的进出口商人[4]。写文章谈论《滑稽外史》时，只要不根据误解来证明迭更司是个德国迷，我们的无知很可能免于暴露；翻译《滑稽外史》时，就不那么安全了。

所以，林纾助手的许多“讹错”，都还可以原谅。使我诧异的只是他们教林纾加添的注解和申说，那一定经过一番调查研究的。举两个我认为最离奇的例。《黑太子南征录》[5]第五章：“彼马上呼我为‘乌弗黎’（注：法兰西语，犹言‘工人’），且作势，令我辟此双扉。我为之启关，彼则曰：‘懋尔西’（注：

---

[1] 就像《大食故宫余载》里《记阿兰白拉宫》篇加注：“此又类东坡之黄鹤楼诗”；《撒克逊劫后英雄略》第35章加注：“此语甚类宋儒之言”；《魔侠传》第4段14章加注：“‘铁弩三千随婿去’，正与此同。”

[2] 豪斯（H. House）《迭更司世界》（*The Dickens World*）51又169页论迭更司把希望寄托在赤利伯尔这类人物身上。

[3] 皮尔朋（Max Beerbohm）开过一张表，列举一般认为可笑的人物，有丈母娘、惧内的丈夫等，其中一项是：“法国人、德国人、意国人……但俄国人不在内。”——克来（N. Clay）编《皮尔朋散文选》94页。

[4] 参看叶斯泼生（O. Jespersen）《近代英文法》第2册304页。

[5] 原书是*The White Company*；《林琴南》和《春觉斋著述记》都误淆为*Sir Nigel*。

系不规则之英语)。”《孝女耐儿传》第五一章:“白拉司曰:‘汝大能作雅谑,而又精于动物学,何也?汝殆为第一等之小丑!’英文Buffoon滑稽也,Bufon癞蟆也;白拉司本称圭而伯为‘滑稽’,音吐模糊,遂成‘癞蟆’。”把“开门”(ouvre)和“工人”(ouvrier)混为一字,不去说它,为什么把也是“法兰西语”的“谢谢”(merci)解释为“不规则之英语”呢?法国一位“动物学”家的姓和“小丑”那个字声音相近,雨果的诗里就也把它们押韵打趣[1],不知道布封这个人,不足为奇,为什么硬改了他的本姓(Buffon)去牵合拉丁文和意大利文的“癞蟆”(bufo,bufone),以致法国的动物学大家化为罗马的两栖小动物呢?莎士比亚《仲夏夜之梦》第三幕第一景写一个角色遭了魔术的禁咒,变成驴首人身,他的伙伴大为惊讶说:“天呀!你是经过了翻译了”(Thou art translated)。那句话可以应用在这个例子上。

林纾四十四五岁,在逛石鼓山的船上,开始翻译,他不断译书,直到逝世,共译一百七十余种作品,几乎全是小说[2]。传说他也可能翻译基督教《圣经》[3]。据我这次不很完备的浏览,他接近三十年的翻译生涯显明地分为两个时期。“癸丑三月”(民国二年)译完的《离恨天》算得前后两期之间的界标。在它以前,林译十之七八都很醒目;在它以后,译笔逐渐退步,色彩枯暗,劲头松懈,使读者厌倦。这并非因为后期林译里缺乏出色的原作。分明也有塞万提斯的《魔侠传》,有孟德斯鸠的《鱼雁抉微》等书。不幸经过林纾六十岁后没精打采的译笔,它们恰像《鱼雁抉微》里所嘲笑的神学著作,仿佛能和安眠药比赛功效[4]。塞万提斯的生气勃勃、浩瀚流走的原文和林纾的死气沉沉、支离纠绕的译文,孟德斯鸠的“神笔”(《鱼雁抉微·序》,《东方杂志》第一二卷九号)和林译的钝笔,成为残酷的对照。说也奇怪,同一个哈葛德的作品,后期译的《铁盒头颅》之类,也比前期所译他的任何一部书读起来沉闷。袁枚论诗所说“老手颓唐”那四个字(《小仓山房诗集》卷二〇《续诗品·辨微》又《随园诗话》卷一),完全可以借评后期林译:一个老手或能手不肯或不能再费心卖力,只依仗积累的一点儿熟练来搪塞敷衍。前期的翻译使我们想象出一个精

[1] 《做祖父的艺术》(*L' Art d' étre Grand-père*)第4卷第1首《布封勋爵》,伐利盖脱(Valiquette)版《雨果诗全集》786页(“Je contemple, au milieu des arbres de Bufon, /Le bison trop bourru, le babouin trop Bouffon”)。

[2] 黄浚《花随人圣庵摭忆》238页:“魏季渚(瀚)主马江船政工程处,与畏庐狎;一日告以法国小说甚佳,欲使译之,畏庐谢不能。再三强,乃曰:‘须请我游石鼓山乃可。’季渚慨诺,买舟载王子仁同往,强使口授《茶花女》……书出而众哗悦,林亦欣欣。……事在光绪丙申、丁酉间。”光绪丙申、丁酉是1896—1897年;据阿英同志《关于〈茶花女遗事〉里的考订》(《世界文学》,1961年10月号),译本出版于1899年。

[3] 张慧剑《辰子说林》7页:“上海某教会拟聘琴南试译《圣经》,论价二万元而未定。”

[4] 《波斯人书信》(*Lettres persanes*)第143函末附医生信,德吕克(G.Truc)校注本260—261页。林译删去这封附“翰”(《东方杂志》第14卷7号)。

神饱满而又集中的林纾，兴高采烈，随时随地准备表演一下他的写作技巧。后期翻译所产生的印象是，一个困倦的老人机械地以疲乏的手指驱使着退了锋的秃笔，要达到“一时千言”的指标。他对所译的作品不再欣赏，也不甚感觉兴趣，除非是博取稿费的兴趣。换句话说，这种翻译只是林纾的“造币厂”承应的一项买卖[1]；形式上是把外文作品转变为中文作品，而实质上等于把外国货色转变为中国货币。林纾前后期翻译在态度上的不同，从这一点看得出来。他前期的译本绝大多数有自序或旁人序，有跋，有《小引》，有《达旨》，有《例言》，有《译余剩语》，有《短评数则》，有自己和旁人所题的诗、词，在译文里还时常附加按语和评语。这种种都对原作的意义或艺术作了阐明或赏析。尽管讲的话不免迂腐和幼稚，流露的态度是郑重的、热情的。他和他翻译的东西关系亲密，甚至感情冲动得暂停那支落纸如飞的笔，腾出工夫来擦眼泪[2]。在后期译本里，这些点缀品或附属品大大地减削。题诗和题词完全绝迹；卷头语例如《孝友镜》的《译余小识》，评语例如《烟火马》第二章里一连串的“可笑！”“可笑极矣！”“令人绝倒！”等等，也极少出现；甚至像《金台春梦录》，以北京为背景，涉及中国风土和掌故，也不能刺激他发表感想。他不像以前那样亲热、隆重地对待他所译的作品。他的整个态度显得随便，竟可以说是冷淡、漠不关心。假如翻译工作是“文学因缘”，那末林纾后期的翻译就颇像他自己的书名“冰雪因缘”了。

林纾是古文家，他的朋友们称他能用“古文”来译外国小说，就像赵熙《怀畏庐叟》：“列国虞初铸马、班”（陈衍《近代诗钞》第一八册）。后来的评论者也都那样说。这个问题似乎需要澄清。“古文”是中国文学史上的术语，自唐以来，尤其在明、清两代，有特殊而狭隘的涵义。并非一切文言都算“古文”，同时，在某种条件下，“古文”也不一定跟白话对立。

“古文”有两方面。一方面就是林纾在《黑奴吁天录·例言》、《撒克逊劫后英雄略·序》、《块肉余生述·序》里所谓“义法”；指“开场”、“伏脉”、“接笋”、“结穴”、“开阖”等等——一句话，叙述和描写的技巧。从这一点说，白话作品完全可能具备“古文家义法”。明代李开先《词谑》早记载古文家像唐顺之、王慎中之流把《水浒传》来匹配《史记》[3]。

---

[1] 前引《续闽川文士传》：“作画译书，虽对客不辍，惟作文则辍。其友陈衍尝戏呼其室为‘造币厂’，谓动辄得钱也。”看《玉雪留痕·序》：“若著书之家，安有致富之日？……则哈氏黩货之心，亦至可笑矣！”

[2] 《冰雪因缘·序》第59章评语：“畏庐书至此，哭已三次矣！”

[3] 路江编《李开先集》第3册945页。参看周辉《金陵琐事》卷上记李贽语，胡应麟《少室山房笔丛》卷41记“巨公”、“名士”语。其他象袁宏道、王思任等人相类的意见，可看平步青《霞外捃屑》卷7下“古文写生逼肖处最易涉小说家数”条。

林纾同时人李葆恂《义州李氏丛刊》里《旧学盦笔记》记载“阳湖派”最好的古文家恽敬的曾孙告诉他：“其曾祖子居先生有手写《红楼梦论文》一书，用黄、朱、墨绿笔，仿震川评点《史记》之法。”《笔记》里还有很少被人征引的一条：“阮文达极赏《儒林外史》，谓：‘作者系安徽望族，所记乃其乡里来商于扬而起家者，与土著无干。作者一肚皮愤激，借此发泄，与太史公作谤书，情事相等，故笔力亦十得六七。’倾倒极矣！予谓此书，不惟小说中无此奇文，恐欧、苏后具此笔力者亦少；明之归、唐，国朝之方、姚，皆不及远甚。只看他笔外有笔，无字句处皆文章，褒贬讽刺，俱从太史公《封禅书》得来”[1]。简直就把白话小说和八家“古文”看成同类的东西，较量高下。林纾自己在《块肉余生述·序》、《孝女耐儿传·序》里也把《石头记》、《水浒》和“史、班”相提并论。不仅如此，上文已经说过，他还发现外国小说“处处均得古文义法”。那末，在“义法”方面，外国小说原来就符合“古文”，无需林纾来转化它为“古文”。不过，“古文”还有一个方面——语言。只要看林纾渊源所自的桐城派祖师方苞的教诫，我们就知道“古文”运用语言时受多少清规戒律的束缚。它不但排除白话，并且勾销了大部分的文言：“古文中忌语录中语、魏晋六朝人藻丽俳语、汉赋中板重字法、诗歌中隽语、南北史佻巧语。”[2] 后来的桐城派作者更扩大范围，陆续把“注疏”、“尺牍”、“诗话”等的腔吻和语言都添列为违禁品[3]。受了这种步步逼进的限制，古文家战战兢兢地循规守矩，以求保持语言的纯洁性，一种消极的、像雪花那样而不像火焰那样的纯洁[4]。从这方面看，林纾译书的文体不是“古文”，至少就不是他自己所谓“古文”。他的译笔违背和破坏了他亲手制定的“古文”规律。譬如袁宏道《记孤山》有这样一句话。“孤山处士妻梅子鹤，是世间第一种便宜人！”林纾《畏庐论文·十六忌》之八《忌轻儇》指摘说：“‘便宜人’三字亦可入文耶？”[5] 然而我随手一翻，

---

[1] 阮氏语不知何出；李氏是收藏家，想必转录阮氏手迹。

[2] 沈廷芳《隐拙轩文钞》卷 4《方望溪先生传》附《自记》。方苞所敬畏的李绂《穆堂别稿》卷 44《古文词禁八条》明白而详细地规定了禁用“儒先语录”、“佛老唾余”、“训诂讲章”、“时文评语”、“四六骈语”、“颂扬套语”、“传奇小说”和“市井鄙言”。那是一个常被忽略的重要文献。自称曾被李氏赏识的袁枚也信奉这些“词禁”，参看《小仓山房文集》卷 35《与孙俌之秀才书》。”

[3] 梅曾亮《柏枧山房文集》续集《姚姬传先生尺牍序》：“先生尝语学者，为文不可有注疏、语录及尺牍气”；吴德旋《初月楼古文绪论》第 2 条：“忌小说，忌语录，忌诗话，忌时文，忌尺牍。”

[4] 推崇方苞的桐城人也不得不承认他的语言很贫薄——“啬于词”（刘平《孟涂文卷》卷四《与阮共台宫保论文书》）。

[5] 晚明作者常用这“三字人文’，例如陈梦锡《无梦园集》马集卷 4《注〈老子〉序》：“老子非便宜人也……非为人开便宜门也，老子最恶便宜”；这几句话暗驳朱熹《语类》卷 124 说老子“笑嘻嘻地便是个退步占便宜底人”。

看见《滑稽外史》第二九章明明写着："惟此三十磅亦非巨，乃令彼人占其便宜，至于极地。"又譬如《畏庐论文·拼字法》说："古文之拼字，与填词之拼字，法同而字异；词眼纤艳，古文则雅炼而庄严耳"；举"愁罗恨绮"为"填词拼字"的例子。然而林译柯南达利的一部小说，恰恰以《恨绮愁罗记》为名称。更明显表示态度的是《畏庐论文·十六忌》之一四《忌糅杂》："糅杂者，杂佛氏之言也。……适译《洪罕女郎传》，遂以《楞严》之旨，掇拾为序言，颇自悔其杂。幸为游戏之作，不留稿。"这充分证明林纾认为翻译小说和"古文"是截然两回事。"古文"的清规戒律对译书没有任何裁判权或约束力。其实方苞早批评明末遗老的"古文"有"杂小说"的毛病，其他古文家也都摆出"忌小说"的警告[1]。试想，翻译"写生逼肖"的小说而文笔不许"杂小说"，那不等于讲话而咬紧自己的舌头吗？所以，林纾并没有用"古文"译小说，而且也不可能用"古文"译小说。

林纾译书所用文体是他心目中认为较通俗、较随便、富于弹性的文言。它虽然保留若干"古文"成分，但比"古文"自由得多；在词汇和句法上，规矩不严密，收容量很宽大。因此，"古文"里绝不容许的文言"隽语"、"佻巧语"像"梁上君子"、"五朵云"、"土馒头"、"夜度娘"等形形色色地出现了。口语像"小宝贝"、"爸爸"、"天杀之伯林伯"[2]等也经常掺进去了。流行的外来新名词——林纾自己所谓"一见之字里行间便觉不韵"的"东人新名词"[3]——像"普通"、"程度"、"热度"、"幸福"、"社会"、"个人"、"团体"[4]、"脑筋"、"脑球"、"脑气"、"反动之力"[5]、"梦境甜蜜"、"活泼之精神"等应有尽有了。还沾染当

---

[1] 方苞语亦见前引沈廷芳文。吴德旋《初月楼古文绪论》评袁枚"文不如其小说"条自注："陈令升曰：'侯朝宗、王于一其文之佳者尚不能出小说家伎俩，岂是名家！"；按陈氏语见黄宗羲《南雷文定》后集卷 4《陈令升先生传》。参看彭士望《树庐文钞》卷 2《与魏冰叔书》："即文字写生处，亦须出之正大自然，最忌纤佻，甚或诡诬，流为稗官谐史。敝乡徐巨源之《江变纪略》、王于一之《汤琵琶》、《李一足传》取炫世目，不虑伤品！"；李良年《秋锦山房集》卷 3《论文口号》九首之六："于一文章在人口，暮年萧瑟转欷 ；《琵琶》、《一足》荒唐甚，留补齐谐志怪书"；汪琬《纯翁前后类稿》卷 48《跋王于一遗集》："至于今日，则遂以小说为古文词矣。……亦流为俗学而已矣！夜与武曾［即李良年］论朝宗《马伶传》、于一《汤琵琶传》，不胜叹息。"王猷定《四照堂集》卷七《李一足传》实在是根据"与一足游最久"的韩程愈《白松楼集略》卷八《李一足小传》改写的。

[2] 《冰雪因缘》15 章，即"天杀之伯林伯"。

[3] 《〈古文辞类纂〉选本·序》。参看朱羲胄《贞文先生年谱》卷下民国 3 年记林纾论"文中杂以新名词"。清末有些人不但认为"古文"不能"杂以新名词"，甚至在公文里也不赞成用；江庸《趋庭随笔》记张之洞"凡奏疏公牍有用新名词者，辄以笔抹之，且书其上曰：'日本名词！'后悟'名词'即新名词，乃改称'日本土语"，（参看胡思敬《国闻备乘》卷 4）。

[4] 《玉楼花劫》4 章。

[5] 《滑稽外史》27 章、《块肉余生述》12 章又 52 章。

时的译音习气，“马丹”、“密司脱”、“安琪儿”、“苦力”[1]、“俱乐部”[2]之类不用说，甚至毫不必要地来一个“列底（尊闺门之称也）”[3]，或者“此所谓‘德武忙’耳（犹华言为朋友尽力也）”[4]。意想不到的是，译文里包含很大的“欧化”成分。好些字法、句法简直不像不懂外文的古文家的“笔达”，却像懂外文而不甚通中文的人的硬译。那种生硬的——毋宁说死硬的——翻译是双重的“反逆”，既损坏原作的表达效果，又违背了祖国的语文习惯。林纾笔下居然会有下面的例句！第一类像

“侍者叩扉曰：‘先生密而华德至”（《迦茵小传》5章）。

把称词“密司脱”译意为“先生”，而又死扣住原文的次序，位置在姓氏之前[5]。第二类像

“自念有一丝自主之权，亦断不收伯爵”（《巴黎茶花女遗事》，原书5章）；

“人之识我，恒多谀辞，直敝我耳。”（《块肉余生述》19章）

译“spoils me”为“敝我”，译“reçu le comte”为“收伯爵”，字面上好像比“使我骄恣”、“接待伯爵”忠实。可惜是懒汉、懦夫或笨伯的忠实，结果产生了两句外国中文，和“他热烈地摇摆（shake）我的手”、“箱子里没有多余的房间（room）了”、“这东西太亲爱（dear），我买不起”等属于同一范畴。第三类像

“今此谦退之画师，如是居独立之国度，近已数年矣”（《滑稽外史》19章）。

按照文言的惯例，至少得把“如是”两字移后：“……居独立之国度，如是者已数年矣。”再举一个较长的例：

“我……思上帝之心，必知我此一副眼泪实由中出，诵经本诸实心，布施由于诚意。且此妇人之死，均余搓其目，着其衣冠，扶之入柩，均我一人之力也。”（《巴黎茶花女遗事》）

“均我”、“均余’的冗赘，“着其衣冠”的语与意反（当云：“为着衣冠”，原文

[1] 《块肉余生述》11章又37章。

[2] 《拊掌录·李迫大梦》译意作“朋友小会”；《巴黎茶花女遗事》：“此时赴会所尚未晚”是译原书9章：“Il est temps que j’aille au club.”

[3] 《撒克逊劫后英雄略》5章，原文“lady”。

[4] 《巴黎茶花女遗事》，原书10章，原文“du dévouement”。

[5] 宗惟惠译《求凤记》的《楔言》第3节、第8节等把称谓词译音，又按照汉语习惯，位置在姓名之后，例如“史列门密司”、“克伦密司”，可以和“先生密而华德”配对。

亦无此句)，都撇开不讲。整个句子完全遵照原文秩序，浩浩荡荡，一路顺次而下，不重新安排组织[1]。在文言语法里，孤零零一个“思”字无论如何带动不了后面那一大串词句，显得尾大不掉；“知”字虽然地位不那么疏远，也拖拉的东西太长，欠缺一气贯注的劲头。译文只好缩短拖累，省去原文里“亦必怜彼妇美貌短命”那个意思。但是，整句里的各个子句，总是松散不够团结；假如我们不对照原文而加新式标点，就要把“且此妇人之死”另起一句。尽管这样截去后半句，前半句还嫌接榫不严、包扎欠紧，在文言里不很过得去。也许该把“上帝之心必知”那个意思移到后面去：“自思此一副眼泪实由中出，诵经本诸实心，布施出于诚意，当皆蒙上帝鉴照，且伊人美貌短命，非我则更无料理其丧葬者，亦当邀上帝悲悯。”

这些例子足以表示林纾翻译时，不仅不理会“古文”的限止，而且往往忽视了中国语文的习尚。他这种态度使我们想起《撒克逊劫后英雄略》那个勇猛善战的“道人”，一换上盔甲，就什么清规都不守了[2]。

在林译第一部小说《巴黎茶花女遗事》里，我们看得出林纾在尝试，在摸索，在摇摆。他认识到，“古文”关于语言的戒律要是不放松（姑且不说放弃），小说就翻译不成。为翻译起见，他得借助于文言小说以及笔记的传统文体和当时流行的报章杂志文体。但是，不知道是良心不安，还是积习难除，他一会儿放下、一会儿又摆出“古文”的架子。“古文”惯手的林纾和翻译新手的林纾之间仿佛有拉锯战或跷板游戏；这种此起彼伏的情况清楚地表现在《巴黎茶花女遗事》里。那可以解释为什么它的译笔比其他林译晦涩、生涩、“举止羞涩”；紧跟着的《黑奴吁天录》就比较晓畅明白。古奥的字法、句法在这部译本里随处碰得着。“我为君洁，故愿勿度，非我自为也”，就是一例。“女接所欢，嬺，而其母下之，遂病”——这个常被引错而传作笑谈的句子也正是“古文”里叙事简敛肃括之笔[3]。司马迁还肯用浅显的“有身”或“孕”（例如《外戚世家》、《五宗世家》、《吕不韦列传》、《春申君列传》、《淮南·衡山列传》、《张丞相列传》），林纾却从《说文》所引《尚书·梓材》挑选了一个斑驳陆离的古字“嬺”；班固还肯说“饮药伤堕”（《外戚传》下），林纾却仿《史记·扁鹊仓公列传》，只

[1] 原书26章：“……mais je pense que le bon Dieu reconnaîtra que mes larmes étaient vraies, ma prière fervente, mon aumône sincère, et qu' il aura pitié de celle qui, morte jeune et belle, n' a eu que moi pour lui fermer les yeux et l' ensevelir.”

[2] 原书20章：“盖我一擐甲，饮酒、立誓、狎妓，节节皆无所讳。”

[3] 原书第1章里这一节从“Un jour”至“qu' autrefois”共211字，林纾只用12字来译。中国文字的简括也许不需要这种例证。

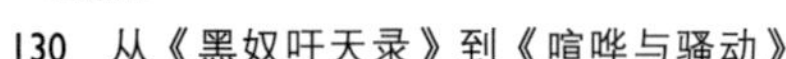

用了一个“下”字。这就是《畏庐论文》里所谓“换字法”。另举一个易被忽略的例。小说里报导角色对话，少不得“甲说”、“乙回答说”、“丙也说”那些引冒语。外国小说家常常用些新鲜花样，以免连行接句的“你说”、“我说”、“他说”，读来单调；结果可能很纤巧做作，以致受到修辞教科书的指摘[1]。中国文言里报导对话也可以来些变化，只写“曰”、“对曰”、“问”、“答”而不写明是谁。更古雅的方式是连“曰”、“问”等都干脆省掉[2],《史通》内篇《模拟》所谓:“连续而脱去其‘对曰’、‘问曰’等字”，像

“……邦无道，谷，耻也。’‘克伐怨欲不行焉，可以为仁矣。’曰‘可以为难矣，仁则吾不知也。’”(《论语·宪问》)；

“‘……则具体而微。’‘敢问所安？’曰:‘姑舍是。’”(《孟子·公孙丑》)。

佛经翻译里往往接连地省掉两次，像

“‘……是诸国土，若算师、若算弟子能得边际，知其数不?’‘不也，世尊.’‘诸比丘，是人所经国土，若点不点，尽抹为尘……’”(《妙法莲华经·化城喻品第七》)；

“‘……汝见是学、无学二千人不?’‘唯然，已见。’‘阿难，是诸人等……’”(同书《授学·无学人记品第九》)。

这种方式在中国文言小说里并不常见。传奇里像

“曰:‘金也……’‘青衣者谁也?’曰:‘钱也……’‘白衣者谁也?’曰:‘银也……’‘汝谁也?’”(《列异传·张奋》)；

“女曰:‘非羊也，雨工也。’‘何为雨工?’曰:‘雷霆之类也。’……君曰:‘所杀几何?’曰:‘六十万。’‘伤稼乎?’曰:‘八百里。’”(《柳毅传》)；

或者《聊斋志异》里像

---

[1] 参看亚而巴拉（A. Albalat)《不要那样写》(*Comment il ne faut pas écrire*) 28—29页；浮勒（H. W. Fowler)《近代英语运用法》(*Modern English Usage*) 343页《习气》(*Mannerism*)条，1965年增订第2版302页《倒装》(*Inversion*) 又533页《说》(*Said*) 条。

[2] 参看《管锥编·左传》卷论哀公七年。

“道士问众：‘饮足乎？’曰：‘足矣。’‘足宜早寝，勿误樵苏。’”（《崂山道士》）；

都不是常规，而是偶例。《巴黎茶花女遗事》却反复应用这个“古文”里认为最高简的方式：

“配曰：‘若愿见之乎？吾与尔就之。’余不可。‘然则招之来乎？”；

“曰：‘然。’‘然则马克之归谁送之？’”

“曰：‘然。’‘然则我送君。’”

“马克曰：‘客何名？’配唐曰：‘一家实瞠。’马克曰：‘识之。’‘一亚猛著彭。’马克曰：‘未之识也。’”

“突问曰：‘马克车马安在？’配唐曰：‘市之矣。’‘肩衣安在？’又曰：‘市之矣。’‘金钻安在？’曰：‘典之矣。’”

“余于是拭泪向翁曰：‘翁能信我爱公子乎？’翁曰：‘信之。’‘翁能信吾情爱，不为利生乎？’翁曰：‘信之。’‘翁能许我有此善念，足以赦吾罪戾乎？’翁曰：‘既信且许之。’‘然则请翁亲吾额……’”。

值得注意的是，在以后的林译里，似乎再碰不到这个方式。第二部林译是《黑奴吁天录》，书里就不省去“曰”和“对曰”了（例如九章马利亚等问意里赛、二十章亚妃立问托弗收）。

林译除迭更司、欧文以外，前期的那几种哈葛德的小说也颇有它们的特色。我这一次发现自己宁可读林纾的译文，不乐意读哈葛德的原文。理由很简单：林纾的中文文笔比哈葛德的英文文笔高明得多。哈葛德的原文很笨重，对话更呆蠢板滞，尤其是冒险小说里的对话，把古代英语和近代语言杂拌一起。随便举一个短例，《斐洲烟水愁城录》第五章：“乃以恶声斥洛巴革曰：‘汝何为？尔非癫当不如是。”这是很明快的文言，也是很能表达原文意义的翻译。它只有一个缺点：没有让读者看出那句话在原文里的说法。在原文里，那句话（What meanest thou by such mad tricks！ Surely thou art mad）就仿佛中文里这样说，“汝干这种疯狂的把戏，是诚何心？汝一定发了疯矣。”对语文稍有感性的人看到这些不伦不类的词句，第一次觉得可笑，第二、三次觉得可厌了。林纾的译笔说不上工致，但大体上比哈葛德的轻快明爽。翻译者运用“归宿语言”的本领超过原作者运用“出发语言’的本领，那是翻译史上每每发生的事情[1]。讲究散文风格的裴德（Walter Pater）就嫌爱伦·坡的短篇小说文笔太粗糙，只肯看波德莱亚翻译的法文本[2]；一个年轻的唯美主义者（un jeune esthète）告诉法朗士（A. France）说《冰雪因缘》只有在译本里尚堪一读[3]。传说歌德认为纳梵尔（Gérard de Nerval）所译《浮士德》法文本比自己的德文原作来得清楚[4]；惠特曼也不否认弗拉爱里格拉德(F. Freiligrath)用德文翻译的《草叶集》里的诗有可能胜过英文原作[5]。林纾译的哈葛德小说颇可列入这类事例里——当然，只是很微末的例子。近年来，哈葛德在西方文坛的地位渐渐上升，主要是由于一位有世界影响的心理学家对《三千年艳尸记》的称道[6]；一九六〇年英国还出版了一本哈葛德评传。水涨船高，也许林译可以沾点儿光，至少我们在评论林译时，不必礼节性地把“哈葛德在外国是个毫不足道的作家”那句老话重说一遍了。

传记里说林纾“译书虽对客不辍，惟作文则辍”；上面所讲也证实他“译书”不像“作文”那样慎重。也许可以在这里回忆一下有关的文坛旧事。

不是一九三一年，就是一九三二年，我有一次和陈衍先生谈话。陈先生知道我懂外文，但不知道我学的专科是外国文学，以为总不外乎理工科或政法科之类。那一天，他查问明白了，就慨叹说：“文学又何必向外国去学呢！咱们中国文学不就很好么？”[7]我不敢跟他理论，只抬出他的朋友来挡一下，就说读了林纾的翻译小说，因此对外国文学发生兴趣。陈先生说：“这事做颠倒了。琴南

---

[1] 参看培茨（E. S. Bates）《近代翻译》（*Modern Translation*）112 页所举例。

[2] 见班生（A. C. Benson）《裴德评传》（《英国文人传记丛书》）23 页。

[3] 法朗士《文学生活》（*La Vie littéraire*）第 1 辑 178 页。

[4] 梅里安－盖那司德（E. Merian-Genast）《法国的和德国的翻译艺术》（*Französische und Deutsche Übersetzungskunst*）一文里对这个传说有考订和分析，见恩司德（F. Ernst）与威斯（K. Wais）合编《比较文学史研究问题论丛》（*Forschungs probleme der vergleichenden Literaturgeschichte*）第 2 辑 27 页。

[5] 德老白尔（H. Traubel）《和惠特曼在一起》（*With Walt Whitman in CamdenTowna*），白拉特来（S. Bradley）编本第 4 册 16 页。

[6] 荣格（C. G. Jung）《现代人寻找灵魂》（*Modern Man in Search of a Soul*）里那著名的一节已被采入通行文论选本里，例如瑞德（M. Rader）《现代美学论文选》（*A Mondern Book of Esthetics*）增订第 3 版，洛奇（D. Lodge）《20 世纪文评读本》（Twentieth-Century Literary Criticism：A Reader）。

[7] 好多老辈文人都有这种看法，樊增祥的诗句有代表性：‘经史外添无限学，欧罗所作是何诗？’（《樊山续集》卷 24《九叠前韵书感》）。他们不得不承认中国在科学上不如西洋，就把文学作为民族优越感的根据，而且成见牢不可破。王 运《湘绮楼日记》民国 3 年 7 月 24 日：“外国小说一箱看完，无所取处，尚不及黄淳耀看《残唐》也。”看来其他东方古国里的人也抱过类似的态度。贡固（Edmond de Goncourt）的 1887 年 9 月 9 日日记就记载波斯人说：欧洲人会制钟表，会造各种机器，高明得很，可是总的说来，还是波斯人比他们高明——试问欧洲也有文人、诗人么（si nous avons des littératours, des poètes）？——《贡固兄弟日记》，李楷德（R. Ricatte）编注足本（Texte intégral）第 15 册 29 页；参看莫利阿（J. Morier）《哈吉巴巴在英国》（Hajji Baba in England）第 54 章，《世界经典丛书》版 335 页。

如果知道，未必高兴。你读了他的翻译，应该进而学他的古文，怎么反而向往外国了？琴南岂不是‘为渊驱鱼’么？”他顿一顿，又说：“琴南最恼人家恭维他的翻译和画。我送他一副寿联，称赞他的画，碰了他一个钉子。康长素送他一首诗，捧他的翻译，也惹他发脾气。”我记得见过康有为“译才并世数严、林”那首诗[1]，当时也没追问下去。事隔七八年，李宣龚先生给我看他保存的师友来信，里面两大本是《林畏庐先生手札》，有一封信说：

“……前年我七十贱辰，石遗送联云：‘讲席推前辈；画师得大年。’于吾之品行文章不涉一字。来书云：‘尔不用吾寿文，……故吾亦不言尔之好处’”[2]。

这就是陈先生讲的那一回事了。另一封信提到严复：

“……然几道生时，亦至轻我，至当面诋毁”[3]。

我想起康有为的诗，就请问李先生。李先生说，康有为一句话得罪两个人[4]。严复一向瞧不起林纾，看见那首诗，就说康有为胡闹，天下哪有一个外国字也不认识的“译才”，自己真羞与为伍。至于林纾呢，他不快意的有两点。诗里既然不紧扣图画，都是题外的衬托，那末第一该讲自己的“古文”，为什么倒去讲翻译小说？舍本逐末，这是一[5]。在这首诗里，严复只是个陪客，难道非用“十二侵”韵不可，不能用“十四盐”韵，来一句“译才并世数林，严”么？

---

[1] 《庸言》第1卷7号载《琴南先生写〈万木草堂图〉，题诗见赠，赋谢》：“译才并世数严、林，百部虞初救世心。喜剩灵光经历劫，谁伤正则日行吟。唐人顽艳多哀感，欧俗风流所入深。多谢郑虔三绝笔，草堂风雨日披寻。”林纾原作见《畏庐诗存》卷上《康南海书来索画〈万木草堂图〉即题其上》。康有为那首诗是草率应酬之作，“日”、“风”两字重出，“哀感顽艳”4字（出繁钦《与魏文帝笺》）误解割裂，对偶不工，而且章法实在太混乱。第5、6句忽然又讲翻译小说；第7句仿佛前面第1、2、5、6句大讲特讲的翻译不算什么，拿手的是诗、书、画；第八句把“风雨飘摇”省为“风雨”，好像说一到晴天就不用看这幅画了。《康南海先生诗集》（景印崔斯哲手写本）卷12《纳东诲亭诗集》没有收这首诗，也许不是漏掉而是删去的。

[2] 朱羲胄《贞文先生学行记》卷2载此联作：“讲席推名辈，画师定大年。”

[3] 《畏庐文集》里《送严伯玉至巴黎序》、《尊疑译书图记》以及《洪罕女郎传·跋》都很推重严复。《畏庐诗存》卷上《严几道六十寿，作此奉祝》：“盛年苦相左，晚岁荷推致。”然而据那些信札和李先生讲的话，严复“晚岁”对林纾并不怎么“推致”。

[4] 夏敬观先生《忍古楼诗》卷7《赠林畏庐》也说：“同时严几道，抗手极能事。”夏先生告诉我，他“人微言轻’，所以没有引起纠纷。

[5] 据林纾《震川集选·序》，康有为对他的古文不很许可，说：“足下奈何学桐城！”《方望溪集选·序》所讲“某公斥余”，也是指那件事。

“史思明懂得的道理，安绍山竟不懂！”[1]喧宾夺主，这是二。文人好名争名，历来是个笑话；只要不发展成为无情无耻的倾轧和陷害，它终还算得“人间喜剧”里一个情景轻松的场面。

林纾不乐意人家称他为“译才”，我们可以理解。刘禹锡《刘梦得文集》卷七《送僧方及南谒柳员外》说过：“勿谓翻译徒，不为文雅雄”；就表示一般人的成见以为翻译家是说不上“文雅”的。一个小例也许可以表示翻译的不受重视。远在刘禹锡前，有一位公认的“文雅雄”，搞过翻译——谢灵运[2]。他对“殊俗之音，多所通解”；流传很广的《大般涅槃经》卷首标明：“谢灵运再治”；抚州宝应寺曾保留“谢灵运翻经台”的古迹[3]。但是评论谢灵运的文史家对他是中国古代唯一的大诗人而兼翻译家这一点，都置之不理。这种偏见也并不限于中国[4]。林纾原自负为“文雅雄”，没料到康有为在唱和应酬的诗里还只品定他是个翻译家；“译才”和“翻译徒”虽非同等，总是同类。他重视“古文”而轻视翻译，那也并不奇怪，因为“古文”是他的一种创作，一个人总认为创作比翻译更亲切地是“自家物事”。要知道两者相差多少，就得看林纾对自己的“古文”评价有多高。他早年自认不会作诗[5]，晚年要刻诗集，给李先生的信里说：

“吾诗七律专学东坡、简斋；七绝学白石、石田，参以荆公；五古学韩；其论事之古诗则学杜。惟不长于七古及排律耳。”

---

[1] 林纾“好谐谑”的例子。史思明作《樱桃子》诗，宁可押韵，不肯把宰相的名字放在亲王的名字前面；这是唐代有名的笑话（《太平广记》卷495引《芝田录》、《全康诗》卷869《谐谑》1）。安绍山是《文明小史》45–46回里出现的角色，影射康有为，双关康氏的姓（“安康”）和安禄山的姓名；在唐史里安禄山和史思明齐名并称。《纪礁画桨录》的《译余赘语》称《文明小史》“亦佳绝”；《庚辛剑腥录》9章里的昆南陔也是“康南海”的谐音。

[2] 慧皎《高僧传》卷7《慧睿传》、《慧严传》。

[3] 《永乐大典》卷2603《台》字下引了自唐至元的题咏诗文。

[4] 例如英国诗人蒲伯（Pope）说有位贵人（Lord Oxford）劝他不要译荷马的史诗，理由是：“这样一位好作家不该去充当翻译家（So good a writer ought not to be a translator）”——司贲思（J. Spence）《旧闻录》（*Anecdotes, Observations and Characters of Books and Men*）《半人半马经典丛书》（Centaur Classics）本181页。蒲伯的仇人蒙太葛爵夫人（Lady Mary Wortley Montagu）在给她女儿（the Countess of Bute）的信里谈到一个小说家：“我的朋友斯莫来德把时间浪费在翻译里，我为他惋惜”（I am sorry my friend Smollett loses his time in translations）——《蒙太葛爵夫人书信集，《人人丛书》（*Everyman's Library*）版449页。1929年法国小说家兼翻译家拉尔波（Valéry Larbaud）发表了《翻泽家的庇佑者》（*Le Patron des Traducteurs*）那篇文章，里面说翻译者是文坛上最被忽视和贱视的人，需要起来大声疾呼，卫护“尊严”，抬高身份；见《拉尔波全集》迦利玛（Gallimard）版第8册15页。

[5] 《石遗室诗集》卷1《长句一首赠林琴南》：“谓将肆力古文词，诗非所长休索和。”

可见他对于自己的诗也颇得意，还表示门路很正、来头很大。但是，跟着就是下面这一节：

“石遗已到京，相见握手。流言之入吾耳者，一一化为云烟[1]。遂同往便宜坊食鸭，畅谈至三小时。石遗言吾诗将与吾文并肩，吾又不服，痛争一小时。石遗门外汉，安知文之奥妙！……六百年中，震川外无一人敢当我者；持吾诗相较，特狗吠驴鸣。”

杜甫、韩愈、王安石、苏轼等真可怜，原来都不过是“狗吠驴鸣”的榜样！为了抬高自己某一门造诣，不惜把自己另一门造诣那样贬损甚至糟蹋，我一时上记不起第二个例。虽然林纾在《震川集选》里说翻译《贼史》时“窃效”《书张贞女死事》[2]，料想他给翻译的地位决不会比诗高，而可能更低一些。假如有人做一个试验，向他说，“不错！比起先生的古文来，先生的诗的确只是‘狗吠驴鸣’，先生的翻译像更卑微的动物”——譬如“癞蟆”？——“的叫声”，他将怎样反应呢？是欣然引为知己？还是怫然“痛争”，反过来替自己的诗和翻译辩护？这个试验似乎没人做过，也许是无需做的。

[1] “流言”指多嘴多事的朋友们在彼此间搬弄的是非。

[2] 见《归震川全集》卷3；同卷《书郭义官事》、《张贞女狱事》也都是有“小说家伎俩”的“古文”。

附　　记

在本书排印期间，我看到伦敦出版的一部哈葛德新传（P. B. Ellis,*H.Rider Haggard：A Voice from the Infinite*，1978）；传写得不算好，但颇可证明哈葛德在他的同辈通俗小说家里比较经得起时间的考验，一直没有丧失他的读众。同时，我想起严复《愈野堂诗集》卷下为林纾写的两首诗，似乎都把他的“古文”和他的翻译小说分开，不像赵熙的诗那样说他用“古文”来翻译：《题林畏庐〈恶安耆老会图〉》：“纾也壮日气食牛，上追西汉　文藻。……虞初刻划万物情，东野□才逊雄骜”；《赠林畏庐》：“尽有高词媲汉始，更搜重译到虞初。”我上面说明的一点也许已经暗示在这些诗句里了。“□”准是“诗”字；严复特出林纾“上追西汉”的“文”，而把翻译小说和诗并列为次要。

1979 年 2 月

——录自《林纾的翻译》，商务印书馆 1981 年版萧乾（1910—1999），蒙古族，北京人。1935年于燕京大学毕业后，先后主编天津、上海、香港等地《大公报·文艺》并兼旅行记者。1939年至1942年任英国伦敦大学东方学院讲师兼任《大公报》驻英国记者。1942年至1944年为剑桥大学英国文学系研究生。1944年后任《大公报》驻英特派员兼战地记者。1949年任英文《人民中国》副总编辑。1953年至1955年任《译文》编委及编辑部副主任。1956年下半年至1958年任《文艺报》副总编辑。1961年调人民文学出版社任编辑。英译中有：《好兵帅克》、《大伟人江奈生·魏尔德传》、《莎士比亚戏剧故事集》、《里柯克讽刺小品选》、《屠场》（合译，1979年）、《战争风云》（合译，1975年）、《培尔·金特》（1982年）、《尤利西斯》（1994年）等。

漫谈文学翻译

我认为文学翻译有两种搞法，一种是“游击战”式的，即不固定翻译某一作家的作品，碰上谁的就翻谁的；另一种是“阵地战”式的，即经过摸索，逐渐确定一位作家的作品来译。作为翻译工作者，我是个“游击战士”，但我一向敬佩从事“阵地战”的翻译家，如译巴尔扎克的傅雷或译契诃夫的汝龙。

一九三五年我曾在天津《大公报》的《文艺》上写过这样一段话，大致是：如果一个人志在翻译，我以为就该选定自己所最喜欢的作者，系统地工作下去。选择的准绳可以依着目前国内文艺界客观的需要，看看一般译者们曾忽略了什么不该忽略的作品。这种客观的选择对弥补空白有莫大的好处，但好的翻译却不能这么产生。纵使狄更斯的作品是多么缺乏译者，一个不能掌握他那悱恻和幽默文笔的人也是翻不好的。倘若自己对海洋没有亲切的感受，提笔去译约瑟·康拉德的小说或奥尼尔的戏剧也很难真切生动。一个译曼斯菲尔德的人也应具有那样纤秀细腻的心灵。翻译不仅仅是拓版。为了传神，对原作必须融会贯通。因此，最妥贴的办法就是选择自己最喜欢的作家，和自己有着同样的情趣或类似的生活经验的。[1]

另外，我认为翻译与创作并不隔行。“五四以来，从鲁迅先生开始，我们的先辈一向是用两条腿走路的：他们既搞创作，又搞翻译。二十年代的郑振铎、叶圣陶、茅盾、许地山是这么做的，三十年代的巴金、周立波……等也是这么做的。那时尽管有一个专门发表外国作品的《译文》，但《小说月报》、《文学季刊》、《作家》、《文学》、《现代》也曾选登一些舶来作品。这是从《新青年》起就留下的一个好传统。作家写完一篇或一部东西，译点外国名著，既可吸收点营养，又是休息，调剂。文艺事业发达了，出现了专业翻译家，是好事；专业机构也是必要的。但那不应造成畛域。创作与翻译并不隔山，也说不上谁高谁低。它们是相辅相成的。”[2]

至于翻译方法，我仍认为斯诺当年对我的教导是值得记取的。一九三三年我在燕京大学读书时，曾帮助斯诺编译《活的中国》，那是我第一次从事中译英的工作。斯诺强调不要好英文，要尽量贴近原文。他对文字的要求颇严格。他不肯照猫画虎，他认为生吞活剥是犯罪。他告诉我，一个译者一定得把原作所描写的事物完全弄懂才可着笔，译的时候要用最准确无误的语言把自己所理解的传达给读者。

一九七九年我访美时，在依阿华大学的座谈会上有位美籍学者问起我对翻译风格的看法，我告诉他：“翻译好像踩钢丝，实在很难。如果太流畅了，就和原文走了样。有时忠实，却又不流畅。昨天我和一位先生谈到《意义的意义》这部书。作者把每个字的意义分成概念、感情、语气、用意四种。我觉得可以把这个分法应用到翻译上，很有意思。比方说，翻科学的东西，概念很重要，根本谈不上感情。要是翻诗的话，原文说杜鹃花，你译成菊花，可能问题不大。但原来是悲哀的感情，你若译成了喜乐的感情，就很严重了。所以我觉得翻译诗，首先得把深藏在语言内部的东西捕捉到，掌握感情很重要。翻译戏剧时，语气很有关系。翻译是一个很复杂的问题。有些人主张以忠实为主，另外一些人主张要灵活。我是灵活派。这一派比较受读者欢迎。当然，首先得吃

---

[1] 见《废邮存底 · 答辞》，上海文化生活出版社 1936 年版，第 113 页。

[2] 见《一本褪色的相册》，天津百花文艺出版社 1981 年版，第 135 页。

透原文的精神，再在这个基础上去灵活，灵活并不等于可以不忠实于原文。我觉得如果原文是悲怆的，你翻译出来不能表达那种感情，那种是死译、硬译，是要不得的。原文如是逗人乐的，结果人家看了译文，绷着脸一点也不乐。这也是最蹩脚的翻译。所以我认为，灵活绝不是可以随便走样，而是要抓住作品本质的精神。若不能把握，这翻译就是失败的。另外，我觉得搞翻译时，理解力占四成，表达力占六成。比如说一个东西，你完全知道是什么意思。但怎样用恰当的语言，也就是中国人的语言，来表达这意思，往往很难。

我对翻译没有多少实践，而且一直在东一本西一本地打“游击战”，所以能说的只有这么多，而且也很皮毛。

1982年3月

赵萝蕤（1912—1998），苏州人。1926 年随家由苏州迁至北京，在燕京大学附属高中念了两年，1928—1932 年在燕京大学修业（1928—1930 年主修中文，1930—1932 年主修英国文学）。1932 年大学毕业后考进清华大学外国文学研究所。1935—1937 年在燕京大学西语系任助教。1939—1944 年在云南大学和云大附中任教。1944—1948 年在美国芝加哥大学就学，于 1946 年得硕士学位，1948 年得哲学博士学位。1949—1952 年在燕京大学西语系任教授，1951—1952 年任系主任。译有：美国诗人朗弗罗的长诗《哈依瓦撒之歌》、艾略特的《荒原》、美国小说家亨利·詹姆斯的《黛茜·密勒》和《丛林猛兽》、惠特曼的《草叶集》等。

我是怎么翻译文学作品的

我七岁开始学英语，用的是美国小学里用的课本。但是我在十多年的时间里最喜欢的功课是中文，我喜欢唐诗三百首和古文观止，读这两本书常常是唱的，即带着调子地朗诵，而学英文则是额外负担，需要在老师的压力下苦恼地学。另外，我喜欢的老师是苏梅苏雪林，不喜欢英语老师。十六岁进大学念的是中文系，英语没有考上免修，还得继续念。

一九三〇年大学二年刚念完，英语老师把我叫去说服我，让我改学英国文学，她说中国文学可以自修，外国文学如学得好，能使中国文学学得更好。我那时还不大会考虑问题，因此就轻易被说服改学英国文学了。我还告诉老师我英语成绩中等，恐怕学不好；她说没关系，多学就会学好，一句话打消了我最后的顾虑。我讲这段历史是为了说明我如何荒疏了中国文学，加强了英语学习，无意之中为后来的翻译工作做了准备。

我在青年时期很不懂得钻研问题或自觉补足自己知识和认识上的缺点。有一个长时期我几乎完全致力于广泛浏览。我读完了哈代的绝大部分著作就接着读狄更斯的全部长篇小说，就像我弹琴一样，不是集中一曲精雕细刻，而是弹过一曲又一曲，弹完前奏曲又弹夜曲，困难的跳过，容易的滑过，凭印象而不是凭分析接受事物，凭主观的感情吸收而不求客观的理性的认识。也不是说我完全没有过分析的理性的客观的思想活动，而是说理性远远落后于感情，客观远远落后于主观。四十年代初试写过“锦瑟解”，基本是分析的、理性的。三十年代后半四十年代初我主要写新诗、散文和文学论文，刊载在抗战时流行的后方报刊上。但是一九三六年，在清华肄业的最后一年，戴望舒先生约我翻译艾略特的《荒原》一诗则是我第一次正经翻译文学作品。我用的是直译法，从未想到译者应该有自己的风格。我认为如果“雅”字指本非原作所具有的“雅”，特别如果指的是一味搞译自己的风格则是对原作的背叛与侮蔑，就是妄自尊大。而搞好翻译需要十分谦虚。关于我对文学翻译的想法，后面还要谈到，这里我是继续从事文学翻译工作的思想与业务上的准备。

在芝加哥大学的四年彻底改造了我的思想方法和治学方法，完成了我向分析的、理性的、客观的认识事物方法彻底转变。结果：主观的、感情的反应不是削减了而是加强了。芝加哥大学安排了一系列课程培养学生的分析能力与理解能力，使学生不仅对作家作品理解得比较深透，而且还设置了许多技巧性的课程如目录学、编史学，在内容与形式统一的基础上探讨理论与方法的一致等等，使学生具备处理作家与作品的科学方法与技能。所缺少的乃是根本性的辩证的唯物史观，这要在社会主义的祖国才能得到的修正和弥补。

我在芝加哥大学只是四年，而在祖国则是三十多年。在我身上我发现在芝加哥学到的东西和马列主义的文艺没有根本的对立。相反，是互为补充的。芝加哥给了我方法和技巧，而马列主义的文艺观则是给了我立场、观点和方法。在内容和形式统一这一观点上，两家是一致的。这也是为什么我比较容易接受马列主义的文艺观。我愿意为了劳动人民的利益而改造我的立场，这一点是困难的，但是阻力不是特别大，因为我服膺马列主义世界观中的某些唯物的观点。

在芝加哥的四年学习和在祖国学习了一些马列主义文艺观后使我对于认识事物的水平有了一些提高，这也影响了我对文学翻译工作的一些看法。另一个关键的因素是年龄逐年增长，教学工作和研究工作的经验有所丰富，再加上师友们的榜样等等，使我工作逐渐严谨，也使自己更加不敢对自己的许多缺点多所姑息。

我没有翻过多少东西，比较认真的是一九三七年上海新诗社出版的艾略特的《荒原》和一九七九年修订的同一著作（见《外国文艺》1980年第3期，又见《外国现代派作品选》第一册（上））。一九八〇年翻译了美国小说家亨利·詹姆斯的《黛西·密勒》和《丛林猛兽》（见《外图文艺》，1981年第1期）。一九五七年人民文学出版社出的美国诗人朗弗罗长诗《哈依瓦撒之歌》是为了纪念名人赶译的急就章；但译这一作品的方法和我译别的文学作品一样，是直译法，这是我从事文学翻译的唯一方法。一九三六年译《荒原》时，我还不是十分自觉，而现在则是十分自觉，我想将来也还是这样。

我想我用直译法是根据内容与形式统一这个原则。我认为形式是内容的重要的一部分，译者没有权利改造一个严肃的作家的严肃作品，只能是十分谦虚地、忘我地向原作学习。一位评论家曾提出一个重要观点，即形式是探索题材的手段。形式为什么重要是因为它能够最完备地表达内容。形式很差会危及内容。因此形式不是一张外壳，可以从内容剥落而无伤于内容。形式其实是内容的一个重要组成部分。不错，有些形式主义者，用了全副力量创造一种诱惑人的文章风格，而内容是否有分量则是不大关心。这种文学大概不是很好的文学。归根结底内容决定了形式，写作内容与形式是脱节的只能是匠师而不可能是真正的严肃的艺术家。也有内容极好而文风比较粗糙的，这种作品大致是极好的作品，粗糙也只是相对的粗糙，那么译者也没有这个义务去代作家修正他的缺点，还是以保留作者原来的面貌为是：因为这种粗糙原是作者自己的风格，不必译者去将它改造。

不管用什么方法翻译严肃的文学著作，都应该注意三个起码的条件：(1) 对作家作品理解得越深越好，这就要求译者对作家作品有一个起码的正确理解。有些作家作品只需要一个大致的理解就足够了，例如朗弗罗的《哈依瓦撒之歌》；有些时候作家不难理解，而作品则是需要译者作一番比较艰苦的研究工作的，如艾略特的《荒原》；有些则是为了解作品必须深刻全面地研究作者的各方面的问题，特别需要了解作者的思想认识和感情力度，他的创作意图和特点，不然就无法正确理解他的作品，例如我正在进行的惠特曼的《草叶集》。(2) 两种语言的较高水平。译文至少必须正确反应作品的内容，起码不能把原文理解或翻译错了，因此需要一定的语言水平才能较好地反映作家作品的内容与艺术风格。(3) 谦虚谨慎的工作态度。处处把原著的作家置于自己之上，而不是反之。我这里指的当然是严肃的作家与作品。轻薄的作家与作品没有必要如此如临大敌。我个人的经验不多，我所碰到的原著大多要求我切不可玩世不恭，开作家的玩笑，自我表现一番。如果是文字游戏，则开个玩笑也未可厚非。不过翻译世界名著是不能儿戏的，因此我提这第三条。

大家都熟悉“信达雅”这三个翻译标准。这里我认为文学翻译和一般翻译（如科学论文、社会科学等等各项翻译工作）应当区别开。文学翻译应该着重一个“信”字，而其他翻译则是着重一个“达”字（当然“信”字是谁也不可缺的）。在我从事的并不多的翻译工作中我用的是直译法，为的是竭力忠实于原作的思想内容与艺术风格。有不少作品用直译法（即保持语言的一个单位接着一单位的次序，用准确的同意词一个单位一个单位地顺序译下去）往往并不困难，而且比较接近原句的本来面目。我说的单位可以是一个词，一个短句，一个从句，一个句子。当然完全畅通无阻地就这样译下去是不可能的。一个词有时要译作短语甚至一个从句，也可能一个短句译成一个词；从句的位置需要变更，一般在中文里要放在所从属的那个词的前面，等等。一个字对着一个字这样的直译，这种情况不多，更多的是一个单位一个单位地对译，但要绝对服从每一种语言自己的特点和规律，因此如果两种语言都能胜任的话，翻译时就应该遵循各自的特点与规律。若要直译法不沦为僵硬的对照法全在于译者选择相应的单位是否恰当，也在于译者的句法是否灵活。站得住脚的句子，多半是流畅的，是符合语言规律的。

例如《荒原》的头七行：

April is the cruellest month, breeding
Lilacs out of the dead land, mixing
Memory and desire, stirring
Dull roots with spring rain.
Winter kept us warm, covering
Earth in forgetful snow, feeding
A little life with dried tubers.

一九三六年不彻底的直译法：

四月天最是残忍，它在
荒地上生丁香，参合着
回忆和欲望，让春雨
挑拨呆钝的树根。

冬天保我们温暖，大地
给健忘的雪盖着，又叫
干了的老根得一点生命。

一九七九年比较彻底的直译法：

四月是最残忍的一个月，荒地上
生长着丁香，把回忆和欲望
参合在一起，又让春雨
催促那些迟钝的根芽。
冬天使我们温暖，大地
给助人遗忘的雪覆盖着，又叫
枯干的球根提供少许生命。

逗号前的第一句，新译的逐字地译，原作的头三句的最后一个字是分词，新译不可能把词放在行尾，而“生长着”和“把……参合在一起”，“催促”则近似分词，因为汉语里没有由词形标志的分词。“挑拨”“呆钝”“树根”改为“迟钝”，“根芽”，与原诗更接近一些。“健忘”改成“助人遗忘”则是较大的改动，“健忘的雪”意义不明，“助人遗忘”和“回忆”的意思正好相反，雪能助人遗忘，因此冬天反比四月温暖，这样改一改似乎是必要的（何况 forgetful 一词用在诗句里本义就是“令人遗忘”的意思）。新译力图更加接近原作的内容和形式（其中包括分行及节奏）。这就是我所说的直译法。这里无所谓译者自己的风格，译者只是努力在向原作靠得更近，“信”是译者的最终目标，“达”也重要，以便不违背某一语言它本身的规律。独立在原作以外的“雅”似乎就没有必要了。《荒原》一诗用多种诗体。长句短句，诗的、散文式的、接近口语的各种不同句法与节奏等等。译者也是尽力使每一节译文接近原文而不是自创一体。这里随便举几个例子，口语风格的如下面的诗句：

“My nerves are bad tonight. Yes, bad. Stay with me.
“Speak to me. Why do you never speak. Speak.
“What are you thinking of？ What thinking？ What？
“I never know what you are thinking. Think.”

“今晚上我精神很坏。是的，坏。陪着我。”
“跟我说话。为什么总不说话。说啊。”
“你在想什么？想什么？什么？”
“我从来不知道你在想什么。想。”

别一种口语风格：下层人民的口语：

Now Albert's coming back, make yourself a bit smart.
He'll want to know what you done with that money he gave you
To get yourself some teeth. He did, I was there.
You have them all out, Lil, and get a nice set,
He said, I swear, I can't bear to look at you.
And no more can't I, I said, and think of poor Albert,
He's been in the army four years, he wants a good time,
And if you don't give it him, there's others will, I said.
Oh is there, she said. Something o'that, I said.
Then I'll know who to thank, she said, and give me a straight look.

埃尔伯特不久就要回来，你就打扮打扮吧。
他也要知道给你镶牙的钱
是怎么花的。他给的时候我也在。
把牙都拔了吧，丽儿，配一副好的，
他说，实在的，你那样子我真看不得。
我也看不得，我说，替可怜的埃尔伯特想一想，
他在军队里呆了四年，他想痛快痛快，
你不让他痛快，有的是别人，我说。
啊，是吗，她说。就是这么回事，我说。
那我就知道该感谢谁了，她说，向我瞪了一眼。

短句的例子如下：

If there were water

And no rock

If there were rock
And also water
And water
A spring
A pool among the rock
If there were the sound of water only
Not the cicada
And dry grass singing
But sound of water over a rock
Where the hermit-thrush sings in the pine trees
Drip drop drip drop drop drop drop
But there is no water

只要有水

而没有岩石
若是有岩石
也有水
有水
有泉
岩石间有小水潭
若是只有水的响声
不是知了
和枯草同唱
而是水的声音在岩石上
那里有蜂雀类的画眉在松树里歌唱
点滴点滴滴点滴
可是没有水

长句和节奏比较复杂的句子如下：

The river's tent is broken：the last fingers of leaf
Clutch and sink into the wet bank. The wind
Crosses the brown land, unheard. The nymphs are departed.

Sweet Thames, run softly, till I end my song.
The river bears no empty bottles, sandwich papers,
Silk handkerchiefs, cardboard boxes, cigarette ends
Or other testimony of summer nights. The nymphs are departed.
And their friends, the loitering heirs of city directors;
Departed, have left no addresses.

河上树木搭成的帐蓬已破坏，树叶留下的最后手指
想抓住什么，又沉落到潮湿的岸边去了。那风
吹过棕黄色的大地，没人听见。仙女们已经走了。
可爱的泰晤士，轻轻地流，等我唱完了歌。
河上不再有空瓶子，夹肉面包的薄纸，
绸手绢，硬的纸皮匣子，香烟头
或其他夏夜的证据。仙女们已经走了。
还有她们的朋友，最后几个城里老板们的后代；
走了，也没有留下地址。

《荒原》这首诗很适合于用直译法来翻译，译文基本上能够接近原作的风格。我的极有限的经验说明，直译法是能够比较忠实反映原作的。必须指出，虽然译者竭力避免创造自己的风格，但是最终似乎还是避免不了有一点点自己的风格。可是这种个人风格和以译者自己的风格为主的方法究竟是很有差距的。直译法使读者能尝到较多的原作风格，这一点我想是无可非议的。

上面说的是文学翻译，特别是名著翻译，非文学的翻译是另外一回事。这里不谈这个问题。

我现在正在翻译惠特曼的《草叶集》，这是一个大作家的伟大著作，比翻译艾略特和詹姆斯要困难得多。惠特曼是一位只上过几年小学的没有许多文化教养的大作家。他读过荷马、但丁、莎上比亚，希腊戏剧，圣经，苏格兰小说家司各特、法国小说家乔治·桑和美国库柏、爱伦坡等人的作品，他出游时时或揣着一本书。虽然他的“学问”屈指可数，但是他面向当代生活，很长时期以来十分关心政治。他又想得很多，他喜欢到处漫步，在树荫下坐下来度过许多时光。这样的作家，尤其是他的最佳作品极难翻译得很好，不少地方很难捉摸他究竟是怎么想的。他也推敲，但是他才气纵横，个性强烈，不像艾略特、詹姆斯，千锤百炼，却终究难不倒不服输的译者。翻译惠特曼这样一个粗糙得

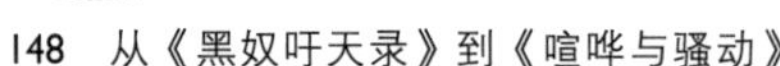

多的诗人却不免有时要服输，因为对他的思想与性格了解不够。要想翻好惠特曼的诗必须把惠特曼这个人，这个人的思想，弄明白。必须进到他的个性中去，不然就会犯错误，或得不到要领。另一方面，也不能为他所欺，某些词句很可能是毫不经心之谈，可能他自己也没有个准数目。这是个没有十分教养，但又是十分伟大的诗人给读者和译者提出的难题。例如西方评论家至今为了惠特曼的神秘主义而争执，有些人认为神秘主义是他思想的主要一面，而且认为他的思想是相当系统的东方经学思想，有的则认为他没有读过梵文经书，有些共同点也只是偶然，等等。幸运的是诗人的伟大民主思想和对普通人的真诚热爱是作者最根本的、坚不可摧的信仰与实践的基础。惠特曼有许多思想与艺术上的缺点，也不必替他隐瞒，总之，译者应科学地、正确地介绍一个重要的作家，把他的真面目交给读者。

翻译《草叶集》的工作还只是开始，我希望今后还有机会总结一下作为文学翻译者的点滴经验。

1982年5月

朱生豪（1912—1944），莎士比亚戏剧翻译家、诗人，浙江嘉兴人。曾就读于杭州之江大学中国文学系和英文系。1933 年大学后，在上海世界书局任英文编辑，参加《英汉四用辞典》的编纂工作，并创作诗歌。1936 年春着手翻译《莎士比亚戏剧全集》。为便于中国读者阅读，打破了英国牛津版按写作年代编排的次序，而分为喜剧、悲剧、史剧、杂剧 4 类编排，自成体系。1941 年日军进攻上海，辗转流徙，贫病交加，但仍坚持翻译，先后译有莎剧 31 种，新中国成立前出版 27 种，部分散失，后终因劳累过度患肺病早逝。

《莎士比亚戏剧全集》译者自序

于世界文学史中，足以笼罩一世，凌越千古，卓然为词坛之宗匠，诗人之冠冕者，其唯希腊之荷马，意大利之但丁，英之莎士比亚，德之歌德乎。此四子者，各于其不同之时代及环境中，发为不朽之歌声。然荷马史诗中之英雄，既与吾人之现实生活相去过远，但丁之天堂地狱，复与近代思想诸多牴牾；歌德去吾人较近，彼实为近代精神之卓越的代表。然以超脱时空限制一点而论，则莎士比亚之成就，实远在三子之上。盖莎翁笔下之人物，虽多为古代之贵族阶级，然彼所发掘者，实为古今中外贵贱贫富人人所同具之人性。故虽经三百余年以后，不仅其书为全世界文学之士所耽读，其剧本且在各国舞台与银幕上历久搬演而弗衰，盖由其作品中具有永久性与普遍性，故能深入人心如此耳。

中国读者耳莎翁大名已久，文坛知名之士，亦尝将其作品，译出多种，然历观坊间各译本，失之于粗疏草率者尚少，失之于拘泥生硬者实繁有徒。拘泥字句之结果，不仅原作神味，荡焉无存，甚且艰深晦涩，有若天书，令人不能卒读，此则译者之过，莎翁不能任其咎者也。

余笃嗜莎剧，尝首尾研诵全集至十余遍，于原作精神，自觉颇有会心。廿四年春，得前辈同事詹文浒先生之鼓励，始着手为翻译全集之尝试。越年战事发生，历年来辛苦搜集之各种莎集版本，及诸家注释考证批评之书，不下一二百册，悉数毁于炮火，仓卒中惟携出牛津版全集一册，及译稿数本而已。厥后转辗流徙，为生活而奔波，更无暇晷，以续未竟之志。及三十一年春，目睹世变日亟，闭户家居，摈绝外务，始得专心一志，致力译事。虽贫穷疾病，交相煎迫，而埋头伏案，握管不辍。凡前后历十年而全稿完成（案译者撰此文时，原拟在半年后可以译竟。讵意体力不支，厥功未就，而因病重辍笔），夫以译莎工作之艰巨，十年之功，不可云久，然毕生精力，殆已尽注于兹矣。

余译此书之宗旨，第一在求于最大可能之范围内，保持原作之神韵，必不得已而求其次，亦必以明白晓畅之字句，忠实传达原文之意趣；而于逐字逐句对照式之硬译，则未敢赞同。凡遇原文中与中国语法不合之处，往往再四咀嚼，不惜全部更易原文之结构，务使作者之命意豁然呈露，不为晦涩之字句所掩蔽。每译一段竟，必先自拟为读者，察阅译文中有无暧昧不明之处。又必自拟为舞台上之演员，审辨语调之是否顺口，音节之是否调和。一字一句之未惬，往往苦思累日。然才力所限，未能尽符理想，乡居僻陋，既无参考之书籍，又鲜质疑之师友。谬误之处，自知不免。所望海内学人，惠予纠正，幸甚幸甚！

原文全集在编次方面，不甚惬当，兹特依据各剧性质，分为“喜剧”、“悲剧”、“杂剧”、“史剧”四辑，每辑各自成一系统。读者循是以求，不难获见莎翁作品之全貌。昔卡莱尔尝云：“吾人宁失百印度，不愿失一莎士比亚。”夫莎士比亚为世界的诗人，固非一国所可独占；倘因此集之出版，使此大诗人之作品，得以普及中国读者之间，则译者之劳力，庶几不为虚掷矣。知我罪我，惟在读者。

生豪书于三十三年四月

——录自朱译《莎士比亚戏剧全集》

王辛笛（1912—2004）笔名辛笛，天津人。清华大学外文系毕业，留学英国爱丁堡大学，与著名诗人艾略特、史本德、路易斯、缪尔等曾相过从。回国后在暨南、光华两大学任教授。兼任《美国文学丛书》及《中国新诗》编委。历任中国作家协会理事、上海作家协会副主席、中国作协名誉委员、上海翻译家协会会员。主要作品：新诗集《珠贝集》（1936）、《手掌集》（1948）、《辛笛诗稿》（1983）、《印象·花束》（1986）、《王辛笛诗集》（1989）、中英对照《王辛笛短诗选》（2002）、《九叶集》（合集 1981）；散文集《夜读书记》（1948）、《嫏嬛偶拾》（1998）、《梦馀随笔》（2003）；旧体诗集《听水吟集》（2002）；主编《20 世纪中国新诗辞典》（1997）；译作短篇小说、诗歌几种、狄更斯长篇小说《尼古拉斯·尼克尔贝》（杜南星、徐文绮译；王辛笛校，1998）。

谈翻译

我自幼就有尝试译作的幼稚愿望，十岁开始学英语。那时有一位在南开大学任教的陈先生刚从美国回来不久，我父亲就请他教我英文。每周我去陈先生家三次，从《华英初阶》读起，再读《贝肯读本》、《伊索寓言》等浅近儿童读物。白天先生给我讲了一个英文小故事，晚上我就把这故事直译成中文。甚至把这些译文订成一个小本本，藏在抽屉里，自我欣赏，这是我最初的“译文集”。

在南开中学读高中时，我在家里找到几本《蓝皮小丛书》，印着莎士比亚、王尔德、萧伯纳等著名作家的警句，我很喜欢，就把它们译成中文，投到天津大公报副刊，居然一一发表了。初次拿到稿费，我斗胆逛起外文旧书摊和旧书店，买到美国近代丛书版的两本书：《俄国最佳短篇小说选》和《波德莱尔散

文诗》。后来选译了加尔洵的《旗号》和莫泊桑的《农夫》，发表在《国闻周报》上。

考入清华大学后，在吴宓开设的《古希腊罗马文学》课上，要求读荷马史诗《伊利亚特》、《奥德赛》，罗马史诗维吉尔的《伊尼德》（现译名为《埃涅阿斯纪》）等，学生看的都是散文体英译本。我琢磨着，若将史诗形式的古希腊语译成诗体的英文又会如何呢？当然，我认为散文体英译本还是转达了史诗的叙事情节、风格和特点。然后，我又了解了蒲伯这位英国桂冠诗人。蒲伯的诗在英国被认为是新古典主义，他主张格律诗，学问不错。我最先读到他的两篇论文《批评论》和《人论》，均用诗体写就，文体风格像中国古诗的味道，音韵铿锵，表达明晰，文字整齐易懂。接着又发现他竟用诗体翻译了荷马和维吉尔的史诗，在我看来，这实在了不起，这将解答我在阅读散文体史诗时所产生的问题。不想拜读之后大失所望，蒲伯费尽心力译成的诗体史诗反而不如散文体译的好，散文体英译本倒是把荷马和维吉尔原文的丰富内涵和味道表达了出来，而诗体英译本却使之荡然无存。以后我还读到过诗体英译本的但丁《神曲》，也留下不如散文体的印象。从那时候开始，我形成自已对翻译的看法：小说可以翻译，但诗是不能翻译的，各民族语言有自身的特点，节奏音韵各不相同，有时涵义可以转译过来，诗美却很难再现；无论译者的学问多么好，在翻译的过程中必然会失去原汁原味原样，如果译者不是诗人，可能会译得更不像诗。

在大学期间我曾读到徐志摩翻译哈代的诗，就去找原版诗来读，觉得哈代的诗有独到的魅力，最喜欢哈代的一首题作《The Voice》（《呼唤》）的诗，是他为悼念其前妻逝世而作于一九一二年十二月。我反复诵读，那韵律，那调子凄切而柔和，使人想起招魂的呼唤。这首诗我久已想翻译出来，但两种文字转换时总让我感到还是读原诗为好，好像一译就将原来的诗美破坏了，在我看来，译诗是一件不甚愉快的事。及至年长一些，我才比较客观，认为译诗虽是不得已而求其次，但为使不懂外语的读者能接触外国诗歌，译诗还是必要而有益的，译者功不可没。而对哈代这首诗的翻译直到八十四岁才完成：

思念已久的妇人啊，你是怎样呼唤我的，呼唤我的，
说你现今已不再是过去的你
当你一反全心爱我时的那样了
而是一如最初，我们拥有美好的时光。
……

如此，我，逡巡起来，
落叶纷纷围在我的周遭，
风正渗透荆棘丛由北而来，
而妇人仍在呼唤着呢。

同样，我的新诗集《手掌集》分为三篇："珠贝篇"、"异域篇"、"手掌篇"，在每一篇的前面分别引用我所喜爱的英国诗人霍浦金斯、艾略特、奥登的英语诗句原文，当时也没有翻译出来。到近年我才将其中两位诗人的诗句翻译了出来，并在最后用括弧注明是译意或试译。

二十世纪八十年代初我去加拿大参加国际诗歌节，由我主持专题研讨会"诗歌的翻译"，迫使我重新思考诗歌翻译的问题。中国翻译界老前辈严复提倡"信"、"达"、"雅"三字经，而我的体会是，在满足了"信"（忠实于原文）、"达"（文意通顺，合乎本国语文习惯）的要求之后，更要体现"雅"字，但不是"阳春白雪"之雅，而是要传神，表达出原诗的诗味、意境来。这正是诗歌翻译中不太容易达到、也不太容易把握的水准，但却算是较好的译作。以后一些外国友人来中国访问，写了一些英文诗，请我翻译，我在忠实于原文的基础上，还是追求诗意表达上的神似。记得在作家协会举办的座谈会上，美籍华人女作家聂华苓的丈夫安格尔朗读了他写的两首英文诗《马群》和《驴子》，聂华苓请我翻译成中文，她对我将《驴子》一诗的最后一句："you will wake up a huge and powerful horse"译成"你们醒来会成为一匹高头大马"激赏不已。我还为安格尔翻译了《上海印象》等。

二十世纪八十年代末我大病一场后，居家调养，老伴徐文绮与诗友杜南星合译狄更斯的长篇小说《尼古拉斯·尼克尔贝》完稿，我为老伴坚持不懈的精神所感动，也奋力参加了全书的校译工作，于一九九〇年秋将南星和文绮分别翻译两部分的译稿通校了一遍，并写了长文《译本序》，漫谈狄更斯的魅力在于小说故事性强，有头有尾，事事有交代；对于人物和环境的描绘惟妙惟肖，赞叹他对伦敦街道环境之熟悉程度，特别是关于夜景的描绘让人神往，俨如置身其境；展示生活细节的不厌其详，处处以悬念引人入胜；以故事情节透露他单纯的道德观"善良终必战胜邪恶"等。尽管历来对狄更斯小说的批评也不少，结构松散，人物性格定型，缺乏立体感等，但出于对语言表达的敏感，我以为狄更斯最大的缺点是语言过于冗长啰嗦，从翻译的角度感到这点特别明显。

从少年时代开始翻译，颇有初生牛犊不怕虎的劲头，到青年时代认为诗是不可翻译的，再到老年重试译笔，尽管数量不多，但其中个味值得品尝。

叶君健（1914—1999），曾用笔名马耳。湖北红安人。童年时代在村里读私塾。1929 年到上海，进入一个新式中学读书。1933 年进武汉大学攻读外国文学，开始翻译外国弱小民族国家的文学作品，在报纸副刊上发表，并用世界语写了短篇小说集《被遗忘的人们》（1937）。武汉失守，到香港继续作抗战对外的宣传工作，并主编英文刊物《中国作家》。太平洋战争爆发后，回重庆，先后任重庆大学、中央大学英文教授。此期间翻译了欧洲古典作品，如希腊埃斯库罗斯的悲剧《阿伽门农王》、比利时麦特林克的《乔婉娜》、挪威的易卜生的剧本《总建筑师》、外国短篇小说集《故国》、法国梅里美的中篇小说《加尔曼》、俄国托尔斯泰的中篇小说《幸福家庭》和美国斯坦贝克的反法西斯小说《月亮下落》等。新中国成立后在文化部对外文化事务联络局（后改为对外文委）工作，业余编辑英文不定期刊物《中国文学》；1953 年该刊改为中国作家协会领导下的定期刊物，任副主编至 1974 年。主要译著还有：《安徒生童话全集》、《安徒生童话选集》、《鞋匠的儿子》、《四十九经度》（剧本，美国丹克著）。主要著作有：童话集《小仆人》、《王子和渔夫的故事》、《真假皇帝》、《叶君健童话故事集》、《画册》等。

关于文学作品翻译的一点体会

由于对某些外国文学作品的喜爱，或者因为某些外国文学作品对我们的创作具有一定的启发和借鉴作用，我偶尔也在时间允许之下译点外国文学作品，供国内读者和作家参考。工作做得很零碎，还带点偶然性，所以说不上对翻译有什么“经验”。但既然在这方面投入过一点精力，也不能说什么体会都没有。此外，自一九五〇年开始，我就从事编译一个英文文学期刊《中国文学》

(后来又增加了法文版)，一编就将近四分之一个世纪，直到一九四七年才离开这个岗位。它基本上是一个文学翻译刊物，只不过是从中文译成外文罢了。我自己虽然没有直接参加翻译，但每篇作品和文章，从译者交来的译稿到定稿，直到最后清样，我都一字不漏地从头到尾读过。从别人的劳动中，我自然也获得了一些有关翻译的体会。

总的说来，我觉得我国最早的一位态度非常严肃的翻译家严复对翻译工作所提出的标准，即“信”、“达”、“雅”，仍不失为我们从事这种工作的人的一个较切合实际的标准。实际上，这应该也是世界各国从事翻译工作的人的一个准绳，有普遍意义，可以适用于任何文字的翻译。严复没有翻译文学作品。他所译的都是政治、经济和社会学方面的世界名著。但他对翻译质量的要求，”除了“信”和“达”以外，还提出“雅”，这就难能可贵了。“雅”属于“风格”的范畴，特别在文学作品的翻译中，是一个极为重要的成分。如果我们把“信”和“达”当作一个译者在他翻译一篇作品的过程中应遵循的“政治”标准的话，那么“雅”就是他所不应忽视的“艺术”标准了。如果这个说法能成立，那么“信”、“达”、“雅”就是一个译者在他的工作中所要争取达到的“最好的政治与最完美的艺术相结合”的目标。实际上，在今天社会主义的中国，这仍然是我们在翻译工作中应努力达到的要求。无论从外文译成中文或从中文译成外文，我们都不能离开这个准则。我根据外国的一些翻译作品判断，外国的翻译家在他们的工作中也基本上力图达到这个要求。

不过，什么叫作“信”，各人有各人的理解，我们至今还未能有一个较为令人满意的普遍定义。一般总是认为，原文怎样，译文就应是怎样，原文有个什么形容词，译文中也应有个什么形容词。不仅在字面上如此，甚至在形式上也是这样。我看到过有些译诗，原文用什么韵律，每行有几个音步，韵脚是怎样一个模式，译文也依样照办。这样做不能不谓为“忠实”，但在这种情况下，要在译文中做到既“达”且“雅”，恐怕就难办了，特别是用我们的方块字译西方的诗的时候——当然，做得比较令人满意的例子也并不是完全没有。根据这种“信”的原则，如果再加上以“忠于政治”为理由的某种狭隘的理解，甚至可能走向另一个极端：“死译”。曾经有个时期，在中译外的工作中，为了“忠于原文”，在“政治上站得住”，真的就有人把“老虎”译成“old tiger”，把肥猪译成“fat Pig”……一些搞外文的同志哭笑不得，把这叫作“对号入座”。还有一个很值得深思的例子：我们在哲学上有个术语，名“两点论”，译法文的时候，为了“在政治上忠实”，就把它译成La thèse en deux points。不幸的是，在法文中有个标点符号，即“冒号”（：），正好叫：deux points。

于是这个庄严的哲学名词在法文中就成了“冒号论”。据闻，译者曾就此事请示有关“首长”，但得到的指示还是必须直译，因而“两点论”这个词就作为“冒号论”被介绍出去了。同样，曾一度流行的“亲密战友”这个词，为了“政治上的忠实”，在法文中就成了“Compagnon intime,”而同样不幸的是，“intime”这个形容词在法文中有男女之间“亲密”的含意。结果，这种形式上的“信”，在政治上却“站不住”了。

那么，什么叫作“信”或“忠实”于原文呢？我每次提起笔搞点翻译的时候，总感到有些茫然。译一篇文学作品，如一首诗，无非是把原作者的本意、思想、感情、意境如实地传达给读者，使读者的感受与作者当初写作时的感受一样或差不多。但作者当时的感受究竟是怎样的呢？我们无法去问作者。这只能从字面上去推测。事实上，作者在“灵感”或，“冲动”的诱导下写出一篇作品，恐怕他自己对他当时的感受也很难说出一个具体的轮廓。文学和艺术作品毕竟不是科学，而是触及“灵魂”的东西，这里面有“朦胧”和“似与不似之间”（齐白石关于绘画的见解）的成分，要用像数学那样精确的形式表达出来是不可能的。曾经有人问过英国诗人布朗宁（Robert Browning，1812—1889），要他说明他所写的某一首诗的意义。他把那首诗读了一遍，说：“我写这首诗的时候，只有两个人知道我的意思，即我和上帝。至于现在呢，那只有上帝知道了。”

事过境迁，布朗宁写那首诗时的“灵感”或“冲动”早消失了，当时的情况他自己也捉摸不定了。当然，那首诗的内涵，我们大致还可以从诗句的字面上体会出一个粗略的概念，但要说对作者的本意能够掌握到什么程度，那就很难说了。把它移植到另一种文字的时候，移植者（译者）也只有从字面上揣度原作当时的意义和主题思想。译者在“揣度”的过程中，就受到他本人的人生修养、文化和政治水平、艺术欣赏趣味以及他对作者及其时代背景的知识等因素的限制，而他所达到的理解程度，就不一定完全与原作的本意相吻合了。这里有一个“再解释”的过程，而这种“再解释”由于地理和时间的间隔以及社会情况和文化背景的不同，也自然因人而异。所以在“信”的问题上，事情并不是太简单。

拿一个简单的名词“面包”来说吧，它也因时因地和因原材料的差异而异，不仅在形状上如此，在味道上也是这样，因而它所引起的联想也就不同。法国的普通面包细而长，像纺锤一样，很脆。我一想起它的时候，就不禁要联想起巴黎的某些普通职员，早上赶着上班，一边走路、一边啃面包的情景。当然，他们现在有了私人小汽车，可能他们早晨上班前吃面包的方式也改变了。

同样，“兰花”在中国和外国，无论从形状或香味上讲都不一样，至于它所引起的联想和内在含义就更不相同了。这种不同有时甚至还涉及作品的内容和主题思想。在中国的文学作品中，“兰花”代表“高洁”的性格和气质；在外国，它只不过是花之一种罢了。

从上述的情况看来，在翻译中要做到绝对的“信”，是比较难于办到的。我们所能争取做到的，只有从历史唯物主义的观点，尽量使译文符合原作者当时所想要表达的内容和主题思想，其根据还是原作者的作品本身，其他的根据是没有的。在这方面，一般有三种作法。一是逐字逐句直译，或“死译”、“硬译”。由于译文与原文的语法习惯不尽相同，这种作法往往是由“信”开始，而以“费解”告终，原作的内容完全没有能表达出来。第二种作法是，在着重“信”的同时，也不忽视“达”。这就不能逐字逐句死扣了。译者得尽可能地争取根据原作的字面形象去理解它内涵的全部意义，而且在可能范围内，基本按照原作的语形，把原作的词意和精神实质传递出来。一般的译者大概都是这样进行工作的，这种作法是比较费脑筋的。第三种作法是，在词意上把“信”放到次要地位，而力求“达”和一定程度的“雅”。这也可以说是“再创造”吧。成功的例子当然也有，但在这种情况下所作出的成绩，应该被视为译者本人的创作，不能说是翻译。这种作法多半是由于两个因素造成的：一，对原文的理解能力很差或看不懂，二，态度不严肃，急于求成，把原文大致看了一下就动手翻译。不幸的是，这种作法在一些发达的资本主义国家还很普遍哩！例子也不少，在这里不妨谈一点我个人的“经验”。

五十年代初期，有个出版社约我翻译塞万提斯的《堂·吉诃德》。我所根据的是西班牙皇家学院通讯院士、巴塞罗那大学文学教授马丁·德·里克尔（Martin de Riquer）订正的、一般西方大学用作教材的版本。我译完了第一部，第二部也译了好几章。出版社要我送一部分译稿去审阅。大概这个出版社当时没有懂西班牙文的同志，只有英文和法文专家。他们根据英译本和法译本核对了我的译文，发现我的译文与英译较相近而与法译则相差甚远。他们认为，法文与西班牙文同属拉丁语系，差别不太大，法译应该是可靠的根据。由于我的译文与法译相差太远，审阅稿件的有关同志便感到迷惑了，甚至怀疑我的译文是根据英文而不是西班牙文，因而提出了许多指责。后来，我找到了英译本，即美国山缪尔·普特南（Samuel Putnam）的译本，以及法译本，即法朗西斯·德·米奥漫得尔（Francis de Miomdandre）的译本。关于前者，据说译者对原著花了15年时间进行准备和研究才动手翻译，他的态度无疑是认真的；后者属于巴黎斯托克（Stock）出版社编印的《西班牙文学名著丛书》，

当然也应该是权威译本。我把两种译本随便翻到一个地方，即第二卷第二章开头的一段。这一段是再简单不过的了，没有任何复杂的意义或深奥的哲理。西班牙原文是这样的：

Cuenta la historia que las voces que oyeron don Quijote，el cura y el barbero eran de la sobrina y ama，que las daban diciendo a Sancho Panza，que pugnaba per entrar a ver a don Quijote，y ellas le defendian la puerta：

我现在把这一段直译成英文，为了使不谙西班牙语的同志可以看出这一小段的本来面目：

The story relates that the voices which Don Quixote，the curate and the barber heard were from the niece and the housekeeper and which they gave to tell Sancho Panza，who was struggling to enter to see Don Quixote，that they were guarding the door：

英译为了“信”，同时大概也为了“达”，可能还为了“雅”，就把这句略加改造，译成这样两句：

The history tells *us* that the *cries* which Don Quixote，the curate，and the barber heard *came* from the niece and the housekeeper.They were *shouting at* Sancho Panza，who was struggling to get in to see *the knight*，*while* they were *doing their best* to keep him out：

（斜体是我标出的）

这段译文中加了些字，删了些字，也略改动几个字的色调层次，句子构成也略打乱了，成了两句。我想，在把一种文字的作品译成另一种文字时，这种作法是合理的，容许的。译文的意义是忠实于原文的。但在法译中，这句的文字却变成了这个模样：

Le bruit venait de la niece et de la gouvernante. Sancho voulait à tout force entrer pour voir son maitre，et les femmes refusaient d'ouvrer，en criant：

这一句，原是叙述极简单的动作，没有什么繁难之处，译者不会不懂得它的意思，但他把西文移植到法文中时，却似乎没有动太多脑筋，把原文随意支解，“信”、“达”、“雅”就全都谈不上了。至于原文比较复杂的段落，这个法译本就更处理得乱七八糟，非驴非马。用这种译本来核对中译，自然会发现中译接近英译，而与法译风马牛不相及了——尽管法文比起英文来更接近于西班牙文。这也说明出版社编审工作中存在的问题，即：不按译文所根据的原文来核阅稿件，所得出的判断一定是错误的。这么一来，译者也就无法与出版社继续合作下去了。我那部未完成的译稿只好束之高阁，直到“文化大革命”中两次被抄家时全部被毁掉。

上面的例子也包含了另一个问题，即翻译态度问题。译文要做到“信”、“达”、“雅”，译者除了对两种文字及有关的文化和社会背景知识应具有一定的修养外，翻译态度也起重要的作用。我想以安徒生童话的译本为例来说明这一点。在世界文学作品中，除《圣经》外，安徒生童话被译成的语种恐怕是最多的了。在英文中，译本就有好几十种，而新的译本现在还在不断地出现。我译安徒生童话时，曾参考过欧美的许多译本，包括英文的译本十多种，其中较严肃和完善的是本世纪初出的两个全集译本。它们都相当老，但比较忠实，分别由瓦得·洛克出版公司（Ward，Lock & Co）和牛津大学出版社（Oxford University Press）出版。这两个译本都是按照原文直译的。尽管如此，原文中有些难度比较大的地方，如童话中的诗，可能是为了“达”、“雅”和为了迁就本国读者的口味，译者也就抛掉“信”而乱了套了。我在这里随便举个例子。如《幸运的套鞋》中的第三个故事，其中有一首诗，共分四节。由于这首诗既要像诗，又要幽默，还要带上一点打油诗的色彩，译起来就得费脑筋了。牛津大学出版社的版本干脆把它删掉。瓦德·洛克出版公司的版本倒是把它全文译出来了，但结果却成了译者自己的“创作”，与安徒生没有太大的关系。我现在把该诗第一节的原文和我根据原文的中文直译以及英文中的“创造性的翻译”，一并举出，供参考。

原丹麦文：

“Gid jeg var rig!” det bad jeg mangen Gang,
Da jeg endnu var knap en Alen lang.
Gid jeg var rig! saa blev jeg Officeer,

Fik mig en Sabel，Uniform og Fjer,
Den Tid dog kom，at jeg blev Offieeer,
Men ingensinde var jeg rig，desvaerre !
Mig hjalp vor Herre!

我根据丹麦文逐字逐句的直译（已收入我译的全集本）：

“让我发财吧！”我祈祷过好几次，
那时我不过是一两尺高的孩子。
让我发财吧！我要成一个军官，
戴上羽毛，穿起制服，挂上宝剑。
后来我居然也当上了军官，
可是很不幸，我一直没有发财！
上帝呀，请您伸出援助的手来！

英译本的译文：

“Oh，were I rich!”—such was my childish prayer,
When few of Life’s brief summers had passed o’er me;
And，bright with promised hope and fortune rare,
The world lay new and beautiful before me.
“Oh，were I rich! —I’d be a soldier bold,
With sword，and epaulettes of burnished gold.”
The swift years gave me half my wish secure：
They brought the epaulettes—but left me poor!

从英文的角度看，这个译文不能说不好，可就是距原文太远了，由此我不禁联想到，过去我们有许多西方文学作品大都是根据英文或法文重译过来的，有些译文的“信”，读者无法判断，“只有上帝知道”。如果我们的评论家和作家通过这类译文来研究、评论或“借鉴”西方作家和作品，那就不免要“脱离实际”了。当然，西方也有不少很好的翻译，如过去英国“雅典出版社”（The Athenaeum Press）出版的英译巴尔扎克全集就很不错。我曾把它的一些段落和法文原文对照过，发现“信”、“达”、“雅”可以说都在一定程度上做到了，但译者却也删掉了一些他或出版者认为不合英国趣味的所谓具有“黄色”性质的句子和段落。我想，如果巴尔扎克地下有知，他一定会提出抗议的。

谈到重译的问题，我又联想到我们出版的另一部世界名著：但丁的《神曲》。我们有两种译本。一种出自王维克的手笔，是散文译本。据该书“出版说明”声称，“这个译本，是译者根据意大利文原著并参照了法、英等其他文字的译本翻译的”(着重点是引者加的)。另一种是朱维基译的，版权页上说明，它所根据的版本是英国卡莱尔博士（Dr. Carlyle）的译本。我现在把《神曲》第一部《地狱篇》的“第一歌”的“序曲”第一、第二、第三节的两种译文连同意大利原文，引在下面，作为上述两种译文的比较。

王译：

当人生的中途，我迷失在一个黑暗的森林之中。要说明那个森林的荒野，严肃和广漠，是多么困难呀！我一想到他，心里就起一阵害怕，不下于死的光临。在叙述我遇着救护人之前，且先把触目惊心的景象说一番。

朱译：

正当我们人生旅程的中途，我在一座昏暗的森林之中醒悟过来，因为我在里面迷失了正直的道路。

唉！要说出那是一片如何荒凉、如何崎岖，
如何不毛的森林地是多么难的一件事呀，
我一想起它心中又会惊惧！
那是多么辛酸，死也不过如此：
可是为了要探讨我在那里发现的善，
我就得叙一叙我看见的其他事情。

意大利原文：

Nel mezzo del cammin di nostra vita
　　mi ritrovai per una selva oscura,
　　che la diritta via era smarrita.
Ahi quanto a dir qual era e cosa dura
　　Questa selva selvaggia ed aspra e forte,

che nel pensier rinnova la paura!
Tanto è amara，che poco è più morte ：
ma per trattar del ben ch'i'vi trovai，
dirò dell'altre，cose，ch'iov' ho scorte.

为了使不谙意大利文的同志便于比较，我现在逐字逐句把它译成英文（当然不是诗）：

In the middle of the journey of our life
I find myself again through a dark forest.
Where the straight road was lost.
Oh dear! How to tell how hard a thing it was，
this forest wild and harsh and severe，
that renews fear in the thought!
So bitter it is，that scarcely more is death ：
But to treat of the good that I found there，
I will tell of other things，that I have perceived there.

如果把这三节诗直译成中文的话（不作为诗），那么它们的意思就应该是：

在我们生命的旅途正中，
我又发现自己在穿过一个黑暗的森林，
那里笔直的路已经遗失。
啊！怎么说清这是件多么困难的事，
这个荒野、严峻和苛刻的森林，
它在思想中重新引起恐惧！
那是多么痛苦，跟死差不了多少：
不过要论述我在那里所发现到的善，
我就得讲出我在那里所察觉到的其他事情。

从以上例子可以看出，原文并不见得太难懂。王译如果是根据意大利文原著，就没有“参照法、英等其他文字的译本”的必要。“参照”的结果，译出的东西反而与原文大大地走了样。倒是朱译干脆根据英文，还基本上表达了原意。这也说明，一篇文学作品，经过不同的翻译，多少总要走些样的，甚至可以变得面貌全非。这对不懂外文的读者所产生的效果，确实不可想象。

当然，并不是说我们不能通过重译介绍外国文学作品。在我国目前的情况下，恐怕还须继续这样作。我们大多数有经验的译者都是精于英文、法文或日文。今后若干年内有许多世界名著恐怕还得通过这几种文字转译过来。我自己也做过一些转译工作。如：我不懂希腊文，但我却根据英国诗人路易·麦克尼斯（Louis MacNeice，1907—1963）的英译本，译了希腊埃斯库罗斯（Aeschylus，纪元前 525—456）的悲剧《阿伽门农王》（Agamemnon）。我也通过英文和法文译过南斯拉夫和东欧的一些儿童文学作品。在这样做的时候，我想，我们得考虑两个条件：一，如果原作是名著，则所根据的译本必须是严肃的，最接近于原文的。麦克尼斯译的《阿伽门农王》，是根据希腊文直译的，而且他本人也是一个诗人，我和他讨论过这个译本，也向他的老师、牛津大学希腊文学教授道兹（E. R. Dodds）请教过有关译文的许多问题，二,一般作品，如果只是以情节或故事取胜，则根据别人的译本重译，我想问题不至于太大，因为所要传达给读者的横竖只是情节和故事。这类作品在语言和风格，即我们所谓的“雅”方面，作者在原作中也往往不太重视。

关于“雅”，如果说它是与语言和风格有关的话，如果说它是属于“再创造”的范畴的话，那么译者个人的语言风格和文学修养，他的气质，他的人生经验，他对原文掌握的程度，就要起很大的作用了。同一部文学作品，同一个作家，在不同的译者笔下，就会呈现出不同的面貌，对读者也会产生不同的效果。傅雷译的巴尔扎克与其他人译的巴尔扎克就不完全一样，因而读者对作品的感受，甚至理解，也不尽相同。情况既然如此，原作通过译者在“信”、“达”、“雅”三个方面的有机处理，就可能有某种程度的“失真”，甚至很大程度的“失真”。上面所举的一些例子已经多多少少地说明了这个问题。因此一部作品，在岁月演变过程中，在不同译者的笔下，可以被染上不同的颜色，呈现不同的面貌，这一点也不奇怪。我这种说法是不是悲观了一点呢？好像读者永远也无法通过译文见到“庐山真面目”。我不是这个意思，实际情况也不是如此。我的意思是说，译文要做到绝对的“信”很困难，在大多数情况下，只不过是与原文近似罢了。因此，一部作品，在不同的时代有不同的译本，在同一个时代也经常会有好几种译本同时存在，其原因恐怕也就在此。读者并不一定会埋怨译本的重复，因为他可以有较多的选择，从不同的译本中去体会原作。在这种意义上，翻译就不能说是“复制”，而确实有“再创造”的一面，因而也是一种文学“创作”。无怪乎英国文学界总是把优秀的翻译作品看成是英国文学，而不是“外国文学”，如阿瑟·魏莱（Arthur Waley，1889—1966）译的中国唐诗和费兹季拉德（Edward Fitzgerald，1809—1883）译的古波斯的《鲁拜集》（The Rubáiyát of Omar Khayyam），就是如此。

当然，这种“再创造”究竟还是与一个作家本人的创作不同。这种“再创造”须基于原作，基于“信”，而“信”的程度又与译者对原作的理解有密切关系。他只有在他的理解的基础上，才能发挥他在“达”和“雅”方面的艺术才能，而这种理解又往往与译者各方面的修养分不开。他的译本所能达到的水平，就是由他的理解程度来决定的。

比如《堂·吉诃德》这部作品，过去有许多译者把它理解为一部武侠小说，而看不清该书的社会背景及作者所要表达的主题思想。至于堂·吉诃德这个人物，过去也有人认为他不过是一个荒唐可笑的“江湖奇侠”，而忽视了他的理想，他对人生的严肃态度和他性格中的“诗”——根据我粗浅的理解，他是一个伟大的诗人。因此，这部作品有许多译本大量运用了武侠小说中的语汇，使人现在读起来不禁要感到幼稚和荒唐可笑了。同样，我们的《金瓶梅》一直被人理解为一部下流的淫书，《红楼梦》在它以《风月宝鉴》的名称流行的时候，也被理解为具有某种黄色意味的作品，而忽视了它具有伟大现实主义的意义，贬低了它作为一部史诗的价值。至于《金瓶梅》，我们现在好像仍然忌讳对它做出历史唯物主义的评价。我曾跟一些西方作家——特别是信仰马克思主义的作家——交换过关于它的意见。他们都认为它是一部伟大的现实主义作品，它把一个封建地主阶级统治的堕落社会描绘得那么淋漓尽致，指出这个社会没有任何出路和必然灭亡的结局。像这类有气魄的、泼辣的现实主义作品，世界文学中还不多见。

基于这个理解，英国卢特莱基和克根·保尔出版社（Routledge & Kegan Paul）出版的、由克勒门·埃格登（Clement Egerton）翻译的《金瓶梅》全本，读起来就不像一本淫书，而像一部伟大的现实主义名著了。译者在他的“译者序”中说明他是这样理解这部作品的：“作者冷静地、客观地叙述在中国官场达到了极度腐化的时代里一个典型家庭的致富和后来的灭亡。他对这种在公开的生活和私生活中所表现出的腐化的细节一点也不遗漏。无疑，他认为这些细节对他所写的故事是必不可少的组成部分。如果他是一个英国作家，也许他会完全避开这种描写而一笔带过，用些含糊的字眼来制造一点气氛。可是他却决不愿意保持沉默，他把他所要讲的话，用清楚明白的语言全都讲了出来。这当然会使译者感到极为尴尬。”但这位译者却不顾这种“尴尬”，把那些细节都如实地译了出来。这说明他对他所译的作品的性质的理解，从他的这种理解也产生了他对翻译这部作品的态度。他只是在明确了这两点以后，才在他的译文中追求“达”和“雅”。在我看来，他的这部译作也成了一部“再创造”的优秀文学作品。也许某一天，英国人同样会把它纳入“英国文学”的范畴。

我自己根据丹麦原文译了安徒生的全部童话，共168篇，分16册出版。在动笔以前，我也得确定我对原作的理解，根据我的理解而进一步确定我的翻译态度和做法。虽然安徒生把他的童话叫作“讲给孩子们听的故事”，但我在注意到他所指出的“听”和“故事”这两个特点的同时，还根据我有限的文学修养和欣赏水平，把这些童话当作“诗”来理解。从这个理解出发，我在追求“达”和“雅”时，就从“诗”的角度来选择词汇、创造意境和气氛。当然，我所力图表达的“诗”，和我个人的气质和人生经验也分不开，也就是说，我对安徒生的童话有我个人的体会。别的译者，尽管他对原作的理解和所持的翻译态度也许与我类似，但他翻译出来的成品决不会和我的译文一样。

我想，这种情况同样也会出现在其他艺术作品方面。梅兰芳表演的《游园惊梦》，一定与别的演员的表演不同；劳伦斯·奥里弗（Laurence Olivier，1907—　）演的《哈姆莱特》（Hamlet），一定也有他自己的个性和特点。芬登（Margot Fonteyn，1919—　）演的《睡美人》（Sleeping Beauty），与洛波柯娃（Lydia Lopokova）演的同名芭蕾舞必然两样。因为他们对原作的理解不同，从而他们对原作的解释也不同。当然，这里所说的“理解”不仅因人而异，也必然会因时代和环境的不同而异。贝多芬的第五交响乐，由赫贝特·冯·卡拉扬（Herbert von Karajan，1908—　）在维也纳歌剧院指挥，与由伯恩斯坦（Leonard Bernstain，1918—　）在纽约市政中心指挥，其效果必然会不一样，而由东方人小泽征尔在北京音乐厅指挥，效果就更不相同了。《哈姆莱特》，今天由中国译者从历史唯物主义的角度来翻译，与西方译者从弗洛伊德（Sigmund Freud，1856—1939）的心理分析角度来翻译，其结果必然会大相径庭。译者的个人因素在翻译工作中所起的作用，是决不能忽视的。

但个人所起的作用还得以对原作的“信”为条件。在“信”的基础上如何调整“达”和“雅”的关系，做到“三不误”，主观的因素和客观的因素都在起作用。这一点，从上面所举的几个例子中就可以看得出来。幸运的是我所翻译的安徒生童话，是作者在“讲给孩子们听的故事”的精神指导下写出来的。既是“讲”，而又要利于“听”，他的文字就不能那么“深奥”和“矫揉造作”，因而我对它的理解也比较直接，从而也能逐字逐句地“直译”，保持一定程度的“信”。剩下的事情，就是要在“达”的基础上努力传达他的“诗”了。这里就得“再创造”。哥本哈根大学东方研究所所长、汉学家苏伦·埃格洛

(Soren Egerod）教授在他发表于“丹麦、挪威、瑞典东方学会”(Societates Orientales Danica Norvegica Svecia）出版的刊物《东方世界》(Le Monde Oriental）上的评论文章[1]里，对我的译文表示了他的看法：

“译文是有权威性的和准确的，准确得有时近乎学究气。他按照原文的分段和缩格一字不漏地翻译。文体正如现代中文一样，辞汇用得相当多，但是非常清晰流畅，特别适宜于朗读。他的处理很像珍赫尔叔特女士所译的那个优美的美国版本[2]。这个版本牺牲原作某些微小的地方而取得流畅易懂的效果。所以现在中国的版本，很像这个美国版本，创造出了一个新的安徒生版本，这个版本，对现代的儿童说来，要比原文本在今天的丹麦清楚易懂得多。”

这说明我的译文也逃不脱我们这个时代的烙印，我也把安徒生的语言和风格“改造”了，“现代化”了，“创造出了一个新的安徒生版本”。恐怕这也是任何文学翻译工作中一个不可避免的现象——几乎可以说是成了一个规律。

但是在语言上，我却不愿意把安徒生“中国化”。我总觉得，既然是翻译洋人的作品，译文中总还应该表现出一点“洋味”。当然，中译文应该符合中国语言的规律，应该读起来“通达”，但它还应该保留一点安徒生气味、丹麦味。如果它读起来具有像赵树理的文字那样的中国味，或像宋人话本的语言那样流畅，我觉得对原作来说总未免有点不公平。就这一点来看，我在译文中究竟做到了哪种程度，当然是另一个问题。总的说来，我认为翻译外国文学作品时，在“信”、“达”、“雅”的原则下，是否还可以加一点东西，即译文的“外国味”？

1982 年 8 月

[1] 他的文章已经译成中文，名《安徒生的中文译本》，发表在《读书》杂志 1981 年 5 月号上。

[2] Jean Hersholt：The Complete Andersen，N.Y.1942 & 1948.

许汝祉（1914—2002），江苏太仓县人，1914 年生。1942 年译《珠玑集》（重庆大时代书局出版）。新中国成立后，先后译了德莱塞的《美国的悲剧》、《堡垒》，法斯特的《美国人》，及《马克·吐温自传》等。论文有《异化文学的历史发展与异化观》、《真正的马克·吐温》、《〈美国的悲剧〉的艺术构思特色》等。曾任南京师范大学教授和全国高校外国文学研究会副会长。

译《马克·吐温自传》后论译者胸怀

译了《马克·吐温自传》后有什么点滴体会呢？现应本书编者的一再敦促，谈几点粗浅的想法。

一

翻译工作者应该从先贤的光辉范例中吸取经验。昔歌德译狄德罗的《拉摩的侄儿》；蒲伯译《伊利亚特》和《奥德赛》；奥·维·史勒格尔和茹柯夫斯基译莎士比亚戏剧；鲁迅译果戈理的《死魂灵》；郭沫若译歌德的《浮士德》和《少年维特之烦恼》；这些都是世界翻译史以致世界思想史、文化史上的佳话。其历史意义在于，或则藉以把启蒙思想引进德国；或则藉以推动英国古典主义的文艺运动；或则藉以为德、俄的浪漫主义文学运动打开新局面；或则为我们祖国的反帝反封民主革命击鼓助威。这些翻译家的历史功绩，已载入史册，为后人所敬仰。自己译《马克·吐温自传》，水平低，译文也粗糙，与历

史上的先贤相比较，岂能望其项背。但前人有言，“高山仰止，景行行之，虽不能至，然心向往之”，《马克·吐温自传》之译出，多少也是为了适应打倒“四人帮”后的革命新形势，以求打开窗户，面向世界，有助于彻底结束那一条闭关锁国的祸国殃民的路线。

二

翻译工作者要力争成为文艺巨人的知音，这就要求译者必须有胆有识。昔歌德译《拉摩的侄儿》时，狄德罗此书在法国本国尚未出版。此书在一七七九年才最后定稿，但作家一七八四年逝世时尚未刊印，只有少数手抄本流传。到一八〇五年，有一个手抄本落到席勒手中，席勒传给了歌德。伟大歌德独具慧眼，把作者逝世二十年后尚不为人知的杰出作品，亲自译成德文，予以刊印。后来的法文译本，还是在这以后的一二十年从歌德的德文译本转译过去的。从这一本翻译作品的命运，可知歌德如果不是狄德罗的知音，不是有胆有识，并亲自翻译，《拉摩的侄儿》岂能如后来那么广为流传，成为德法两国人民以致各国人民的宝贵的精神财富。

犹忆在三十几年前，我国翻译界前辈巴金同志曾告，说到翻译，贵在译者的思想境界能达到原作者的高度。鲁迅之所以适宜于作为《死魂灵》的译者，是因为鲁迅的思想境界高，能了解果戈理，能攀登那个高度，能进得去。当然，常言说得好，知音难得。要成为文艺巨人的知音，也许不很容易，但如果连“力争”成为知音的这个“力争”之心也没有，那么，翻译云云，吾不知其可矣了。

拿《马克·吐温自传》的翻译来说，所以决心翻译此书，并花了与翻译全书相等的精神撰写了《真正的马克·吐温》这篇《译者序》，原因之一，是因为深感于我国评论界以及不少读者心目中所勾勒出的马克·吐温的形象，也许和真正的马克·吐温的形象不无出入，甚至有些地方严重失真。这些缺陷，追本溯源，也许是庸俗社会学和实用主义所造成的恶果。《马克·吐温自传》的翻译和《真正的马克·吐温》这篇序言的撰写，肯定会有种种错误、缺点，但也是“力争”成为马克·吐温的知音这“力争”的区区心意。

三

翻译工作者要始终一只眼睛盯住外国，一只眼睛盯住祖国，盯住祖国的人民。昔梁实秋译莎士比亚，也不能说没有贡献。但如果两只眼睛光知道盯住了莎士比亚和白壁德教授，一心只盼中国跟着白壁德教授的永恒人性和新人文主义转，把祖国人民反帝反封建的历史使命忘得一干二净，那怎么行？另有一种情况，跟梁实秋有所不同，但有意无意之中，以西方学者之是非为是非，以西方作者之是非为是非，这类情况是否仍有点儿“阴魂不散”呢？

以马克·吐温研究来说，“阴魂不散”的情况恐怕还是有的。举例说，有的西方学者为了抹杀或者贬低马克·吐温，把无害的幽默小品《跳蛙》作为其代表作，这类情况在我国研究界是否也有呢？我在《译者序》中对此有所论述，企图恢复马克·吐温作为民主主义与反帝战士的本来面目。并在国内第一次译出了马克·吐温“我也是义和团”的著名讲演，以回复我们祖国人民伟大朋友马克·吐温的本来面目。

1985 年 11 月

杨周翰（1915—1989），北京人，原籍苏州。1927 年至 1933 年先后在北京市崇德中学和育英中学学习。1933 年入北京大学英语系。1935 年赴瑞典协助瑞典美学史家喜龙仁教授编写英文本《中国绘画史》（英文出版）。1938 年回国，在昆明西南联合大学英文系继续学习，1939 年毕业至 1946 年，在西南联大任助教、讲师。1946 年到英国牛津大学学习英国文学，1949 年毕业后在英国剑桥大学图书馆整理汉学图籍。1950 年冬回国，任清华大学英语教研室、文学教研室及文学研究室主任。是中国作协会员，北京市文联委员，中国外国文学学会常务理事，《世界文学》、《译林》编委，北京大学《国外文学》副主编，中国美国文学学会副会长，复旦大学外文系兼职教授，北京大学比较文学中心副主任，国际比较文学协会执委会执委。1985 年当选国际比较文学协会副主席。译作主要有：塞内加的《特洛亚妇女》、奥维德的《变形记》、贺拉斯的《诗艺》、莎士比亚的《亨利八世》、维吉尔的《埃涅阿斯纪》（史诗）等。

翻译杂感

我自己虽然翻译过一些东西，但是总觉得翻译是件不得已的事。文学翻译要达到百分之百的忠实于原作，百分之百的“信”，是不可能的。故事性强的小说可能容易忠实些，两个民族的生活有共同点，外国小说的故事、人物、人与人的关系，中国读者可以了解，中国有类似的生活，有类似的小说这种类型，但翻译诗歌几乎不可能“信”。即使翻译小说恐怕也未必能完全忠实于原作，比如西方的宗教情绪、伦理观念、男女之爱、风俗习惯、文化传统、思想感情、哲学概念，就和我们大不相同。另外就是语言的不同。一个词不是一个死的符号，是个有生命的、能向周围扩散影响的有机体，一种语言中的某个词往往不能同另一种语言中某个词完全吻合。这种现象在诗歌里尤为突出。即拿一个最简单的文学类型来说吧。十七世纪英国流行一种文学类型，叫人物素描(character writing)，每幅素描写一类人物。例如有这样一则，写宫廷人物，第一句是 A courtier to all men’s thinking is a man。“一个宫廷人物在所有人的心目中是个人”。 courtier 怎么翻？勉强翻成“宫廷人物”，但这不是一个现成的词。现成的词有没有呢？查查类书职官部，没有，它不是一个固定的职称。类书中出现的“近臣”这个词，也许勉强可用，但 courtier 在英语中还是个“活”字，而“近臣”在古代也不像 courtier 那样通用，在今天更是“死”字。也许还可以译为“廷臣”“朝臣”，不仅生硬。给人的联想也不对。中西宫廷体制、官僚制度不同，要找一个完全吻合的名词是不可能的。

把 man 译成“人”似乎够贴切了，其实不然，根据原文的下文，man 的意思是“像个人的样子”。但即使这样译了，也不是百分之百的吻合。因为中西对“人”的概念十分悬殊。西方从文艺复兴以来，“人”成为研究的对象，从解剖学、生理学、美学、政治、哲学各方面研究他。在当时人文主义者的心目中，“人”是崇高的，人是大自然创造的杰作，在神、人、兽三界中，理想的人应当更接近神，不应当接近兽。中国讲天、地、人，人居末位，不居宇宙中心。孟子讲人之异于禽兽者几希，似乎很符合“像个人样”，不像畜牲。但西方讲人不要降到兽的水平，是指人具有理性。西方人从前相信人有三个灵魂或特性：植物性（消极生长）、感觉和理性。植物只具第一种特性，动物具前两种特性，只有人三种特性都有。而孟子指的是礼义廉耻，纯属伦理范畴。西方对“人”的概念也有一个侧面牵涉到伦理，如 manly，则侧重“大丈夫”气概，与妇女相对而言。因此把上面那句话译成“像个人样”只能说是意义上近似。至于风格和口吻，那还大相径庭呢。

现在有人提倡要神似不要形似。也许有神似这个境界，但还没有得到科学的解释。这里涉及对客体引起“神似”感的诸因素，这些还没有得到分析；主体尤其是一个变幻莫测的因素，起码主体须要具备哪些条件才能感到“神似”，这问题也没有分析。贸然提出神似可能成为乱译的避风港。再说神跟形是分不开的，无形何来神？原作既是那个形，才有那种神，译作的形已走了样（必然是样），神也跟着走样，何来神似？不如老老实实说是再创造。

文学翻译就是知其不可为而为之的事，在“不可能”和“必须为”之间讨生活。最上乘只能近似，最低限度不要错得太离谱，做到少错。不错是不可能的。最佳译本也有错，只求少错。少错也不容易，对译者要求已经很高，译者对原作的背景、内容、风格都要领会，这就要求他饱学，要求他是个杂家、通人。尤其是对作者的意图不要弄错。这就要求译者非常熟悉作者，不仅成为他的代言人，简直应当成为他的Doppelgänger，用一句俗话，就是成为他肚子里的蛔虫。

近似是最好的成绩了。这里不仅指对原意的近似，也包括风格、情调的近似。哀婉、欢乐、幽默、讽刺、华丽、简朴、崇高、粗俗、文言、口语。有的译作常是译者的风格，不反映作者的风格。往往一个译者译不同风格的作品，都是译者一个人的调子，一个模样，以不变应万变。严格说这也是歪曲，是把译者自己的风格强加给原作，谈不上近似。有时原作并不"雅"，很朴素，硬加上"雅"的装饰，就像把原来是个天真的幼儿园的小姑娘，一定要给她抹上胭脂，披红挂绿，扎上两个大蝴蝶结，叫她扭捏作态。译超现实主义和荒诞派的作品，怎么"雅"法？"雅"也是一种歪曲。翻译本来已是歪曲（意大利成语 traduttore traditore 翻译者是叛徒），再加上"雅"，成了加码的歪曲。翻译家要泯灭自己的个性，是个学舌鹦鹉（parodist），不能让原作迁就译者，才能达到近似。

上海 1982 年 10 月 10 日

王佐良（1916—1995），浙江上虞人。1935年考取清华大学外国文学系，1939年在昆明毕业，留校当助教、教员、讲师。抗战胜利后，回到北平清华。不久考取中英庚款公费留英，于1947年秋赴英国牛津大学，在茂登学院做研究生。1949年9月回到北京，应聘到北京外国语学院任教，曾为该院教授、院顾问兼外国文学研究所所长，兼任社会科学院外国文学研究所研究员。1958年加入中国作家协会。参加过《毛泽东选集》的英译工作，并将曹禺的《雷雨》译成英文出版。1959年完成译作《彭斯诗选》，1980年完成《英国诗文选译集》。主编了《英美文学活页文选》、《美国短篇小说选》、《英国文学名篇选注》。此外有学术著作《英国文学论文集》、《英语文体学论文集》（1980）、《论契合——比较文学研究》（英文专著，1985）。

一个业余翻译者的回顾

我是喜欢翻译的。有时候，当我写完了一篇所谓“研究”论文，我总是感到：与其论述一个外国作家，不如把他的作品翻译一点过来，也许对读者更有用。

但是自己的实践却不多。大体上可分两类，一类是中译英。我在新中国成立后参加过毛选英译工作。当时成立了一个委员会，由清华留美老校友徐永焕同志主持，委员中有各方面的专家，研究哲学、文学、经济、教育、社会学的都有，我的两位老师也在内，一位是清华时期的金岳霖先生，一位是西南联大时期的钱锺书先生。我对他们向来佩服，这一次能够同室开会，同桌吃饭，听他们谈学论文，心里非常高兴。当时我刚三十出头，从英国回来不久，很想为新中国多做点事，能参加翻译毛主席著作是感到很光荣的。但是我们这些人的英文书香气重了一点，而毛主席的著作则是既有书香又有许多更重要的品质，因此译文还不相称。不过回顾起来，成绩仍是巨大的；要不是那时候金先生译了《实践论》、《矛盾论》，钱先生译了《在延安文艺座谈会上的讲话》等等，那么后来的改进工作就会缺乏基础。树立了译的总的骨架，确定了哲学、经济、政治、文学理论等专门名词的译法，把过去从未公开过的篇章传播到外面世界去，这些都是那第一个毛选英译委员会的功劳。

后来我又译过文学作品，主要就是曹禺的《雷雨》。这个剧本吸引了我，因为剧中所写的社会和家庭虽然黑暗得很，令人感到压抑，却有两个年轻人显示着可贵的朝气，带来了抒情气息。作者的写法也很有新意，不仅对话写得好，而且舞台说明细致而有文采，读之如读好小说。我在一个暑假中，花了三个星期，把全剧译完了。译文我是下了力的，实际上却有缺点，即对话还不够出色，特别是转接处不够灵活，经过一位英国朋友的通读和润色，才算有了改进。

英译中的工作，开始在一九四〇年。那时我在昆明西南联大外文系做助教。工作重得很，但仍然看书、写文、写诗，有时也译点东西。成本的东西只译过乔伊斯的《都伯林人》。这集子里的短篇小说篇篇出色，特别是最后那篇较长的《死者》，写得既真实，又有诗意和深度，表明作者原是现实主义小说的能手。译完之后，我把稿子交给一个朋友带往桂林，寻找出版机会，却碰上日机轰炸，稿子也就随同城市的一部分化为灰烬了。自己留下的草稿很乱，后来只整理出较短的一篇《伊芙林》，一九四七年在天津《大公报》的《文学副刊》上发表。我也说不出那时自己有什么翻译主张，只记得很着重气氛的传达，文字则宁欧化也不肯用四字成语之类。

此后没有再译过小说，主要是由于小说篇幅大，怕一时难完成。其他散文作品只作过两次尝试。一次是译培根的《随笔》三、四篇。那一次我考虑了一个技术问题：培根在《随笔》中用了十分简约的文体，而且文章写在十六七世纪，字句都有古奥处，应该用什么样的中文来译它？最后我决定用浅近文言，因为文言容易做到言简意赅。我是一个完全从“洋学堂”出身的人，文言是后来自学的，不地道，幸亏稿子送到《世界文学》编辑部后，得到了朱海观同志的润色，才成了后来出版的那个样子。

另一次尝试是摘译科贝特的《骑马乡行记》。这本书我很喜欢，它有美丽的风景描绘，又有民间疾苦的纪录，既是山水画，又是流民图。文字直截了当，但又出之于最本色的地道英语，公认为英国散文中的上品。我选取了若干各有特色的片断，译时精神饱满，力求表达出这位老农兼平民政治家的性格，在《鸣禽》等篇，我还试着用了一种新的散文节奏，想更好地转达作者面对百鸟齐喧时的喜悦心情。

此外，我就只有译诗的经验了。译诗也不多，只有将近四十首彭斯的诗，几首雪莱的诗，二三十首现代苏格兰和美国的诗，如此而已。

彭斯的诗我国早有译者，例如苏曼殊，他的《颎颎的赤墙靡》（即《红红的玫瑰》）是至今可诵的。我发现越是简单的文字越不好译，往往易稿多次，还是不能满意。真正的高手正是那些能运用最简单的词、句、形象、韵律而取得迷人效果的人。此外还有一个保持文字新鲜的问题，而这也是很难解决的复杂问题。我对彭斯诗本来只是喜欢，而无研究，等到动手一译，才发现他除了久负盛名的抒情诗外，还善于写讽刺诗、叙事诗、诗札等等，诗路是很广的。一九五九年是彭斯诞生二百周年，前一年人民文学出版社要我译出若干首，印行一个小集子作为纪念。我利用又一个暑假，每天晚上同我爱人各据一张圆桌的一方，我译她抄，她边抄边评，我边译边改，虽然译了不到四十首，却把几首较长的叙事诗如《两只狗》、《汤姆·奥桑德》、《快活的乞丐》都包括在里面了。

最近几年来我进行了两项工作。一是写一部篇幅较大的英国诗史，其中引诗较多，都由我自己译成中文。虽然大多是片断，但各有风格，有的颇为难译。因为这样，这部诗史虽然断断续续写了几年，却连一个分册也未写完。

第二件事是，我开始注意起英国以外的现代诗来。当然，就在以前，我也爱好爱尔兰的叶芝和美国的惠特曼。至今我仍然感到他们诗作的强烈的吸引力。但是我也读到了另外一些好作品，例如苏格兰的两个诗人。一个是休·麦克迪几米德。他是二十世纪二十年代的“苏格兰文艺复兴”的主要体现者，初期用一种他特创的苏格兰语写抒情诗，后来转向马克思主义，写了三首列宁颂和几部长诗（如《悼念詹姆士·乔伊斯》）。他的诗里有一种吸引人的结合，即既有古老苏格兰民歌传统的深长根子，又表现出现代欧洲的政治意识和艺术敏感。我译了他的十首诗，并写了一篇介绍性文章，都在《世界文学》杂志发表。另外一个是绍莱·麦克林。他用当地少数民族的盖尔语（Gaelic）写作；我不懂盖尔语，但有他自己和别人的英译可以利用。当然这是隔了一层，但是从这工作里我也有体会。别人所译往往比他自译流畅、好懂。但是他的自译虽然英语未必优雅，却保存了几乎全部的形象。我的译文主要根据他的自译。曾经有人说过：宁读不那么顺而十分忠实的译文，因为那样可以看出较多的原作面貌。另外一方面，多数读者又要求译诗须有诗味。可怜的译者只能在两者之间徘徊，尽力做他认为该做的事，而这是因人而异，因诗而异的。

1982年9月

词义·文体·翻译

王佐良

近年来有两个方面的发展，值得引起翻译界的注意。

一是翻译的规模越来越大，质量也显著提高，而且这是中外皆然，已经成了一种世界性的现象。

二是现代语言学的研究提供了一些新见解，可能会对讨论翻译问题有点帮助。

限于篇幅，这里只能对第二点简略地说些粗浅的看法。

一

翻译者必须了解原作的意义，然而确定意义却大为不易。通过词义学的研究，人们可以看出：

1. 词义不是简单地一查字典就得，而是要看它用在什么样的上下文里。试看下面几例：

Out in the west where men are men.

Do you mean funny, peculiar, or funny, ha, ha ?

He helped many young writers to find themselves
　and then to find publishers.

上面两个 men，两个 funny，两个 to find+object 都是意义不同的，而其不同正是靠上下文来体现的，并且正因同一词在一句中有两义，才使这所说的话显得有点风趣。无怪乎颇有影响的英国哲学家 Wittgenstein 说："The meaning of a word is its use in the language." 向来强调上下文（context）重要的现代英国语言学派的创始人 Firth 则更进一步说："Each word when used in a new context is a new word."

上下文的重要，凡是翻译者都是深有体会的；但是我们要补充一点：上下文不只是语言问题。说话是一种社会行为，上下文实际上是提供了一个社会场合或情境，正是它决定了词义。上面第一例如果没有 out in the west，亦即没有在美国资本主义发展过程中大批白人涌向西部的历史大背景、大情境，那就无从确定第二个 men 是指的那些能骑马打枪的"男子汉"了。可见对翻译者以及一切学习和运用外语的人说来，如果要确实了解英语词义，就必须同时了解英语国家的社会情况。

2. 词义与用词者的意图不可分。换言之，不能只看语言形式。试举几例：

Have a drink.

Would you mind opening the window ?

I wondered if you could help me with the luggage.

第一句不是命令，第二句不是问题，第三句不是过去时态（说 wondered 只是比 wonder 更客气）——超过任何语法形式的重要性的是说话者的含义，即他的意图。所以语言学家 H. P. Grice 说："Meaning means intention."

然而问题的复杂性还在于，在表达说话者意图的时候，有各种语言形式来传达细微的差别：

Come for dinner tomorrow./ Why don't you come for dinner tomorrow ?

Take up his offer./ I should take up his offer.

Pass me the salt./Would you pass me the salt?/ I would like a little salt, please.

这上面每一组句子都是表达同样的意图，然而其中各句语言形式不同，口气不同，可以看得出说话人与对方的社会关系也不同：有的话直截了当，显然是在自己家里对亲人或熟朋友说的；有的则更礼貌、更正式，像是说话人在别处做客。这一点，又使我们再度认识到前面所说的社会场合或情境对于语言运用的无比重要。显然，翻译者也应该在译文里传达说话人的意图以及他表示意图时在口气和态度等等方面的细微差别。

3. 意义是复杂的。一个词不仅有直接的、表面的、字典上的意义，还有内涵的、情感的、牵涉许多联想的意义。一句话不只是其中单词意义的简单的综合，它的结构、语音、语调、节奏、速度也都产生意义。一词一句的意义有时不是从本身看得清楚的，而要通过整段整篇——亦即通过这个词或这句话在不同情境下的多次再现——才能确定。莎士比亚在《奥赛罗》一剧里让主人公一再称伊阿古为 honest，这个 honest 一词就随着剧情的开展出现了讽刺性的意义，既讽刺这词对于伊阿古的邪恶性格的完全不适合，从而产生了反义，又讽刺主人公对坏人的轻信，结果造成了杀妻的悲剧。同样，当莎士比亚让安东尼在凯撒尸体之前对群众发表演说，几次郑重其事地指出：

For Brutus is an honourable man;
So are they all, all honourable men.

群众很快就听出这 honourable man 一语是另有涵义的，而 all 两次紧接出现，又使他们意识到勃鲁特斯并不比其余的暗杀者好多少，最后他们终于在安东尼的巧妙的煽动之下，反过来打击那批刺杀凯撒的“正人君子”了。

不止是这类重复造成意义的复杂，有时还有故意留下半句不说的现象，这也对译者构成了困难。这在成语、格言、典故的运用上是常见的，例如只说 fool’s bolt（说全应是 A fool’s bolt is soon shot），still waters（still waters run deep），snows of yesteryear（But where are the snows of yesteryear?），plus ça change(plus ça change, plus c’est la même chose——虽是法语成语，在英语中也常有人说的），等等。最近读美国现代诗，又看见 Robert Bly 的诗中有这样一行：

And Wilson，saying，“What is good for General Motors——” 这个 Wilson 是曾在 1953—1957 年间，担任美国国防部长的 Charles Erwin Wilson，他原是通用汽车公司总经理。当人们质问他为什么把几十亿美元的国防订货合同给了通用汽车公司时，他作了一个不失其生意人本色的绝妙回答：“What is good for General Motors is good for the United States.”在这首诗里，作者把后半句略去了，然而美国人或留心当时美国情况的外国人是会懂得诗人的用意的。

但是这样的语言现象已不是词义学所能处理的了。词义学虽对翻译工作有点帮助，但范围有限。

二

现在我们来看看文体学又对翻译者有什么用处。

现代语言学家——以别于文艺学家——所研究的文体学是一门年轻的学科。它有几个基本概念也许是可以应用于翻译的。

1. 语言要适合社会场合。一群科学工作者讨论专业问题时所说的话不同于他们回家后对爱人说的，成人与成人之间所用的词也不同于成人对儿童用的，闲谈的句子结构不同于作正式报告，写起文章来总比讲话要句子修整，段落分明，而同样是写文章，法律文书、外交条约、会议决议案、商业合同等等又迥然不同于日记、私人信件——如此等等，研究结果，出现了三个多少有点用处的概念：一曰“语域”(register)，即某一社会集团（例如从事同一职业的人）在特定社会场合（例如讨论本行业的技术问题）下所用的词汇、句子结构等等；二曰“语类”(varieties，如 varieties of English)，即科学、商业、体育、宗教之类的文体；三曰“共同语”(common core)，即各语类各文体都必须要用，而且在任何一类一体中都用得最多最广的基本词汇、基本句型种种。这最后一点很重要，可以使我们不致于由于注意各类各体之异而忘了它们之间的同，而且在任何情况下总是同多于异的。从实际运用上讲，没有人能不掌握“共同语”而独独能掌握某一语类或文体的；反过来，确实掌握了“共同语”的人略经训练，要掌握某一特殊语类或文体却是并不困难的。

然而文学语言却构成了一个特殊问题。在文学语言中，不仅各类各体并存，而且作家们经常利用不同语类、文体的转换与对照来达成特殊艺术效果。而比这点更重要的则是：正是在文学语言中，共同语的运用不仅最频繁，最活跃，而且达到了最能发挥其表达力的地步。

在翻译工作里，也必须注意语言与社会场合的关系。译文同样有一个适合社会场合的问题。译者同样必须能根据原文的要求，写出各种不同的语类、文体。例如翻译请帖、通知、布告、规章、病历与病情公告之类的“应用文体”，译者应该知道在译文里怎样寻到相等的内行的格式和说法。“油漆未干”必须译成英文的 Wet paint，而不应是“The paint is not dry”之类的外行话。“此处有炸药，注意安全”照英语惯例大概应该译成：“DANGER：EXPLOSIVES”。换言之，在这些地方就不能照汉语字面直译，而必须要寻找适合于英语国家同样场合的“对等说法”。过去我国出口商品（如罐头食品）上的说明与广告的译文显得很奇特，就是吃了照汉语原稿直译之苦。

另一方面，对于马列主义经典著作、外交文件、政府声明之类的翻译，那就要十分贴近字面，特别是在关键性的名词方面。事实上，只要译文句子符合所译成的语言的习惯，并且注意全文的连贯通顺，若干重要名词照原文直译不仅无碍于读者的接受，有时反而能显得突出而新鲜。“Paper tiger”，“people’s commune”，“male chauvinism”，“the great leap forward”，“political power grows out of the barrel of a gun”之类的词与说法在英语国家也有一定的流行，便是证明。

文学作品又如何？既然文体学的研究使我们看清它的复杂性，我们也就要用多种手段去翻译它。既然文学作品中各体并存，那么译者所掌握的文体的类别也要广些。既然在文学作品里“共同语”运用得最好最精，那么译者也必须首先掌握所用语言中最普通、最本质的东西——而除非译者从小就兼通两种语言，这样深入、细微的掌握只有在运用本族语时才能做到。做到了这一点，又能深刻理解原作，那么直译与意译之争也就比较容易解决。简单地说，要根据原作语言的不同情况，来决定其中该直译的就直译，该意译的就意译。一个出色的译者总是能全局在胸而又紧扣局部，既忠实于原作的灵魂，又便利于读者的理解与接受的。一部好的译作总是既有直译又有意译的：凡能直译处坚持直译，必须意译处则放手意译。

2. 语言的运用常有程度不同的个人变异，而变异的目的在于造成突出，引起注意。每种语言都有运用上的常规，即有若干共同遵守的最基本的惯例，但在运用时则各人的“表现”不一样，有些人为了造成强调或其他效果，总要来点或大或小的变异，而以文学作家——特别是诗人——所作的变异为最多最大胆。变异即是对语言的创造性的运用。变异可以是词汇方面的，例如一本畅销小说里出现 two martinis ago（两杯鸡尾酒以前），这是容易理解的，并不离奇，而英国已故诗人 Dylan Thomas 写了 a grief ago 那就比较难懂了（是否指在发生一件悲惨事情以前？），然而这与常规的 a year ago 之类的话，也只是一字之易。变异也可以是句法、语调和其他方面的，有时两句话分开来看都是最合乎常规的，然而合在一起却使人有一种猝然之感，例如：

I hope they do give you the Nobel Prize
It would serve you right

这是美国现代诗里继承惠德曼传统的诗人 William Carlos Williams 写给另一个诗人 Ezra Pound 的两行，其变异全在第二行。（人们可能要问：为什么得诺贝尔奖金是“报应”，是“活该”？）

对于译者来说，他有双重任务：一是要有慧眼能在原作里发现变异之处，而这就需要他对那个语言的常规很熟悉；二是要有本领能在自己的译文里再现这变异所造成的效果，而这就需要他对自己语言的各种表达方式有充分的掌握。

3. 形象语言是变异的集中点。（从略）

4. 适合就是一切。文学的灵魂在于研究什么样的语言适合什么样的社会场合。译者的任务在于再现原作的面貌和精神：原作是细致说理的，译文也细致说理；原作是高举想象之翼的，译文也高举想象之翼。一篇文章的风格只是作者为表达特定内容而运用语言的个人方式，它与内容是血肉一体，而不是外加的美化的成分。因此从译文来说，严复的“信、达雅”里的“雅”是没有道理的——原作如不雅，又何雅之可言？

三

以上种种，无非是说词义学和文体学可能会对翻译问题的讨论带来若干新见解。然而我们又必须认识它们的局限性。有许多翻译问题是它们所没有或不能触及或根本不关心的，所触及到的问题也往往谈得不深入，或只有零碎的材料罗列，而缺乏远的透视和大的综合。一种语言的运用就已经是十分复杂十分困难的事了，何况翻译者要处理两种语言呢！因此虽然他可以从现代语言学获得某些帮助，他必然还要求助于其他方面。例如一个文学翻译者会发现在很多情况下，文艺学会对他更有教益：版本校勘之学可以帮他判断版本高下和文字真伪；文学史可以帮他了解作家所处时代的特点，作家在某一文学传统里的地位，以及与他同时的其他作家、出版商与读者的情况；文学批评可以帮他更加透彻地了解作品的艺术手段与通篇意义，等等。

但是我以为更重要的还是翻译者本身要有长期的、多方面的实践，从中积累甘苦自知的经验，在一定时候同其他的翻译者交流一下，其好处远超过读任何语言学或翻译理论的著作。

前几年看到一本 Poems of the Late Tang（《晚唐诗》，一九六五年英国企鹅书店版），译者为美国人 A. C. Graham，他译了杜甫的《秋兴》和孟郊、韩愈、李贺、李商隐、杜牧等人的诗，译文和解说都很出色。他提到他曾用心译过杜甫的《登岳阳楼》一诗：

昔闻洞庭水　今上岳阳楼
吴楚东南坼　乾坤日夜浮
亲朋无一字　老病有孤舟
戎马关山北　凭轩涕泗流

但几经考虑，最后还是决定不发表译文，主要在于他不满意自己译文的最后一行：

As I lean on the balcony my tears stream down

原因是："Tu Fu will on occasion speak of his feelings, or at any rate his tears, with a simplicity which falls rather flat in English"(见该书91页)。这一点很有意思，他触到了一个词义学所没有处理的问题，即同一意义的词(涕泗与tears是完全的等同语)，在不同文化传统、不同社会里所引起的不同反应问题。某些词在一个语言里有强烈的情感力量，而其等同词在另一语言里却平淡无奇，上列"涕泗"便是一例。反过来，也有某一词在原文里近乎套语，而照字面直译到另一语言却显得生动、新鲜，"雨后春笋"便是一例。人们喜欢谈翻译中"对等词"的重要，殊不知真正的对等词应该包括情感力量，背景烘托，新鲜还是陈腐，时髦还是古旧，声调是和谐还是故意不协律，引起的联想是雅还是俗等等方面的"对等"，而且在文学作品特别是诗的翻译中，还有比词对词、句对句的对等更重要的通篇的"神似"问题。这一切使得翻译更为不易，但也正是这点不易使翻译跳出"技巧"的范畴而变为一种艺术，使它能那样强烈地吸引着无数世代的有志之士——他们明知其大不易而甘愿为之，而且精益求精，乐此不疲；他们是再创造的能人，他们在两种文化之间搭着桥梁，他们的努力使翻译工作变成一种英雄的事业。

——原载《翻译通讯》1979年第1期

荒芜（1916—1995），原名李乃仁，安徽凤台人。1937 年毕业于北京大学历史系及外语系。晚年任职中国社会科学院外文所。1936 年翻译第一篇作品《下午》，1993 年翻译最后一篇作品《论风格》（美国刘易斯作）。期间翻译外国文学诗歌、文学评论、戏剧、短篇小说、人物传记作品近 300 万字，奉 50 余年生涯。其译作前期涉及俄国、美国、印度、菲律宾、苏联等国家的文学作品，后以翻译和研究美国文学作品为主。

翻译，永远是一个成问题的问题

彻底解决翻译的办法，就是不翻译：建立一种共同使用的文字。这办法虽然早就想了出来，却并不曾推行开去。前几天在报上，还看见罗斯福总统夫人在那里提倡世界语，就是很好的明证。

人们一天不能恝然（jiá，不经心地，无动于衷地）撒开对于自己语文的偏好，翻译的问题就存在一天。

一

不久以前，同盟国在伦敦召开的教育会议，就曾讨论过沟通各国的思想，并且一致认为这问题十分重要。怎样沟通呢？我想舍翻译外，别无良法。

但是要将一国文字译成另一国文字，实在不是一件容易的事。这里，屹立着两重难关：一是对外国文字的理解；一是对本国文字的运用。

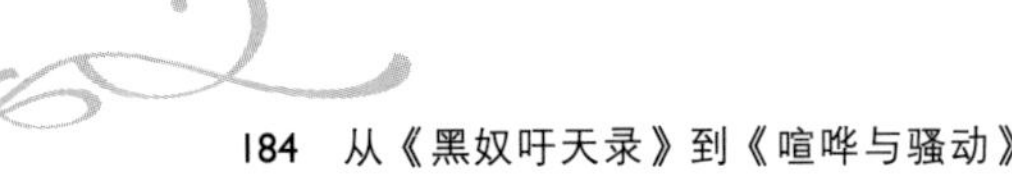

我们通常有一种想法，以为只要能懂得一种外国文字，就可以翻译了。其实这种想法，是似是而非的。纵使是一个非常精通外国文的人，如果他对于本国文缺乏基本的训练，在翻译这方面，他还是无用武之地的。何况精通外文本身，就是一桩非常艰苦的工作。因为两种不同的文字所表现的，不仅是两种不同的思想方法，同时也是两种不同的生活方式。英国人 Arthur Waley（阿瑟·韦利，1889—1966，二十世纪英国汉学家）是以翻译中国古典文学而享盛名的。在翻译中文这方面，可以说是专家。但他在翻译唐诗的“白头宫女在，闲坐话玄宗”时，就闹过笑话，把“玄宗”译成了“哲学”。他还译了《西游记》。细读一过，仍然发现有误译之处。当时曾记将下来，惜于旅途中遗失。现在还能记得的，如把“猴子兴起”译为“猴子站将起来”。由此可知“精通”之难。

前天，凑巧看见一位名叫 Stanley. Unwin（斯坦利·安文［英］著有《出版概论》）的人写的一篇文章，其中说近数年来，西班牙和葡萄牙两国对于英国新出版的书籍颇感兴趣。但当社会对于翻译的需求，超过了胜任的译者所能供给的数量时，不正确的译著就应运而出。安文先生曾就他注意所及，随便举出了几个例子：

I took her words for it（我听信了她的话），被译为“我答应她我愿意去作”。

You are Kidding（你是在哄人），被译为“你正在暴露你自己”。

A Girl with a Face like that can got away with murder（一个长得像她那样好看的姑娘，杀了人都没关系），变成了“一个长得像她那么好看的姑娘，却必须跟着一个凶手去旅行”。

A Patient who is fit only for light work（一个只适宜于做轻松工作的病人），变成了“只适宜于人造灯光下的工作”。

He has the run of the village（他在村子里横冲直撞），却成了“他喝尽了全村的酒”。

这样的例子，如果在我们近几年的译文里仔细搜搜，怕也搜得出吧？病根在什么地方呢？还不就是因为没有“精通外国文”的缘故。

二

但翻译除了这种必备的条件以外，还有另外的问题，那就是怎么译和译什么。前者是翻译的技巧，后者是翻译的内容。

关于怎么译。前些年，我们的翻译界曾有过“直”“顺”之战。这里是我自己的一半点愚见。

一个翻译者，在他拿起笔时，得记住两个人：一个是作者，一个是读者。他必须要向这两位负责。对作者负责，即是“忠实”。对读者负责，即是“明白”。忠实与明白，这是翻译者首先应该做到的两个基本条件，同时也是最难做到的。能做到这两个条件的译者，才可告无罪于作者和读者。

自然，一个优秀的译者，是不应仅以忠实和明白为满足的。

跨过这个界限去，还有风格、节奏、氛围诸问题。大凡是原文的文学价值越大，它要求翻译者的文学才分与素养也越苛。例如翻译中国唐诗的，在英国大有其人。可是只有在 Arthur. Waley 的笔下，那种别致的风格和内容，才被表达得惟妙惟肖。这就不能不归功于译者的诗才和他对中国诗的修养了。

作为《死魂灵》的译者，鲁迅的翻译是优秀的。因为它直而明白地表现了一个果戈理；作为《罗蜜欧与朱丽叶》的译者，曹禺的翻译是优秀的，因为它顺而忠实地表现了一个莎士比亚。但是作为《鲁拜集》的译者，Fitzerald（菲茨杰拉德）便一无可取之处。因为他的翻译是创作，他表现的不是欧玛卡雅姆，而是他自己。

三

译什么，比怎么译，应该更重要一些。

今天中国翻译，除了帮助建立新的文学、新的语言等重要任务之外，还负有思想斗争的任务。这种任务的具体内容，就是促进民主政治。

在今天，任何一个翻译工作者，都没有理由再浪费笔墨，去迻译那些无病呻吟、或者“今天天气”哈哈哈之类的东西。我们要译的，必须是在内容上具有提高人类价值的、具有反暴力反专制的启示的、有血有肉的作品。至于那些作品的文艺价值如何，倒是次要问题。

写到这里，又看见了上海杂志编辑们的座谈记录。一位先生指出了翻译的稀少。岂止稀少而已，有许多新出的杂志上，简直就没有翻译的影子！缺乏材料，自然是主要的原因。我们都记得，自从海路被切断以后，在很长的一段时期中，我们所能看到的外文杂志，只有从新疆运进来的《国际文学》一种。苏德战争爆发，连国际文学也变成了战争纪事录了。于是翻译者只好再去和老托尔斯泰、屠格涅夫、狄更斯、莫泊桑打交道，这是回马枪的时期。其后，中印航空线开辟了，英美的零星新旧报，杨枝甘露一般，从喜马拉雅山顶上洒进中国。于是，你争我夺，抢着翻译。单是斯坦贝克（美国）的《月落》，中译本就有五六种之多，这是争夺战的时期。回马枪也好，争夺战也好，实在都是精力过剩的结果。如果这也算是精力的浪费，那只能怪材料太少。

不过别的原因也有的是：有些对于翻译怀有成见的出版家，总认为翻译应低于创作一等。因而，他们把译者的版税和稿费也订得比创作低。固然，优厚的报酬不一定保证优秀的翻译，但是翻译的报酬至少不应低于创作。能以高价收买翻译品的出版家，不见得就一准吃亏。

翻译之不受重视，是不负责任的翻译者粗制滥造的结果。从另一方面说，就是翻译界缺乏一种良好的批评风气。也许是有资格的批评家们根本就看不见原文，因而也就无从对照、无从评起的缘故吧。总之，近几年来，我们很少看见严峻地批评翻译的文章，这就更加助长了粗制滥造的风气。三四个人，合译一部文学作品，而且以速译自诩的事，也有了。谁能相信，把眼睛钉在时钟上的人们能做得成好翻译呢？但谁也不愿意加以谴责。

把外国的作品译到中国来，仅做了翻译工作的一半。它的另一半，应该是把中国的作品也译到外国去。大凡常从外国文学杂志上寻找翻译材料的人，大约都会有这么一种普遍的感觉，就是外国文学杂志上的作品，有些实在并不怎么高明。即以短篇小说来讲吧，我觉得战争以来，我们有许多短篇，确实比他们写得好。

我常常怂恿学习过中文的外国朋友们，来做这种翻译工作。一则因为中国作家之好的作品，埋没在国门之内，是世界文学的损失。同时也因为翻译成本国文字，总比翻译成外国文字容易。但新近有几件事，使我不能不修改自己的意见。一位在美国相当有地位的文艺批评家，在重庆住了半年之后，回国去作文章，大捧张恨水的《大江东去》，认为是中国现代文艺的代表作。另外一家文学杂志的编辑写信对别人说，他怀疑中国短篇小说是不是有被译成外国文字的价值。据他所知，中国新文学似乎还没有超出模仿西洋文学的界限。仅有的几篇英译中国小说，译者几乎全是中国人。因此，我深切地感到，翻译中国现代文学的责任，还是要中国的翻译者肩负的。

原载 1946 年 2 月 6 日《文联》杂志

邹荻帆（1917—1995），湖北天门人。20 世纪 30 年代开始文学创作。1938 年在湖北师范学校毕业后，在大别山区文化工作团从事抗日救亡工作。同年参加上海救亡演剧第二队，在武汉、桂林、香港一带从事演剧活动，以后在宜昌担任过小学教师。1940 年在重庆复旦大学外文系和经济系学习。新中国成立后，曾任对外文化联络局办公室主任、中国作家协会外委会委员等职。1957 年任《文艺报》编辑部主任，此后任《世界文学》编委。1978 年从社会科学院外国文学研究所调至中国作家协会工作。翻译作品有：托尔斯泰的寓言集《鹰和鸡》（1943）、托尔斯泰的小说《克罗来长曲》（1943）、新俄诗选《披着太阳的少女》，1946 年译了美国卡尔・桑德堡诗选；1956 年与陈敬容合译了巴基斯坦诗人《伊克巴尔诗选》，1960 年与孙玮等合译了罗马尼亚诗人《托马诗选》。

有感于翻译工作

我知道自己外国语言水平不够，更缺乏对外国文学的研究，所以对译介外国文学作品未敢多尝试。但对译介外国文学工作，不能说没有一点儿意见。这些意见当然只是对个别翻译界同志而发。

我以为应该着重提一下翻译家的责任。翻译家跟一切搞文艺工作的同志一样，应誉为“灵魂的工程师”，虽则我们是根据外国作家的作品而介绍过来，但选择什么样的作品推荐给我国广大读者，却取决于每个翻译工作者。文学作品是精神产品，在我们进行建设社会主义物质文明和精神文明的时期，我们应当考虑到一个“为什么”介绍这样的作品，介绍这样的作品“对谁有利”的问题。

文学作品，特别是外国文学作品，当然我们不必，也不可能要求它为当前某项具体政策服务。但是文学作品的潜移默化作用是很大的，对人们的心灵美，行为美，都会起到作用。如果我们尽介绍些色情、探案、情调低沉的作品，我想是有违于作为社会主义时代的翻译家的责任的。

这里也就提出了另一个问题，翻译家不能闭门进行翻译研究，应该了解社会，应该提高自己的思想，否则，也难于确定什么样的作品是为社会主义服务、为人民服务的。

此外，我还感到翻译工作者除对介绍的外国作家应有研究外，还应该努力提高自己对中国文学的修养。这样使我们在文学的表达力上增强一步，并使我国读者从中得到学习。

我国老翻译家都有极高的中国文学涵养。林纾虽不懂外文，而他译的作品，至今还脍炙人口。鲁迅、茅盾、巴金都是语言大师，傅雷的中国文学修养也是很高的。一部翻译的文学作品，并非自然科学著作的转译，如何能着彩传神，没有对自己祖国文学的深厚修养，是不可能为我国读者所击节赞赏的。

现在的情况是创作界与翻译界有点儿未结成知交。作家为提高自己，应该更上一层楼推窗远眺，多与外国文学作品接触。而翻译家的立脚点，也应扎根我国的文学土壤，这样，“番红花”才开得更壮美。

外国文学作品的介绍，对我国创作界也会起很大作用，但是，是消极作用？还是积极作用？所以翻译家们也应当了解当前的创作情况。在三十年代，鲁迅和一些先进的翻译家们介绍了苏联的革命文学，弱小民族的文学，给中国革命和文艺界都起到巨大的作用。我虽很少搞翻译工作，但仍很期望我们的外国文学界对我们当代社会做出更大的贡献来。

陈敬容（1917—1989），四川乐山人。1935 年开始自学中外文学，陆续发表诗歌散文，后来曾任中小学教师及编辑。新中国成立后，改行做政法工作多年。1956 年调《世界文学》，做外国文学的编辑、介绍工作，直至 1965 年转调《人民文学》。40 年代翻译发表过一些法国现代诗，并出版了译的安徒生童话六册（1947），普里什文童话《太阳的宝库》，雨果的长篇小说《巴黎圣母院》（1948）。新中国成立后出版的译著有：伏契克的《绞刑架下的报告》（1952）、波列伏伊短篇集《一把泥土》（1956）、《伊克巴尔诗选》（与邹荻帆合译，1958）。

浅尝甘苦话译事

我国有句古话："文章千古事，得失寸心知。"这些话当然不是指翻译说的，但似乎也不妨借用一下。文学翻译本来就是再创作啊，但从这句话看来，关于文学翻译我是不该饶舌的了，因为本来就做得有限，谈不出多少经验，只不过对其中甘苦略知一二罢了。

翻译文学作品，不能说是只要把字面意思准确地译出来就够的吧。为了较好地传达原作的风格和文采，有几个方面看来是不应当忽略的。

作家在进入紧张的创作劳动的时候，往往会达到专心凝神，忘物忘我的境界，以至于对远近的一切都视而不见、听而不闻。如果他们是写小说或戏剧，他们还会与自己作品中的人物同呼吸，共哀乐。曹雪芹为了《红楼梦》中的痴情儿女，不知曾有过多少次啼笑歌哭。巴尔扎克经常把自己当作《人间喜剧》中的各类人物，朋友们去看望他，多次发现他正在同自己作品中的人物交谈或

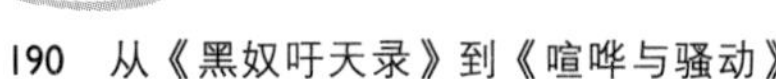

争吵。福楼拜甚至说，他自己就是他的同名小说中那位包法利夫人。这些作家几乎都把自己的生命交付给作品了。

临到我们来翻译文学作品，假若自己没有被原作所感动，不能用与原作者相近似的激情来指挥我们的译笔，那么，任是多么激动人心的作品，不是都可以译得平淡无奇或冰冷乏味么？

每一位作家，各有自己独特的风格，每位作家在其各类作品中，可能分别突出自己风格的某一个方面或某几个方面。假若仅仅把原作中所叙述的故事情节、所谈论的道理等等分毫不差地转达给读者，那还只不过完成了任务的一半。原作哪些地方写得热情奔放，哪些地方写得谨严周密，哪些地方活泼跳跃，哪些地方幽默，哪些地方犀利，以及什么时候用的是浓墨重彩，什么时候又仅仅轻描淡写一番……凡此种种，在作家们的笔下，各有其行文方面的必要性，我们译此若是用单调的、千篇一律的、毫无华彩的笔墨去译，那又怎能体现原作的风格于万一呢。这里面就有很微妙的精粗和文野之分了。

译界前辈所拟定的信、达、雅三个准则之中，假若我们只做到“信”——百分之百忠实于原作，但却并没有做到“达”——不通顺明畅，则所谓“信”也就得打个折扣了。若是信矣，达矣，然而不雅——不能使读者从译文中领略到原作的风格文采，得到美学上的感受，那我们也还不过是做了一名翻译的匠人。

文学作品又是包罗万象的。它可能涉及人类社会和大自然中的各类知识。无论是多么特殊的社会状况或生活场景，也不管是南极北极或是什么荒山死海里才有的景象，也无论是正常人还是非常人的思想感情，只要是作家所表达的，作为译者，就都有义务转达出来。为此，若是仅仅依靠一定范围的常识，那就远远不够了，你不得不去查阅和学习有关的文献和材料，甚至天文地理等等专门学问。

那末，若是译诗歌、散文，你就得进入作者的思想感情境界，想象境界，还得掌握好原作的节奏和韵律（不只是韵脚）。假若仅仅满足于文从字顺，那也就决非上乘。

若是译小说、戏剧，你就得像作家本人那样，和作品中的人物同呼吸，共命运，就得分享人物的喜怒哀乐，也分享作家对某些人物事件的褒贬。

若是译儿童文学作品，你当然得把自己当作儿童，模拟着儿童的心理状态，言谈举止，而毫无必要板起一副成年人的面孔了。

要做到信、达、雅兼而有之，除了需要过硬的外国语言文字的水平和严肃认真的翻译态度之外，确乎还牵涉到一个很重要的条件，那就是译者的中文表达能力如何，或者说中国语文的修养。但这个问题却不是本文所能详细论述的了。中文表达能力对于文学翻译有着最直接的关系，但却非一朝一夕所能成功，得经过刻苦学习和不断实践。

我们伟大的祖国，打从春秋战国以来几千年，又从五四运动以迄于今，文学宝藏何等丰富，我国古今文学家们，运用祖国的语言文字，写出过多少瑰丽诗文。我们这些后来者，只有保卫祖国语言文字的纯洁并努力使它丰富和发展的义务，而没有任何权利破坏祖国的语言文字。我们翻译外国文学作品，在语言文字的运用上，似乎面临着两方面的任务：

首先，要忠于原文，又要读起来通顺流畅，还要具有原作的风格韵味。但这三者之间往往会出现矛盾，很容易顾此失彼。万一掌握不好，就会弄得要么疙里疙答，不易卒读，要么以文害意，为了通顺而不惜对原作任意砍伐，或者添枝加叶。这就牵涉到如何较有分寸地运用祖国语言文字的问题。除开从现实生活中吸取活生生的口语之外，熟悉我国优秀文学遗产，也是相当重要的。

其次，由于东西方语种的决然差异，有些译得比较成功的例子，还可能使祖国语言文字更加丰富和发展。例如大家知道的“武装到牙齿”这个词语，最早就是翻译过来的，如今早已溶化到我国语言文字中去了。

看来我们大可不必对于某些文学语言有点“欧化”而惊怪，事实上自五四以来，我国文学作品在语言文字上借鉴外国来丰富自己（多半通过一些翻译作品）的现象不算很少，而且取得了良好效果。我们是生活在国际交往日益频繁的现当代，因而从各方面汲取营养来丰富和发展我国语言文字，也显得十分自然和必要。而完成这个任务，文学翻译更是义不容辞的了。

作家创作，译者（只要不是译匠）再创作。偶尔是否也可以有一点例外呢？这，似乎也不必一概而论。在某些（当然是极少而不会很多）特殊情况下，似乎也可以容许译者发挥一点自己的创造性，只要无损于原作。

在重新翻译雨果的长篇小说《巴黎圣母院》的过程中，我有过一点这方面的尝试。

在小说第二卷第三章《新婚之夜》里，当平民诗人甘果瓦问他名义上的新娘拉·爱斯梅拉达有没有父母时，她唱了一首歌谣作为回答：

Mon père est un oiseau,
Ma mère est une oiselle,
Je passe l’eau sans nacelle,
Je passe l’eau sans bateau.

Ma mère est une oiselle,
Mon père est un oiseau.

起初，我把这首歌用现代口语译成这样：

我父亲是只雄鸟，
我母亲是只雌鸟，
我过河不用小舟，
我过河不用帆船，
我母亲是只雌鸟，
我父亲是只雄鸟。

这样译，一般说来也还过得去，也算是忠于原文的了，然而读起来白水一般，没什么韵味。小说的情节本来发生在十五世纪四十年代，本来就是“古时”的事情。那么，改用我国古歌谣的语气去译，应该也可以吧。于是我在回忆中搜索，特别想起了几句歌谣风的辞赋：

沧浪之水清兮，可以濯我缨；
沧浪之水浊兮，可以濯我足。

我便加以借用，把那首歌改译为如下：

父兮鸟中雄，
母兮堪匹俦，
我渡沧浪水，
何用艇与舟。
母兮鸟中雌，
父兮鸟中雄。

这里的“堪匹俦”和“沧浪水”等，可以说是没有忠于原文字句了，但意思虽然表面上稍有改动，或者可说是创造吧，实际上还是原来的意思，而韵味却比先前的译法有所增加。不过，当然，这种译法也只可偶一为之。

我国古代文学家们对于遣词造句向来是十分考究的。以唐宋诗词为例，如

“红杏枝头春意闹”的“闹”字,“僧敲月下门”的“敲”字,“春风又绿江南岸”的“绿”字等等，大都是改静态为动态，改无声无色为有声有色。即使在散文中，也往往因一词一字而顿然使文章倍增光彩和神韵。如韩愈的《祭十二郎文》中有这样连用三个“而”字的长句:“而视茫茫，而发苍苍，而齿牙动摇”，这里若只用一个“而”字贯下去，意思也是明确的，但增加了后两个“而”字，文章就变得更加摇曳生姿，所描述的龙钟老态也更加逼真了。我们既然是用我国语言文字去译外国文学作，又怎能不充分考虑和有效地运用我国语文在节奏、韵律等方面的特色呢。

在译《绞刑架下的报告》一书的书名时，我有过这方面的体会。这书的法文译名是《Ecrit Sous La Potence》。当年，我国连最简单的法华字典都还没有一本，碰到某字需要查字典时，除了查阅法文的之外，为了把某字的汉译弄得准确些，还得先从法英字典中查出英文译法，再通过英汉字典去查中文译法。potence 这个法语单词，英译为 gallow 或 gibbet ，在英汉字典把这两个字都译为绞架。这本来是外国的东西，在我国并无沿用的名称。但我觉得，若把这两个字用在“下”字前面，成为《绞架下的报告》，念起来十分别扭，而这种别扭乃是由于当中缺少一个字，音节上不合拍，于是我给加进去一个字，成为《绞刑架下的报告》，分三拍（或像译诗里常说的三音步或三顿）念起来才觉得比较合乎我国的语言习惯，不那么别扭了。若译作《绞架下的报告》，全句也可勉强分为三拍，但三拍字数相等，就别扭；而且“绞架下”三个字放在一起，念起来像打架似的。

老实说，我是经常需要查字典的。由于我的外语文主要靠自学，除了在初中那一年多英语和后来补习法语、俄语各一年的时期外，再没有让老师批改外语作业的机会了，也根本没有机会和别人交流、切磋或竞赛，只是自已埋头折腾，因而，基础就不像在学校按部就班地学习那样容易学得好，记得牢。尤其是单词，记得的极为有限，只好边学边查，边用边查。查过多次的单词，下次再碰到时，虽然似曾相识，但仍然是它认得我，我不认得它，只好再查。因而我搞起翻译来至今离不开辞典，译得相当慢。对于有条件在学校那样的集体学习环境里按部就班地学外国语文的人们，我是多么羡慕啊。

当然，失败的教训，我也有过不少，其中比较突出而我至今引以为憾的，是伏契克写到过一位同牢房的难友约瑟夫·贝舍克，两人情同父子，伏契克亲切地呼他为“père”——这个字本义虽然是父亲，但可引伸为老伯、老爹。当时我竟然没有深入考虑，而简单地将它译成了“老爸爸”这样不合我国语言习惯的称呼。

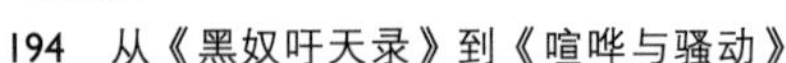

顺便想起，我国的初中语文教材，选用拙译这部名著中《第二〇六号牢房》一章已经多年了，但从来不注明是谁译的，仿佛它本身就是原著原文而未经过翻译劳动。这样，不是反倒会使得像上述那种译得不理想的例子，也无人负责了么！

我自己是怎样搞起文学翻译来的呢？我这样一名外文基础很差的自学者。

打从少年时代，我对中外文学就产生了浓厚兴趣，在初中时期开始上英文课，我学得十分认真，可是只学了一年多，后来转学到成都，从初中二年级下学期起，就再没有英文课了。约两年之后，我又学过一年法文。这两种外文，我都是在只懂了点基本文法之后，断断续续地进行过一些自学。抗战初年，还在成都上过俄文补习班，可惜补习班刚开办两三个月就停办了。

当初学外文，我并没有想过日后要翻译什么，而只是出于爱好文学，并且自己也开始创作，也就希望能通过原文阅读外国文学名著。最早尝试着译点东西，已经是四十年代中期的事，而且是出于偶然。

当时，我在好几年成天忙于家务劳动而没时间读书和写作之后，好容易在重庆郊区找到个小小的职业，便把全部业余时间都用在学习上。由于从小爱好诗歌，以前自学英文、法文期间，就读过不少英法两国的近代和现代诗；那时偶然借到了一本法国现代诗选，反复阅读之后，便产生了试译出来以供同好的愿望，于是在三个月的业余时间内，从那本诗选中选译了三分之二以上。一九四六年到一九四七年间，曾将这些译诗在上海报刊上发表过一些，本想把全部译诗辑为一集出版，但在一九四八年秋匆匆离开上海后，译稿全部散失了。

译诗本来是文学翻译中最伤脑筋而又最不易成功的事。但从我自己的实践说来，一开头就从难从严，反使得我丝毫不敢玩忽而更加孜孜不倦。

四十年代后期，我从英文转译过一些零星诗文及安徒生和普里什文的童话，并且不揣冒昧，由法文原著试译了将近四十万字的世界文学名著《巴黎圣母院》。以我那么一点粗浅的法国语言文字水平，却要去对付一部文风纵横恣肆的长篇小说，吃苦头是难免的了。老话说："初生牛犊不怕虎"，当时我虽然面临极大的困难，却也并未气馁，终于用了约两年时间把它译完了。直到数十年后回想起自己当时的大胆妄为，还不能不暗自吃惊；也就是由于这个原因，近年我才利用养病的时间，又把这部小说逐字逐句重新翻译了一遍（并增加了大量注释），以期对自己青年时代的疏漏多少做一点补救。（新译本即将由人民文学出版社出版）

那之后，好多年我都改行做着别的工作，远远离开了中外文学。当北京开办俄文夜校时，我也在业余时间赶去学习过一阵。至于英文、法文，早已抛到九霄云外去了。

也是出于偶然，一九五一年，出版社约我译伏契克的《绞刑架下的报告》一书，因为当时我国还没来得及培养出直接从原文研究和翻译捷克文学作品的人才，比较理想的文本只有捷克大使馆推荐的法文译本。这样，我又把搁置了几年的法文捡拾起来。读完了法译本，我被伏契克的英雄主义气概和简洁谨严的文风深深感动了，便利用业余时间着手进行翻译。结果，这本约七万字的报告文学，竟花了一年左右的业余时间才算译完了。之后我在外文书店买到一本一九五〇年俄文最新译本，名 С лово Неред kaзHbЮ《临刑前的话》或《刑前寄语》。虽然全书远不及法文译本，但其中有一些根据伏契克夫人交给译者的新发现的手稿译出的章节，那却是法译本中所没有的。于是我又把俄译本中这些新的章节补译在中译本里面。这期间，还在朋友处看到几本美国进步杂志《群众与主流》，发现那上面译介了伏契克在法西斯监狱里写给自己亲人们的几封书信。伏契克那种临危不乱、反而千方百计安慰亲人的品质和气度，又一次感动和激励着我，我便把这些书信通统译了出来，附在《报告》的正文后面。

一九五六年秋，我调职到《世界文学》杂志（当时还名为《译文》杂志），从那时直到一九六五年，我才算每天同外国文学打交道了，但常年的工作是从外国作品中选材、校阅和编辑别人的译稿以及定选题计划等等，自己动手翻译是极少的。杂志的译稿来源，除了从译者投稿中选用部分之外，就是我们选好作品约请有经验的译者进行翻译。只有少量临时稿件（多半是外文打字稿）以及由于种种原因一时难以约到适合的译者时，才由编辑部同志自己动手来译。那些年，因业余时间极为有限，我除了译过一些零星诗文之外，再没有译什么大部头的作品。然而由于接触到原作和译稿都多了，自己就变得有些眼高手低起来，容易束手束脚，勇气竟然不如当年了。

1982 年 6 月于北京

杨苡（1919—　　），原名杨静如，新中国成立后即一直以杨苡笔名为正式名字。原籍安徽省泗县，生于天津。初中、高中都在天津中西女校读书，1937年夏毕业后在家自修一年，1938年夏到昆明入西南联大外文系学习。1944年夏毕业于联大外文系。抗战胜利后定居在南京。从1960年秋至1980年春在南京师范学院外语系任教，主要讲授英国文学选读课。译有：《永远不会落的太阳》《俄罗斯性格》《呼啸山庄》等。

一枚酸果

——漫谈四十年译事

我当然不敢步入翻译家的行列，即或偶尔有“翻译匠”之感，也觉得还是当不起，因为我的成绩少得可怜！

如今已年过花甲，回顾四十年翻译生涯，犹如吞下一枚酸果，它已经被我吞下了，我不知道它是甜中带酸，还是酸中有甜，也许它根本就是苦涩的！《当代文学翻译百家谈》一书的热情的编辑同志催了又催，越催我越觉得漫谈翻译比下笔翻译可难多了。真是“文章千古事，得失寸心知”！何况是打开记忆之门也是比较困难的。这漫长的岁月中可以说有一半是一片荒原！

总不能忘记我已故的好友肖珊，她和我一样，在巴金先生的鼓励下，下决心从家务事与带孩子的忙碌生活中挤出一点时间，开开夜车，开始了她的翻译工作，译了屠格涅夫和普希金的一些中短篇小说。她的文字是十分流畅动人的。由于十年浩劫，肖珊不幸过早地离开人间。如果她还活着……是的，我常常在梦里见到她还活着，她那双美丽的大眼睛里仍然闪耀着孩子气的好奇与坚定的询问神色！如果她活下来，她将会译出多少好书献给我们的读者啊！

也不能忘记一九三八年在昆明青云街住下时，沈从文先生经常交给我看一些翻译过来的外国文学名著，要我好好学习，要学会驾驭文字；也要把外文学好，这样才能扩大眼界，将来也可以学习用自己的祖国语言忠实地把外国文学名著介绍过来。

我至今还记得四十一年前完成第一篇译稿后的欣喜。那时确实太幼稚，不懂得自己条件差。仅仅因为当时已做了年轻的母亲，却又不甘心放下笔，于是就大胆译了拜伦的长诗《楼龙的囚徒》(The Prisoner of Chillon)。当时我自以为还挺忠实于原诗的格式与韵律（并不像后来有人随意“抽译”名诗，不好译的诗句就自行删掉)，其实我连 Chillon 这个地名的译音都译错了，以后才知道，应根据法语读音译为《锡雍的囚徒》。更不要说我在文字上肯定有不少错，而至今还没时间在旧稿上逐字校订更正过。

我把这首译诗寄给了巴金先生，他交给靳以先生在当时他编的《现代文艺》上发表了。我得了点稿酬，这对于我当时在四川的重做大学生的艰苦生活不无小补，好像是得到了意外之财，给孩子买了饼干，自己还和同学们坐茶馆，泡杯茶，吃碗红油抄手……总之，这倒激发了我翻译的热情，以后也努力译点诗和短篇小说，但因又要学习，又喜欢创作，晚间常写一些诗和散文，也就没多少时间搞很多的翻译了。

记得陈嘉老师给我们讲授《英国维多利亚时代诗歌与散文》时，更启发了我译诗的兴趣。往往他讲授过一首，我便试译出来，晚上到他宿舍里去请教。老师一行行、一句句地推敲。我永远忘不了他善意的提醒。他说，要知道，翻译是难的，译诗更难，要译出原文的“味儿”来，一定要吃透了才能译。而我们这些人在自己爱好的事业上总有一点固执劲儿，这也是当年我们这批流亡到昆明的西南联大的学生所共有的特性吧。

我译《呼啸山庄》的决心也是在一九四二年暗自下了的。从一九三六年起，巴金先生就经常在信上鼓励我前进，教我相信未来。他一直提醒我要好好读书，长大了要为祖国和人民做一点有用的事。我曾在给他的信里提过我喜欢“Wuthering Heights”，他鼓励我把它译成中文。后来不久我看到了梁实秋先生译的《咆哮山庄》，我总觉得一个房主人不会把自己的山庄形容成“咆哮”。当然我也不想采用三十年代美国二十世纪福克斯公司改编的电影（劳伦斯·奥利佛与梅儿·奥伯朗合演的）《魂归离恨天》（当时我国译名）为书名。这个愿望一直埋藏在心底。过了十二年，不安定的生话已告一段落，这时我才有条件坐下来静静地翻译这本书。有一夜，窗外风雨交加，一阵阵疾风呼啸而过，雨点洒落在玻璃窗上，宛如凯瑟琳在窗外哭泣着叫我开窗。我所住的房子外面本来就是一片荒凉的花园，这时我几乎感到我也是在当年约克郡旷野附近的那所古老房子里。我嘴里不知不觉地念叨着 Wuthering Heights……苦苦地想着该怎样译出它的意义，又能基本上接近它的字音……忽然灵感自天而降，我兴奋地写下了“呼啸山庄”四个大字！

但是由于后来的两次大病，之后又忙于出国，到民主德国的莱比锡大学教书，更由于我原来水平不高，翻译质量是不理想的。巴金先生和汝龙先生在校订这部译稿上花了不少功夫。巴金先生曾不止一次地温和地批评过我的翻译有些潦草、不够认真。我在一九七九年开始重新订正《呼啸山庄》时，也深深感到这一点。前年由湖南人民出版社出版的《世界文学名著（缩写本）丛书》中，我所译的《呼啸山庄》又根据新的译本对照校订了一遍，因为这个本子只是压缩了原著，大多数词句是和原文一样的。

因此，对于我这个水平低，永远处于“翻译习作”阶段的人来说，首先我必须对这一本书或这一篇文章或这一首诗发生了兴趣，感到由衷的喜欢，渴望介绍给读者，个人认为是值得译的，而不是人云亦云地凑热闹，赶时髦，这样我才能下笔译。我的翻译过程是极其繁琐的：泛读，精读，构思，写草稿，修改，重抄，再整理润色，再重抄（也许摆上几年又重改重抄）。这中间不断地嘴里念念有词，不断地查阅字典（我认为我的记忆力是不可信的，我从不敢瞎猜）……忙了一大阵，一年或半载，最后也许定稿仍不满意。我很羡慕人家译笔迅速，不用起草，我却做不到，因此我的成绩是少得可怜的。

信笔写下这一篇漫无边际的拙劣文章，只能说是还了一笔拖延下来的文债，但恐怕还是落个“不知所云”的结论的。

1983 年 7 月于南京

方平（1921—2008），原名陆吉平，上海人。高中毕业后，入银行当职员，由业余自学走上文学翻译道路。新中国成立后，历任上海文化工作社、上海文艺联合出版社、新文艺出版社、人民文学出版社上海分社编辑，上海译文出版社外国文学编辑部主任和学术委员，上海师范大学客座教授，中国莎士比亚研究会副会长。主要译作有：《莎士比亚喜剧五种》：(《仲夏夜之梦》、《威尼斯商人》、《捕风捉影》、《温莎的风流娘儿们》、《暴风雨》)，莎士比亚《维纳斯与阿董尼》、《亨利第五》、《奥瑟罗》、《李尔王》，［英］白朗宁夫人《抒情十四行诗集》等。

水无定性　随物赋形

——谈翻译家的语言观

一门艺术的趋于成熟、发达、兴旺，标志之一，我以为是艺术流派的产生，例如词曲之有婉约派和豪放派之分，书法有颜、柳、欧阳诸大家，京剧艺术在它的全盛时期四大名旦各树一帜。如果谈到文学翻译艺术，我们始终停留在、或者至今还没超越世纪初我国翻译事业起步伊始，先驱严复提出的三个准则：“信、达、雅”，觉得这已很够用了，到今天还可以奉为我们的准则，那未免让人感到在文学翻译的园地里，时间老人的步子过于沉重了吧。

所幸的是我们有傅雷那样著名的翻译家提出了他的艺术主张：“舍形似而求神似”；我相信这是经过深思熟虑对自己长期翻译实践的一个总结，很有代表性，在我国翻译界产生广泛的影响，可以视之为一种艺术流派所追求的一种化境。

诗人卞之琳曾在他的莎剧译序中提出了“亦步亦趋”，则又是另一种艺术主张。可能曲高和寡吧，我见闻有限，似乎应者寥寥。但我个人认为这同样不失为是一种可贵的艺术见解。我按照自己的理解，认为这句话的意义在于：对原作的艺术形式（句式结构、表达方式等）应该给予更多的关注。在翻译艺术所最为重视的“神”和“形”的关系的处理上，另树一帜。我曾经为这一见解叫好，其实也是为期待中的翻译艺术的百花齐放叫好。

为了翻译艺术的发展，百花齐放最好是彼此取长补短，相互促进；要流派之间的友好切磋，而不要门户之见的壁垒分明。这是我前年参加了两派意气之争很激烈的文学翻译讨论会之后所产生的想法。即便翻译艺术谈不上多么博大精深，可是翻译之道也绝不是三言两语所能道尽，更不可能一言以蔽之，道理都给你说去了。

先拿“亦步亦趋”来说吧，这是卞先生在翻译莎剧时提出来的，我撰文响应，着眼点也在于经典诗剧。诗歌、诗剧最讲究艺术形式，介绍过来时相应地对于艺术形式这一方面比较偏重，这是可以理解的。

如果翻译更贴近现实生活的较为通俗的文学作品，用“亦步亦趋”去要求译文，文字有时可能会显得不够通顺。这样，“亦步亦趋”作为一种艺术主张，首先有一个适应性的问题。即使翻译经典性诗歌吧，高度重视艺术形式和内容间不可分割的关系，亦步亦趋，自然很好；但无论如何不能摒弃语言处理上的变通和灵活性。因为必须清醒地认识到语言既有它的流动性、可塑性，也有它约定俗成、不可强求的一面；不能为了迁就原文而不考虑本国语言的承受能力，造成语言超载、语言疲劳的现象。

碰到“形”和“神”的关系不容易处理时，“舍形求神”该是一种明智的抉择，在名家手里显示出一种举重若轻的功力，化艰险为坦途，宜乎受到读者的欢迎，识者的称赏。试从《欧也妮·葛朗台》中举一个简单的例子：“Qui n'est pas au du monde au milieu du monde.”傅雷译为“她在世等于出家”，寥寥 7 个字，还能有比这更简洁传神的译文吗？如果不加点化，用中文照搬过来：“她在这世界之中而不属于这世界。”岂不是味同嚼蜡？

“舍形求神”凭着神来之笔（这和深厚的文艺修养分不开），取得了可贵的经验；不过我揣想，两种不同文化的民族思维方式表现在语序的组合形态上，在语词的意蕴上，总会有不谋而合的情况，会出现彼此相互对应的平行关系吧。亮出“舍形求神”的旗帜，并不必然意味着宣告“形”和“神”总是那么格格不入，没有回旋的余地，排斥彼此靠拢的可能性。没有必要把整个翻译的过程看成为对原作的艺术形式全面推倒重来的解构过程。

这就意味着也应该看到另一派“亦步亦趋”的积极意义。它显示出一种可贵的探索精神，译文的字从句顺不再是唯一的目标。努力试探亦步亦趋的可能性，是因为它把“信”提高到“真”的境界来考虑。

“真”就是音响发烧友热衷追求的所谓“原汁原味”，只要你舍得花钱，名牌音响器材确实可以给你“复制”出几乎乱真的音响效果。可惜“原汁原味”，纤毫毕露，这纯客观的“真”对于文学翻译却只能是难以达到的一种理想境界。不过说难以达到，不就是说可望而不可即。好在文学翻译依靠的艺术手段是“再现”，正因为不是分毫不差的“复制”或者模拟，而是“再现”，文学翻译才有它的创造性和它的艺术生命；追求心目中的“真”，从“可望”到“可即”（尽可能地接近它）也就有了可能性。

不知能不能做这样的比较：“舍形求神”更看重的是文学翻译的艺术性的一面，它的朗朗上口的可读性。而拿“真”作为更高的追求目标，去代替原来的“信”，“亦步亦趋”对于文学翻译的局限性（由于提高了要求）具有更清醒的认识。前者讲究的是“美”（最典型的是译事有三美的主张：“意美、音美、形美”），后者则煞费苦心地力图把语际交换中所带来的“失真”减少到最低限度，这就是为什么它对于原作的艺术形式（语句结构等）给予更大的尊重，尽可能地在形式上向原作靠拢。不愿意轻言“舍形”，是因为不愿意为了“美”、为了“流畅”，而付出太大的代价：“失真”。

试举莎士比亚悲剧《麦克贝斯》为例。主人公赶回城堡向妻子报告一个天大的消息：国王邓肯今夜将光临他家做客。做妻子的问得别有用心：“他几时走呢？”回答是：

Tomorrow，as he purposes

明天——他打算。

先给了一个明确的答复：“明天”；却又意味深长地拖了一个尾巴：“他打算”。本来很明确的语气因此变得闪烁其词了；弦外之音是：他的打算是明天走，但是走得成走不成却得看你我了。麦克贝斯夫人心领神会，针对着丈夫的含糊其词的“明天”，斩钉截铁地宣布道：“嘿，休想再看到太阳在明天升起！”主意已经拿定，没有挽回的余地了。这对心照不宣的夫妇就此结为谋王篡位的死党了。

麦克贝斯的简短的答话的句型是“肯定——假定”。前贤朱生豪先生依据

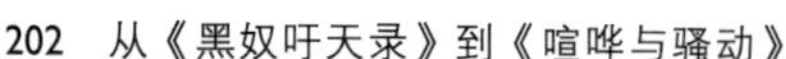

他的多少和“舍形求神”相呼应的艺术主张[1]，重新组合语序，成为一句一览无余的陈述语：“他预备明天回去。”

“明天”并没有被译成“昨天”或“后天”，也没有把“预备”译成“决定”，把“他”译成“我”；从浅露在字面表层的意义来说，这里没有漏译什么，没有误译什么，读来又很通顺，“信”和“达”似乎兼而有之了；然而语气中透露出来的紧张的内心活动，却在逻辑思维的程序中被过滤了，那神情，那口吻，那戏剧性的潜台词，已不复存在了。这样处理后的译文你不妨说它“信”；可是“真”却无从谈起了。

这样，“亦步亦趋”取得的经验，岂不是可以供作参考：“重神”并不意味着必然要“轻形”啊。

翻译属于“二度创作”，具有依附于原作的从属性这一面，是束手束脚、带着镣铐跳舞的艺术。因此一位理想的文学翻译家的特殊禀赋在于他具有一种敏锐的感受力，他体贴入微，善解人意，以至心心相印，“象喜亦喜，象忧亦忧”（象是舜的异母兄弟）；这心灵的共鸣，已经很不简单了，可还需要他同时又把他所体味到的、曲尽其妙地转换成本国语言表达出来；在别人张口结舌“可以意会、不可言传”的场合，却偏要求他具备高超的表达能力，仿佛寓言中的庖丁解牛，游刃有余。

这更是谈何容易了！本来，在一个民族的语言系统自身范围内，身在庐山中去看祖祖辈辈传下来的语言，那是没说的，必定是完美无缺的，无往而不利。天下最美、最亲切、最有表现力的语言无疑是“母语”了；尤其千百年来产生过那么多辉煌名篇和不朽杰作的汉语，更值得我们炎黄子孙自豪了。

说来惭愧，偏是和另一种语言系统的文学作品打交道的翻译工作者，却忽然感到自己说了一辈子的祖国语言不够用了，穷于应付了。我常常以不胜羡慕的心情吟咏着：“水无定性，随物赋形。”这“随物赋形”的水性只有一个翻译工作者才有最深切的体会，只有他才会兴起这种感叹！因为这正是一个文学翻译家所追求的、却是无从实现的一种理想啊。水能够一泻千里、无孔不入；而我们使用的语言，放进历史的长河去看，固然在不断发展着、变化着，呈现出一种动态；然而在一个特定的时期内，它又有相对的稳定性，它的惰性。你不能无视它自身的内在规律，要求它移步换形，变圆拉长地一味去追随原文（另一种语言），模拟原文。自然，有生命力的语言总是有它的弹性，有它的灵活

[1] 朱译莎剧的自序这样说：每逢原文中与中国语法不合之处，便再四咀嚼，“不惜全部更易原文之结构，务使作者的命意豁然呈露，不为晦涩之字句所掩蔽。”

和变通，有它的随机性，可是它做不到变着法儿地去服从一个跨语种的翻译工作者对它提出的种种苛求。于是这个翻译工作者会无可奈何地叹一口气：为了它所使用 的归宿语（母语）并不是涂涂流水，却好比一条早春的冰河，开始坼裂了，底下有潜流，可还没有完全融解。

我们用“行云流水”、用“流畅”形容生动活泼的文字，而读来疙瘩时则嫌文字“凝滞”，可见我们向来在拿语言和水的形象做比较。但是由于从事文学翻译，而浮起早春的冰河的联想，这却是一种非常独特的“语言观”——只有那样一种类型的翻译者，由于要求过高，一片苦心地只希望尽可能贴紧原文的艺术形式，却又难免会感到力所不及，失望之余，才会产生幻觉，把语言看成了半融化、半凝固的冻水。

对于另一部分另有追求的翻译家，也就有另一种不同的“语言观”了。他们的视野所及，集中于美的译文和译文的艺术性。翻译理论家翁显良（还没有机会拜读到他的译品，姑且尊之为“理论家”）在他的论著中这么提出：“原著的艺术性越高，越要发挥汉语的优势。”为了译品的意足神完，“不在乎词句一一对应”，必须有打破原文表层结构的自由”，对于表层“先分析而后必摆脱”。摆脱表层进入深层，“意味着取得发挥译文优势的自由。”[1]

假如我没有理解错，那是说，我们使用的汉语包罗万象、笼盖一切；只要懂得怎样发挥汉语的优势，去“同化”原文（打破它的表层结构），让原文向汉语“归化”，一切都可以应付自如了。“发挥汉语的优势”的自信心理让我们体会到自我感觉十分良好的另一种“语言观”。

傅雷提出“舍形求神”，翁显良要求于译文的也是“意完神足”，二者近似，但并不完全等同。比起“摆脱”，“舍”多了一重感情色彩，是两难之间不得已的选择。应该承认，“舍形似而求神似”是经验之谈，是文学翻译过程中所需要掌握的一种变通。

“必摆脱”是一种更为旗帜鲜明的提法，这已说不上是一种选择，而是不二法门了。在这位翻译理论家的眼里，语言结构的表层和深层（形式和内容）的关系很有些像油之于水。譬如说吧，为取得所需要的蕴藏在地层深处的原油，必先抽去表层的地下水。按照“亦步亦趋”者的认识，则艺术形式和内容有着更为密切、肌肤相连的关系。

看来这就是问题所在了：怎样看待“形”和“神”的关系，怎样评价艺术形式的作用，对于翻译艺术流派的形成，对于翻译实践的追求，有着至关重要

[1] 见翁显良著《意态由来画不成》(1983)，第 15，21，29，67 页。

的意义。在翻译过程中不自觉地产生不同的“语言观”，同样来自对于艺术形式不同的认识。是尽可能地“跟原文走”呢，还是以我为主，“让原文跟我走”。两种不同的翻译心态表现为两种不同的“语言观”。

以我为主，让原文跟我走，发挥汉语优势，似乎名正言顺。但前贤曾留下这样一段告诫：“虽得大意，殊隔文体，有似嚼饭与人，非徒失味……”（鸠摩罗什）这“失味”一语很值得玩味，似乎和现代人所说的“失真”有一脉相通之处呢。

至于我，谈到翻译艺术，经典文学想得多些，跟着原文走想得多些，追求“原汁原味”的“真”的痴心重了些，不敢那么乐观地轻言“发挥汉语优势”，更不敢立下青出于蓝、译文胜于原文的雄心壮志；面对原著，想到的往往是投入一场胜败未卜的激烈的语言的搏斗，因此我宁可这样提出：原著的艺术性越高，越要尽可能地尊重它的艺术形式，越是要努力提高自己的语言修养，使汉语在自己的笔下呈现更灵活的适应性，更生动、更丰富的表现力。

我国古代章回小说逢到英雄亮相，美人漏脸，少不了先来一番赞词：“十八般武器，件件皆能”，“描龙绣凤，琴棋书画，无所不精”等等。也许这不过是溢美之词，然而文学翻译需要的正是这种全能型的翻译家。翻译家以他人的文心为文心，必须在原作后面紧跟不舍，他所要对付的语言，有时像回旋曲折的羊肠小道，有时像恍若不见天日的密林，有时像汹涌澎湃的大海。奔波颠扑其间、上天入地的译者，如果说也可怜，只有一副笔墨，怎么能应付得过来呢？他如果有志于文学翻译事业，随机应变是他必须掌握的本领，像孙悟空七十二变化似的，多姿多态地拿出一副副笔墨来。细细想来，在语言的运用上，翻译艺术渗透了随机应变的匠心和才能。这该是随时随地的、没有止境的学习，需要你努力一辈子。能够被称做一个翻译家，他几乎也可以称得上一个语言艺术家了。

谈到翻译艺术总离不开一个“美”，这里也不能不谈一下。老子云“美言不信，信言不美”；西方人士挖苦文学翻译则说是“漂亮的妻子不忠实，忠实的妻子不漂亮”。现代音响技术追求的是“真”；如果听不到高音部的清澈透明，中音部失去了丰满厚实，低音部不够雄浑深沉，那就是“失真”。同样地，翻译文学所追求的“真”并不和“美”对立，该是恰如其份的本色美，不是着意锦上添花，发挥汉语优势，把“她死了”包装成“香消玉残”，而妇女再嫁经过妙笔生花，成了人间罕见的景观：“梅开二度”，那未免自作多情了吧。也许不敷脂粉（或是薄施脂粉）就有一种“本色美”吧。

原载《中国比较文学》1996年6期

不存在“理想的范本”

——文学翻译工作者的思考

方平

“从属性”和“主体性”是文学翻译的一对对立统一的矛盾。先有原作，然后再有翻译作品，文学翻译有“从属性”这一面是不言而喻，大家都能看到的。

我们需要文学翻译，因为它是沟通中外文化的桥梁。正像我们今天读《红楼梦》丰富了我们对古代封建社会的感性认识；同样，我们阅读西方的文学作品，有助于我们更好地了解西方的昨天和今天。文学翻译负有促进东西方相互了解这一个使命。我们文学翻译工作者越是意识到这份义不容辞的使命，那么越是会认可：尽可能忠实于原作，力求反映原作的精神面貌，该是文学翻译应尽的本份。在这一意义上说，在原作面前保持谦逊，该是文学翻译工作者应有的美德。译文要忠实，译者要谦逊，这就是说，要尊重原作，都决定于文学翻译的从属性。

并不是大家都能认识到的是：从属性只是文学翻译的一个方面。如果过于夸大了，甚至只看到文学翻译的“从属性”，那么文学翻译将成了“依样画葫芦”的简单劳动。很多人，对文学翻译往往抱着这一种过于简单化的看法，因而导致了对于文学翻译的误解，甚至不公正的偏见。

实际上，在逐字逐句的移译过程中，一个译者始终来回于、周旋于亦步亦趋的“从属性”和此呼彼应的“主体性”；在这两极之间努力寻找译文和原文的最佳契合点，二者缺一不可。没有“从属性”，不成其为翻译；没有“主体性”，就不是文学翻译了。

前面强调的是“忠实”，能不能把“忠实于原文”理解得宽广些？——不限于原文的浅露在字面上的意义，还包括凝聚在字里行间的意韵、情趣、风格。一旦从字面的表层深入到字里行间，那么从这里开始，文学翻译进入了艺术境界——也就是说，从这里开始，文学翻译和一般技术性翻译（例如科技翻译）划出了一条明确的界线。

关注文学翻译的“主体性”，道理同样明显：文学翻译离不开它的艺术性。正因为文学翻译有主体性的一面，它才能和其他艺术一样成为一种创造性的精神劳动。诗歌翻译更离不开创造性的劳动了。不能期望只会依样画葫芦的译者能译出一首有艺术意境的好诗。正像受制约于原作的“从属性”，是文学翻译有别于一般艺术创作的特殊性，“主体性”就是它和其他的艺术创作相通的艺术共性；这也是它得以栖身于艺术之林的立足点。

把文学翻译引进艺术领域做一番比较是有启发性的，尤其和“二度创作”类型的艺术做比较更是这样。凡属于二度创作的艺术（音乐家的演奏、演员的表演等）可说都是由从属性和主体性这一对矛盾构成的。文学翻译和它们在艺术王国里自成一个群落，是左邻右舍。和文学翻译家最为贴近、对门而居的也许是音乐演奏家了。认识一下这位芳邻，以之作为自己的一面镜子，会有助于更好地了解自己。

从钢琴家指尖下流出来的一连串音符，都是在乐谱上规定了的，容不得半点差错，不容许有一个音符的错弹、走板、遗漏，必须做到一丝不苟。从这一个意义上说，钢琴家的从容自如的演奏，并不是随心所欲，而是受制约的，有很大的依附性。可是指尖下得心应手的轻重徐疾，抑扬顿挫，却自有钢琴家的独到的感受，倾注着他对于作品的理解和阐释。钢琴家扣击琴弦，不仅是经过长期训练的肌肉活动，而且也是沉浸在艺术境界里的心灵在歌唱。有不同的理解，不同的心灵的共鸣，就会有不同的阐释（interpretation）。一次出色的演奏，是作曲家的个性和演奏家的个性的完美结合。

按照接受美学的观点，一个作品只有潜在的审美价值，在读者的阅读、感受、体会、理解的过程中才体现出实际的审美价值。没有阅读，只有文本，写作使命还没有最后完成。诗歌期待着读者的吟咏、玩味。一代代的读者的心灵上的共鸣使优秀的古典诗歌获得了不朽的生命。

一部乐谱没有被打开放上琴架前，从接受美学角度说，只是一个“文本”，它期待着演奏家的参与，无声的音符于是体现为美妙的琴音；它同时又期待着听众的参与，琴弦和心弦于是产生了共鸣。作曲家自然有他的创作意图，但是在他的作品转化为可以被感受的音乐形象而传达给听众的过程中，原始的创作意图已经历了一系列浓淡深浅的阐释性的修饰和调节了。即使由作曲家本人来演奏自己的作品，恐怕也做不到两次演奏一丝不差地绝对等同。把主观的理想转换为可感知的客体，经历了一系列的体现过程，当创作激情不断往顶峰上升，受鼓舞的钢琴家会情不自禁地使他的演奏带有即兴的性质，而某种程度的偏离和变异就出现在演奏的最富于灵感和生气的瞬间。

音乐演奏只能是阐释——自然有好的阐释和曲解了的阐释之分——却绝对没有"复制"、依样画葫芦这回事，因为在具体的音响世界里（不是在抽象的理念世界里），不存在游离于演奏家的参与、听众的参与之外的纯客观的、原始形态的"理想的范本"。在音乐会节目单上，或是音乐评论中，有时不说音乐家演奏某某作品，而是"阐释"某某作品。这里的阐释，最好地点明了演奏就是一次积极的参与，演奏和阐释是互为表里的。

在艺术才能的充分展示上，文学翻译难以和音乐演奏同日而语；但二者确是存在着一种对应的关系，文学翻译不可能只是一种消极的、被动的语际交换，应该也是心灵的积极参与。诗歌的翻译自然更是如此，在一个优秀的译品里，诗人的个性和译者的个性达到了和谐的统一，是你中有我、我中有你的心灵共鸣的境界。

刘勰在《文心雕龙》的《知音》篇云："观文者披文以人情。"那么阅读原著，"披文以人情"，可说翻译家下了最到家的功夫，那真是字斟句酌、咀嚼玩味、朝夕相处，他决不敢一目十行地走马看花，而是唯恐细枝末节有半点疏漏。他说得上是一个最认真细心的好读者了；因此有理由期待他对于原作获得一种深入到字里行间的渗透力或是穿透力。

这样，先是"披文以人情"，然后通过翻译，载情以入文，给原作以独到的阐释。无视于翻译家在创作过程中这一系列的积极参与，那就难免把文学翻译的任务简单化了：只是语言在和语言打交道，只是用另一种语言试图原封不动地"复制"一个"理想化的范本"。

很可以引起我们深思的是，在本世纪中期的西方文艺批评领域里，曾经产生过热衷于"理想的范本"的追求。这一种"客观批评派"的理论，要求批评家在文本面前排除主观的感受，像透明体似的不掺进半点属于自己的杂质，把文学批评活动看作是一种被动的接受过程，把回归到作家的原始意图看作是文学批评所追求的终极目标。然而事物在不断发展，人们的思想意识在不断发展，文学批评同样在不断发展中；要求一个批评家完全跳出他的时代背景，中断了历史的进程，排除了自己的主体意识，去一劳永逸地"还原"（也就是"复制"）作者的原始意图，在很多情况下恐怕这会是一种不现实的追求。

古人有一句很朴素的经验之谈："诗无达诂"。且不说恨无人作郑笺的李商隐的律诗了，就说杜甫笔下很简单的两行名句："感时花溅泪，恨别鸟惊心"，也存在不同的理解：你可以理解为"感时（对）花溅泪，恨别（见）鸟伤心"。

山河破损，而草木无知，嫣然花开，却徒然勾引起伤心的回忆，使我对之而垂泪。身处乱世，家人天各一方，不知何年何月得以重逢，反不如高空飞鸟往返自如，我见之而惊心。但你也可以理解为这里说的是移情作用，所谓“以我观物，故物物皆着我之色彩”（王国维语），“感时”、“恨别”是我，“溅泪”、“惊心”，却是有情的“花”和“鸟”。

这两种不同的理解，究竟谁是谁非呢？恐怕只能倾向于某一种理解，而诗人当初下笔之际命意所在，已无从确认了。那么，无论对于文学评论或是对于文学翻译，所谓追求“理想的范本”，岂不是设立了一个难以达到的目标，或者实际上是一种脱离审美实践的奢求吗？

无须为不存在“理想的范本”而叹息，这其实是一件好事，正因为范本的不存在，才能促使艺术的生命永葆青春。“有一千个演员就有一千个哈姆莱特”说的就是这个道理。每个优秀的演员都有自己独到的见解，在哈姆莱特的形象中发掘出不同程度的可塑性。不可能为哈姆莱特制定一幅标准像，他的悲剧性格也无从一语道破；正因为这样，随着时代的不断进展，文艺思潮的更替变迁，哈姆莱特的舞台形象的塑造，也不会是一劳永逸，到此为止；这是说，不愁会陷于山穷水尽；因为总是柳暗花明，村外有村。

好些世界文学名著，在我国都有几种不同的中译本。设想在一个学术气氛浓厚的社会环境里，每一位文学翻译工作者都能以高度的责任感——对得起原作者，对得起读者，也对得起自已，奉献出他心血结晶的译品，那么一种文学名著拥有各有千秋的不同的中译本，可以互为补充地丰富人们对于原著的理解；文学翻译艺术，也因而呈现出百花竞放、欣欣向荣的景象。这是一件好事。事实上，我们也一向认为一部名著不妨有几种译本，只是没有充分意识到：不同译本可以并存的前提是：首先是文学翻译艺术所追求的并非艺术实践上并不存在的“理想的范本”。

然而古今中外对于文学翻译的误解、讥笑以至鄙薄，可说都来自这样一个假定：文学翻译必须原封不动地、用另一种语言去复制一个“理想的范本”。最是把文学翻译奚落得体无完肤的要算是那句名言了：“翻译者叛徒也”。说这话的人居高临下，仿佛冷眼看着伏在地上画供的阿Q，可怜巴巴地一心想画像他心目中的圆圈，而终于画歪了，只落得像翻译者一样，以可笑的失败告终。

“好译本的作用是消灭自己，它把我们向原作过渡，我们读了原作，马上掷开了译本。”这就是说，翻译家辛勤制造的只能看作是“代用品”。即使最好的文学译本也无非是接近于理想的范本，但终究做不到像玻璃那样地通体透明，终究还隔了一层；高明的读者自然要舍代用品而就原作了。这样，文学翻译不仅算不上一种艺术，简直是多此一举了——只落得"消灭自己"而已。

你可以指出一个译者有力不从心的地方："失误是人性"(To err is human—— Pope)，越是有责任感的译者，也许越是惴惴不安，唯恐一时疏忽，不应有的差错从他的笔下滑了出来，他究竟是个平常人，荷马也有打盹的时候呢。但是能不能给予文学翻译多一点宽容的理解呢？只要文学翻译工作者努力提高自身的文艺修养，认认真真做好他的本分工作，文学翻译可以成为、也应该是一种艺术，不仅局限于语际交换，而是通过阐释，也是种心灵的共鸣，是译者的个性和原作者的个性的和谐的结合；好译本自有它本身的价值，可以和原作同时并存。

这里有一个简明的例子，狄更斯的小说《马丁·瞿述伟》第4章有一段话形容一个没娶太太的花花公子："Who claimed to be young but had been younger."已故翻译家叶维之先生是这样译的：

自以为年轻，可到底还是从前比现在年轻。

不知别人怎么样，我自己是读了译文"可到底还是从前比现在年轻"才充分领会到原文"but had been younger"的讥讽和幽默的意味，不禁为之失笑。译者本人具有丰富的幽默感，再凭着他体贴入微的理解力，把原文中不动声色的俏皮劲儿曲尽其妙地传达出来了。我相信此外还有很多地方，这样优秀的译文，对于一般读者（即使他能读原文）更好地欣赏狄更斯式的幽默和风趣是有帮助的。

文学翻译本来就不容易，诗歌翻译所要跨越的困难尤其艰巨，但并不因之而无所作为；对文学翻译怀有偏见的人，往往利用诗歌翻译的艰巨性作为突破口，提出了不可译论；虽然振振有词（对于译者个人的才能而言，一些不可跨越的局部困难确是存在的），其实有些人的出发点无非是"依样画葫芦"，他们的挑剔、苛求，使人想起威尼斯法庭上的波希霞（莎翁笔下的女主人公），对于夏洛克的判决：你可以割一磅肉，但是——

不准流一滴血；割起来，不准多也不准少，
要刚好一磅肉。要是有一点轻，一点重，
哪怕相差只区区二十分之一丝——
不，就算天秤上高低一根汗毛儿，
就叫你死，你的财产，全充公。

这样不近情理的苛求也就是不可译论者手里的天平，他们的根据，用来束缚住文学翻译工作者的手脚。

“现代丛书”版《十日谈》(Frances Winwar 译,1955)“译者前言”说：“原文的一切尽在于这一译本中了，一点都没有掉落，也一点都没有添加原文所没有的含义。”我国翻译家前辈也曾接过德国最著名的莎剧翻译家希莱格尔（A. Schlegel，1767—1854）设想的翻译标准，作为向自己提出的努力目标：“不增加什么，不减少什么，不改变什么”。寥寥几句话，的确体现了一种一丝不苟的严肃的翻译态度；但是如果从翻译艺术的角度考虑；这不增不减不改动，意味着努力于实现一种严格的“复制”，不承认“变通”是文学翻译的一种必要的补充手段（其实希莱格尔本人并没有依样画葫芦地翻译莎剧，有许多创造性的变通），那么实践的效果就很难得到保证了。

讨论文学翻译（尤其是诗歌翻译），我认为这不时浮现在我们眼前的“理想的范本”这黑影是值得我们关注的一个论题。

文学翻译是复杂的精神劳动，有很大的难度；翻译外国文学史上有定评的经典名著，对于译者更是一个严峻的挑战。不过我认为，文学翻译工作者所要跨越的不仅是翻译道路上的崎岖曲折和重山深沟的障碍；他还必须面对自己的心理障碍。视文学翻译为低能、无能、不可能，对它冷讽热嘲，形成了一股由来已久的社会压力。因此不同于其他领域的姐妹艺术家，文学翻译家往往有一种无形的心理负担。

提出不存在“理想的范本”，是出于对文学翻译艺术的一种整体性的思考，为了探讨它的特殊个性，便于它在艺术领域里找到自己的位置：同时，也不妨说是有意识地为了心理上的自我疏导、自我保护而展开的一种并非无的放矢的辩论。

“不存在理想的范本”，提出这么一个挑战性的论点，是需要鼓起一些学术上的自信和勇气的。当然，这并不是说翻译工作不需要它的理想了；我更不希望自己因之而就忘乎所以，失去了对于原作应有的尊重，不再把“再创作”、“阐释”的过程视同蜜蜂酿蜜般的辛苦经营，而误以为文学翻译从此成了以我为主的自由发挥了——那真是可悲的自欺欺人。如果文学翻译丢开了以原作为主、接受原作制约的“从属性”，所谓“主体性”无非是夸夸其谈罢了。

原载《上海文化》1995 年第 5 期

许渊冲（1921—　　），江西南昌人。北京大学教授，翻译家。在国内外出版中、英、法文著译六十本，包括《诗经》、《楚辞》、《李白诗选》、《西厢记》、《红与黑》、《包法利夫人》、《追忆似水年华》等中外名著，是有史以来将中国历代诗词译成英、法韵文的唯一专家。1999 年被提名为诺贝尔文学奖候选人。

翻译中的几对矛盾

一、理解与表达

任何语言，都有形式与内容的统一或矛盾的问题。翻译涉及到两种语言的内容与形式的统一或矛盾，情况复杂，而主要是解决原文的内容和译文的形式之间的矛盾。如果译者用译文的形式正确表达了原文的内容，就算达到了目的。

几年前，有一个法国翻译工作者说过："翻译就是理解，并且让别人理解。"（Traduire，c' est comprendre et faire comprendre.）"让别人理解"就是"表达"，"理解"是通过原文的形式（词语）来理解原文的内容，"表达"是通过译文的形式来表达原文的内容，理解是表达的基础，不理解就不能正确表达；表达是理解的具体化、深刻化。因此，表达的结果（即译文）也是检验理解是否正确的一个标准。

正确理解原文，往往不容易。例如：

"John can be relied on: He eats no fish and plays the game."

如果理解为："约翰是可靠的。他不吃鱼，还玩游戏。"那就只理解了原文的形式，没有理解原文的内容。原来英国历史上宗教斗争激烈，旧教规定斋日（星期五）只许吃鱼，新教推翻了旧教政府后，新教徒拒绝在斋日吃鱼，表示忠于新教，而"不吃鱼"也就转而取得了"忠诚"的意思。"玩游戏"需要遵守游戏的规则，因此，"玩游戏"也转而取得了遵守规则"的意思。通过这两句英语的语言形式，了解了它所表达的思想内容，这样才算"理解"了原文。理解原文内容之后，如何用译文的语言形式来表达呢？这句话如果译成："他不吃鱼，还玩游戏。"那只表达了原文的形式，没有表达原文的内容。如果译成"他既忠诚，又守规矩。"那就透过原文的形式深入到内容了，深刻化了。如果译成"他忠实到斋日不吃鱼，凡事都循规蹈矩。"那就不但表达了原文的内容，而且更接近原文的形式（词语）。汉语是表意文字，而英语是拼音文字，二者表达力不一样。鲁迅在《汉文学史纲要》第一篇《自文字至文章》中说："诵习一字，当识形音义三：口诵耳闻其音，目察其形，心通其义；……意美以感心，一也；音美以感耳，二也；形美以感目，三也。"这就是说，汉语具有意美、音美、形美三大优点。在《关于翻译的通信》中，鲁迅又谈到汉语的两个缺点，大意是话不够用和语法的不精密。至于英语，也有意美、音美的优点，而形美的优点却比汉语少。一般说来，原文的意美可以传达，原文的音美、形美却很难表达。如：

"At last，*a candid candidate*！"

英语排成斜体的字声音相同，如果译成："到底找到了一个老实的候选人！"那就只传达了原文的意美，没有表达原文的音美。如果改成"忠厚的"或"脸皮不太厚的候选人"，那么，"厚"字和"候"字声音相同，多少传达了一点原文的音美；但要全部传达，那就很不容易，甚至不太可能。至于形美，英国人讽刺不可一世的拿破仑战败后关在厄尔巴岛上说：

"Able was I ere I saw Elba！"

这句英语无论从左看到右，或者从右看到左，字母的排列顺序都是一样的，这种形美，很不容易甚至是不可能翻译的。至于意美，那却可以模仿汉语"不见棺材不落泪"，把这句译成："不到厄岛我不倒。""岛"和"倒"同韵，"到"

和“倒”音似、形似，加上“不”字重复，可以说是用音美来译形美了。

汉语表达力不如英语的地方，是语法不如英语精密，语汇的词性不像英语那么分明，词形也不像英语那样可以变化，不能加个词缀就构成一个新词。因此在英译汉的时候，只好用加词、减词、分词、合词、正说、反说、分句、合句、置前、置后等等方法来表达英语的内容。如海明威（Hemingway）在《老人与海》（*The Old Man and the Sea*）中描写老渔民说：

“These scars were old.”

译为“那些疤痕年深月久”。[1] 就是用了“加词法”。一九六〇年前后的美国报纸登过一篇《忘恩负义的非洲》（*Ingratitude of Africa*），其中有一句：

“And dressing Empire in seductive colours and calling it Commonwealth cannot alter the facts.”

这句可以译成：“给帝国乔妆打扮，涂脂抹粉，美其名为联邦，也不能改变现实。”“乔妆打扮，涂脂抹粉”用的是“拆词法”，“美其名”是“加词法”。再如《第三帝国的兴亡》（*The Rise and Fall of the Third Reich* by W. Shirer）中张伯伦问及希特勒的态度：

“... whether the German memorandum was really his last word.”

译文：“德国的备忘录是不是果真绝无商量余地。”[2] 把肯定词译成否定词“绝无商量余地”用的是“反译法”。又如欧·亨利（O. Henry）在《麦琪的礼物》（*The Gift of the Magi*）中描写电铃说：

“ …and an electric button from which no mortal hand could coax a ring.”

译文是：“还有一个电钮，非得神仙下凡才能把铃按响。”[3] 否定词“ no mortal

[1] 见商务印书馆版《老人与海》（*The Old Man and the Sea*）英汉时照注释本。
[2] 《第三帝国的兴亡》，由董乐山等四人翻译，1974 年三联书店出版。
[3] 《麦琪的礼物》与《警察和赞美诗》译文见 1958 年文学出版社出版的文学小丛书第 36 种。

hand”（不是凡人的手）译成肯定的“神仙下凡”，用的是“正译法”。以上略举数例，说明英语和汉语表达形式的不同。

表达要防止两种偏向：一是望文生义，一是辞不达意。如把“rub one's hands”译成“摩拳擦掌”，就是望文生义或以辞害意。如把“parallel policy”译成“平行的政策”，就是辞不达意，不如改为“并行不悖的政策”。总之，翻译既要防止机械搬运的形式主义，也要反对想当然的自由主义。

二、忠实与通顺

翻译要反对形式主义和自由主义，这是从反面来讲的。从正面来讲，翻译的标准是什么呢？几十年前，严复提出过“信、达、雅”作为翻译的标准。用今天的话来说，“信”就是“忠实确切”，“达”就是“通顺达意”，“雅”就是“文字古雅”或“风格高雅”。鲁迅在《题未定草（二）》中说：“凡是翻译，必须兼顾着两面，一当然力求其易解，一则保存着原作的丰姿，……”“保存着原作的丰姿”可以说是“忠实”于原文，“力求其易解”可以说是“通顺”的译文。直至今日，“忠实”和“通顺”（即“信”与“达”）还是大家都同意的翻译标准。

忠实于原文的内容和忠实于原文的形式，有时是一致的，有时却有矛盾。如将 Disasters never come single 译成“祸不单行”，将 play with fire 译成“玩火”，都能在内容和形式上忠实于原文。如果忠实于原文的内容和忠实于原文的形式有矛盾，那译文就要忠实于原文的内容，不必拘泥于原文的形式。如 get the upper hand 硬译成“占上手”，倒不如译成“占上风”。

忠实于原文，译文最好要做到“三确”：正确，精确，明确。例如：欧·亨利在《警察和赞美诗》（*The Cop and the Anthem*）中描写美国社会说：

“Window-smashers do not remain there to parley with the law's minion.They take to their heels.”

这两句如果译成：“砸橱窗的人总是溜之大吉，不会逗留在那儿跟法律的宠儿打交道的。”“法律的宠儿”是什么人？译得不够明确。其实这里是指“警察”。如果译成“警察”，那又不够“精确”，没有表达原文藐视的口气；而译成“法律的走卒”，可以说是做到了“三确”。

忠实还应忠实于原文的文体风格，道理很明显，这里就不多说了。

下面谈谈翻译的第二个标准：“通顺”。通顺的译文形式要求做到“三用”：

通用，连用，惯用。这就是说，译文应该是全民族目前“通用”的语言，用词能和上下文“连用”，合乎汉语的”惯用”法。换句话说，“通用”是指译文词汇本身,“连用”是指词的搭配关系,“惯用”既指词汇本身，又指词的搭配关系。例如“法律的宠儿”就不是“通用”的词。美国“Labor Monthly”一九五三年登过一篇《杜勒斯何许人也》(*Who is This Dulles by Philip Bolsover*) 中有一句：

“Our policies are limited.”

如果译成:“我们的政策是有限的。”“有限的”这个形容词和“政策”这个名词就不好“连用”，应该改成“受到限制的”或“有局限性的”，才算符合“连用”的要求。至于“惯用”，就指一般习惯用语和成语等。例如“二话不说，单刀直人”、“蛛丝马迹”、“俯首听命”、“受宠若惊”、“寡不敌众”、“一言难尽”等等都是。

结论是：忠实于原文和通顺的译文，一般说来是一致的，因为原文是通顺的，所以译文也该通顺。如果“忠实”和“通顺”发生矛盾，那应该把忠实于原文内容放第一位，把通顺的译文形式放第二位，把忠实于原文的形式放第三位。

三、直译与意译

直译是把忠实于原文内容放在第一位，把忠实于原文形式放在第二位，把通顺的译文形式放在第三位的翻译方法。意译却是把忠实于原文的内容放在第一位，把通顺的译文形式放在第二位，而不拘泥于原文形式的翻译方法。无论直译，意译，都把忠实于原文的内容放第一位。如果不忠实于原文的内容，只忠实于原文的形式，那就不是直译，而是硬译。如鲁迅批评过的把“The Milky Way”(天河，银河) 译成“牛奶路”就是一例。如果不忠实于原文内容，只追求通顺的译文形式，那也不是意译，而是滥译。如把“rub one’s hands”译成“摩拳擦掌”就是一例。换句话说，硬译就是翻译中的形式主义；滥译就是翻译中的自由主义。

马克思曾批判过“逐字准确”的硬译说:“鲁阿先生原说要尽可能译得准确，甚至于要译得逐字准确。他老老实实地完成自己的任务。但正是他的老老实实和准确使我不得不大加删改，以便让读者更容易了解。”恩格斯也曾批

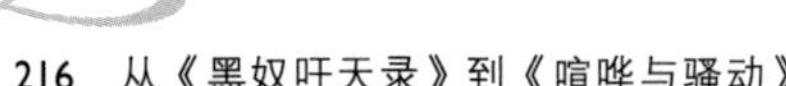

判过不忠实于原文内容的滥译说："一个作者为了漂亮地表达自己的思想往往不惜阉割原作的语言。"[1] 由此可见，形式主义的硬译和自由主义的滥译是翻译时要防止的两种偏向。

当译文的形式和原文的形式一致的时候，就无所谓直译、意译。如前面提到的"祸不单行"，"玩火"，既可以说是直译，也可以说是意译。

当译文的形式和原文的形式不一致的时候，就有直译或意译的问题，而且直译可以有程度不同的直译，意译也可以有程度不同的意译。如杰克·伦敦写失业工人 Jurgis 说：

"... he had about as much chance of getting a job as of being chosen mayor of Chicago." [2]

可以译成：

一、他找到工作的机会和当选芝加哥市长的机会同样差不多。
二、他要找到工作简直跟要当选芝加哥市长同样困难。
三、他找到工作的机会简直微乎其微。

以上三种译文，第一种直译的程度最大；第二种译文直译的程度减少，意译的程度增加；第三种译文更是程度不同的意译了。那么，到底应该直译还是意译呢？例如：

"Hitler was *armed to the teeth* when he launched the Second World War."

应该直译成："希特勒在发动第二次世界大战时是武装到了牙齿的"，还是意译成"全副武装的"呢？意译可能使人误以为那时希特勒本人真是全副武装了，直译却不会引起这种误解，还可以吸收新鲜用语，所以这句直译比意译好。也就是说，如果译文和原文相同的形式能表达相同的内容，一般可以直译。而《辜负春光》(*Betrayed Spring*) 中有一句：

---

[1] 《翻译的基础》(北京俄语学院 1958 年版) 第 12 页及第 18 页。
[2] 见 1964 年版许国璋编《英语》第 4 册。

"Didn't she swear she'd never again believe anything in trousers？"

这句可以直译成："她不是发誓从此以后再也不相信穿裤子的家伙吗？"后半句也可以意译为："再也不相信男子汉吗？"英语"穿裤子的家伙"指男子，但在汉语中却可男可女，因为我国现在男女都穿裤子。在这种情况下，意译比直译好。也就是说，如果译文和原文相同的形式不能表达和原文相同的内容，一般应该意译。这两个例子也说明了：这两句中只有排成斜体的一小部分既可直译，又可意译，而大部分却是无所谓直译或意译的。

毛主席在《反对党八股》中说："要从外国语言中吸收我们所需要的成分。……而且要吸收他们的新鲜用语。"而要吸收新鲜用语，就要直译。近几年看到报刊上有这类译文：说"通过埋葬以往的差别，实现民族团结"，不说"消灭差别"；说"石油之鳄"，不说"大亨"；说"人权问题上的争吵弄酸了苏美蜜月"，不说"破坏蜜月"。这些都是更富有感染力的新鲜用语。总之，如果外国语的表达形式比本国语更精确，更有力时，可以直译，吸收外国的新鲜用语。反之，如果本国语的表达形式比外国语的更精确、更有力时，则可以意译。如《第三帝国的兴亡》中说：

1. "Adam did not waste words."
（亚当二话不说，单刀直入。）

2. "There were several straws in the wind."
（不无蛛丝马迹可寻。）

3. "On October first, I shall have Czechoslovakia where I want her." (Hitler)
（希特勒语："到十月一日我就要捷克斯洛伐克乖乖地听我的话。"）

又如美国卡尔布（Kalb）兄弟著的《基辛格》[1]（*Kissinger*）中说：

4. "Kissinger felt the massive bombing would strengthen the

[1] 《基辛格》（*Kissinger*），由齐沛合译．1975年三联书店出版。

President's hand in China."

（基辛格觉得这场对越南的大规模的轰炸会使总统在中国时腰杆子硬一些。）

5. "Nixon was pleased by the distinction but not overwhelmed."

（尼克松对这种破格的礼遇感到高兴，但并没有受宠若惊。）

再如《名利场》[1]（Thackeray：*Vanity Fair*）中描述拿破仑在滑铁卢战败说：

6. "But they were overwhelmed at last."

（"可是到后来寡不敌众，直败下来。"）

第一、二例使用了我国的习惯用语："二话不说"，"单刀直入"，"蛛丝马迹"。第三、四例吸收了我国人民群众的口语："乖乖听话"，"腰杆子硬"。第五、六例中的同一个英语 overwhelmed 分别译成了"受宠若惊"和"寡不敌众，直败下来"。

无论直译、意译，都要符合"忠实"、"通顺"的标准。尤其是吸收新鲜用语（或者"创新"），更要考虑"三确"、"三用"的要求。

结论是：一、句子的大部分都无所谓直译或意译。二、译文和原文相同的形式能表达和原文相同的内容时，可以直译，如"wash one's hands"可以直译为"洗手"。三、原文的表达形式比译文精确、有力时，可以直译，但要符合"忠实"、"通顺"的标准。如"armed to the teeth"可以直译为"武装到牙齿"。四、译文和原文相同的形式不能表达和原文相同的内容时，一般则意译。如"wash one's hands of"一般不能译成"洗手不干"；可以译成"不再管"或"拒绝承担责任"。五、译文的表达形式比原文精确、有力时，可以意译，如前面讲的"fight it out"可以译成"打个分晓""见个高低""决一雌雄"，"打个你死我活"等等。

——原载《外国语教学》1978 年第 4 期

[1] 译文见人民文学出版社、杨必译《名利场》。

屠岸（1923—　　），江苏常州市人。早年就读于上海交通大学。曾任人民文学出版社总编辑，现为中国作家协会全委会名誉委员，中国诗歌学会副会长。著作有《萱荫阁诗抄》、《屠岸十四行诗》、《哑歌人的自白》（诗选）、《诗爱者的自白》（散文和散文诗）、《深秋有如初春——屠岸诗选》、《倾听人类灵魂的声音》（评论）等；译著有惠特曼诗集《鼓声》、《莎士比亚十四行诗集》、莎士比亚历史剧《约翰王》、莎士比亚叙事长诗《鲁克丽斯失贞记》（与屠笛合译），《济慈诗选》、《英国诗选》等。

谈莎士比亚《十四行诗集》的翻译

《当代文学翻译百家谈》一书的编者一再要我谈译诗的经验和体会，这是个难题，因为：一、我译作不多，说不上有什么经验好谈；二、我虽然从四十年代开始搞翻译，但是直到现在一直没有时间好好总结一下。编者又要求我谈谈翻译莎士比亚《十四行诗集》和翻译斯蒂文森《一个孩子的诗园》的经验，我谈不出什么经验，这里就只好不怕同《译后记》的内容重复，谈谈我翻译莎士比亚《十四行诗集》的一些有关情况吧。

我的这个译本在一九五〇年出初版，根据的原文是：夏洛蒂·斯托普斯女士（Charlotte C. Stopes）编注的本子（1904 年）；克雷格（W. J. Craig）编的牛津《莎士比亚全集》一卷本（1926 年）。这个译本以及以后各版在每首诗之后附有“译解”，是译者为帮助读者了解这些诗的内容而写的。译本在一九五五年再版前做了一次修订，根据的原文除上述两种本子外，加上了哈锐森（Harrison）编订的“企鹅”版（1949 年修订本，初版于 1938 年）。我对这个译本在六十年代初又做了一次较大的修订，根据的原文主要是：诺克斯·普勒（C. Knox Pooler）编注的“亚屯”版（1943年修订本），海德·柔林斯（Hyder Edward Rollins）编订的“新集注本”（1944年）。

莎士比亚十四行诗集的“第一四开本”（1609年），标点可疑之处较多，但其他错误很少，是现代各版所根据的标准本。“新集注本”的优点之一是重印了“第一四开本”的原文，又将后来各家版本的异文加以集注，这就给了译者以比较和取舍的方便。关于注释，“亚屯”版虽然没有特别的创见，但还比较翔实，是可以信托的。我根据这两个版本，对译文和“译解”进行了一次全面的检查，发现了不少译得不妥当和解得不妥当的地方。虽然已发现的不妥当处都改正了，但是肯定还会有未发现的不妥当处。除了文义上的修订外，还对译文的修辞和音韵方面做了改进的努力。修订本搞完后，大约在一九六四年初，交给了出版社，因一九六二年刚重印过一版，这时不宜立即再印（还要重新排字）。再，那时的气氛也越来越不宜于印这种外国资产阶级作家作品的译本了。不久，开始了“文化大革命”。翻译介绍这本“封资修黑货”成了我的“罪状”之一。直到粉碎“四人帮”之后，才从卞之琳同志家中取回他为我保存了十五年之久的《译后记》原稿（衷心感谢他！），又从上海译文出版社取回他们为我保存了十五年之久的译本修订稿（衷心感谢他们！）。我对译本和《译后记》又做了一次修订。上海译文出版社于一九八一年五月又重新排印出版了这个经过修订的新译本。

谈翻译莎士比亚《十四行诗集》，要先谈一下十四行诗。十四行诗是英文Sonnet的译名。Sonnet也称作Sonata，与音乐中的“奏鸣曲”同名。Sonnet的中文译名不止一种，有译作“十四行”或“十四行体诗”的，有译作“商籁体”或“商籁”的，有译作“短诗”的。“商籁体”似乎是意义双关的译法，但不一定恰当。“十四行体诗”这一译名也有缺点。这种诗体除行数有规定外，还有节奏和韵脚的规定，而这个译名从字面上看，只指出了这种诗体的一个特征。倒不如干脆音译好。但既然“十四行诗”这个译名已经流行，也就不必另起炉灶了。

十四行诗原是指中世纪流行在民间的抒情短诗，是为歌唱而作的一种诗歌的体裁。十三世纪意大利诗人雅科波·达·连蒂尼是第一个采用十四行诗形式并赋予它以严谨格律的文人作者。意大利诗人彼特拉克（Petrarch）是文艺复兴时期最著名的十四行诗作者。他用拉丁文写的十四行诗，由两个四行组和两个三行组构成（一个组亦可视作一个诗节），共十四行。其韵脚排列是这样的：

1221 2332 454 545[1]

意大利文艺复兴的影响遍及欧洲。十四行诗亦随之传入法、英、西班牙诸国，并适应各国语言的特点，产生了不同的变体。十四行诗大约在十七世纪传入德国。

十六世纪初叶，两位英国贵族萨瑞伯爵亨利·霍沃德（Henry Howard, Earl of Surrey）和托马斯·外阿特爵士（Sir ThomasWyatt）把这种诗体移植到了英国。他们略加变化，改为三个四行组和一个两行组。萨瑞伯爵所作十四行诗的韵脚排列有几种变化：

1212 3434 5656 77
1212 1212 1212 11
1212 1212 3232 44
1212 1212 1212 33

外阿特爵士喜欢用的格式是：

1212 1212 3433 44
1221 1221 3443 55

而诗的节奏是每行五个轻重格（即抑扬格）音步。其后英国十四行诗都是用的这种节奏，莎士比亚剧作中的“无韵诗体”也是这种节奏（只是不押脚韵而已）。现在举悉德尼爵士（Sir Philip Sidney）的一行诗作为标本，来说明什么是五个轻重格音步：

Aňd thāt | m̆y Mūse, | t̆o sōme | eăřs nōt | uňswēet,

这里，一格(用竖线分隔)为一音步，每一音步包括两个音节，前一个轻读(v)，后一个重读（-)，共十个音节。(这是公式。实际上，轻重读有变化。)

十四行诗体介绍到英国之后，逐渐风行起来。到十六世纪末，这种诗体已

[1] 数码相同表示押脚韵，即诗行的最后一个音节押韵。这里第一行与第四行押，第二行与第三行押，而第五行、第八行与第二行、第三行押的又是同一个脚韵，余类推。

成了英国诗坛上最流行的诗体。许多十四行诗人产生了：悉德尼爵士，丹尼尔（Daniel），康斯塔勃尔（Constable），洛其（Lodge），德瑞顿（Drayton），恰普门（Chapman），斯本色（Spenser），就是其中最著名的几个。斯本色的十四行诗的韵脚排列比较特殊，像连环扣，被称作“斯本色式”：

1212　2323　3434　55

紧接在这群诗人之后，莎士比亚作为十四行诗诗人像一颗耀眼的新星，出现在英国诗界的天空。莎士比亚十四行诗也是由三个四行组和一个两行组构成，其韵脚排列是这样的：

1212　3434　5656　77

与萨瑞伯爵的十四行诗韵脚排列方式之一种相同。后来这种格式被称作“莎士比亚”了。也被称为“英国式”或“伊丽莎白式”。

莎士比亚十四行诗集中的诗都是这种格式，除了三个例外：第九九首有十五行，从格式上说，第五行是多出来的；第一二六首只有十二行，是六对偶句[1]构成的；第一四五首，行数与韵脚排列不变，但每行只有四个轻重格音步，也就是说，每行少去两个音节。

到了密尔顿（Milton）笔下，十四行诗韵脚排列的格式回过去接近了彼特拉克，虽然变化仍多：

1221　1221　3434　34
1221　1221　3454　35
1221　1221　3453　45
1221　1221　3223　23

密尔顿的十四行诗最后两行不押韵，而是各与第三个四行组中相当的诗行押韵，这就是英国诗歌中的所谓“挽歌诗节”。

虽然十四行诗形式在英国广泛流行并不持久，但后来写十四行诗的仍不乏人。除了前面提到的密尔顿外，还有华兹华斯（Wordsworth），雪莱

[1] 一对偶句（couplet）就是一个两行组，这两行押脚韵。第一二六首的韵脚排列是 11 22 33 44 55 66。

(Shelley)，济慈（Keats）等诗人都写了十四行诗，其中不乏名篇。勃朗宁夫人(E. B. Browning）的《葡萄牙人的十四行诗集》更是著名的爱情诗。十四行诗体的生命一直延续到现代。现代欧洲诗人，例如英国的奥顿（Auden)，奥国的里尔克（Rilke)，法国的瓦雷里（Valéry)，都用彼特拉克式的变体写十四行诗。

在英国的十四行诗中，莎士比亚的十四行诗是一座高峰，莎士比亚以惊人的艺术表现力得心应手地运用了这种诗体。在短短的十四行中，表现了广阔的思想的天地。我在《译后记》里说过：这部诗集乍一看来，倒确会给人一个单调的感觉，因为莎士比亚在这些诗中老是翻来复去地重复着相同的主题——总是离不开时间、友谊或爱情、艺术（诗)。但是，如果你把它们仔细吟味，就会发觉，它们决不是千篇一律的东西。它们所包含的，除了强烈的感情外，还有深邃的思想，那思想，同莎士比亚剧作的思想一起，形成一股巨流，汇入了人文主义思潮汇集的海洋，同当时最进步的思想一起，形成了欧洲文艺复兴时期人文主义民主思想的最高水位。莎士比亚在这些诗里，通过对一系列事物的歌咏，表达了他的进步的人生观和艺术观，提出了他所主张的生活的最高标准：真、善，美，和这三者的结合。我在《译后记》里曾对莎士比亚的十四行诗谈过一些我自己的理解，那是很粗浅的，并且一定会有错误的，我所谈的也远远不能说明莎士比亚十四行诗全部深刻的思想内容。同时，我觉得，这些十四行诗的艺术是高超的：诗中语汇的丰富，语言的精炼，比喻的新鲜，时代感，结构的巧妙和波澜起伏，音调的铿锵悦耳，都是异常突出的。诗人尤其善于在最后两行中概括诗意，点明主题，因而这一对偶句往往成为全诗的警句。莎士比亚十四行诗不仅在英国的抒情诗宝库中，而且在世界的抒情诗宝库中，保持着崇高的地位。

我认为，既然是翻译，那么就应该尽可能把原作的诗形式呈现在读者面前。

原作有严谨的格律（行数、节奏、韵脚)，音乐性很强。要把原诗的节奏——以行（诗行）为单位的轻重格五音步完全用汉文来表达，是很困难的，因为两种语言的差别太大。英语单词发音的特点在轻读和重读；汉语单位发音特点在声调（四声)。两种不同的特点构成了各自诗歌的韵律的基础或出发点。既然特点不同，也就决定了这种节奏之互相“翻译”的几乎不可能。在经过一些探索并参考学习了一些前辈翻译家（如卞之琳同志）的翻译样本之后，我觉得可以肯定地说：轻重格（其他格如重轻格、轻轻格等等，也一样）是无法“译”的；但音步似乎可以用顿或音组来表达。(以前我曾用过“发音单位”的这个杜撰的名词，一个发间单位就是一顿或一个音组。）原诗每行五

个音步，译成中文就应该是一个音组，如：

我们要 | 美丽的 | 生命 | 不断 | 繁殖

我就是本着这样的原则进行翻译的。至于个别超过五个音组的诗行（如译本第一〇五首的第九、十、十三行，每行有六顿），则作破格（不是指运用纯熟之后突破程式，而是近乎犯规的意思。下同）论。但是破格也是有个限度，即不允许超过六顿。

根据汉语韵文的节奏要求，译文以二字一音组和三字一音组为合格，而一字一音组（一字音组在字义上有矛盾，下称一字顿）和四字一音组则为破格。在一般情况下，一字顿遇到上下文是二字音组时，即归上或归下而不独立为一音组。四字音组最末一字必为虚字，否则即自然地分为两个字音组。超过四字，必然分为两个音组。每行的字数不作硬性规定，但最多是十五，最少是十，而以十二或十三为最合适。在合格的情况下，必须避免清一色的二字音组和清一色的三字音组。（译本中个别诗行有五个三字音组的，如第八五首第十四行，则作破格论。）在不得已而破格的情况下，一行诗中至少只能有一个一字顿或一个四字音组。（至于译本中个别情况，如第一〇五首第九、十、十三行每行有连续三个一字顿“真、善、美”，则更是破格了。）最理想的是二字音组和三字音组交替出现，这又有两种情况，一是二字音组起头，各音组字数依次是二三二三二，如：

时间 | 就捣毁 | 自己 | 送出的 | 礼物

一种是三字音组起头，各音组字数依次是三二三二三，如：

他只用 | 一声 | 悲哀的 | 叫唤 | 来答复

这样的安排（特别是前一种），听上去似乎比较谐调，有一种既整齐又参差有致的效果。

不管一个音组有几个字，每个音组必有一字为重读，其他字为轻读。如果两个重读相并，往往是其中之一为次重读。（轻读和重读的位置不拘。如果规定位置，就会使翻译近乎不可能。这也是轻重格或其他任何格无法“译”的原因之一。）例如 [ˇ 轻读，– 重读，′ 次重读]：

ˊ ˇ ˉ　　ˊ ˉ ˇ　　ˉ ˊ　　ˇ ˉ　　ˉ ˊ
我们要 ｜ 美丽的 ｜ 生命 ｜ 不断 ｜ 繁殖（第一首）

ˉ ˇ ˇ　　ˉ ˇ　　ˊ ˉ　　ˊ ˉ　　ˇ ˇ ˉ
它就会 ｜ 显得 ｜ 更美 ｜ 更美 ｜ 多少倍！（第五四首）

这样，似乎也就勉强地把原作节奏的一个组成部分——音步传达出来了。但是效果究竟如何，以及这种分音组的句子在中文（汉语）里是否也能算作一种韵文，只能由读者去判断了。

再说韵脚。原作的韵脚排列有一定的格式，译文尽可能亦步亦趋。但原作不是一成不变的。译文有时也作些变通。这里把原作韵脚排列的普遍格式、原作第二九首的韵脚排列同译文第四九首的韵脚排列作一比较：

原作韵脚排列的普遍格式：
1212　3434　5656　77
原作第二九首的韵脚排列：
1212　3434　5252　66
译文第四九首的韵脚排列：
1212　3434　5252　33

原作第二九首第六韵与第二韵同；译文第四九首第六韵与第二韵同，第七韵与第三韵同。所谓变通，主要是指这个。这样的情况还有不少。而译文第五四首则更是一个特殊的例子，其韵脚排列是这样的：

1111　1111　2222　22

再谈谈协韵字的问题。莎士比亚选用协韵字并不十分严格，常常用“视韵”（sightrime）即看上去仿佛押韵（相应的元音字母、辅音字母相同）而实际上并不押韵（同一元音字母发音不同）的“韵”，如 love 与 prove（第一〇首第十行与第十二行），are 与 prepare 的第二音节 -pare（第一三首第一行与第三行），beloved 与 removed（第二五首第十三行与第十四行），minds 与 winds（第一一七首第五行与第七行）等；还有一些连“视韵”都算不上，看上去相应的字母并不整齐或相同而听起来更不押韵的“韵”，如 come 与 doom（第一四五首第五行与第七行），were 与 near（第一四〇首第五行与第七行)，die 与 dignity 的第三音节 -ty（第九四首第十行与第十二行）等等。这种变通的用韵法在英国诗歌传统中是被允许的，而莎士比亚在用韵上似乎更不拘泥，更自由洒脱一些。

我的译文在选用协韵字方面，标准也是宽的。所谓宽，有如下几个方面：(一) 加上介母而协韵。例如以 a、ia、ua（这里用汉语拼音字母，下同）为韵母的字协韵，以 an、ian、uan、üan 为韵母的字协韵等等。这原是古今通行的押法。(但，ie 、üe 固然协韵，e 同 ie、üe 却不协。)（二）以发 zi、ci、si 各音的字为一类，以发 zhi、chi、shi、ri 各音的字为另一类，同类字相押是严格的，两类相押就宽一些。但这两字相押也是古今通行的。(三) 不拘平仄而协韵这是“五四”以来的新诗所通行的押法。(四) 音同字不同，可以押。不过我所说的标准比较宽，主要是指：(五) 押大体相近的韵。关于大体相近的韵，我是这样理解的：甲，以 en、in、uen（un)、ün、eng、ing 为韵母的字均算作协韵字；乙，发 er 音的字可以同发 zi、ci、si、zhi、ni、shi、ri 各音的字押韵；丙，以 e 为韵母的字可以同以 o、uo 为韵母的字押韵。以 ou 为韵母的字可以同以 u 为韵母的字相押。但 i（非 zi—ri 各音中的 i）与 ü 不得押，ü 与 u 不得押，否则作犯规论。

我又给自己订了几条规则：一，凡轻声字（不就是轻读字，但后者包括前者)，即表达语气的“吗”、“吧”、“呢”、“么”、“了”（非“了不起”等中的“了”)，虚字“的”、“地”、“得”（非“目的”、“土地”、“得到”等词中的“的”、“地”、“得”)，人、物名称的附加字“子”（“果子”、“钩子”等中的“子”）等等，不得押韵。轻声字能在多字韵（两字的为阴韵，三字和三字以上的为复合韵）中作韵尾，而且最好是同一个字。例如，第一五三首译文中叠字的韵（阴韵）是“……熟了，”和“……入了”，“熟”和“入”相押，韵尾都是“了”字；第九〇首译文中的三字韵（复合韵）是“……恨我吧”和“……胜我吧”，“恨”，和“胜”相押，韵尾中都有“我吧”二字，而“吧”是轻声字。二，同一个字不得押韵，但可以在多字韵中作韵尾。例如第九十七首中的双字韵是“……冬天”和“……冻天”。儿化音的“儿”字不得押韵，但可以在儿化多字韵中作韵尾。对以上这些规则，我没有做到完全不违反的地步。

译文所用的语言，避免生硬的欧化语法，尽量用现代汉语普通话的口语（但也适当运用一些成语)。例如以“当”字开头的表示时间的从句，尽可能放在主句之前，不倒装；又要求以“的时候”，或“时”收尾，否则分不清同主句的界线，再者，把原文中表示时间的从句化为汉语的办法不止一种，“当……的时候”的句式也不宜多用。又如一句中连用三个以上“的”字或“地”字，尽量避免。生硬的欧化语法例子很多，这里只是略举一二。但有些欧化语法，如“既然”句、“尽管”句放在主句后面的倒装句法等，因为不算太生硬，还是用了。

我在《译后记》里讲过了：译诗是难事，译莎士比亚更谈何容易。要译文的文义不出错，不是易事，但更难的是传达原诗的风格，原诗的韵味。好诗有一种在字面上捉摸不到然而能够动人心魄的魔力。几个平淡无奇的字，在大手笔的安排下，“神通显威灵”般地攫取了读者的心灵。文艺科学应该能够准确地解释这种现象。但翻译却极难于传达这种艺术魅力，如果不是完全不可能的话。我虽然不主张诗根本不可能翻译，但对于有人之所以持这种见解，我能够理解。因此我对自己的译文是不存奢望的。我译的莎士比亚《十四行诗集》的任务仅仅是：使读者（尤其是青年读者）知道，在世界文学的宝库中，有一本叫作《莎士比亚十四行诗集》的书。至于这些诗篇的艺术力量究竟在哪里，只有等后来的译者来“发掘”了。到那时候，我的译本就“欣然消灭”。

喜爱济慈，认识济慈，翻译济慈

屠岸

我从青年时起爱上了英国文学，尤其是诗歌。在英国诗人中，我最爱莎士比亚、济慈（John Keats，1795—1821）。我爱济慈，与他的生平遭际有关。他二十二岁得肺病，我也在二十二岁得肺病。他二十五岁去世，我当时也自以为不久于人世，于是把他引为异国异代的冥中知己。济慈遭遇到贫困的煎熬，疾病的折磨，婚姻的无望，恋诗情绪的困扰，那样年轻就离开人世，但他始终没有陷入绝望，他不是悲观主义者，他的诗歌创作直到最后都体现出青春的光芒。这一切，使我对他一往情深。但，使我完全折服的，是他的诗本身。他的“诗龄”仅仅五年，却写出了那么些辉耀千秋的名篇，他所创造的不朽的诗美，使我的灵魂震撼，使我不由自主地、心悦诚服地，成了他的精神俘虏！在二十世纪四十年代，有一次，我在理发馆理发，脑子里却在思索济慈诗《希腊古瓮颂》，忽然领悟到一句 Pipe to the spirit ditties of no tone 的深刻涵意，兴奋得从椅子上跳起来，大呼：“好诗！”把为我理发的师傅惊得目瞪口呆。为此我得了一个外号：“尤里卡”。在史无前例的十年浩劫期间，尤其在五七干校劳动时，我感到异乎寻常的精神压抑和思想苦闷，便暗自背诵济慈的诗《夜莺颂》、《希腊古瓮颂》以求精神的解脱。这是文化荒漠中滋润心田的甘泉。是济慈的诗美成了我那时的精神支柱，使我获得了继续活下去的勇气。

喜爱济慈，不等于认识济慈。由于喜爱，必然要求进一步认识。我注意到对济慈的评价。一九〇七年鲁迅在《摩罗诗力说》中推崇“摩罗诗人”（摩罗即撒但，“摩罗诗人”指反抗旧社会旧秩序的诗人）之首“裴伦”（即拜伦），捎带提到济慈，说：“契支（即济慈）虽亦蒙摩罗诗人之名，而与裴伦别派，故不述于此。”一九八一年版的《鲁迅全集》对此有一条注：“济慈的作品具有民主主义精神，受到拜伦、雪莱的肯定和赞扬。但他有‘纯艺术’的、唯美主义的倾向，所以说与拜伦不属一派。”这个注，指出济慈“具有民主主义精神”，似乎解释了为什么济慈“蒙摩罗诗人之名”。又指出了鲁迅没有指出的济慈诗歌的“民主”意识；似乎是一个进步。因为长期以来，济慈被认为只是一位逃避政治的“纯艺术”的、唯美主义的(甚至是颓废主义的官能享受的)先驱诗人。扭转这一看法的，在我接触到的有限文献中，首先是苏联的阿尼克斯特，他在一九五三年出版的《英国文学史》中指出：济慈“对英国贵族资产阶级社会的丑恶本质的抗议，使济慈和拜伦、雪莱的革命浪漫主义颇为接近”。一九五七年，中国翻译家查良铮（穆旦）在他的《济慈诗选·译者序》中指出：“绝非如资产阶级批评家把他说成的那样——一个纯艺术形式的大师，一个‘为艺术而艺术’的典范和享乐主义颓废派的先导。这种说法，无异抹杀了济慈作品中深挚的社会热情，无视诗人对于自私自利的、窒息人的心灵的贵族资产阶级社会的抗议。”查良铮的观点，一直延伸到今天，依然没有过时。在济慈的本国，文学批评界对济慈的认识也有一个变化过程。济慈生前，一八一八年，受到英国保守派评论家的恶意批评，他们攻击济慈是政治上激进的所谓“伦敦佬派”，诗艺拙劣。济慈的朋友们起而为之辩护，认为济慈诗歌具有异乎寻常的幻美特质，诗艺卓绝，表明济慈写诗并没有政治目的，他是远离政治的纯艺术诗人。此后的评论家也都着眼于济慈的审美追求，从艺术分析进行论述。直到二十世纪七十年代末，这种批评才开始有了转向。许多批评家从政治、社会现实、意识形态方面分析济慈诗歌，深入探究济慈诗歌对社会和政治的关注，对人生、人类和世界的思考。在英国，直到今天，对济慈的评论的声音依然是：他的诗歌的价值在于政治上的进步性。

经过多年的阅读、默诵和体认，我个人感到，济慈的诗歌洋溢着很浓厚的民主精神，但这种民主精神并不仅仅表现在具体的政治事件的描述上，他的许多诗作，特别是后期作品，已经把政治意识和民主精神转化为更加宽广的人文精神的追求；这种追求与诗人的诗歌审美追求水乳交融地糅合在一起。这更使我领会到济慈诗歌艺术的高超，更增加了我对它的喜爱程度。

由于喜爱济慈，我情不自禁地着手翻译济慈；在二十世纪四十年代就开始了。我感到翻译济慈是一种愉悦，但后来中断了三十多年。八十年代，我重新提起译笔。九十年代初，任吉生同志（当时是人民文学出版社外国文学编辑室主任）邀我译《济慈诗选》，作为“人文”社“世界文学名著文库”的一种列入出版计划。我非常愉快地应允了，因为这本来是我早就想做的。但要真正有系统地翻译介绍济慈，仅凭喜爱不行，还必须凭认识。在下笔之前或同时，必须考虑译什么，定选目。选目的确定，依靠对济慈的认识。一本《济慈诗选》，应该包括济慈所有重要的作品，舍弃他的次要作品。我的考虑是这样的：首先，他的最重要的代表作，六首《颂》诗，必须全收。这六首诗是济慈塑造的诗美的高峰，也是他对丑恶社会现实的否定和对民主精神的崇奉在诗艺中的最高体现。如《夜莺颂》，就浸透了一种对现实社会深沉的反叛精神。又如《秋颂》，体现出对自然的向往、对崇高的审美情致的向往和对政治民主的向往的和谐统一，从而纯化为一种人文精神。同样的人文精神折射为对希腊古典文化宁静的沉淀的崇奉，反映在《希腊古瓮颂》中。这首颂诗中提炼出来的箴言"美即是真，真即是美"成为济慈美学的经典表述。其他几首颂诗，也各有其不朽的价值。因此，这六首《颂》，济慈诗歌的精萃，作为第一辑，列在书的卷首。其次，济慈的十四行诗，特别是早期所作，常常表现出他向往自由的精神和反压迫反暴虐的政治态度。其中有写于拿破仑战争结束、呼吁欧洲自由的《咏和平》；有歌唱民族解放、颂赞波兰民族解放运动领袖的《致柯斯丘什科》；有蔑视权势、抨击权贵、歌赞自由精神的《写于李·亨特先生出狱之曰》等。济慈一生写了 61 首十四行诗，其中绝大多数是艺术精品，这使济慈成为英国浪漫派诗人中两个十四行高手之一（另一个是华兹华斯）。我的译本把济慈的十四行诗 55 首列为第二辑。济慈写过不少抒情诗、爱情诗、歌谣等。他有一首四百多行的抒情长诗《睡与诗》，值得格外重视。济慈在诗中说到他在"花神和牧神之国"里已经凭幻想找到种种欢乐，而现在他"必须抛开这些，去追寻更崇高的生活，去发现人类心灵深处的痛苦和撞击"。这首诗倾注了济慈的理想——通过诗，达到更深层次的人类同情心和对自然奥秘和人生奥秘的更加热切的探索。有些诗作，如《冷酷的妖女》，通过以中世纪为背景的骑士故事，用歌谣形式，艺术地、曲折地反映、控诉了人生的苦难，是济慈诗歌中风格特异的精品之一。这类作品，集为第三辑。济慈写了三首长篇叙事诗：《伊萨贝拉》五百多行；《拉米亚》七百多行，最短的《圣亚尼节前夕》也有三百七十多行。三首诗都写得精彩绝伦，尤其是《圣亚尼节前夕》，这三首中的佼佼者，更是英国诗歌中爱情叙事诗的巅峰之作。此诗写中世纪一对倾心相爱的恋人冲破黑暗暴力的控制，奔向风雪呼号的自由之路的故事，美丽动人，达到诗艺精湛的最高境界。其中的政治则潜隐、渗透在戏剧性情节的发展和人物的行动之中。这三首叙事诗合为第四辑。济慈还有两首重磅的"拳头"作品，即以希腊神话故事为题材的四千多行长诗《恩弟米安》和八百多行长诗《海披里安》。《恩弟米安》受到论敌的恶意攻击，成为文学史上的一个事件：此诗作为历史见证，不能忽视。何况，它体现着诗人对理想女性的追寻和超凡脱俗的完美幸福的探求，是济慈诗歌中极富特色的一部力作。《海披里安》虽然是未完成的作品，却是济慈探索诗艺途程中一次意义重大的实验。其中老海神的话："美的就该是最有力量的，这是永恒的法则。"阐明了济慈对自己的美学原则的坚定信念。这两首长诗合为第五辑，成为全书的殿军。如此，整个译本共五辑，收入诗歌八十三篇（其中长诗六篇），共约一万二千行。

在九十年代初，我花了三年时间，译成《济慈诗选》，一九九七年由人民文学出版社出版。我的诗歌翻译原则是：神形兼备，即既要保持原作的"神"：风格、意境；也要尽量体现原作的"形"：体式、格律、音韵。我认为：诗歌的内容与形式是统一的，是互相依存又互相制约、不能割裂的，因此把原作转换为另一种语言时，只有传达两者，才能传达原貌；否则，就不符合翻译的根本原则：信（忠实）。在英诗汉译方面，我遵循"以顿代步、韵式依原诗"亦即卞之琳先生称之为"亦步亦趋"的原则，力求达到一丝不苟，尽可能完美的程度。这里的难处固然在传"形"，却更在于"兼"，即如何运用译入语达到"神形兼备"，在"形"中传出原作的风格和神韵。对原作不喜爱，不能译；对原作无认识，也不能译。有喜爱，有认识，而要译解，还缺少些东西。喜爱，是感性；认识，是理性。二者叠加，还要更上一层楼才行，那就是：感性→理性→悟性。悟性，就是心灵的契合，或曰神交。济慈的诗艺是精微与天然的奇妙结合。他的诗既精致而又无雕饰，稍不留心，便会被粗糙的译手碰碎。只有通过"悟性"去接近诗人的灵魂，译事才能成功。悟性，是译者与作者灵魂拥抱、精神合一的结果。译者要潜入作者的灵魂，以诗人的心态去深切体验作者的创作情绪和创作经验。这时候，真可以把济慈从创作中总结出来的"客体感受力"（negative capability）移用到译事中来：就是说，译者要处于"忘我"状态，全身心地沉浸到原创者的情绪和精神（客体）之中，把那些闪光的意象、灵动的音乐、明快或深沉的色调、深邃的内涵、隽永的意蕴、优美的梦幻般的境界，都化为译者自己神经的感知、自己的血肉、自己的呼吸和脉搏，然后进入翻译实践。否则，译出来的东西即使每句都没有字面上的错误，济慈的灵魂却跑掉了！我不能说，我的《济慈诗选》译本就都是这样实践的结果，但我的翻译确是如此努力实践的尝试过程。

二○○一年八月至十月，我乘着应邀赴英国诺丁汉大学讲学（讲题是《诗歌与诗歌翻译》）的机会，游历了英国、法国、意大利、西班牙。我的访问重点有：伦敦济慈故居、罗马济慈临终故居和济慈墓。在欧洲，我感到济慈在文学上的地位在不断提高。英国维多利亚朝大诗人丁尼生推崇济慈为英国十九世纪最杰出的诗人。二十世纪英国现代派大诗人艾略特也特别推崇济慈，认为他是接近现代风格的杰出诗人。余光中先生曾说："一百多年来，济慈的声誉

与日俱增，如今且远在浪漫派诸人之上。”在意大利，济慈的声望亦如日中天。我访问罗马济慈临终故居博物馆时，见到展柜里有一段代表馆方的文告式文字，题目叫《拜伦、雪莱和济慈在意大利的声望》，文中说：“前一个世纪拜伦在意大利享有极大的声誉；雪莱在意大利的声誉比拜伦略次，来得稍晚。……济慈当年既没有得到意大利爱国者的称赞，也没有得到诗人们的尊崇。但是今天，即便在意大利，济慈已被认为是上述三位诗人中之最伟大者。欧金尼奥·蒙塔雷（1896—1981，意大利诗人，现代意大利诗坛泰斗，1975 年诺贝尔文学奖得主）把济慈列入‘至高无上的’诗人之中。”济慈生前有过一个愿望：要自己进入诗歌史上“最伟大的人的行列”。这个愿望已经实现。我早年有过一个愿望：要为中国读者译介这位伟大诗人的作品，这个愿望也已初步实现。在伦敦，当我把我的《济慈诗选》译本郑重地赠给济慈故居管理处的工作人员时，一位女士热情地接受这本书，表示感谢，并说将把它妥善地保存在济慈故居书库中。我不无自豪地告诉她：这个《济慈诗选》中文译本刚刚获得中国第二届鲁迅文学奖文学翻译彩虹奖，不日即将颁奖（我访问伦敦济慈故居在 2001 年 9 月 18 日；第二届鲁迅文学奖颁奖典礼于同年 9 月 22 日在浙江绍兴鲁迅故乡举行；我让儿子代我去领奖）。那位女士眼睛一亮，说：我们将会珍视这个译本。当我告别济慈故居时，我想：我的译本虽然被收进了济慈故居书库，但这译本中肯定还有缺点、错误、不足；所以，今后会有更好的译本来替代。正如诗人绿原说的，文学名著的一种翻译好比是长途接力赛跑中的一段。那么，我这一段过后，必定会有下一位译家来接力。虽然我的译本是必朽的，但是，济慈是不朽的，翻译济慈的事业是不朽的。于是，我笑了。

杨静远（1923— ），笔名苑青，湖南长沙人。1945 年武汉大学外文系毕业，1948 年美国密歇根大学英语文学系硕士。历任武汉大学外文系讲师、人民出版社编辑、中国社科院外国文学研究所编辑、编审。译著有：《马克思传》、《马克思恩格斯传》共 4 本（合译），《哈丽特·塔布曼》、《勃朗特姐妹研究》、《夏洛蒂·勃朗特书信》、《勃朗特一家的故事》、《彼得·潘》、《杨柳风》、《英国名家童话选集》；著作有《炼人学校——五七干校生活一千日》、《写给恋人—— 1945—1948》（书信集），《咸宁干校一千天》（纪实文学）、《让庐日记— 1941—1945》；编有《飞回的孔雀——袁昌英》（漫忆女作家丛书之一）；纪实散文《让庐旧事——记女作家袁昌英、苏雪林、凌叔华》、《我的母亲袁昌英》、《淡雅坚韧的石南花——勃朗特姐妹家乡访问记》。1987 年获出版工作者协会荣誉证书。2004 年，获中国译协表彰的有突出贡献的翻译家，并被授予“资深翻译家”荣誉称号。

别具一格的“合译”

二〇〇五年春，正当我为相守相依六十年的老伴逝去悲痛欲绝时，收到昆仑出版社的信，约我为《一本书和一个世界》文集撰稿。当时我实在没有心情写东西，何况自愧没有出过够得上这个大题目的书。但电话中编者同志那热情恳切的话语，打动了我的心。她说，只要求写点与翻译书有关的小故事就行了，那就勉强写一篇吧，希望能符合编者的要求。

故事涉及两本译作：《勃朗特一家的故事》和《彼得·潘》。先说说《彼得·潘》。

少时，我是一个心智成熟得晚的孩子。当高小和初中的一些同龄人已在试着啃大部头的成人书籍，渐次走进大人的世界时，我却还捧着带插图的童话书，如《阿丽思漫游奇境记》、《走到镜子里》、《木偶奇遇记》、《稻草人》、《爱的教育》、《天方夜谭》、《格林童话》、《绿庐小孤女》等等，沉迷在儿童的幻想世界里。稍后，父亲为我买了全套的《福尔摩斯探案》、《人猿泰山》、《西游记》等“字书”，我的阅读能力和趣味才上了一个台阶。

在那些令我着迷的童话里，自然少不了一本梁实秋译叶公超校并作序的《潘彼得》。为什么我对这本书和赵元任译的《阿丽思漫游奇境记》情有独钟？我想，和我的生活环境有关。

十岁以前，我是家中唯一的孩子，独生女。父母忙于教学著述，听由我自由发展。我独自玩耍，把家中的桌椅翻倒来筑城堡，女主人自然是心爱的洋娃娃，我的小妹妹，我自言自语编故事，和她对话。在户外，我只和一个小我两岁的女孩玩。我们满山遍野疯跑，爬树，在藤萝枝上打秋千，钻到矮林里寻找小仙人、小矮人，在东湖游泳时盼望遇到小人鱼。就这样，游戏和阅读相互渗透，养成了我趋于幻想的习性。喜欢《彼得·潘》，大概就因为它异想天开的想象力和妙趣横生的幽默感，没有说教气，也没有王子公主等老一套的结局。想不到，这个勾起浑噩稚气趣味的童话书，到我成年后，竟像彼得飞进窗子那样闯进我的精神世界，成了我文字生涯中挥之不去的“一本书”。

思想步入成熟，是在读大学外文系以后。时值抗日战争后期，武汉大学西迁川西小城乐山。当华北华东各大学在颠沛流离中图书设备丧失殆尽时，武大的图书基本保存完好。一架架的图书深藏在文庙大成殿那幽暗的库房里，那是我心灵的天堂。我触摸到了世界名著的精华。尽管家屋毁于敌机轰炸，物质生活日益匮乏，却不缺少精神生活的丰足。我萌生了写作的欲望，为做准备，我逐日记长长的日记。

一九四三年我读二年级时，在六月七日的日记中写着：“借了一本渴望已久的Peter and Wendy(即Peter Pan)，一面看，一面笑个不住。Barrie真有趣，写得那么富于幽默，而幻想的离奇美丽令人入神。看过一些冗长严肃的小说后，也轻松轻松。”六月十日又记：“看完了Peter and Wendy，别是一种味……这个小小的美丽的童话是一个象征，Peter象征童心，gay and innocent and heartless,”最后的结局有一种slight melancholy，表示童年的逝去是不可免的，然而孩子继续不断存在着，不断与Peter为伍。当Peter责怪Wendy长大时，她说：‘I couldn’t help it,’这短短的几个字包含着多少辛酸，多少失去的甜蜜！从古至今，没有人不惋惜童年的逝去，但who can help it（谁又奈何得了）？我本不惋惜我的童年，因为我的童年并不如诗人心目中的那样富于诗意。我的童年是在无味的浑噩中过去的。本来一切都是实际，诗意的空想终是空想。但也许因为我的童年并不够天真，或是我现在尚未完全脱离天真，所以我不完全留恋它？不但如此，我感觉自己愈走向真诚的路。这种真诚是磨炼出来的，它的价值非天然生成的天真可比。虽然人们每每以为天然的胜过人为的，然而在这里，犹如勤苦的工作所得的积蓄与不费力得来的遗产之比。一切人都歌颂儿童的天真，我却以为成人的天真更可贵。"（摘自《让庐日记》）

这篇读后感，写过也就忘记了。四十年后我为三联版的《彼得·潘》写前言时，也没有想起。又过了十年，在我为出版《让庐日记》翻阅五十年前的老日记时，才发现当时的感受和现在竟有不谋而合之处。外文所一位老同志见我年逾花甲还有兴趣翻译童话，笑着称许我"童心未泯"。其实我并不是对任何童话都感兴趣，也许这只说明《彼得·潘》在我几十年的文学阅读和心态中占有的不同凡响的一席吧。

人一生所走的道路，常是身不由己，而要受制于客观环境的安排。我年轻时迷恋文学，希望委以终身，可没多久就遽然中断，一分手便是三十年，最后却又意外地回归，尽管已经暮迟。上大学时，在母亲袁昌英的影响和鼓励下，一心想写小说，当作家，并为此做过努力。翻译只是为练习英语，并没有当作追求的目标。不想多年后，写小说的痴梦成泡影，而翻译却成了我的正业之一，末了还意外地挤进译协资深翻译家的名单，实在惭愧！

一九四九年，我留美获硕士学位后，放弃了武大外文系的教职，和爱人一到到北京参加革命工作。结业后，被分配到政治出版社做我不感兴趣的社科类图书编辑工作，一干就是三十年，无缘接触文学，连文学思维和语言都丢光了。有几年，我被指定参加马克思恩格斯传记著作的三人翻译小组。尽管我对马克思主义学说素无研究，懂得很少，但作为政治任务，还是竭尽全力去做。我们主要依据俄文版翻译，为了参照原著，我在业余自学德文两年。这四本马恩传巨著，应该说是我做过翻译工作中的重头戏，但说实在并非出自我的心愿。

春回大地的十一届三中全会，终于结束了我与文学长期隔绝的状态，我调到中国社科院外国文学研究所任编辑。那年我已五十六岁。八年中，我经手编辑了"外国文学研究资料丛书"中的十几种。同时，为了追回失去的几十年，也争取时间做一点自己感兴趣的事。由于起步太晚，我选了一个较窄的题目——勃朗特姐妹研究。那些年真是没日没夜地苦干。八十年代每周还停电一二次，晚间我点上从干校带回的小煤油灯，就着昏光夜战。我读遍了能找到的有关勃氏的书，记录下半尺厚的一摞活页资料，编选和翻译了有关勃氏三姐妹的书三种：《勃朗特姐妹研究》文集、《夏洛蒂·勃朗特书信》、《勃朗特一家的故事》，发表了散论若干。我的努力，得到了国内勃氏研究界的承认。（令我不解的是，迟至今年年初，我一九八三年出版的《勃朗特姐妹研究》竟列入了国家图书馆借阅榜第五名。）原本打算自己写一本勃氏传记，已经写了十多万字的草稿，因无力为继而放弃。一九八四年，不幸落到了头上。访英归来后，本来已经很差的视力急剧下降，最后确诊为重度白内障。读写已不可能，更谈不上做翻译和研究了。不久我就离休在家，苦苦熬过了八年，直到九十年代初手术后复明。

三十年，我被拒于渴望的文学园地之外，好不容易才迈进一只脚，又无情地被推了出来。在我陷于绝境苦恼万分时，身边那个最亲爱的人向我伸出了救援的手。他先是为我朗读书报。每天晚饭后，一张窄窄的单人床，我躺这头，他躺那头，就着台灯为我选读当天的报刊，后来发展到读成本的书——那是我一天最快乐的时光，但仍满足不了我对工作的渴望。一天，他忽然对我说："我来帮助你搞翻译，好不好？"我一愣，他是学工科的，与文学翻译不搭边，怎么帮助我呢？不过，他少时就读北京名校四中，各科学业打下了较坚实的基础，又性好文史，也许试试无妨？我从读过的勃氏传记中选了一本篇幅适中文字平易的《勃朗特一家的故事》（英国名记者和传记作家玛格丽特·莱恩著）。靠着我数年的研究，并在勃氏故居考察过一段，勃氏家的故事我如数家珍。就这样，他念一句原文（有时念二三遍），我口授一句译文，他记在稿纸上。遇到难词，他把字典中所有的释意读一遍，我们从中选定一个。那时我们都还没有退休，合译只能利用晚间或周日，或休假旅游期间。在随团外出旅游时，我们带上原书、字典、稿纸，在火车上、宾馆或园林景点，总要抽时间译一两段。这在游客中是绝无仅有的情景。最难忘的是无锡的惠锡公园，还有二泉茶馆。湖光山色和心智劳作融为一体，相映成趣，文思源源而来，竟不觉时光流逝。回到北京，我们不时提着暖瓶和杯子，到离家不远的新开张的团结湖公园，坐在湖边的木椅上继续干活，叹惜那里没有开一家四川式的茶馆，可以让人逍遥地一坐半天。我的视力已下降到 1800 度，透过酒瓶底般的镜片眺望湖对岸，但见一片模糊，分不清哪是水，哪是岸，心中好苦；可耳边响着他琅琅的读书声，又觉生活中还不乏甜。从一九八五年秋始译，到一九八七年春，全书十五章二十三万字初稿完成。接着读校两遍。然后他用工整的字迹抄成定稿，我用硬币大小的字写前言。年底，在上海参加勃氏姐妹学术研讨会时，依约将稿子交给上海译文出版社，一九八九年出版。这是一本再普通不过的翻译书，不寻常之处就在译者的署名。实际上，书是我翻译的，但又不是我独自译的。若不是老伴那坚忍不拔的全力合作，这书不可能译出。所以，我坚持要署两人的名字。由于他为人向来低调不喜出头露面，于是便用了一个化名“顾耕”，意思是“只顾耕耘，不问收获”，来代替他的本名——严国柱（编者注：严国柱，北京市建筑工程研究院教授级高级工程师）。这就是“杨静远、顾耕译”的由来。

书虽出版了，但有一个遗憾。原文书是我在里兹大学参加勃氏年会时结识的一位美国教授送给我的，她得知我有意翻译，特地从纽约弄到一本带插图的精装本老书寄给我。我与责编方平先生商定，译本上也附上这些插图。不巧的是，在编校过程中，方平先生退休了，接手的编辑把插图全部删去了。现选了一幅插图附在本文中，以示原貌的一斑。

《勃朗特一家的故事》合译成功，鼓励了我们再接再厉译另一本书，那就是《彼得·潘》。一九八四年访英期间，我在伦敦一家旧书店偶遇这书的一九六四年精装本，就买了下来，只为重温儿时的乐趣，并没打算翻译，不想现在却派上了用场。比起前一本书，这书文字简易，也更有趣，因此进度较快。我没有译儿童文学的经验，遇到一些儿童用语，还得求救于孩子。从一九八七年秋动手，次年四月译完初稿，七月校毕抄毕并写好前言，交给沈昌文先生，收入三联的“文化生活译丛”，两年后出版。这期间正值我住院做一眼的白内障手术，没能读校样，留下了一些排印错误。尤其令我不安的是，由于自己的大意，在前言中留下两处不该有的错误。一是有关第一个中译本的出版年。开译前，我参阅过梁实秋译叶公超校并作序的《潘彼得》，那是上海新月出版社一九四〇年的版本，并未注明是重印，我误以为那就是初版。后经舒芜先生撰文质疑，才知道初版年代应是一九二九年。另一处更不可原谅的错误是把安徒生的国籍丹麦误写成瑞典（后来重印时做了挖改）。为了这些以及其他错误，我一直惴惴不安，曾两次请求出版社重印时进行挖改或勘误，但未果。而且，一本童书列入高雅的成人读物“文化生活译丛”，也有点不伦不类。二〇〇〇年，三联书店终于同意与我终止版权协议，改由浙江少儿出版社再版。我又乘机附加了一篇巴里写的《彼得·潘在肯辛顿公园》，这是别的版本所没有的。

一九九二年，我的另一眼做了白内障手术，视力基本恢复，可以独立读写了。在文美惠女士极力敦促下，译了另一本童话《杨柳风》，收入辽宁教育出版社“新世纪万有文库”，一九九七年出版。这是我翻译的最后一本也是感到最难的一本。我决定不再译书，只偶而应约译些短篇小说，写些短篇散文，主要是追忆往昔的人和事。我的工作重点转向整理和编写文史资料性质的作品，

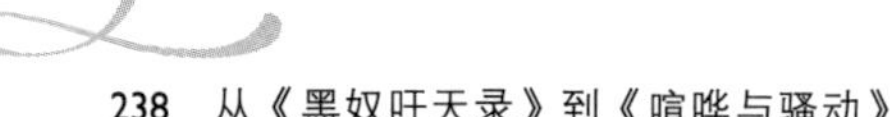

如纪实文学《咸宁干校一千天》、书信集《写给恋人 1945 ~ 1948》，以及编选母亲的回忆文集《飞回的孔雀——袁昌英》。

二〇〇四年岁尾，“彼得·潘”这个永不长大的快乐的孩子度过了他百周年的华诞。可我和老伴都经不住岁月的磨蚀而老病缠身。二〇〇五年初，老伴终于撒手离我而去。六十年的风雨同舟，六十年的苦乐与共，都化作虚空缥缈的一缕记忆青烟。只有这两本由他一句句念原文，一字字抄写译文的印刷品，还实实在在地存留在我手边，成为永不消失的纪念。

傅惟慈（1923—2014），生于哈尔滨。先后在清华、北大、德国波恩语言学习中心、德国慕尼黑大学、英国纽卡索大学任教。主要译著有：托马斯·曼的《布登勃洛克一家》，亨利希·曼的《臣仆》、格雷厄姆·格林的《问题的核心》、《权力与荣耀》，乔治·奥威尔的《动物农场》等作品。

我译的第一部英国小说《问题的核心》

文学翻译——从某种意义上讲——也是创作，至少是语言上的再创作。每一个译者都受个人的的文化素养和创作个性影响而形成了一套习惯性的表达手段。也就是这个译者都有自己的风格。在翻译实践中，最令译者困惑的问题是如何隐蔽自己的风格而尽量体现原作的风格。我用“隐蔽”一词是想说完全摒弃“自我”是不可能的。比较好的办法是选择翻译那些打动自己的作品，选择那些与自己情趣相投的作品来翻译。我翻译的第一部英国小说《问题的核心》正是这样。

“秃鹫扑扇着翅膀，飞过墨西哥一个尘土飞扬的小镇广场，沉重地落在瓦楞铁房顶上……布莱顿的灯火熄灭了，留下皇宫码头上栈桥的漆黑支架和桥下幽暗的流水……西贡的穿着黑裤子的满脸皱纹的老太婆蹲在便所外面台阶上面聊天……弗里敦[1]郊外的红土路在日落时变成粉红色，转眼就被夜色吞

[1] 非洲西海岸塞拉利昂的首都。

噬了。”[1] 这是英国当代文学大师格雷厄姆·格林（Graham Greene，1904—1991）创造的被文学评论家称之为“格林国土”（Greeneland）的一块奇异的土地。二十世纪六十年代初我偶然闯进这一奇妙的国度里，就一直在其中倘佯游荡，很难再走出来。

一九八一年有幸去伦敦会见了这位我景仰已久、时年七十八岁的作家格林。在同我谈话中他问我：“中国人喜欢不喜欢看描写‘异国情调’的作品？”当时我不能做出明确的回答。我只能告诉他我个人是喜欢蛮荒探险一类书籍的。是的，我迷恋于格林书中展示的异国风光——非洲原始雨林，拉美某个国家的小镇，土著人奇异的衣着、头饰和地处森林深处的一座麻疯病院……但是更加打动我的是这位作家用沉重笔墨展现给读者的精神世界——痛苦煎熬着的灵魂，善与恶、灵与肉的较量。在他眼中，邪恶在现实生活中常常过于强大。“恶在人间畅通无阻；而善却不能再在世间漫步。”这是格林自己承认的他的作品的基调。但是对一位一生写了近三十部小说、五本短篇集、七个剧本以及大量论文随笔的多产作家，主题不同，背景各异，且各个时期风格也变化不定；我们是无法用概括的言词给他的作品定调的。可以指出的是，格雷厄姆·格林在创作态度上始终站在弱小者一边，始终同情受压迫、受凌辱的社会下层人民，他主持正义，不能容忍专制、暴政和社会的不公正。虽然皈依了天主教，却不受教义约束；而且时常向教会挑战。

一九四八年，在同另外两位英国作家通讯中，格林承认，为了忠于自己的想象，常常陷入某种程度“不忠”于教会的境地。正是因为他要根据自己的良知，“根据自己的观察来反映真实”，他才得罪了罗马教廷，受到谴责。在美国麦卡锡主义猖獗的年代里，他还因为“左倾”思想被拒签入境。在一本涉及西班牙内战的小说中，他站在国际纵队一边；在以哈瓦纳为背景的书中，他反对巴蒂斯塔独裁专政，明显地对革命派表示同情。他写的几部“政治小说”也无一不流露出“左倾”思想。格林虽然从来没有宣扬社会主义，但却并不把宗教信仰看作济世良方。至于究竟是什么才能使世人免于邪恶之灾，什么才能拯救现代社会，消除压迫和不公正，这位智者并未给予读者明确回答。他只是把自己看到的写出来，叫读者自己思索，寻找出路。他所做的只是运用艺术手段叫人们看到人类社会众多无法容忍的丑恶现象，揭示人的内心世界，叫人了解自己正在迷宫中徘徊，惶惑无主。我想，正是他的作品的这种启迪作用才奠定了他在文学史中的地位吧！

[1] 引自大卫·洛奇（David Lodge）的《格雷厄姆·格林评传》。

但我只是一个疙疙瘩瘩的翻译匠，没有能力评论一个作家，特别是像格林这样一位世界观复杂的作家。我把自己喜爱的、受到感动的作品译出来，只是希望叫更多的人同我一样能在文坛的荒原上（特别是在二十多年前我国那一严峻时代）看到路边一丛丛绿草，驻足休憩，环顾一下四周，再继续赶路。在这篇文稿里：我要做的也只是简单说一说我如何发现“格林国土”，格林的一本书如何引起我的共鸣；叫我阅读以后，决心等待时机把它译成中文，与读者共享。叙述这件事还要从二十世纪六十年代说起。

自从我走上工作岗位以后（一九五〇年），因为不能全心全意投入本职工作（教学），更因为条件的方便（高等院校），时间略比一般人富余一些，就以一个小兵身份挤进了文学翻译的队伍。新中国成立初期，西方文学除了莎士比亚、狄更斯等少数经典作家外（这些大作家的作品早已为专家们介绍了），现当代文学是一个禁区。偶然有几本书要介绍，我也无缘插足。将近十年（从一九五四到“文革”前），我翻译的一直是德国文学和译成德文的东欧一些国家作品。“文革”前两年，我被调离原来的系级，准备到新成立的英文系教课，那正是“山雨欲来风满楼”的日子。不久我就为了一件莫须有的事，突然被打入另册，失去登讲台的资格。我被安排到资料室打杂，每天困守在一间屋子里，整理资料，分发报纸。将来会怎样，我不敢想。真是“瞻念前途，不寒而栗”。但就是在这个时期，我意外地找到了精神避难所，叫我度过一段难忍难挨的日子。我所在的学校从英国聘请来一位年轻外教，为教师进修英语。这位名叫威尔逊的英国人带来了上百本企鹅丛书，绝大部分都是英国现当代文学。这些书存在资料室由我登记上架，供教师借阅。当然了，我还要负责看看书中有什么“不妥”的内容。就这样，我一头钻进英国现当代文学里。芙吉妮亚·沃尔芙、E. M. 福斯特、多瑞斯·雷辛、约翰·韦恩、索黑塞特·毛姆……许许多多过去我只闻其名或者连名字也没听说过的文学家各自把他们的杰作呈献到我面前。什么意识流啊，荒诞派啊，黑色幽默啊……像一道道珍馐奇馔一一供我品尝。政治口号喊得调子越来越高，我的处境日益险恶，压力日益沉重，但在这些书中我却找到一小片宁静的天地，正像在大旋风里有一个平静的中心一样（这是格雷厄姆·格林使用的一个比喻）。是的，我就是在这样严峻的日子里邂逅了这位英国大作家，踏上他笔下光怪陆离的土地的。威尔逊带来的一批书里面格林作品大概有五六本，除了我日后翻译的《问题的核心》外，还有两本作者自称的“消闲作品”（Entertainment）；其中一本《一只出卖的枪》后来也由我译出，收在我主编的《外国现代惊险小说集》里。从表面上看，《问题的核心》只是一个情节并不复杂的爱情故事。二战期间，英帝国在非洲西海岸塞拉利昂首都弗里敦的警察署副专员斯考比是个正直虔诚的天主教徒。为了满足妻子的虚荣心，斯考比违心向一个叙利亚商人借贷了一笔款项，送妻子去南非度假。从此斯考比就落入这个奸商掌心，受尽威胁利诱，一步步走向坠落。斯考比对妻子的爱出于对她的怜悯。“怜悯像是他心头上一块溃疡，永远无法去掉。”同样是出于怜悯，在妻子去了南非以后，他对一个在海上沉船里漂流了四十天，从九死一生中逃出来的年轻女子产生了爱情，使自己更深地陷入无法摆脱的困境。“卑鄙、恶毒、势利”的环境气氛，对两个他同样怜悯着的妇女的不能推卸的责任，知道自己的仆人被人杀害却未加阻拦，沉重的犯罪感……最终把他逼上绝路，只能以自杀了结生命。按照天主教教义，自杀意味着甘愿进入地狱。读者尽可以不同意一个天主教作家为小说结局覆盖的这样一层宗教色彩，但却不能不为一个正直善良的人感到悲悯，对现实的严酷无情感到悲愤。在读这本书的时候，一九六六年开始暴发的一场暴风骤雨尚未正式袭来，在未经历那场战斗洗礼前，我是非常脆弱的。每日战战兢兢，总感觉头上悬着一把系在马鬃上的利剑。[1] 我的处境与生活自然同西非一名警察专员相差十万八千里，但我却做着同样恶梦。生活中到处是陷阱，不管你如何谨慎，迟早仍旧要跌进去。一个迷失前途的人阅读一个身处绝境的人的心路历程，他的感触多么深是不言而喻的。尽管他不同意那种解脱方式，他却体会到那人的痛苦和走投无路的感觉。

十年动乱终于过去了，当阳光又从阴云后边探出头来的时候，回顾在那段日子里自己的苦涩和灰暗心情，我不禁为我的怯懦感到羞愧。但是记忆却怎么也不能消失，正像伤口已经愈合，不再感到疼痛，但疤痕却永远留在皮肤上一样。把《问题的核心》一字一句译了出来，献给读者，除了对我自己是一个小小的纪念外，也还是怀着一个微小的希望。如果有人受到生活煎熬，他应该知道世上正在经受折磨的人决不止他一个。格雷厄姆·格林看到的阴暗面是否太多了？也许是的。（至少在他的一部分作品里如此。）然而在我们所处的社会里，危机还少吗？经济危机、社会危机、军事冲突、文化冲突、环境污染……且不谈道德和精神在这样一种危机四伏的形势下横遭亵渎和阉割。人类如果有一些更多的危机感，不安全感，大概总比沾沾自喜地活在“愚人的天堂”（fool’s paradise）里更明智些吧！

一九六八年，我所在的单位同全国其他院校一样；教职员工被一锅端到

[1] 希腊神话记载叙拉古王宴请自己宠臣达摩克利斯赴宴，在他的座位上用马鬃拴着一把剑，使他知道自己随时有生命之虞。

"五七干校"里去。由于我个人的特殊原因——革命领导既无真凭实据可以把我打成"反革命"，又不情愿把我解放，叫我回归人民队伍。结果是，一到乡下，我就受到半隔离状态。被指定到一支独立的小分队，去远离革命大本营几十里外的一个居民点的木工厂当木工，为修建干校营房制造门窗。我真感谢领导的这一决定，因为这个分队远离战斗大本营，听不到高音喇叭里日夜叫嚣的政治口号，先后两三位党员队长也都不是横眉立目的左派，一些木工同伴们都是原来院校的工人，干完活儿以后，钓鱼的钓鱼，打扑克的打扑克，没有谁对我另眼看待。和我同住一间小屋的工人师傅每天晚上都到几里外的家属院去同家人团聚。于是我一个人每天都能在不太明亮的灯光下偷食禁果。我再次把《问题的核心》打开，但这已是我第X遍翻读这本小说了。故事早已烂熟，我现在专心研读作者的语言。同我过去翻译的充满框架结构的沉重德语不同，格林的语言简练，精确，朴实无华却又很有分量。不少词句读起来像是一记记重锤敲打到心上。在平凡的叙述中流露出诙谐和机智。我惊异大师的文笔，也惊异他细致入微的心理剖析。这里不妨举一个例子：斯考比把妻子送上开往南非的轮船以后他的思想活动。"……现在，突然间，他真正感到了痛苦，宛如到了死亡关头。他好像是一个囚犯，在受害的时候总不相信自己犯了罪，一切都不过是个梦境，判刑也好，用卡车载赴刑场也好，都不是真实的。而突然间，他站到这里了，背后是一道没有门窗的大墙，一切都成为真实的了……"这不正是我自己的感受吗？从被贬资料室，长期遭人白眼，命运悬而未决，但总还怀着一线的希望，直到有一天高音喇叭宣布一串黑帮分子的名字。我也叨陪末座，被从办公室拉了出来，参加劳动队。"终于宣判了，"我心里想。虽然还不会立刻绑赴刑场，但过去的生活已经结束了。我想到另一处作者写的两句话：斯考比"望着她走出自己的昏暗的办公室，好像望着白白浪费掉的十五年生命。"我们有谁不曾有过这种思想：望着一件事物，突然想到自己白白浪费掉的——常常不止十五年的生命？

在木工班孤寂的宿舍里，再次阅读格林，我的注意力主要集中在他的语言文字上。已经当了十余年翻译匠，出于老习惯，常常不自觉地把作者的极具特色的表述方式尝试用汉语重现，思索、默念，甚至把只言片语写在一个练习本上。从干校回来，偶然读到英国文学专家王佐良先生的一篇论文——《论现代英语的简练》，其中多处引证了格林的比喻阐述现代英国文学的修辞手段。我发现这些摘引全都出自《问题的核心》一书，正是我在千校期间默默记读的。

《问题的核心》我于一九七九年译出，"四人帮"统治下的"邪恶横行"时代早已过去，外国文学翻译重又恢复了失去的光辉。外国文学出版社老翻译家

孙绳武先生支持我翻译这本书。他认为这是格林写的一系列探讨宗教问题的小说中一部有代表性的著作，反映了作者的创作思想和世界观，在艺术上有独到处。我的译文脱稿后，首先请他过目。因为这是我第一次翻译一本有分量的英文书，且由于作者独特风格，有不少地方我担心处理不当。孙绳武先生仔细审阅了部分译稿，勾画出值得商榷的语句，他的意见虽然是针对个别词语提出的，但却涉及直译与意译，忠实于原文与译文通达等翻译原则问题，使我受益良多。《问题的核心》于一九八〇年由外国文学出版社初版印行，一九九八年译林出版社取得版权，再版发行。

一九八六年我去英国执教；次年第二次会见了格林。当时我有一个“宏伟”计划，想在国内出一部二十卷《格林文集》，格林慨然应诺为文集作序，并提出他心目中的入选篇目。可惜这次我在国外滞留太久（1987—1988 年又赴德国任教），一九八八年年底回来，第二年春夏之交适逢国内一段不平静的日子。出版《选集》的事自然也被搁浅了。格雷厄姆·格林是在一九九一年四月去世的，我未能实践对他的诺言，至今感到歉疚。从一九九九年春天起，我又花了一年多时间，断断续续译完了格林另一本宗教小说《权力与荣耀》。这本书已由译林出版社编入他们的《格林文集》中，于二〇〇一年出书。这一年我已虚度七十八岁，屈指算来，正是一九八一年我初次会见格林这位大师的年纪[1]。为了欠他的情，为了还报这位国际知名作家对一个中国译者的热忱和允诺，就让我把《权力与荣耀》的中文译本献给他在天之灵吧！

---

[1] 本文作者撰写《会见了七十八岁的格雷厄姆·格林》一文，发表于《世界文学》1982 年第 3 期。

李野光（1924—　　），本名李光鉴，湖南涟源人。北京大学西方语言文学系毕业。曾任职于中央外事部门和外国文学研究机构，系中国作家协会会员。著作有新诗《风沙集》、诗词《怀土集》、《惠特曼评传》、《惠特曼研究》；翻译有《草叶集》、《英雄挽歌》（埃利蒂斯诗选）、《画眉鸟》（塞菲里斯诗选）及长篇小说《飘》、《林肯夫妇》（合译）等。2004年，获中国翻译协会表彰的突出贡献的翻译家，并被授予“资深翻译家”荣誉称号。

相逢狭路，别是情缘

——我与惠特曼和《草叶集》

一九八〇年八月初，我从外国文学研究所《世界文学》编辑部“因故”出走，可一时又别无去处，结果在所长冯至先生关怀下进了英美文学研究室。上班第二天，英美室负责人董衡巽找我商量，建议我研究惠特曼，我几乎不假思索便一口应承下来。不假思索，是因为没什么好思索的，因为我还从来没考虑过要研究什么，只是觉得既然惠特曼需要研究而又没人研究，狭路相逢，就这样吧。

研究惠特曼得先从他的作品《草叶集》入手。惠特曼与《草叶集》是那么呼吸与共，血肉相连，如他在诗集末尾《再见！》中招呼的：“伙伴哟，这不是书本，／谁接触它，就是接触一个人。”这个人当然即诗人自己。于是我开始读《草叶集》原文。

老实说，这是我头一次读惠特曼原作。上大学时念过朱光潜先生讲授的英诗，但其中没有惠特曼。甚至连楚图南的选译本，我也不曾认真通读过。不过一打开《草叶集》，虽然深感陌生，却另有一番惊喜，竟能一篇篇读下去，甚至愈来愈觉得比译文有味多了。最后我有了个明确的想法：在楚译《草叶集选》之外还有许多篇章值得介绍给中国读者，于是随手选译，并陆续投寄给几家刊物发表。那时任《诗刊》特约编辑的女诗人陈敬容，是热心鼓励我的。

毕竟搞起翻译来了。回首当年，那么不知天高地厚，曾一味强调自己所以读外文系，是要向西方作家学习写作艺术：除非到了五十岁以后，如果还一无所成，再考虑弄翻译去吧。没想到，如今真的走上了那条退路，即使还算“业余”也罢。

一九八一年冬，我向人民文学出版社建议再来一本惠特曼诗选。当时的出版社外国文学室主任绿原本是个惠特曼爱好者，他很快回信表示欢迎，但要求出全集，或在楚译基础上续成，或从头重译均可。对此我的第一个反应是：作为译诗新手，我难以承担从头重译的任务。况且楚老曾是我在对外文委的领导，选集新版校订者王岷源先生又是我北大的老师，我怎能把他们撇开呢？这样，我决定采取续译方式，与出版社达成了协议。

《草叶集》一书，按照纽约兰当社一九五〇年版本、即一八九二年经诗人最后审订过的《临终版》的编目，包括三辑“附编”在内，共计长短诗四百零一首，一万二千余行：其中楚老已选译四千余行，剩下的八千来行便是我的任务了。我译得还算顺利，到一九八二年秋天已完成大部分。就在那年十一月间，外国文学学会第三次扩大理事会在西安举行，我碰到绿原，谈起《草叶集》的事，他重申要出全集，临别时还连说：“complete，complete！”可见其期望之殷。于是，回到北京后，我设法从埃·哈罗威所编《惠特曼诗歌全集及散文书信选》中找到作者生前未收集的诗三十二首，作为新的附编，另加他的有关文论五篇，连同楚译编成了一部超“全”的《草叶集》，并于一九八三年秋天将译事完成。那时我的一篇评介惠特曼的文章《探索的遗踪，行吟的变调》，近三万字，已在《外国文学研究集刊》发表，我将其略加删削，改为《译本序》，于翌年春天一并送交出版社。一九八七年二月，我国第一部《草叶集》全译本在北京问世，这时距惠特曼首次进入中国已六十八年了。

现在让我们对历史略加回顾。那是一九一九年七月，五四运动爆发后不久，《少年中国》在上海诞生，它的创刊号即以大量篇幅发表田汉的纪念文章《平民诗人惠特曼的百年祭》，文中引用了《我自己之歌》等诗篇的一些片段，这便是惠特曼投向中国的一支嚆矢，也可以说是一次历史的奇遇。从此中国翻译家们便像长途跋涉般进行起接力赛来了。跑在队伍最前头的是郭沫若，他的译诗《从那滚滚大洋的群众里》给刊登在同年十二月三日的《时事新报·学灯》上，标志着《草叶集》正式进入中国。接着，在沈雁冰、鲁迅、闻一多等人的关怀和热心推介下，一片片一簇簇的"草叶"相继出现于《小说月报》、《莽原》、《文学》、《诗歌杂志》等刊物，到抗日战争时期已比较常见。那时的译者有不少是著名诗人，如徐志摩、徐迟、公木、袁水拍、荒芜、绿原、屠岸等。其中一位做出过特殊贡献的翻译家便是以"高寒"为笔名的楚图南，他于二十世纪二十年代初在吉林监狱中开始选译《草叶集》，至一九四四年编成第一个选本，以《大路之歌》为书名在重庆出版。五年后，他的《草叶集（选）》获得宋庆龄主持的中国福利会的经济支持，由上海晨光公司推出，胜利地结束了旧中国移译《草叶集》的历史阶段。在此以前，还先后出现过两种选译，即陈适怀的《囚牢中的歌者》和屠岸的《鼓声》(1948)，前者收短诗三十一首，但版本已残缺不全；后者包括《敲呀！敲呀！鼙鼓！》等五十二个篇章，以"青铜出版社"名义自费印行，影响也不大。

新中国成立初期，楚译《草叶集（选）》也像其他许多外国文学名著译本那样，不曾获得重印的机会。直到一九五五年，为响应世界和平理事会号召在北京举行《草叶集》出版百周年纪念大会，人民文学出版社才推出这个译本的新版，同时将书名更正为《草叶集选》。新版译文经过详细校订，质量有显著提高，那是钱锺书先生推荐王岷源教授操劳的结果。从那以后，经历了一次又一次的左倾沙漠化运动和"十年浩劫"，至八十年代初期，虽然惠特曼诗歌的零星译作又不断出现，但大多是楚译以外的篇什，这说明新版选集具有一定的权威性。然而，读者需要全面地欣赏惠特曼，出版社不能没有《草叶集》全译，于是北京的人民文学出版社和上海的译文出版社几乎同时抓住这一选题，并相继推出了自己的版本。

译文社版本系"外国文学名著丛书"之一，由赵萝蕤翻译。她动手很早，曾在《美国文学》和《外国文学》等刊物上陆续发表，但到一九八七年才将《我自己的歌》出单行本，再过四年全译本始在上海问世，这时我们总算拥有两部完整的《草叶集》译著了。一九九二年三月，惠特曼逝世百周年纪念活动在美国爱荷华隆重展开，我作为译者之一与当时已在美国的年青惠特曼学者黄桂友应邀参加，便将这两种译本分别赠送给了大会和美国朋友。应当说，与世界上许多国家相比，《草叶集》以全貌在中国出现已显得太晚了。不过朋友们颇能理解此中原因，仍对我们表示了热烈的祝贺。

关于翻译《草叶集》的心得和经验，我觉得没多少值得说的。惠特曼是世界上有史以来最彻底的诗体革新家，他全面否定了以音节、重音和脚韵为基本要素的诗歌格律，而代之以一种崭新的艺术形式，即所谓惠特曼式的自由诗体。对于这种诗体的特征，美国文艺批评家F．O．马西森做了三个比拟，即讲演、歌剧和海洋。“讲演”是指一种“随着说话人的呼吸节奏向前运动”的语调；“歌剧”是指那种内在的音乐性，从“渐强”到“极强”到“渐弱”的音响旋律；“海洋”则是一种永不停息的流动，如那“不停地起伏着，翻滚着，沙沙地，丝丝地，有时像低沉的鼓声那样轰响着向海岸涌来”的波涛。这种诗的翻译，看来并不怎么困难，但也谈何容易！特别是那内在的音乐性，理论家们称之为“有机韵律”的东西，是颇费琢磨的。这一点，读者也许并不觉得，但译者可深有体会，而且往往费力不讨好，就甭说了。

惠特曼写诗只在一个节段或一首诗的末了使用句号，这意味着那个节段或那首诗就算是一个整句。如果你不首先在语法结构上弄清楚，就很难真正读懂，也就谈不上忠实地翻译。有的名家译作曾引起读者质疑，恐怕问题就出在这里。当然，更难对付的是诗中那些带有神秘主义色彩的词语和流动飘忽的艺术思维。前者系诗人深受印度哲学影响的结果，无疑加重了诗句含义的奥秘感；后者则来源于他的诗学主张，即注重含蓄、间隔、迂回的“暗示”手法，它让诗人“灵魂”携带着他的想象，“犹如一只啁啾的小鸟从一物到另一物，从一地到另一地，”以神奇的速度飞掠着。这些，使译者既艰于揣度又不胜追踪，有时相当狼狈。

前面说过，我只在大学时代念过不多的英国诗歌，实际上我平常读的翻译诗也很少，因为我觉得经过翻译，诗的确不怎么好读了。尤其是用所谓新格律体译的外国格律诗，读起来实在不太惬意。说句不客气的话，与一些师友们精心经营的译作比较起来，我还宁愿读朱生豪译的莎士比亚剧本，这不是青少年时代先入为主的印象在起作用，而是汉语的特殊性所决定的。不过，对于译诗，也像译散文那样，我仍主张“直译”和“信、达、雅”的原则。因此，尽管没多少翻译格律诗的经验，我还是相信自己译惠特曼较为合适。译起来好像还能得心应手，只不过对其内在韵律费了较多心血，办法是反复默诵，甚至采用平仄交错调动词语，务期获致某种抑扬顿挫的乐感。此外，为了将那些颇嫌散漫的诗行略加约束，还不惜违背作者初衷，在行末押上了隐约的韵脚。这些用心可能没什么显著效果，只说明译者的主观愿望而已。

翻译过程中，有时遇到疑难，我曾向赵萝蕤教授请教，但她每次都回答说：“我还没译到那儿呢！”这样便只好尽其在我了。的确，直至译本出版以后，有的问题我还是心中没底，不断嘀咕。例如《亚当的子孙》最后那首五行短诗中，由于理解不够确切而产生的一处误译，是到一九八九年五月在一次诗歌翻译研讨会上与屠岸同志交换意见才得以纠正的。还有一处长期存疑，一九九二年我给带到了美国爱荷华大学，在“惠特曼与世界”座谈会上提出，经专家们首肯才落实了。至于文字润饰，随着各种选本约稿的机会，曾不断进行过。而且，为了统一风格和某种方便，我陆续将那些已有楚译的篇什也重新译了出来。本来，《草叶集》合译本出版后，曾有人指出两部分的译笔不怎么协调，我自己也渐渐有此感觉。因此到二〇〇二年合译本出版合同期满时，我征得人民文学出版社同意由北京燕山出版社另出李译本，原合译仍归人民文学社继续印行。这便有了一种新的《草叶集》译本，犹如一九九八年台湾光复书局出的《草叶集》繁体字版系楚李合译，而二〇〇六年台湾爱诗社出的三卷本《惠特曼诗选》则全属李译了。我觉得有多种译本供读者鉴赏也好。这方面北大刘树森教授特别重视，他将大陆和台湾已有的六种《草叶集》中译本（包括选译）作了比较，点评分析了其中的参差得失，这对今后提高译文质量将大有裨益。

话又说回来，翻译《草叶集》毕竟只是我研究惠特曼的一项基础工程，实际上这两个方面是齐头并进，以致《草叶集》译本问世一年后我的《惠特曼评传》也出书了。就中国介绍研究惠特曼的历史而言，这可能是一种突破，而对我个人则犹不止此。因为这不仅一定程度地改变和充实了我后半生“事业”上的取向和追求，而且在思想领域给了我一个扩展和深入的机会。经过长期的接触和交流，我总算结识了惠特曼，对他有了多方面的认知和理解。这时，与其说我爱上了他的诗，毋宁说我在追踪他的思路、敬重他的为人了。我从他那里受到的最大启发，是对于人的尊严的认识。那就是说，人必须有独立的精神和自由的思想。“我歌唱一个人的自身，一个单一的个别的人”；“我赞美我自己，歌唱我自己”。一位这样高唱着的诗人，你说，对于二十世纪晚期有如大梦初醒的中国知识分子，能意味着什么呢？至于惠特曼生平，从他那奋发向上的青少年时代到惊世骇俗备受非难的创作生涯，从南北战争时期的“裹伤者”到贫病交困中那个“不屈而虔诚的生命”，直到那清明宁静的晚年，我同情他，尊敬他。尤其他作为一个崇高理想的终生追求者，当他经过长期“漫游”仍感到茫然若失时，如他在《从加利福尼亚海岸，面向西方》中所慨叹的，那孤高落寞的情怀怎不发人深思，令人震动！

一九九六年十月一个细雨初晴的假日上午，我在纽约专程拜访了长岛惠特曼故居。那是个三层小宅，像中国南方的“半边楼”，陈旧而稍显逼仄。不过宅子左前方百十米外一幢新的建筑快要落成，它将作为故居的陈列室和会议厅，可以更好地接待访客了。访问感受很深，我当晚即写了两首律诗，其一如下；

万里云天一片心，初晴带雨此登临。阶前蹬蹀怜幽草，壁上依稀认旧痕。
留与小书分寂寞，愧无只眼对轮圈。况今鸥蛋年年少，孰与先生到海滨？

总的说来，过去二十余年我断断续续地介绍研究惠特曼，但没有什么值得自慰的成就，只不过尽了个人的一份力量而已。二〇〇一年我在《惠特曼研究·后记》中说我“不会轻易向惠特曼告别”，但时过五年，人又老了不少，尤其经历了最近几个月的丧女之痛，我觉得现在该是告别的时候了。所以在上次再三推辞之后，这次我终于接受编辑同志的固请写下了这篇东西。相逢狭路，别是情缘。我想，关于我与惠特曼和他的《草叶集》之间，可以这样说吧。

董乐山（1924—1999），浙江宁波人。1937 抗战爆发后到上海上学，1946 年毕业于上海圣约翰大学英国文学系。四十年代初即从事文艺活动，曾用田禾笔名写诗，用麦耶笔名写剧评。抗战胜利后从事新闻工作。全国解放后到北京新华社工作，历任新华社外文部翻译，国际部翻译组长，参编部业务秘书，外训班英语教员。1964 年起随新华社外训班进入北京第二外语学院。1980 年为中国社会科学院新闻研究所培养世界新闻专业研究生。1981 年到中国社会科学院美国研究所担任研究员，并兼任中国社会科学院研究生院美国研究系主任。主要译作有非小说类:《西行漫记》、《我热爱中国》、《第三帝国的兴亡》（与人合译，负责全书审订润饰）、《马克思与世界文学》（与人合译）；小说类:《一九八四年》、《锅匠、裁缝、兵士、间谍》、《鬼作家》等。

与初学翻译者谈翻译

关键在于理解

初学翻译的同志常常要求谈谈翻译的理论和技巧问题。当然，翻译的理论和技巧是重要的，但是在翻译的实践中，关键的问题，还是在于对原文的理解。只有在透彻理解原文的基础上，才谈得上翻译的技巧，也就是说翻译技巧的运用自如，取决于对原文的理解正确无误。

就以“一词多译”这一翻译原则和技巧而言，它在运用时的基础就是要对某一词的透彻理解，而不是随便“多译”，否则，就成了无根据的乱译了。以国际政治中最常见的 intervene（intervention）一词为例，一般英汉词典上所给的解释大体不出“1. 干涉；2. 介入；3. 调停”这三个字，但是究竟在什么场合下用“干涉”，什么场合下用“调停”，以及为什么会用这两个表面看来含义似乎矛盾的译法，则都没有说明。其实上述两个解释都源出该词的第二个解释“介入”（come between ）这一基本含义，即“插在中间”的意思。用在不该“插在中间”的场合，就是“干涉”：History of Latin-America is a history of US military *interventions*. 用在欢迎“插在中间”的场合，就是“调停”：We hope the Secretary General would use his good office and *intervene* in the dispute. 不仅有空间上的“插在中间”，也有时间上的“插在中间”：I have been trying during the intervening moments since the Soviet representative proposed a Russian poem in your honour to translate it into English in such a manner that it might rhyme. 那就不是“干涉”“调停”了，所谓“插在中间的几分钟”，就是“刚才这几分钟”，也就是“俄国代表向您献诗后的几分钟里”。

由于对这个词的基本含义有了透彻的理解，在遇到具体场合时，就可以大胆创新。比如：Please permit me，Mr. President，to reserve the right to *intervene* again should I deem it essential to do so. 这里既不是“干涉”，也不是“调停”，而是在别人发言之间的“介入”，因此尽管辞典中没有做“插言”解，也完全可以大胆地这么译，这样的例子是不少的：In this brief *intervention*，I wish to make a comment upon this general question of the presence of mercenaries in Africa. I explained in many of my *interventions* how it came to happen.

以上这个“一词多译”的例子，充分说明翻译的技巧取决于对原文的理解。（在这里要附带说一句的是，为求透彻的理解，原文辞典要比任何英汉辞典都有用。）

为了进一步说明这个问题，不妨再以 community 一词为例。这个词的基本含义，根据《韦氏新世界辞典》的简明解释是：

1. a group of people living together as a smaller social unit within a larger one, and having interests，work，etc. in common ;
2. a group of nations loosely or closely associated because of common tradition or for political or economic advantage.

简单地来说，这是 a group of people 和 a group of nations 用在后者这

一概念，有 the international community 译为“国际社会”，the Atlantic Community 译为“大西洋集团”，the European Community 译为“欧洲共同体”等各种不同的译法。其实，后一译法并不理想。原文头一字母用的是大写，因此是一个组织，而这个组织又不是一个正式的国家或联邦的政体，而只是作为向这种国家和联邦政体（即所谓 the United States of Europe）过渡的一种松散的组织，犹如 the British Commonwealth 中的 Commonwealth。如译成“联邦”则政治关系就太紧密了，与实际情况不符；但如译为“集团”，中文又带贬意，用在“大西洋集团”，由于当初历史渊源勉强可以，用在“欧洲集团”，意义有点费解。反之如译为“社会”，则又太泛泛，而且“欧洲社会”一词在中文中易与一般的 society 概念相混。所以在不得已的情况下，这个词当初才生硬地译为“共同体”的，如今流传已久，也不觉其生硬了，反而还被一般读者作为一种国际关系中的名词来接受下来。

但是这个词除了上述三种译法以外，还可以有许多其他译法。有的仍是上述 a group of nations 的概念，但译法可以不同。如：The crossroad to which the obstinacy of Pretoria has brought the UN makes more assistance from the socialist *community* necessary. 说话的是联合国一位非洲国家的代表，从其倾向性来说，这里不妨译为“社会主义大家庭”。如译“社会主义集团”当然也可以，但带贬意，有违发言者原意；如译“社会主义社会”，则又与一般社会概念相混；如译“社会主义共同体”则又不若“欧洲共同体”那样是个正式组织名称。

至于这个词用在 a group of people 的概念，上述各种译法都不适用了。如：There has been，there will always be，a sizable Palestine Arab *community* in Israel. 这里就是阿拉伯族居民的意思。用在这个概念上，有人曾译“社区”。这种译法不说生硬，也是令人费解的。它给人的一种误解，以为这批人是集中居住在一个特定的地区的，其实未必尽然，这些人可能是聚居，也可能是散居。这个词在这个场合上更多的是指共同的民族性，而不是共同的居住地。所以不如干脆译为“某族居民”为好。如下例：Such heavy weapons were used in each case of Greek Cypriot assault against Turkish *community*. 这里译“土耳其族居民”就比“土耳其族社区”为好。尤其是下面一例中，“两族居民及其领袖”较之“两族社区及其领袖”更加明白：The resolution calls upon “the communities in Cyprus and their leaders to act with the utmost restrain.”

但是也并不是在所有 a group of people 有概念上这个词都可以译为“居

民”的，例如：Members of the academic *community* have often been quick to find fault with the police. 这里指的就是“学术界”了。还有“外交界”的，如 the diplomatic *community*；甚至“谍报界”的，如：The US Senate voted overwhelmingly Monday to form a committee to open a penetrating investigation of the US intelligence *community*，including CIA and FBI.

除此之外，有时也可指“地方上”的意思，如 to seek aids from parents and *community* for rural education；又如 *community* leaders in villages；还有美国新兴的 *community* college，我国的地段医院 *community* clinic。

甚至在同一场合，同一含义，同一概念下，也应做不同的翻译，如 The UN force was never intended to be an instrument of either of the parties locked in *communal* strife in Cyprus，whether it calls itself the government of Cyprus or the Turkish *community*. 此例中，前者应译“民族纷争”，不能因后面的“土耳其居民”而译成“居民纷争”。但如果发生在印度，则又需译成“教族纷争”。一词多变，莫过于此。

至于下例 The *international community* dreamt by Abbe de Pierre or by Kant is today a reality. 究竟如何译，则不读彼埃居士或康德的原作，就无从下笔了。

概念的对等和字面的对等

香港《远东经济评论》有一则讽刺我们对外译文的补白，原文如下：

I realize it is just a quirk of translation but I can never resist smiling at those exhortations in Chinese newspapers and broadcasts such as “Resolutely grasp manure,” or “Firmly grasp pig-breeding.” The latest one is：“Do a good job of procurement.”

“抓紧肥料”、“抓紧猪的配种工作”和“做好采购工作”，译成英文给人的印象却成了“用手抓一把大粪”、“拉住猪来配种”和“做好拉皮条的工作”。所以闹出这种笑话，主要是翻译思想上把字面的对等代替概念的对等的结果。而这正是目前翻译工作中的通病。

由于两种语言的不同，一个词的概念和字面都绝对对等是不多的。翻译工作者就是需要在翻译实践中怎样处理好这一个矛盾。

一般来说，概念和字面都绝对对等的只有一些名词，比如“马克思主义”、“唯物主义”等。但是即使这样一些名词，也不是绝对对等的。如 materialism 一般固然译“唯物主义”，但是 American materialism 却是指“美国式的物质至上”了。president 不一定是“总统”，也可以是“总经理”；甚至 chair 也不一定是“椅子”而是“教授职”，如 to hold a chair of English。

就以中文“说”而论，它就有两个概念，一个是“说话”的“说”，一个是“民心大说”的“说”。这固然不能混为一谈，甚至在“说话”的“说”这个概念上，翻译的时候也不是一成不变地译为 speak 的。信手拈来，就有这么一些不同：他会说英语（He *speaks* English.）；他说谎（He's *telling* a lie.）；他说他很忙（He *says* he is busy.）；别胡说（Don't *talk* nonsense.）；我说不出来（I'm unable to *express*.）；可别说这个（It must not be *mentioned*.）；你得说理呀（*Be* reasonable.）；我代他向你说说（I *appeal* to you on his behalf.）。

再以 state 一词为例，就是“国家”和“情况”两个概念，译成中文中就不能混淆。State and Revolution 是“国家与革命”，state capitalism 是“国家资本主义”，但 State of the Union Message 却是“国情咨文”。即使同一“情况”概念，译法也需视中文习惯而多变。如 the state of war 是“战争状态”，to lie in state 却成了“任人瞻仰”，in a great state 却是“很为兴奋”了。

反之，中文“国家”一词，到了英文也有这么多变化：超级大国（super-*power*）；发展中国家（developing *countries*）；国家社会主义（*national* socialism）；世界各国（the *nations* of the world）；国家与革命（*State* and Revolution）。更不用说：皇亲国戚（the king's relatives）；倾国倾城（a *great* beauty）；红豆生南国（It grows in the *south*.）；从未出过国（He never goes abroad.）；国之将亡何以家为（When our fatherland is in great danger，there is no use to talk about sweet home.）中的“国”了。

形合与意合

不论是汉译英的“中国式英语”，或英译汉的“欧化”，造成这两种弊端的原因，就是没有认识到英语句子结构和汉语句子结构之间的一个不同，即形合与意合的不同。

一般来说，英语句子结构是形合的，也就是说句子中各种成分如短语、从句等的关系是有形式上的表现的；介词，分词等都起了这种形合的作用。而在汉语中，这种形式上的特点就不显著，或者几乎不存在；句子中各种成分的关系大部分靠意思的连贯，甚至词性也没有形式上的表现。

比如汉语“不要违反自愿原则，勉强把他们拉进来”，看起来似乎是两个并列的从句，从形式上是分不清主从的，但是在译成英语时，就需要分清主从，把“违反”作为主要动词译，把“拉进来”译成方式状语：We must not *violate* the voluntary principle by *dragging* them *in* against their will.

又例如“道路是曲折的，前途是光明的”，在汉语中，形式上也看不出主从的关系，而像并列句，但从意思上来看，后一句应是肯定的语气，前一句是让步的语气，因此在译成英语时要加个连接词 while，这不仅是为了英语形合的需要，也是为了更传神地表达原文的语气：*While* the road ahead is tortuous，the future is bright.

反之亦然，在把上述两例中的英语译成汉语时，就不用拘泥于英语的形合，译为“我们不要通过勉强把他们拉进来的办法而违反自愿的原则”或“虽然道路是曲折的，但是前途是光明的”。

这个道理明白了，在英译汉方面，许多“欧化”问题也就比较容易解决，译文的流畅可读的目的也就较易达到。例如：He was a reticent man. *When* he spoke，he spoke eloquently. 你就不会译为“他是一个沉默的人。当他说话的时候，他说得很雄辩”，而可以大胆地译为“他平时沉默寡言，但一说起话来就滔滔不绝。”

又　如：On Sunday morning，*when* party functionaries were still arriving，the senator had walked briskly into a press meeting. 也不必译为“星期天早晨，当党的工作人员还在到达时，这位参议员就已精神抖擞地去参加记者招待会”，而可以译为“星期天早晨，党的工作人员还没有到齐，这位参议员就精神抖擞地去参加记者招待会”了。

类似的句子结构如 as 所引起的从句，在汉译中往往成了一种最常见的翻译腔，如“正如某某人所说的一样”，“正如我们所看到的一样”，但根据汉语意合原则，就可以改译为“据某人所说的”，“上文已有述及”或“本书前已提到”。例如 *As* he saw it，the most pressing issue before the country was “liberty versus socialism”. 可译“照他看来……”而不是“正像他看到的那样……”。

又 如：This had been almost as true，though unacknowledged，in the Kuomintang areas as it had been an openly gloried fact in the soviet districts. 可译“在这苏区固然是个公认不讳、引以为荣的事实，在国民党地区也几乎是同样如此，尽管没有公开承认。”而不必译为“正像在苏区是个公认

不讳引以为荣的事实一样，在这国民党地区也几乎同样是如此，尽管没有公开承认。”

至于介词短语，不论用为方式状语，如上文第一例（by dragging...in），或用为时间状语等，在汉语中都可以译为并列的动词：*In writing* the foreign policy plank，Dulles excoriated every aspect of the Democratic record abroad。译为“杜勒斯起草外交政策纲领，历数民主党国外劣绩”。

又如：That system，*if* allowed to develop，*would have led* inevitably to capitalism，*in contravention of* Marxism-Leninism and the party's general line for the transition period.“新税制发展下去，势必离开马列主义，离开党在过渡时期的总路线，向资本主义发展。”

这，应该说是打破“翻译腔”的大解放。

统一与多样

集体翻译中一个最突出的问题，就是用词的统一问题。这里且不谈专名的统一（如人名、地名的音译），和译文风格的统一。这里要谈的主要是用词的统一，因为它牵涉到对原文的忠实。

以联合国文件翻译为例。比如“resolution”和“decision”两词，前者是指正式的决议，后者是指一般的决定。固然发言者有时在发言中互用这两个词来指同一东西，但是这并不是说在译文中也可以随意互译，因为这两个词毕竟代表两个不同的概念；尤其是后者，它的含义很灵活，有时指决议中的某一项决定，有时也可指通过决议这件事情，在更多的情况下是指随便什么决定要办的事。在一般情况下可以视具体情况选择中文用词，但在文件的翻译中还是严格地译为“决定”为好。

另外一个例子是对联合国的称呼。有些发言者用不同的称呼来称联合国；有时叫它为“this organization”，有时叫它为“the world organization”，也有叫它为“the international community”。称呼虽异，所指则一。在这样情况下，怎样处理统一与多样的问题，就有了不同的意见。有人主张既然指的都是联合国，在译文中为求统一起见，索性统统都译成“联合国”就算了，省得麻烦。但也有人主张统一必须有个依据，这个依据就是原文，译文用词的统一必须统一于原文，而不是统一于译者，因此必须按照原文逐一译为“本组织”、“世界性组织”或“国际社会”。

翻译工作者的首要职责，就是把原文忠实地介绍给译文的读者。在介绍的过程中，也就是在翻译的过程中，不能稍许掺杂个人主观的成分。他既不能嫌原文表达太多样而任意简化（说得不客气一些，这是偷懒），也不能因原文用词晦涩而擅自解释（这是把读者当阿斗），更不能把平淡的原文译得词藻华丽(这是卖弄自己)。何况联合国会议上的发言者在用不同的称呼来称联合国时，往往是有其一定的用意的。任何不顾原文的含义而强求译文划一(这不是统一)的做法，势必影响、甚至曲解原意，这是翻译工作者最大的禁忌。

比如在 The world opinion reacted strongly against South Africa's disdain of the various resolutions passed by the world organization. 这句原文中，发言者有意强调联合国是一个世界性组织，因此南非不顾联合国所通过的各项决议，是冒天下之大不韪的，所以才引起世界舆论的强烈反响。如果把这里的“世界性组织”译成“联合国”，南非的这种可恶态度就不怎么突出了。

至于“international community”，有时指的固然是联合国组织本身，有时它的含义更广泛，包括那些还没有参加联合国的国家和人民在内。因此，就更不能译为“联合国”了。下面一例，充分说明了这一点：The occupation continues, inspite of the condemnation by the international community, a condemnation which was also voiced on various occasions in our organization. 在这一例子中，很清楚，“the international community”指的是全世界各国人民，“our organization”指的才是联合国组织。因为如把两者都统统译成“联合国”，不仅失去了原意，而且成了多余的重复了。

以上一些例子说明，所谓“统一”是指严格按照原文的统一。在翻译理论中，这叫作“一词一译”。

但是“一词一译”是不是翻译的唯一标准呢？当然不是。除了“一词一译”，还有“多词一译”和“一词多译”。上述主张把联合国的各种不同称呼划一译为“联合国”的人，在理论上来说并不是没有根据的，他们所根据的就是“多词一译”，只是他们应用的例子不恰当而已。

这里我们且略举一些“多词一译”的例子。

仅就“发言”一词而论，在英文中就有许多不同的词，这些词就可以依“多词一译”的原则，统统译成“发言”，而不必拘泥于“一词一译”，否则，反而显得生硬，甚至不通了。

比如：

1. I should like to add a few words to my last *statement*.

2. I do not propose at this stage to comment on the substance of the

speech to which we have just listened.

3. In this brief *intervention*，I wish to explain how it came to happen .

在第一例中，如把“statement”译成“声明”，在中文中就仿佛是一个正式书面文件了。同样在第二例中也不必把“speech”译成“演讲”，毕竟联合国会议不是学术性座谈会或群众性演讲会。第三例中更不能把“intervention”译成“干涉”或“干预”（这还牵扯到理解问题），译为“插言”，庶几近之。

另外还有一个原则是“一词多译”，这是统一与多样这一对矛盾的另一方面。

就以 statement 一词为例，在第一例中可译“发言”，在第二例中可译“声明”，在第三例中可译“所说的一句话”，视原文上下文具体含义而异。如

1. I have explained fully the position of my delegation in my previous *statement* and there is nothing more I want to add.

2. The State Department has strongly condemned the terrorist act in the *statement* issued yesterday.

3. Sadat complained bitterly about Kissinger's *statement* that the US might use force in the Middle East if its oil policies threatened strangulation to the western world.

再以 attack 一词为例

1. *Attack* is said to be the best form of defense.

2. The more militant groups have split away from the PLO and are held responsible for the recent *attack* at Orly airport in Paris.

3. She（the ship）has stood up to the most violent *attac*k from the air that has ever been made.

4. I have been used to these *personal attacks* from the Soviet representative on and off since 1945.

第一例应译“进攻”，第二例可译“袭击”，第三例指“空袭”，第四例则是“人身攻击”了。

所以恰当地处理了“一词一译”、“多词一译”、“一词多译”的原则，就是正确地解决了统一与多样的矛盾。这是提高翻译质量的一个关键。

关于 cynical 一词译法的商榷

译事三十年，由于水平所限，经常遇到一些无法处理的困难，有些后来终于经过反复查对，研究或请教而得到了解决，但是还有一些始终未得妥善解决，其中最使人感到头痛但又感到兴趣的一个问题，莫过于 cynical（名词 cynicism 和 cynic）一词的译法了。

为了节约篇幅，这里不摘引《牛津大辞典》,《韦氏国际大辞典》，甚至《简明牛津辞典》和《韦氏新世界辞典》的原文解释，而只摘引《新英汉辞典》的中文注释，因为这个注释基本上是根据《牛津》和《韦氏》而来：

cynic I n.1）（C-）犬儒学派的人。2）玩世不恭的人，好挖苦的人；愤世嫉俗者。II a.1）（C-）犬儒学派的：the Cynic school 犬儒学派。2）=cynical。

cynical a. 愤世嫉俗的；玩世不恭的；冷嘲热讽的。

cynicism n.1）（C-）犬儒主义，犬儒哲学。2）愤世嫉俗，玩世不恭。3）挖苦话，冷言冷语。

但是基本上，上述这些译法在实际应用时，都无法应用，例子很多，暂且举出以下十例：

1. A Fleet Street *cynic* discounted the story.

2. This *cynical* game with the vital interests of the Arab people has been expressed very clearly in the so-called missile affair.

3. Under the Nazi terror，there was no mercy, no respect for legality，a *cynical* refusal ever to be bound by laws if the laws did not suit the purpose of the rulers.

4. This is proved by the *cynical* scorn lately shown by the Lisbon authorities for the most recent resolution of the Fourth Committee of the United Nations，and reported by the world press in the following terms.

5. Whatever may be said against him，his methods , his autocracy and his *cynical* disregard for human life，no one can deny that he was an able ruler.

6. In several cases I had serious suspicions that the desire for this kind

of divorce might have had something to do with their joining the army, but this may be a *cynical* opinion.

7. He found that corruption began at the top, with the politicians and officials sworn to uphold the law, and that *cynicism* for all law soon seeped down to the average individual.

8. Such *cynicism* makes us think of the wolf and the lamb of the fable.

9. With what *cynicism* the responsibility is already being shifted.

10. The *cynicism* of US imperialist plans cannot fail to create astonishment.

当然有个别几例还是可以勉强用上述注释的译法的，如第六例可译“不过这看法可能有点挖苦”，但是绝大部分都用不上。现在一般流行的译法是“无耻的”，这也不是没有根据，因为按《韦氏新世界辞典》的注释 believing that people are motivated in all their actions only by selfishness ; denying the sincerity of people’s motives and actions, or the value of living，译成汉语就是“认为人们一切行为皆出诸自私动机；否认人们有真诚的动机和行为，或人生的意义”。那么这种人生观与中国俗语“人不为己，天诛地灭”倒有不谋而合之处，把这种看法或态度作为“无耻”也不为过。在某些情况下（如上述八、九、十例）不失为一种聊备一格的译法，然而毕竟还不是普遍、或比较普遍能适用的。因此在这里提出来和同志们商榷。

王科一（1925—1968），安徽太平（今黄山）人。1952 年毕业于复旦大学英国文学系。文学翻译家，先后任上海文艺联合出版社、新文艺出版社、人民文学出版社上海分社编辑。中国民主同盟盟员。翻译作品：雪莱的《伊斯兰的起义》，朗费罗的《海华沙之歌》，奥斯丁的《傲慢与偏见》，狄更斯的《远大前程》，薄伽丘的《十日读》（与方平合译）。

从雪莱论译诗谈起

——雪莱作品学习小札

沧浪论诗曰："诗之极致有一，曰入神。诗而入神，至矣，尽矣，蔑以加矣！"（《沧浪诗话》第三则）虽然造语近玄，我总认为它与王国维的"以境界为最上"说是一脉相通，甚或异曲同工之妙。

写诗如此，译诗亦未尝用不着这段理论。

我遇到过不少爱诗的朋友们，一谈到当前若干外国诗的译本，往往少所许可，甚至以"意浅、味短"相诟病，引用郭沫若同志三月间在广州诗歌座谈会上的话来说，那就是往往把茅台那样芳醇的原作译成了白开水。但从另一方面来说，这些同志亦深深体验到历来外国诗对中国新诗不可抹杀的影响，以及今后外国诗对中国新诗的借鉴意义。因此，诗歌界和诗歌爱好者就向我们的翻译家提出了重要的课题。

近年来，我极大部分的业余时间，都花在研读和介绍英国革命浪漫主义诗人雪莱的作品上，仅以点滴体会，就教于前辈翻译家、诗人和广大诗歌读者。

雪莱在《诗辩》中有过这样一段名言："译诗是徒劳无益的，把一个诗人的创作从一种语言译成另一种语言，犹如把一朵紫罗兰投入坩埚，企图由此探索它的色泽和香味的构造原理，其为不智一也。"[1] 然而说也奇怪，正是这位认为诗不可译的"天才预言家"（恩格斯语）从希腊文选译过荷马和柏拉图，从拉丁文选译过维吉尔的《牧歌》，从意大利文选译过但丁的《神曲》，从西班牙文选译过卡尔德隆的《神奇的魔术师》，从德文选译过歌德的《浮士德》。看来言行颇不一致：明知诗不可译，却偏偏不得不译。我看雪莱是深深懂得异国珍宝的借鉴作用的。尽管他强调紫罗兰不可投入坩埚以探索其"色泽和香味的构造原理"，强调"植物必须由种子上抽生新芽，否则就不会开花"（《诗辩》论译诗部分），然而，据我的粗浅理解，只要是紫罗兰，其构造原理姑置不论，其色泽香味仍然是可以从诗人的造境上、画家的设色上得到表现的。拿种子的譬喻来说，虽然"桔逾淮北而为枳"，但毕竟不会变为苹果、柿、梨，要紧的是不能蕃殖谬种，易言之，译诗的起码的，但也是首要的要求，是传达原作的境界，要入神，这也可以说是译诗的"极致"。

拿雪莱的长近五千行的诗篇《伊斯兰的起义》[2] 来说，既沸腾着浪漫的革命热情，又缭绕着哲理的沉思冥想，从诗的语言到诗的表现手法，都饱和着象征的意味，通过天地风云的勾勒来传达诗人对未来美好世界的理想，把刘彦和《神思》篇中"寂然凝虑，思接千载；悄焉动容，视通万里"这几句话来形容这个诗篇，实在恰到好处，要译这个诗篇，首要任务是再现原作的境界。要再现境界，就面临着两重不可忽视的具体职责，一曰移植形式，二曰用字遣词的分寸。

试举一节为例[3]：

　　听！ | 那不 | 就是 | 飞驰的 | 疾风，
扫过 | 大地 | 和海洋？ | 瞧！ | 那闪电，
　　喷出 | 火光 | 来撕裂 | 淫雨的 | 天空，
被鞭打的 | 海洋 | 掀起 | 金光 | 万点，
　　海底 | 沸腾了， | 旋风 | 把巨浪 | 席卷，
闪电， | 冰雹， | 黑暗， | 飞旋 | 急转，

[1] 见英文本、朱理安版《雪莱全集》第 7 卷 114 页。
[2] 此诗拙译本，年内即将由上海文艺出版社出版。
[3] 《伊斯兰的起义》第一歌第三节。

稍顷 | 风雨 | 暂停, | 海鸥 | 出现,
才躲进 | 洞里 | 去悲啼, | 又出来 | 刺探——
天上 | 可曾 | 晴阳, | 人间 | 已否 | 平安?

诗人在这里借了蛇鹰之斗，象征地说明“善”（进步力量）和“恶”（反动力量）的剧烈斗争，用海鸥来象征人民群众对时世的关怀——这些，是这首诗的政治命题或哲学命题；然而诗的场景是在充溢着泛神论色彩的、气势磅礴的自然风光中展开的。从翻译的角度来看，首先要表现哲学命题的精神实质，语言上要防止因传达逻辑概念而造成译文上的电码对等交换现象，但又切忌一味乞灵于中国山水诗词汇，以致造成滥调；其次，风云雷电的气象也不能冲淡，主要应以能够传达作品的哲理内涵为努力目标。简言之，原作形象万万不可更动，句法结构容许尽可能少的变通，要在貌似与神似之间力求辩证的统一。

我再来简单地谈谈形式移植问题。这种九行一节的诗在英诗中称为史宾塞诗体（Spenserian stanza）。从第一行到第八行每行五顿（音步），第九行六顿。中译文以两个字到三个字作为一个音步，非不得已时不用一字音步或四字音步。脚韵亦用读音相近的字照原诗的规格来表达，即：第一第三行押韵（风，空），第二、四、五、七行押韵（电、点、卷、现），第六、八、九行押韵（转、探、安）。“抑扬格”的表现则尽量注意平仄声的分布，不求维妙维肖，以免削足适履。此外，我还做了一个试验，即：每行在意义上能自行起讫，非必要时不转行，以免脚韵失去听觉上的效果，降低为视觉上的点缀。

总之，译诗要以传达境界为主，移植形式次之，遣词用字又次之，然而话也得说回来，能够抓住了境界，移植形式和驾驭语言问题也就迎刃而解了。抓境界是一个学习过程，要有器识，有见解，既要做好异国诗人的知己，又要时时刻刻把本国读者放在眼里。要在临摹中求创造，与演员根据剧本的规定情景塑造角色有其相似之处，亦有难于写诗之处。

这些极不成熟的意见只是一种大胆的探索，而且只限于翻译格律诗。其实译诗的方法是很多的：譬如方重教授以散文译乔叟的对句（couplet），周煦良教授主张传达音步，但脚韵则不妨以中国诗“一三五不论”的办法对待之，都是值得探索的蹊径。

——原载《文汇报》1962 年 10 月 12 日

施咸荣（1927—1993），浙江省鄞县人，生长在上海。1949 年到北京上学后，定居在北方。1949 年在天主教教会办的八年制圣芳济学院毕业后，又辗转上了八年大学，读过农艺、外交，最后转向文学。1953 年毕业于北京大学西语系英语专业，到人民文学出版社当英美文学编辑。1981 年 9 月调到中国社会科学院美国研究所。译有《希腊悲剧故事》、《麦田里的守望者》、《土生子》以及与人合译的《战争风云》、《荒诞派戏剧集》、《富人，穷人》等二十余种。

文学翻译杂感

我从事文学翻译三十多年，没总结出什么经验，只有一些杂乱的感想，谈出来供一些有志于文学翻译的青年参考。

一

文学翻译有无直译、意译之分？我认为基本上没有。文学当然也有逻辑思维，但更重要的是形象思维，描写景色和人物性格、言语、思想、行动等等，主要通过形象，因此作为译者，基本任务就是把原作的形象用另一种语言最完整地表达出来。假如你翻译马克·吐温的作品，那么就假设你自己是变成了中国人的马克·吐温，也就是说你是有马克·吐温的经历、学识、气质、想象力以及驾御语言文字的本领，等等。这样，你在动笔翻译之前，就必须做最充分的研究工作，研究马克·吐温的生平、他的生活环境和历史背景、他的大部分著作，以及有关他的评论等。文学翻译不结合对原作和原作家的研究，是难以想象的。经过深入研究之后，对原作的精神领悟了，你就假想，要是马克·吐温变成中国作家，改用中国语言文字来写他的这部作品，他可能怎样写，应该怎样写。这里主要课题是用不同民族的不同语言来表达同一思想、感情，很难有所谓“直译”“意译”之分。过去鲁迅主张直译有他当时的历史条件，主要原因是那时候能熟练地掌握外国语的译者少，不少搞翻译的人对外语一知半解，就随意发挥和篡改原作，把原作糟蹋得不成样子。从理论上说，翻译只有“信”。不存在所谓“直译”。最简单的一句英语“What is this”直译成中文就是“什么是这？”显然是不通的。把这句话译为“这是什么？”就很难说是直译还是意译了。当然文学翻译中至今仍存在着所谓直译与意译之争。举例说，“He has a heart of gold”译成“他心地高尚”也不是不可以，但原文“gold”（金子）的形象和比喻都没有了。因此有人反对这种译法，认为这是“意译”，不如“直译”为“他有颗金子般的心”，更贴近原文。我个人的体会是，孤立地讨论一个句子怎样译，往往讨论不出什么名堂来。译者必须结合上下文来决定哪种译法更传神，更能表达作者的本意。我举的这个例子见于《译林》与《外国语》联合举办的译文征文 John Updike 的《儿子》一文，写夫妇吵架，丈夫认为一个叫 Masion 的男人是好人，有颗金子般的心，妻子反唇相讥，说“他常勾引你离家外出，我揣摩在你眼里这就是金子吧”（He gets you out of the house, and I guess that’s gold to you）。在这样的上下文里，似乎把金子的形象和比喻译出更能传达原作精神。

二

译者应该不应该有自己的风格？总的说来，我认为译者只能忠实地表达原作的风格，而不应该有自己的风格。因此有些水平较高、态度严肃的译者，觉得自己的文字风格已经定型，因此只选择某几个与自己风格相近似的外国作家的作品翻译，把自己文学翻译的对象和范围限制在很小范围内。从这一意义上说，文学翻译的难度的确比较大。比如说，你要翻译一部当代美国小说，最好先对当代美国小说做一初步调查研究，了解大概情况，懂得当代美国小说家中存在着哪几种不同风格，例如犹太作家索尔·贝娄的风格，与黑人作家詹姆斯·鲍德温就大不相同，继承福克纳衣钵的南方作家，其风格与北方作家如纽约派作家也大相迳庭。有了这方面的知识，才能研究美国哪些作家在风格上与我国的哪些现当代作家相近似，然后决定模仿什么风格去翻译。我这里说“模仿”，可能有些人会不赞成。我个人却主张“模仿”。我记得非常清楚，三十多年前我在清华大学读书时曾试着翻译一个独幕剧，当时觉得不仅词汇不够，而且译文毫无风格可言。后来我把曹禺、老舍、夏衍等一些著名剧作家的剧作粗粗阅读一遍，进行了比较，认为老舍的风格似乎接近原作风格，我于是一边翻译，一边阅读老舍的剧作和小说，模仿老舍的风格，吸收他的词汇。有一个句子给我印象极深，时隔三十年，记忆犹新。原剧中一个人物晚上要外出，就对另一个人物说：“give me a light”。“light”这字我挖空心思也翻译不好。译成“灯”“手电”“蜡烛”等都不贴切。查字典，只有“光”“光线”“光亮”等解释，不解决问题。但我阅读老舍作品后，却顺利地解决了这一难题。现在已经记不起是在老舍的哪一个剧里了，剧里写的是“给我一个亮儿！”这简直是天衣无缝的最贴切的翻译！我翻译不出，只是因为自己词汇不够。我从这里尝到了甜头，以后每逢翻译较长小说，总要找风格相近的中国小说来阅读、模仿、借鉴，吸收其语汇。我还记得有一次翻译一篇古典小说，遇到 shuffle 一字，英汉字典上只是解释“拖着脚步走”，但不是文学语言。应该怎样翻译才最贴切？我反复思考推敲，却找不到合适字汇。后来在阅读《儒林外史》时，无意中见到了“一步一拖”一词语，我觉得借用它翻译“shuffle”再贴切不过了。因此，学习和模仿风格相近的中国作家，吸收其文学语汇，以尽可能表达原作的风格，这是我自己多年从事文学翻译工作中的一个深切体会。

三

翻译中遇到疑难问题如何解决？我的体会是，一本好的工具书抵得上一百个老师。不同的问题可以找不同的工具书解决，这里面颇有些“学问”。首先，英美文学有所不同，翻译美国小说时一定要查美国出版的字典，如韦氏字典；翻译英国作品时，则应该查阅像牛津字典这类英国出版的字典。翻译英国古典文学作品，一般离不开二十多卷的《牛津英语字典》(Oxford English Dictionary，简称 O. E. D.)，英语字义在历史上的种种变化，这本字典解释得非常详尽，而且总举名著中的例句加以说明。我有好几次查 O. E. D. 时就遇到字典里举的例子恰好是我要查的古典名著中的那个句子。例如有一次我负责编辑英国十六世纪诗人锡德尼的论文《为诗辩护》，其中有 standing wit 一语，我觉得 wit 在文中决不是现在字典中“机智”、“才智”的意思，一查 O. E. D.，上面举的例子恰好就是《为诗辩护》上我发生疑问的那个句子，原来 wit 在十六世纪作“头脑”解，所谓“standing wit”即“outstanding mind”，意谓“聪明的头脑”。此外，像锡德尼的《为诗辩护》这类古典作品，一般都有注本，我后来找到牛津大学出版社和哈佛大学出版社出版的两种注本，参照这两个注本后，一切疑难问题差不多都解决了。英国的《牛津字典》以篇幅大小分作好几种版本，学生们通常用《牛津简明字典》（The Oxford Concise Dictionary）和《牛津小字典》（The Oxford Pocket or Paperback Dictionary）。我在翻译英国当代女作家苏珊·希尔的短篇小说《来点儿歌舞》时，遇到 bring-and-buy. sale 一词，一般美国出版的字典都查不到。后来查了一九七九年版的《牛津小字典》，才知是慈善机关办的义卖商店，接受和出卖捐赠的物品。我在翻译英国当代作家约翰·福尔斯的短篇小说时，还遇到 C. of E. 这样的词，在一般字典和缩略语词典里都查不到，只有在新版的牛津字典里才能查到，是 Church of England，即英国国教。同一篇小说里还有个典故，讲到小说里发生的事完全难以理解，那些鉴赏神秘事件的人把这整个事情与“天上玛丽号”（Marie Celeste）失踪事件相比拟。“天上玛丽号”是一八七二年在亚速尔群岛与葡萄牙之间被发现的一艘无人驾驶的双桅帆船。船上的一只救生船、仪表盘、航行纪录以及全体船员均不知去向。这是海上一起著名的神秘失踪事件，像这种典故，一般工具书都查不到，只有英国布留沃博士编写的《布留沃英文成语与寓言词典》（Brewer’s Dictionary of Phrase and Fable）里可查到。

关于美国的俚语、成语及典故，就要查另一类工具书。最好的美国俚语字典是哈罗德·温特沃斯和斯图亚特·柏格·费莱克斯纳（Harold Wentworth and Stuart Berg Flecner）合编的《美国俚语词典》。查美国典故的最好工具书有两种，一是条目最多、篇幅最大的韦氏大字典，一般称“国际第三版”（Third International）；另一是新版的《美国大百科全书》。大百科有的同志不懂得如何使用。查某些小的典故，按照原文字母的字首顺序查，是查不到的。大百科全书最后一卷是索引（index）。应该先查索引，根据索引的页码再去查阅有关的卷。

此外，关于文学知识、历史地理背景知识、宗教知识等等，都可查阅有关的工具书，二十年前，我校订过一部加拿大作家写的有关镍矿矿工生活的小说，里面有关采矿的程序及机械名词都译得不正确。我对采矿一窍不通，于是到新华书店买了两本最新出版的有关采矿技术的书，花了一两天功夫仔细读一遍，许多翻译上的问题也就迎刃而解。翻译英国古典作品时经常见到书中引用《圣经》，要找引文出处，只要查《圣经索引词典》（English Bible

Concordance）就成。有好几种版本的《圣经索引字典》，这里不再一一介绍了。

总之，翻译工作离不开工具书。掌握一批好的工具书，理解每种工具书的特性，懂得如何使用，那么，几乎所有疑难的问题都可以解决。我审定、校订过大量译稿，自己也翻译了近四百万字文学著作，曾经遇到过不知多少疑难问题，基本上都是靠查阅各种工具书解决的。

王永年（1927—2013），笔名王仲年。1927 年 3 月生，浙江定海人。1946 年毕业于上海圣约翰大学英国文学系。曾任上海文艺联合出版社外国文学编辑，新华通讯社总社对外部西班牙文编辑，墨西哥城新华通讯社拉丁美洲总分社英文、西班牙文编辑。通晓多种外国语言，主要译作有《第九个浪头》、《自由之路》、《志愿兵》、《欧·亨利小说全集》（四卷）、《耶路撒冷的解放》、《约婚夫妇》、《伊甸之东》、《博尔赫斯作品全集》（合译）、《巴比特》、《子曰谈》、《迷宫中的将军》等。

苦涩的笑

——谈美国作家欧·亨利的短篇小说

欧·亨利（1862—1910）是杰出的美国作家，一生写了三百多个短篇和一部长篇小说。他的作品从不同角度反映了二十世纪初期美国社会的众生相，富于生活情趣，被誉为“美国生活的幽默百科全书”。

欧·亨利的小说构思新颖独特，语言诙谐幽默，格调表面轻松但内里沉重，表现出对健康人性的强烈关注。欧·亨利最出色的篇章是描写社会底层“小人物”的作品，歌颂了他们在贫困生存中美好善良、相濡以沫的淳朴品格，读后不免发出苍凉苦涩的微笑。

我首次接触欧·亨利作品的时间在一九四二年大学一年级，当时上海圣约翰大学的课程设置全部用英语授课。英语 1、2 是各院系的必修课，英语 1 的课本采用一部短篇小说选和一部独幕戏剧选，作为精读材料，旨在提高同学听读英语的理解能力；英语 2 的课本是十九世纪英国作家狄更斯的长篇小说《大卫·科波菲尔德》，作为泛读材料，期中和期末考试范围都有关小说的时代背景、故事情节和人物塑造，答题不是三言两语所能说清的，需要大段议论发挥，目的在于提高同学的英语阅读速度和写作能力。英语 1 的课本里有欧·亨利的一个短篇《钟摆》。作者巧妙的手法、幽默的语言、生动的描写、貌似调侃而实质深沉的格调，当时就引起我极大的兴趣，开始注意他的其他作品。

一九五二年，我在上海文艺联合出版社担任编辑，业余时间自己做一些文学翻译，曾译了欧·亨利唯一的长篇《白菜和皇帝》和一二十个短篇，分两个集子，交巴金先生之弟李采成主持的上海平明出版社出版。嗣后，北京人民文学出版社将欧·亨利列入选题计划，我根据前苏联外国文学出版社《欧·亨利两卷集》的俄译本篇目译出，中文有六十余万字，分上、下两卷，由人民文学出版社于一九六一年出版。

二世纪八十年代初，人民文学出版社制订新的选题计划，建议我从两卷集中精选部分篇目，出一个四十万字左右的单行本，我便校订旧译，增加了一些新译，由人文于一九八六年出版了一卷本的《欧·亨利短篇小说选》。出版后颇受读者欢迎，十多年来一再重版，不少读者表示希望看到他更多的作品，经研究后，人文决定出他的小说全集，我便根据美国纽约花园城出版社一九三七年的《欧·亨利全集》，除书信和诗歌外，将小说全部译出，于二〇〇三年出版。我从初识欧·亨利的作品，发生兴趣开始，到译全他的小说为止，前后经历了六十余年。

梅绍武（1928—2005），生于北京。曾任中国社会科学院美国研究所研究员。主要译著有英国作家安东尼·特罗洛普的《首相》、《我们现在生活方式》，美国作家阿瑟·密勒的剧本《炼狱》和纳博科夫的作品《普宁》、《微暗的火》等。著有《我的父亲梅兰芳》。

译事随感

自二十世纪五十年代中期以来，我一直在搞些文学翻译，一晃已近四十多年了。无论是文论还是小说或剧本，都曾试译过。例如，译过牛津大学柏拉威尔教授的美学论著《马克思和世界文学》，译过俄裔美国作家纳博科夫的小说《普宁》和《微暗的火》，也译过美国两大剧作家尤金·奥尼尔和阿瑟·密勒的剧本等等。这里只谈谈在译奥尼尔和密勒的剧本过程中所得的点滴心得和感悟。

译一位外国作家的一部作品，有必要浏览一下他的其他作品以及有关他的评论资料，好对他的生平和思想情况有个基本认识，对作品所表达的思想内容有个比较全面的分析，并且能抓住要点，也就是说翻译该跟研究相结合。前辈老舍先生便说过："要翻译某个作家某一本书，就先阅读他的其他著作，研究他的身世、思想、风格等等，作一全面的了解。……保存原著者的风格大非易事。但是，假若我们能够真对一位外国作家有深刻的了解，知道他在思想上艺术上的地位与特点，我们还是能够从我们的文字中表现他的风格的。"[1] 与此同

[1] 见老舍《关于文学翻译工作的几点意见》，转引自《翻译研究论文集》（1949—1983），外语教学与研究出版社，1984 年，第 168、169 页。

时我们当然还能由此而写出一篇像样儿的译序，介绍该作家的生平与作品，评介一下所译的作品的特点，以供读者参考。我想，这应是译者责无旁贷的一项义务吧。

就尤金·奥尼尔来说，若读过他的传记和有关他的评论，就会知道他晚年曾向人们呼吁不要为追求金钱和物质生活享受而丧失灵魂(精神)，人应在“心灵中建立更庄严的大厦”。一九九五年，我和老伴屠珍同志为三联书店出版的《奥尼尔集》译了他后期的三部剧作《月照不幸人》、《诗人的气质》和《更庄严的大厦》，在翻译过程中就深切体会到奥尼尔这一呼吁，颇为他的良知所感动。

奥尼尔曾预言美国人由于过度追求物质生活享受而会给自己带来不良后果，不无感慨地说：我们像世界上所有其他国家一样，走过一段自私而贪婪的道路。我们谈论美国梦，而且要向世界宣讲美国梦，但是什么是美国梦呢？在大多数情况下，不外乎是追求物质享受之梦罢了。为此我有时认为美利坚合众国是世界上迄今所见到的最失败的国家。我们过去在这个国家为自己的灵魂争取到良好的价值——也许为此付出了很高的代价——但是，你会认为人们经过了这么多年，历经千辛万苦，现在我们人人都会有足够的理智懂得人的幸福整个奥秘就概括在那句连孩子都懂得话里吗？一个人就是赢得了全世界，而丧失了自己的生命（灵魂），又有什么益处呢？[1]

奥尼尔在《更庄严的大厦》一剧中就刻画了一个具有诗人气质却陷入商海汹涌波涛而十分苦恼的主人公的形象，他成天价没完没了地讨价还价，计算开支，估计利润，还要筹划怎样智胜敌手，为此深感厌倦而感叹道：“在这种生活里，财神是上帝，金钱是衡量一切价值的标准。这不是我本来要选择的事业……有时我感到心灵堕落了，成了自己的叛徒。”他尽管成了富商，内心那种清除世界上贫富不均现象而使人人丰衣足食、和睦相处、没有嫉妒和贪婪的理想并未完全泯灭，在凝视着妻子计划穷奢极侈地兴建宅邸大厦的蓝图时，不禁脱口朗诵出“悠悠岁月飞快消逝，／抛却往昔那穹顶低矮的陋室，／在我心灵中建立更庄严的大厦吧！”这样的诗句，令人感悟到奥尼尔在这里无疑是想说明精神文明的建设要比物质文明的建设尤为重要。

奥尼尔一生孜孜不倦地完成五十部剧作，一九三六年荣获诺贝尔文学奖。他的剧作大致可分为三个阶段。早期（1913—1919）倾向于浪漫主义、自然主义创作。中期（1920—1934）广泛运用表现主义、象征主义、意识流等各种流派风格的表现形式。后期（1939—1943）则又回归现实主义创作道路；

[1] 见汉弥尔顿·巴索《悲剧形意识——Ⅲ》一文，载《纽约客》1946 年 3 月 13 日号，第 40 页。

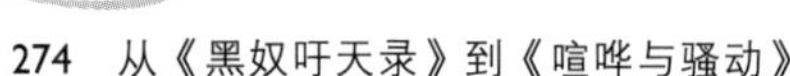

且在思想深度上超越早期的写实作品。我国以往较多译介他的早、中期作品，因此很有必要把他的后期创作也译介出来，以使我们对奥尼尔有个更较全面的了解和认识，对他的评价也会更为公允。这就成为我和我的老伴尽力译出他三部后期剧作的一种推动力。

奥尼尔生前在谈到戏剧功能时曾说过："戏剧是一种激励人心的源泉，这种源泉把我们提升到一个更高的自我认知的水平，驱使我们探索心灵深处的奥秘。戏剧应向我们展示人生真实的面貌……举起这面镜子，以映出一个民族的灵魂：现在该是回到这种做法的时刻了，哪怕只是为了证实戏剧仍然具有一颗未被世间表面现象所玷污的心灵。"[1] 译完他后期三部剧作之后，我感到这位美国严肃戏剧奠基人在戏剧创作中确实以身作则地遵循这一准则，真实地反映美国人民的现实生活，细腻地剖析他们的心灵，同时激励人民要探索真正的生存意义，追求更高的境界，特别是晚年发出"在心灵中建立更庄严的大厦"的呼吁，至今尤发人深思。

再谈谈阿瑟·密勒。早在二十世纪六十年代初，我就偏爱他的剧作，曾为当时人民文学出版社的《外国文学作品提要》（内部刊物）写过评介他的作品的文章，不过直到改革开放后，从七十年代末起才陆续译出他的《炼狱》、《桥头眺望》和《美国时钟》三个剧本。为什么先译《炼狱》而没译《推销员之死》呢？这里有件鲜为人知的轶事。

一九七八年，阿瑟·密勒首次来华旅游，京城剧协某同志接待了他，只知他是位剧作家，却对他的创作不甚了然，使他颇感不快。夏公（衍）闻知后，当即通知上海著名戏剧家黄佐临先生趁密勒下一站访沪时补救一下。佐临先生遂热情接待他，不仅跟他切磋艺事，交流心得，还请他推荐他的一出能使中国观众易于理解的戏在中国上演。密勒不悦的心情顿释，他提出不妨一试《炼狱》（The Crucible）这出戏。

《炼狱》是密勒一九五三年根据北美殖民地时代的一桩株连无数人的"逐巫案"写出的一出历史剧。一六九二年那里居住着一支盲信的教派（清教徒），形成一种政教合一的统治，他们排斥异教徒，制定了自己的清规戒律，禁止任何娱乐活动，实行禁欲主义。一场"逐巫案"就是在这种基础上发生的，而在这场骗局的背后则是土豪劣绅对土地的并吞掠夺，结果酿成萨勒姆镇四百多人被关进监狱、七十二人被绞死的悲剧。密勒在此剧中成功地塑造了男主人公农

[1] 见弗吉尼亚·弗洛伊德《尤金·奥尼尔的剧作——一种新的评价》，昂格尔出版社，1985 年，第 568 页。

人普洛克托的英勇形象，他被人诬陷，遭宗教法庭以重罪投进地牢。他虽有强烈的求生欲望，却不愿以出卖朋友、出卖灵魂为代价换取屈辱的生存，最后毅然走上绞刑架。他以自己的死严正宣告了人的尊严和正直的美德是不可侮的，因而也是不可战胜的，而宗教束缚的神权压迫则违背人性，是反人道反科学的，因而是腐朽的，必然会灭亡的。五十年代初美国麦卡锡主义正猖獗一时，密勒本人也屡次受到非美活动调查委员会的传讯，但他坚决拒绝交代出他所认识的美国左翼或共产党员作家的名字，被判处“藐视国会”罪。因此，关于《炼狱》，西方剧作家大都认为密勒是有意识地借这部关于宗教迫害的剧本影射当时非美活动调查委员会对无辜人士的政治迫害。密勒自己也承认有此意图，但强调此剧具有远比只是针砭一时的极右政治更为深远的道德涵义，而是旨在揭露邪恶，赞颂人的正直精神。美国剧评家马丁·哥特弗里德认为此剧“可与密勒自己在美国众议院非美活动调查委员会上作证时英勇不屈、慷慨陈词的表现相提并论。作为一部戏剧作品，它结构匀称，充满激情；作为一部伸张正义的作品，它具有一种罕见的庄严气氛。”

佐临先生遂约我译出此剧。拙译稿寄去后，佐临先生来信称：“《炼狱》已拜读。戏非常好，纪实性结合得也很紧。译文很好。剧团里部分同志读了都甚喜欢，已决定排练此剧。大家异常兴奋，要我向你致谢！我即将写信给密勒，告诉他这个决定，并向他索取一套剧照和其他资料。我想他知道这个消息会很高兴的。关于剧名，几个我都不满意，慢慢再想吧。有个较通俗的不知你觉得怎样？《真金不怕火》，这和 Crucible 倒有联想的。”一九八一年九月上海人民艺术剧院把此剧改名为《萨勒姆的女巫》搬上了中国舞台。佐临先生亲自执导，深刻发掘剧本本质，并给予鲜明的舞台体现，使该剧得到历经十年浩劫的我国观众深刻的理解，连演数十场，并收到不少观众来信，其中有的说：“观看了你们的演出，十分钦佩导演和演员的胆识，每个稍稍深思的观众，大概都会感到内心的震动。”有的说：“历史常有惊人的相似之处，这个教训太深刻了。历史的悲剧不能再重演！”但是也有一位思想上尚未肃清“四人帮”余毒的记者怀疑剧中男主人公受审时，揭发鬼迷心窍的村姑诬陷好人的“逐巫”骗局，在公堂上怒斥道：“你们把上帝揪下来，而把一个婊子捧上天！”这句台词是译者或导演增添上去的，旨在含沙射影，建议删去。佐临先生拿出剧本给他看原文那句话“You are Pulling Heaven down and raising up a whore！”才使他哑口无言。

密勒在他一九八二年发表的长篇自传《时移世变》一书中也提到了那次演出，“这出戏在上海成为一种对毛和文化大革命时期的生活隐喻；在那十几年中；告发和被迫认罪遍及全中国，几乎摧毁了最后一点点精神生活的迹象。作家郑念[1]曾经被隔离审查了六年之久；她的女儿也让红卫兵谋害了；在被释放后，她观看了上海《炼狱》的演出，不敢相信这个剧本竟不是出自一个中国人的手笔。她说‘剧中一些审讯，完全跟文化大革命时期对我们的审讯一样。’另有一件事我过去从没想到过，直到她提起才使我不寒而栗地认识到，那就是青少年的暴虐行为在这两个例子里几乎完全雷同。”

一九八三年，密勒受北京人民艺术剧院的邀请，再次来华亲自执导他的名剧《推销员之死》，由英若诚同志译剧并担任主角，获得巨大成功，使密勒在中国的知名度进一步提高。中国观众赞赏他的剧作，我想，主要是因为它们都属于严肃的社会剧，主题涉及人的尊严和价值以及人们对更美好的社会的向往。笔者在一九九〇年曾为中国戏剧出版社主编一部《阿瑟·密勒剧本选》（中译本），收了六个剧本：《推销员之死》、《炼狱》、《桥头眺望》、《两个星期一的回忆》、《堕落之后》和《美国时钟》。密勒先生热情地为此版本写了一篇前言，结尾“祝愿中国读者有一个美好的航程，成功地找到自己现实中的航标。”

密勒一贯反对西方商业化、纯娱乐性的庸俗戏剧，而坚信戏剧是一种反映社会现实的严肃事业。美国剧评家马丁·哥特弗里德曾撰文称密勒的《推销员之死》、《炼狱》和《桥头眺望》是“三部气势宏伟的剧本，具有显示人性的广泛内容，却又高于现实生活，因为它们诗意盎然并具有崇高的道德力量。毫无疑问，阿瑟·密勒是美国戏剧的良心。”这他倒是当之无愧的。

密勒已八十七岁，仍笔耕不辍，不久前又推出新剧《复活的布鲁斯》，荣获了西班牙阿斯图里亚斯亲王文学奖（迄今已有德国作家君特·格拉斯和英国女作家多丽丝·莱辛分别于 1999 年和 2001 年获此奖）。他还多次被提名为诺贝尔文学奖候选人，料想这位美国严肃戏剧家很可能在今后几年继奥尼尔之后获此殊荣。

---

[1] 郑念，《生死在上海》一书的作者，现移居美国。

江枫（1929—　　）原名吴云森，出生于上海，祖籍安徽省歙县。曾就读于西南联大附中、清华大学外文系和北京大学中文系。1949 年 2 月从清华大学参军，经历了华中南的解放战争；历任记者、编辑、政治教员、研究员；1980 年起调中国社会科学院近代史研究所，从事翻译、编辑和研究工作。主要译著有《雪莱诗选》（1980）、《科学究竟是什么》（1982）、《狄金森诗选》（1984）、《十九世纪文学主流》（1984）、《美国现代诗钞》（1986）、《中国的战歌》（1986）、《史沫特莱传》（1991）、英汉对照《雪莱抒情诗选》（1997）和《雪莱全集》（2000）等。主张“译诗，必须力求形神皆似”，以致“形似而后神似”。1995 年获得我国首次设置的彩虹文学翻译终身成就奖；1996 年 4 月被清华大学聘为外语系暨人文学院兼职教授。

我译雪莱

我从中学开始试译雪莱，时至今日，由我主编也由我承担大部分译作的《雪莱全集》已于二〇〇〇年终出版，但是，我所认定的译雪莱任务却仍然是远未完成。

最初得知雪莱，是在林语堂编的英语教科书上，在那里面我读到了他的抒情短诗《爱的哲学》。但是我此生尝试着翻译的最初一首诗，却是丁尼生迎接新年、祈求和平的一首贺岁诗。不过那和试译雪莱不同，试译雪莱是因为我爱雪莱，试译那首丁尼生诗却是完成中学老师布置的作业。

我的青少年时代是在抗日战争的烽烟笼罩下度过的，我的小学和中学课程是在日本轰炸机前一次空袭和后一次空袭、已完成轰炸和未完成轰炸之间的间歇期内完成的。

进中学那一年的十二月日本偷袭珍珠港，中国开始有了正式的盟国友军。曾经是志愿队的飞虎队改编成了正规的美国空军第十四航空队。街头多了不少“来华助战洋人”，旧货摊上多了不少美国大兵用过的军用品，非常偶然，我从那些旧货中买到了一本美军军用版袖珍本《雪莱诗选》。

从此，我便逐渐了解这位诗人除了会写《爱的哲学》还写了许多不是“优美”二字所能概括尽其品质的好诗。特别是在阅读了法国作家安德列·莫洛亚的《雪莱传》以后，深深吸引了我的就不仅仅是雪莱其诗，而且，更是雪莱其人。

但是，我把我的第一个雪莱译本送给艾青时，在扉页上写的那句话却也是一句真话，我说：“如果没有你的《大堰河》，我也许就不会喜欢白话新诗，也许就不会有这本雪莱汉译本。”而我之所以能够在当时的昆明读到艾青的《大堰河》，就要感谢那位从三年级到五年级连续教了我三年国文，后来在山东大学中文系任教的刘泮溪老师。

从三年级升入四年级就相当于从初中升到了高中。不久的一天，刘老师交给我一本杂志，要我把一首长诗抄在一张白纸上，抄好后再把这张纸贴在黑板的一侧，上课时还要我先讲一讲我对这首诗的印象和理解，然后，才由他做了仔细的讲解。这首诗就是《大堰河》。

是《大堰河》使我改变了以为只有合辙押韵的韵文才是诗的陈旧狭隘观念，而且也学着写起了新诗。一九四五年秋，从日本终于战败投降，到第二年暑假我随西南联大复员的车队东归，我和同班同学，后来参军时随我改名江清的杨兴仁，合办了一个文艺刊物《晨星》，作为主编的我，便成了刊物作品的作者、译文的译者。《晨星》也就成了我译雪莱最初的发表园地。可那时的我从不曾梦想到会系统翻译雪莱。

一九四六年秋进入清华大学，就读于外国语言文学系，但并不是因为想要委身于翻译事业，而是为了走我喜爱的文学创作道路。在清华那几年，在对于诗歌的兴趣引导下，我贪婪地阅读了不少有关于英国文学史又特别是有关于十九世纪浪漫主义文学潮流的一些书籍。那一时期的英国文坛灿若星河，雪莱成了其中我爱犹深的一位诗人。

我曾经说过：“在一定意义上可以说，我是通过雪莱找到马克思的。”这句话在现今青年的耳朵里听来可能会显得迂阔，然而却是并不夸张的事实。在当时的现实背景下，“雪莱那种愿为人类幸福和解放事业而献身的崇高情操，对于自由、博爱、平等的真挚追求，很容易拨动有社会责任感热血青年的心弦而引起共鸣。而彻底的自由、平等、博爱，就只能意味着阶级消灭。为空想社会主义所鼓舞的雪莱诗作鼓舞人们接受在他之后出现的：科学社会主义，自然不足为奇。”

“如果有人说，雪莱的作品在中国也曾引导处于暗夜的人们向往光明而投身革命；如果有人说，他的作品在中国曾鼓舞被压迫的人民投入争自由争人权的运动，以至接受党的领导，成为战士，投入伟大的人民解放战争；我是相信的，因为我就是那得到启示、受到鼓舞的一类人中的一名。”

这些都是事实，如果我再要从新描述，只会修改一点：就是不会再用“空想社会主义”这样的词去翻译 Utopian Socialism，而会恰如其分地称之为“乌托邦社会主义”。近年来我总是这样来称呼这类理想。而事实是在清华读到第三个学年时，我终于“投笔从戎”。当然，这并不仅仅因为我读了雪莱，与此同时，从一年级开始我便参加了同班同学查汝强所组织的一个读书会，在这个读书会里：《大众哲学》告诉我，“物质是第一性的”。《历史唯物主义简明教程》告诉我，“共产主义是最理想的人类社会”；《新民主主义论》告诉我，“在中国，必须经过新民主主义”；《在延安文艺座谈会上的讲话》又告诉我，文艺要为工农兵服务，有志气的文艺工作者应该“投身火热的斗争”。

已经有不少人知道，当我“跨上了解放战争的战场时；行军背包里也总是带着一本牛津版的《雪莱诗作全集》”（The Complete Poetical Works of Percy Bysshe Shelley），至于“我的汉译《雪莱诗选》初稿，只是利用军人生活有限余暇试译的积累”，自然已是战争结束以后。

一九五六年，我以部队调干身份在北京大学注册，作为中文系的学生继续我的学习生活时，零星译出的篇什已经有了一点点规模，我曾把这一部分整理结集，送到人民出版社去接受审查，接稿的编辑是张奇，他是我清华大学外文系的同班同学，也是一名诗歌翻译家。过了几个月，他对我的译诗提出了一些建设性的建议，同时，问我愿不愿意和一位很有成就的大诗人兼翻译家合作，我谢绝了。

一九五七年以后，我有很长一段时间不能用自己的姓名发表自己的创作文字，翻译活动就成了剩余创造活力的出路，特别是经历过十年“文革”动乱，被密云县政府从我在深山区的下放基层上调到县文化馆以后。

一九七八年秋，我把我的《雪莱诗选》译稿又一次送到人民文学出版社，这时，张奇已经在“文革”期间过世，审稿编辑是我的另一位清华学长——一位很有成就的翻译家，在清华读研究生时曾经叫黄爱的黄雨石。

人民文学出版社已经出过一本查良铮译的《雪莱抒情诗选》，而且还准备再版，在这种情况下，审读过我的译稿之后，黄雨石还是在一九七九年提出了再出一个新译本的建议。尽管这个建议遭到否决，我还是很受鼓舞。黄雨石要我投给上海文艺，那是当时中国有资格出版翻译作品的少数出版社之一。碰巧，曾经随我一道参军并且随我改名为江声的清华另一个同学杨德豫，正好代表湖南人民出版社到北京来组稿，我就把稿子交给了他。

一九八〇年十月，我的《雪莱诗选》出版，题写书名的臧克家和设计封面的张守义，全都要比译者有名。但是，不久，湖南人民出版社转来一封“读者来信”。那是重庆诗人杨山表达他得书大喜的来信，他报道了山城读者对于这个译本的欢迎热情，诗人笔下的“奔走相告”使我体味到狄金森所说的“初尝浪姆”。

我的工作单位，中国社会科学院近代史研究所，就设在胡适当年住过的东厂胡同 1 号寓所，距离赵堂子胡同臧克家家不远，克家先生从不以尊长自居，待我十分亲切，常常热心地把诗歌界读者的反映告诉我，我也是从他口中知道了卞之琳的评价：卞先生不仅仅是一位著名的大诗人，而且，更是一位在理论和实践两方面都有很高成就的大诗歌翻译家。他徒步从干面胡同到社科院外文所上班回来，常会在经过赵堂子胡同时到臧克家家里去坐一坐。

后来我还收到卞先生的来信说：“听说你出了一本译得很好的《雪莱诗选》，是否可以送我一册？”读信读到这里我体会到了很难得有机会体会的一种喜悦，这是我尊敬的一位前辈学者的不耻下顾，我的感受中还包括有感动：我当然乐于奉赠。

这本书第一次印刷五千五百册，很快就售罄而不得不当年再版。第二年，我的责任编辑由于《雪莱诗选》一书而获得了两个奖项：“组稿奖”和“责任编辑奖”，我也与有荣焉。

第二年，我曾收到上海华东师大一个学生一封来信，他告诉我，他未能买到而利用暑假手抄写的一本《雪莱诗选》手抄本竟然不翼而飞，使他痛苦得捶胸顿足。

一九八三年，秦牧的《语林采英》由上海文艺和花城两家出版社同时出版，我在第 80—81 页读到了这样一段话：

“英国诗人雪莱有一首著名的《云雀之歌》，中国有文言和白话两种翻译，让我们各引用开头的两段来比较一下吧。

文言的译诗是：

欢乐之灵乎！汝非禽羽族，
远自天之郊，倾泻汝胸臆，
涓涓如流泉，好不费思索。
高飞复高飞，汝自地飞上；
宛如一火云，振翮泛廖苍，
歌唱似翱翔，翱翔复歌唱。

白话的译诗是：

你好啊，欢乐的精灵！
你似乎从不是飞禽，
从天堂或天堂的邻近，
以酣畅淋漓地乐音，
不事雕琢的艺术
倾吐你的衷心。
向上，再向高处飞翔，
从地面你一跃而上，
像一片烈火的轻云，
掠过蔚蓝的天心，
永远歌唱着飞翔，
飞翔着歌唱……

两相比较，我们可以看到，尽管文言的译诗出自名家之手，但是在语言流畅、节奏和谐、意义准确、形象生动等方面，“过去的语言”是没法和“当代的语言比个高低的”。

其实早在秦牧以前已经有人作过类似的对比，一九八一年秋，我北京大学英语系的同学，后来在商务印书馆任副总编，现任《英语世界》主编的徐式谷告诉我，“我像发了神经一样，情不自禁，冒着酷暑，花了整整一个月的功夫，对比了八家雪莱译本，写成一篇评论”；但是投给武汉《外国文学研究》后被退了回来，因为是指名道姓的比较和批评不适合当时的中国国情。这篇论文在人民文学出版社《外国诗》上发表时，也删掉了对比而成了独评一家之论。

秦牧可以说是我素昧平生的知音，许渊冲本也曾是这样的知音之一。八十年代中的一年，我到北京大学去开一个有关于斯诺的会，碰上了一位硕士研究生，就是后来获得了首届彩虹文学翻译奖的姚锦清。他告诉我，“我的导师许渊冲先生在课堂上讲雪莱时，曾经对比各种名家译本，独独推崇您的译文”，那是我第一次听到这个名字。

一九八九年，在石家庄举行的首届英语诗歌翻译研讨会上，我和素不相识的许渊冲相识并且成了朋友。申请正高职称时我便要他把在课堂上说过的写在纸上，他也就欣然命笔，后来又以签名盖章的方式郑重写下了这同一段话：“江枫同志翻译成就很高，我在北京大学英语系为研究生开‘文学翻译’课，曾将江枫译的《雪莱诗选》和……等名家的译文进行对比，结果全班研究生一致认为江译优于其他译文。”

出书后的反响，真可以说是“好评如潮”，对我确实是莫大的鼓舞，但是我倒也没有被冲昏头脑。在应《外国文学研究》编委会之约所写的“译诗，必须力求形神皆似——《雪莱诗选》译后追记”一文中，我如实承认“《雪莱诗选》出版时，我曾感到惶恐，因为发稿后，我又对译文感到不尽满意，但是，发行后竟得到了赞誉，确实使我受之有愧。”特别是就我终于体会到的“译诗，必须力求形神皆似”而论，距离理想的形神皆似尚远。所以，我也懂得，我所得到的赞誉中“包含着极大的宽容”。

一九九二年八月，雪莱诞辰二百周年，中国社会科学院和中国人民对外友好协会在北京联合举行了隆重的学术讨论会；我有幸主持这次纪念集会。吕同六致开幕词后，中国作协副主席冯牧和英国驻华大使馆文化参赞锺思恩相继讲话，王佐良、周珏良、袁可嘉、郑敏、孙家新、西川、陆建德等宣读论文。

卞之琳虽然未能到场，但是委托我代读了书面发言。

出席者除社科院和对外友协领导，还有屠岸、孙绳武、牛汉、金坚范、张炯、杨匡汉、丁守和、杨天石、耿云志、金发燊、顾子欣、李文俊、王逢振、董衡巽、卢永福、杜运燮、林莽、傅浩、张颐武、赵毅衡和虹影等，以及雪莱作品的翻译家杨熙龄的夫人李佩华。

高莽为纪念会绘制了巨幅雪莱画像：西风颂。专程来京的杨德豫带来了湖南文艺出版社所出我译的《雪莱抒情诗选》纪念版，王伟明分赠了载有纪念特辑的香港《诗双月刊》。

令人悲痛的是，周珏良先生在这次会后一周，就永远离开了他所热爱的这个人世。之后，冯牧和王佐良也都已经相继谢世。

一九九四年，徐日珪是我在人民文学出版社工作的另一位清华同学，他问我愿意不愿意为他们另译一本雪莱诗选。袁可嘉曾对我说，人民文学出版社出版选题计划中的雪莱本来落实在他名下，他读到我的译本后决定不译了；他说要是能把我现有的译本再充实一点，就可以成为我们国家的雪莱诗选定译本。袁可嘉后来把他对我这个译本的评价写进了我在商务印书馆出版的英汉对照本《雪莱抒情诗选》的序言：《人间要妙译》。

但是徐日珪对我的要求是一定要采用一部分查良铮的译文，我想，那会是怎样一个译本呢？

好在主持译文工作的任吉生经过考虑，不坚持一定要用查良铮的译文。于是在湖南版那个初译本经过一再重印出到五十多万册以后，我便有了第二个数量上充实得多、质量上又有所改进的人民文学版豪华本江译雪莱。

一九九五年我获得了我国初次设置、应该是在前一年颁发的“彩虹翻译终身成就奖”，当然，并不仅仅因为我翻译了雪莱，我还翻译了狄金森和其他许多美国诗人的作品。一九八二年我总结翻译实践的体会，只是初步认识到：译诗，必须形神皆似。从一九八九年在第一次全国英语诗歌翻译研讨会上做过题为《译诗，形似而后神似》的发言以后，我就对此有了越来越清楚的认识：诗之成其为诗，并不在于说了一些什么，而在于是怎样说的，译诗，就不仅是要译出原作说了些什么，更要译出原作是怎样说的。

一九九六年一月，湖南文艺出版社由罗尉宣策划并任责编的《雪莱抒情诗选全集》出版，除全部较短的诗篇，雪莱夫人的序跋，还收入了七首长诗和抒情诗剧《希腊》，在扉页上我题写的是“谨以此译本奉献给已故西南联大附中国文教员山东大学中文系教授刘泮溪以感谢他的教诲和父亲般的爱”。董乐山翻读过后专门给我打了一个电话，对我说，“单凭这一块金砖，你就有资格获得终身成就奖。”我知道他是认真的，他还提出了一、二、三，三个理由。那大概是我们之间在电话里的最后一次交谈。

二〇〇〇年十二月，由我主编也由我承担主要翻译任务的《雪莱全集》在河北教育出版社出版，对外友协的陈昊苏为这部全集问世举行了一个隆重的首发式。但是，这绝不意味着我译雪莱的终结，译诗而力求形神皆似和精益求精是一个永无止境的过程，何况这个全集并不是我独自完成的成果，还得到了顾子欣、金发燊、傅惟慈、杨黎、章燕、屠岸、杨志达等多位专家学者的积极参与，黄宗英和冯亦代夫妇也投入了他们夕阳无限好的辛劳。

我还要对王佐良先生的在天之灵特别致谢，他的《朱利安和马达罗》是他完成毕生外语教学研究和翻译事业离去前最后的一首翻译作品。

我曾经说过，只要我还活着，我的译诗，哪怕是已经多次修改过了，也只能算得是半成品，我还会利用我的有限余生，沿着力求形神皆似的道路继续前进。

同时，为了确保我已经越来越喜欢的翻译事业健康发展，我还必须继续对有害的“翻译理论”进行必要的批评。实际上从我公开发表“译诗，必须力求形神皆似——《雪莱诗选》译后追记”，不是批评的批评就已经开始。

于是，不知不觉卷入了争论一场论战的核心而被认为和一个“派别”联系在一起，据郭著章在修订第三版的《英汉互译实用教程》中说“关于诗歌翻译……译界历来都有不同的看法。比较有影响的一派的看法是‘形神兼备’，这一观点可以从此派代表人物之——江枫的两篇文章看得非常清楚。一篇是‘卞之琳的译诗理论：以似致信，形神兼备’，另一篇是他和许钧对话录，‘形神兼备：诗歌翻译的一种追求’。”

事实上在翻译工作中主张并且追求“形神兼备”，并不是一种派别现象。正确的道路，我以为，只有一条，如果是严肃而追求完善的翻译工作者，不论出发于何处，最终一定会走到这条路上来，这是一种殊途同归现象。

争论促进思考，思考开拓思路。于是我发现，有些说起来顺口、看起来花哨的所谓理论经不起推敲。诗有“三美”吗？不一定，放眼世界可知，很有一些形不求整齐、音不求押韵的好诗；翻译的目的是“三之”吗？否，“一之”足矣：使不知者知之、不可知者可知，就是唯一的目的；翻译可以“三化”吗？不可，文学是诉诸形象的语言艺术，而浅化是使具体形象抽象化，深化是使抽象概念具体形象化，文学翻译岂可这样随意乱化？

《“新世纪的新译论”点评》发表后，我曾应邀到十几个大学讲学时阐述我的观点，积极的反响表明反对翻译不必求信谬论的必要和可为。有些谬论由于广泛传播而没有人稍加质疑就会形成貌似真理的迷信，但是经不起认真思考的点戳。

我之所以还能投身于这场本来是我力不胜任的争鸣，也是因为我译过点儿雪莱而又不仅仅译过雪莱，并且喜欢使用自己的头脑进行独立思考。

鹿金（1929—　　），原名叶麟鎏，生于上海。毕业于华东师范大学外语系，曾任上海译文出版社编辑、主任、总编辑。1992 年被评为“全国新闻出版系统先进工作者”。1993 年起获国务院所发政府特殊津贴。主要译著有《玻璃动物园》（剧本）、《有钱人和没钱人》、《愚人船》、《鲁滨逊漂流记》等。

《愚人船》琐谈

我原是个外国文学编辑，干了几十年。曾经参加过期刊《外国文艺》的编务，有对候，为了配品种、拼版面，也译些东西。另外，在译余时间里，也受友好之约，参加合译一二长篇，如《战争与回忆》,《乱世佳人》等，凑数而已。但是，除了上面所说的那些赶任务的长短译作外，我也挤出一些休息的时间，翻译一些自己喜爱的东西。其中有田纳西·威廉斯的剧本《玻璃动物园》、海明威的小说《有钱人和没钱人》等。在阅读这些作品的时候，往往觉得内容感人，文笔优美，引起强烈的共鸣。但是，拿起笔，摊开稿子，翻译的时候，总是陷入无法贴切地传达原作的风采和神韵的困境。这种状态大概就是“眼高手低”吧。翻译《愚人船》的时候，这种感觉尤其强烈，所以就挑此书，来谈谈它的艺术特色和我翻译此书的甘苦，严格地说，不是甘苦，而是“苦头”。

《愚人船》的作者美国女作家凯塞琳·安·波特，是位高明的文体家。据说她的创作态度严肃，几乎达到了一丝不苟的程度，甚至一个标点符号也不让出版社编辑移动。一九二二年，当时她三十二岁，她的第一篇小说《玛丽西·孔塞普西翁》在《世纪》杂志上面世以来，她就引起了有眼力的美国评论家们的注意。随着她的中短篇佳作陆续出现，她在美国文坛上的声誉越来越高。著名的美国评论家和作家埃德蒙·威尔逊、艾伦·塔特、黛安娜·特里琳、罗·佩·沃伦等都纷纷从不同的视角用赞赏的言词颂扬她的作品。美国南方女作家尤多拉·韦尔蒂甚至认为她不惜精益求精，追求完美，而且“幸运地获得了成功”。而这些都是不轻许可的人。但是，说也奇怪，波特在一九四五年《愚人船》面世以前，她的作品虽然备受赞美，而且为她赢得了一九三一年的古根海姆研究基金，她却始终没有摆脱“作家的作家”（即只为作家所称赏，而不使广泛的文学爱好者着迷的作家）的经济困窘的处境。《愚人船》闯进了美国的千家万户，给她源源不绝地带去了版税，并且使她成为国际闻名的大作家。好莱坞还把该书搬上银幕，取得成功。

《愚人船》是一部写法别致的小说。一九三一年八月二十二日，一艘德国客轮“真理号”从墨西哥的海港城市维拉克鲁斯开往德国的不来梅港，航程二十七天。这部小说没有一个中心故事，也没有主人公。书中的情节几乎全部发生在这个漂流在海洋上的小小的封闭社会的头等舱乘客和船上的高级人员中。波特最初给小说起名《应许之地》（典出《圣经·旧约》，上帝应许亚伯拉罕和他的后裔的乐土迦南），这当然是反话。三十年代初期，全世界都笼罩在经济萧条的愁云惨雾中。成千上万的劳动人民挣扎在饥饿线上，哪里有什么“应许之地”呢？书名虽是讽喻，但是从全书内容来看，并没有起到画龙点睛的效果，所以并不出色。后来，她想把书名改为《没有安全的海港》。但是书中情节既然以船上为主，那些码头工人纷纷罢工的海港只是背景，以海港为书名，也不见得贴切。最后，她满意地选中了德国讽刺诗人塞巴斯·蒂安·布伦特写的道德寓言故事《愚人船》这个书名作为她自己的书的名字。巧的是她的《愚人船》也是一个寓言，一个具有浓郁政治色彩和时代特征的寓言。全书曲折地反映了满天乌云、遍地骚乱的萧瑟景象，是预示纳粹德国即将发动第二次世界大战的一支前奏曲。船上头等舱中住着五十个人，他们分别为德国人、瑞士人、西班牙人、古巴人、墨西哥人、瑞典人和美国人。可以说是构成了西方社会里中产阶级的一个小小的缩影。波特通过在书中讲述这些人物在船上排遣时间的种种日常活动和揭示他们在脑海中充满七情六欲的心灵活动，来暴露他们的根深蒂国的庸俗偏见（最突出的当然是令人作呕的排犹偏见）和自私自利、贪婪成性的本质。

由于《愚人船》中刻画人物心理活动的情节特别多，所以波特在铺陈的时候，大都使用长句，句句相扣，层层展延，而且在愈来愈深入的心理分析过程中显示出含蓄而辛辣的讽刺锋芒，好像藏在天鹅绒手套里的犀利的爪子。要用流畅的汉语传达原作的风貌着实不易。头一个难关是要把那些长句按次序分开，变成符合汉语习惯的短句来摆稳，然后把原作句中的讽刺的意思曲折地透露出来。有些字句我往往再三安排，伤尽脑筋，还是不能满意，虽然未失原意，但是神采已经走样。我不止一次地苦笑，自己自讨苦吃，是个“愚人”。尽管这样，我还是硬着头皮把全书译完，而且同读者见面了。希望读者从我的“力不从心”的译本中多少能看出原作的风貌，因为原作确实是一部别具一格的精彩之作。

李文俊（1930— ），生于上海。1952年复旦大学新闻系毕业。历任中国社会科学院外国文学研究所研究生院导师、《世界文学》主编、编审；曾任全国加拿大研究会副会长、全国美国文学研究会理事；现为中国翻译工作者协会副会长兼文学艺术翻译委员会主任、中国作协中外文学交流委员会会员、《世界文学》、《博览群书》编委。著有《美国文学简史》（合著）、《福克纳评传》、《妇女画廊》、《纵浪大化集》、《寻找与寻见》等。编有：《福克纳评论集》、《世界反法西斯文学大系·英美卷》、《世界经典散文新编·北美卷》等。译著主要有：《喧哗与骚动》、《我弥留之际》、《去吧，摩西》、《押沙龙，押沙龙！》和《我爱你，罗尼》、《九故事》等。1994年获中美文学交流奖，2002年获《世界文学》“思源”翻译奖。

译人自语

有位朋友读翻译文学读出味道，爱屋及乌，希望翻译人谈谈翻译的事。这就是这篇文章产生的缘由。

不少翻译家都自比为演奏家或是演员。就诠解原作而言，这样的类比是说得过去的。但二者之间也有很大差别。演员生活在聚光灯下喝采声中，而翻译家除极罕见的例外总是寂寞的。没有人对翻译家的长相感兴趣。在街道上大院里，他或她仅仅是又一个出来取牛奶拿报纸的老头老太太。除了偶尔有个编辑向他约稿催稿，他不会收到太多来信与电话。再说，他还有不少“天敌”。原作出版社怀疑他侵犯了版权。原作者不相信他能曲尽其妙地传达出自己的风格，尤其是那暗自得意的神来之笔。外语系的学生不作兴抱着译本进教室。老师要责怪，而且也丢份——他得躲在蚊帐里才读译本。其实老师也看，从他们写的“holier than thee”（比你高明）的翻译批评文章里可以看出来。总之，有身份的人大都只读原著不看翻译，倘若只懂一种外语，那也宁愿通过外语看外国翻译。一位朱诺（古罗马神话中的女主神）般威风凛凛的女士就曾问我：“老实说，你读翻译作品吗？”我原是在翻译书堆里混大的，但是对着离我鼻子不远的那根手指，我也只能嗫嚅支吾了。听说作家中流传着一种说法：你所领略到的某位大师的风格其实仅仅是某个译者的风格。他们感到自己受了愚弄。这未免抬举了翻译家，他们哪有那么大能耐！翻译界同行之间应该有共同语言了吧。但是事实上也难以倾心交流。一般情况下，是你干你的，他干他的。不像医生或律师，有共同感兴趣的病案或是罪案可资谈助。这话是诗人 W. H. 奥登说的。一首诗、一篇散文本身就是一个世界，别人不译也就是进不去这个世界。倘若他也译了那就是复译，这又是冤家路窄了。好像是任谁都自我感觉良好。自我欣赏的文章没人要看，自我欣赏的话连自己的太太都不爱听。向出版社编辑诉苦吧，他们会怀疑你是想多要几文稿酬。翻译家简直连发泄感情的机会都没有。所以我说，翻译家是寂寞的。

另外，翻译方面的是是非非也难以说清。文学翻译不是科学，没有数据可作准绳。直到今天还有人赞赏解放前对好莱坞片名的译法，如《魂归离恨天》（即《呼啸山庄》），《此情可待》（原文“Right here waiting”本是直截了当的牛仔腔大白话，与李商隐的“已惘然”情趣相去可谓十万八千里！）。他喜欢有他的自由，你至多也只能说一句“夫复何言”。有人专愿朝是非圈里钻，横扫一切“非文艺翻译”，那也是萝卜青菜，各有所爱。我也许因为身体不好，属于胆小一族。如果我订了一份报经常得为收不到而烦恼，每过几天都得花半小时去侦察寻访，那我干脆下一季度不订，哪怕此报编得再好。我译福克纳也是出于同样的心理，全然不是为匡世救人。前些年福克纳的书没有人译，原因我想是译他一千字可以译别人比方说，阿伽莎·克里斯蒂的三五千字，亦即经济效益太差。当时还无版权问题。挑中他最主要的还是因为全世界的南方人脾气都有点相通——果然，过后不久，便有人提倡“南南合作”了。此外我还喜欢福克纳的落落寡合，他的矜持，他孤独礁石般地不理会潮流。而且，在我看来，写大家庭没落的悲哀也比表现富豪的发迹或情场得意更具美学价值——哪位理论家说过类似的话，记不清是谁了。何况，那些世家子弟的反省也远比日本政客挂在口头的要深刻得多。

就这样，先译了一部《喧哗与骚动》。接着译了《我弥留之际》。那是另一类型的作品，那“盲人在他的命运与他的责任之间摸索着前进”（加缪语）的命题让我玩味了多时。去年又译完《去吧，摩西》，过去出版的《熊》是其中的一篇。今年春节后，在客观上的障碍和主观上的有意踟蹰逡巡消除后，终于开始译最艰深的那本《押沙龙，押沙龙！》。法国有位名叫莫理斯·库安德罗的翻译家，他译过多种福克纳作品，法国掀起的"福克纳热"与他不无关系。我听美国的一位福克纳研究者说，库安德罗曾表示，他平生最后悔的就是没有把《押沙龙，押沙龙！》译出来。说这话时，库安德罗已译不动这部书了。故事中那种迟暮的悲哀打动了我。

译此书是件苦事。每天仅得数百言。二三个小时过后，那剪不断理还乱的长句便让人掷笔兴叹。那天剩下的时间只能去做轻松些的事，如买买菜，听听CD，翻翻画册。现在天气渐热，可以游泳了。于是每天下午在汩汩的水声中松弛神经。好在还无需为生计奔波，父母前些年先后去世。刚出道的孩子收入已赶上他母亲和我了。况且还有些稿费收入。偶尔在书摊上发现某篇旧译给收入集子，写信去乞讨，多少能蒙赏给几文。武汉有家出版社需出具身份证复印件并呈交机关证明后钞票才敢松手。湖北人果然不凡。

再说几个月前又获得一种"中美文学交流奖"。钱不算多，但也不是象征性的。我深知这是文学界对我赏脸——此话是从钟书先生处学得的。那年他主持中外文学比较研讨会，在京西宾馆，见我去他说了句："谢谢赏脸"。那天他穿一套素净的中山服。穿制服能显得如此儒雅这倒是我想象不到的。

行人廖落的小径

——译《喧哗与骚动》

李文俊

美国诗人罗伯特·弗洛斯特写过一首诗，篇名叫《没有走的路》。最近重读此诗，觉得就像是针对我的情况而写，诗中所说的“今后的岁月里，在某处”，也完全可以与我此刻所处的此时此地相对应。

弗洛斯特在诗里写道：黄树林中两条小路岔分，可惜“我”不能同时并行。两条都同样秀美，都很吸引人。“我”决定来日再走先见到的那条。“我知道世上路与路相连，／却怀疑我能否返回。/ 我会在今后的岁月里，在某处／讲述此事，并带上一声喟叹：／林中有两条小路，我——／当时选择了行人寥落的那条，／结果造成多大的差别。”

在八十年代初，我也面临着两条分岔的小径。当时百废待兴，读者都希望能够看到多年未译介成了盲区的现当代外国文学作品。海明威是一个众所关注的中心。我作为一个美国文学的研究介绍者，自然会想到他那部气魄最大、写西班牙内战的《丧钟为谁而鸣》。书中因对第三国际代表有些微词，苏联与我国都一直未翻译出版。我觉得此时应不再成为问题，便与出版社接洽。经试译，通过，双方签订了合同。我也译成一部分，在某刊物上登出。可是就在此时，周扬同志给一家权威出版社写了封信，并转去一部《丧钟为谁而鸣》的译稿。周扬信里说，译者原是电影学院学生，一九五七年被错划，后下放劳动。在艰苦环境中他不放弃文艺业务，将此书译出。译者觉得此时此书应该可以出版了，便将译稿寄给“老校长”（周扬曾任电影学院院长），请费神推荐出版。周扬的信中还说，译者情况令人同情，希出版社尽量照顾云云。

这家出版社收到后，以《丧钟》一书不在自家出版规划之内为由，将信、稿转给与我订了合同的那家。于是那家出版社与我“商量”。我看得出他们的意思，便顺水推舟，回答说，既然有人已全部译出，我仅仅是开了个头，当然可以停下。（当时很傻，竟没有想到按照合同规定索取经济补偿！）于是出版社请人加工，出版了这一译本。

如果没有周扬同志这一善意行动的干预，我顺顺当当译完《丧钟》，译本顺顺当当出版。情况又会如何？当然我不会掐指算命，不过反正那条路总会好走一些吧。因为福克纳的作品要比海明威的难译得多。而且当时从事这方面工作的，除了我，几乎没有别人。我是孤军作战，打的是一场“one man’s war”。

总之，我“选择”了“行人寥落的那条路”，译起《喧哗与骚动》来。想不到一做就歇不下来，直到几乎精疲力竭。

其实，我译福作也不是平白无故的。在这以前，我编了一本《福克纳评论集》，为《美国文学简史》与《大百科》撰写了有关福克纳的篇章与条目。这样做也有好处，使我对福著多少具备一个总的认识，可以从全局高度来审视福氏的单部作品。而福氏创作的一个特点正是：每部作品都环环相扣，是整体的一个组成部分。我在编《评论集》时已感到：“在读者未读原著的情况下请他们先看太多的有关评论，恐贻本末倒置之讥。”（该书前言）我自然而然产生了一种要译介他作品的责任感。另外，我通过对福著的探索与熟悉，也产生了一种亲和感。首先，福克纳是南方人，我也是南方人——当然，是中国的南方人。福克纳写旧家族的没落，我这人感情上也比较怀旧与保守。我曾说过：“我喜欢福克纳的落落寡合，他的矜持、他的孤独礁石般的不理会潮流。而且，在我看来，写大家庭没落的悲哀也比表现成功者的发迹或情场得意更具美学价值。”我还说过：“……一九七九年，国内知道福克纳名字的人可谓‘寥若晨星’。作为《评论集》的编选者，我曾担心这本书的出版会不会是一次‘旷野的呼喊’。”既然福克纳作品应该介绍又没有别人来做，那只好由我自己来承担这项工作了。岂不闻佛说过：“我不入地狱，谁入地狱？”

我最先译的并非《喧哗》的第一部分，而是第二部分，即“昆丁的部分”。袁可嘉先生当时正与几位先生合作，编一部《外国现代派文学作品选》。他约我译这段，作为典型范例，显示“意识流”这一类别的特色。我译出交给了他。袁先生在推广福著上有功，但也有“罪”。他将福作“扁平化”了。似乎福克纳只会一种技法，那就是意识流。而这个看法（或印象）也在我国文学界流行了很长一段时间。

接着，也许是因为“昆丁的部分”引起注意，人民文学出版社的施咸荣先生又约我将第一章即“班吉的部分”译出，登在该社出版的大型外国文学刊物上。这以后，将全书译成便是顺理成章的事了。我是从一九八〇年二月开译，一直到一九八二年六月才将全书译出的。当时我写过一篇文章，里面说："大概总有两年，《喧哗与骚动》日日夜夜纠缠着我，像一个梦——有时是美梦，有时却又是恶梦。"因为，此书"内容并不算复杂，它的结构与表现手法却颇为精巧与深奥。……在四段叙述中，每个人物分别塑造自己、别的叙述者与其他有关人物的形象。这样的手法有点像可以形成多种序列的数学上的排列组合，也像古兵法家指挥下灵活多变的八卦阵。译这样的'七宝楼台'式的作品自然费劲。这就像一个演员要同台演生旦净末丑，既要进入角色，又要超脱角色，……手忙脚乱的狼狈状是可想而知的。

"多种角度仅仅是翻译上困难的一个方面，更大的困难还在于准确再现人物的意识流。在前三章里，人物脑子里的细节与事件并不是按时序与逻辑次序出现的，而是此起彼伏，此伏彼起，推前涌后，倏忽变动。"

《喧哗》中译本是一九八四年十月由上海译文出版社出版的，初次印刷八万七千五百册。事情本来到此就可以告一段落了。然而，不久后，我见到了一九八七年美国诺顿公司出版的该书"修订本"。 校勘者是美国福学专家诺埃尔·波尔克。据波尔克说，他拿福克纳此书的手写稿、复写纸本打印稿与一九二九年出版的初版本仔细比较，务求使一个写作者"最终意图"相符的版本得以出现。我知道我的苦头还没吃完呢。于是又花了几个月根据修订版原文，把译本改了一遍，顺势对过去不甚满意之处也做了些更动。经过修订的译文先由浙江文艺出版社于一九九二年出版。后来，在译文出版社购到"福克纳文集"（共七种）版权时，又由该社在一九九五年出版。几种版本累计印数该有十五万册左右。至此，对我，这项工作算是"功德圆满"，可以与之告别了。

目前，此书似已成为我国文学爱好者与文科大学生必读书之一。但最令我得意的还是，在某种程度上，我可以说为汉语增添了一个新成语：即"喧哗（嚣）与骚动"。报刊上也好，书籍中也好，每当作者要表现乱纷纷、闹哄哄的场景时，似乎总忍不住要用这五个字。我见到不免莞尔一笑。

至于译文质量如何，我想，由译者自己来说不免有"自卖自夸"之嫌，至少是不得体的。这该由读者与评论家来判断，最终还得由历史老人说了算。我就不说了。

走了第一步就由不得自己了。我接着又译了《熊》、《我弥留之际》，后来又将包括《熊》在内的《去吧，摩西》全部译出。退休后，我用了三年时间，将福作中公认最艰深的《押沙龙，押沙龙！》译出。（那活儿真不是人干的！）又贾余勇，写了部三十万字的《福克纳评传》。我用了近二十年走完一条"行人廖落的小径"，这倒是自己始料未及的。

文美惠（1931—　　），湖北武汉人。1953年毕业于北京大学西语系。历任中国人民大学外交系外国语教研室助教，中国科学院文学研究所助理研究员，中国社会科学院外国文学研究所副研究员、研究员。1956年开始发表作品。1979年加入中国作家协会。著作有：《塞万提斯和〈堂吉诃德〉》，主编论文集《超越传统的新起点：英国小说研究（1875~1914）》、《外国文学作品提要》（合作），编译《司各特研究》，译著有：《狐》、《高原的寡妇》，小说集《老虎！老虎》（合译）、《动物小说》、《美妇人》、《野兽的烙印》等。

译吉卜林先过主题关

考上北大更想读军校

我在重庆的南开中学念书时，通货膨胀已经开始。当时父亲还在盐务局工作。盐务局的子弟如果各科成绩都在85分以上，学费就可以借款，我于是拼命地念书。其实，那个时候因为通货膨胀得太厉害，借的学费相当于不用还。

在我十七岁的时候，我到了武汉。在武汉我参加了全国统考，考了好几个学校，其中一个志愿是北大西语系。

我从初中一年级才开始学英文，但我英文学得不费力，因为我在念中学的时候有一个好朋友，她的父亲是华侨，经常给女儿带回来很多英文杂志，这些杂志对我学英文很有益处。

但是，我不是很想去上北大，我想上华中干部大学，因为当时很多人都向往参军，我的姐姐也参加了部队的文工团。后来家里人说：“你太小，你还要继续学习。”我才听从他们的意见去了北大。

从武汉坐火车到北京，路上一共走了三天三夜。因为经过那些年的大战，黄河桥已经很不结实了。现在过黄河桥只需要几分钟的时间，记得当时火车上的人被要求全部从车上下来，在郑州待了一天，后来上车之后也花了几个小时才过桥，火车得慢慢地走，走得稍微快一点，桥就好像要塌了一样。

朱光潜上课“客气”得不得了

北大给我的第一印象是很空、很大、社团很多。因为身体健康的很多都南下了，不能去的人里有好多都是“肺健会”的——那时候得肺病的人不少。当时俄语系非常强大，学英语的人不多，因为被看作是美帝国主义的语言，尤其是到了抗美援朝时期，在运动中一些老师都受到批判。

我们的很多老师都很有名，譬如朱光潜、卞之琳、潘家洵、冯至……其中有的老师是在一九四九年之后特意从国外赶回来的。老师之中学英文的多，学俄文的少。有的老师本来是学英文的，听说俄语系缺老师，就去自学了俄文来教导学生。后来我们与苏联的关系坏了，就又回到英语系教英语。

那些老师都特别有大家风范。其中教我们翻译的是潘家洵，他发明了一种理论：给学生打分是“锦上添花”和“落井下石”。他说如果你功课很不好，我就给你打分打得更低；如果你成绩好，我就给你打分打得更高。后来学生还因此批判了他——我们说你为什么要给人家增减分数，人家该得多少分就是多少分。对此，我们后来都感到很遗憾，很抱歉。

朱光潜给我们上英文讲读课，他上课有一个特点，就是对学生都“客气”得不得了，比如他点人回答问题：“Miss Wen，请你起来，把这句讲给我听。”讲不出来，不要紧，你站在那儿，他再点下一个人，等到有人答对了，他才恍然大悟一样地对你说：“你还站着啊，快请坐，快请坐！”他是非常温和的，但同学都很老实，他不叫你坐就不敢坐下来。

我感到很幸福的是，这批最好的学者都是尽心尽力地教导我们，尽管有些人挨批，但他们对学生总是非常和蔼可亲。

为杨绛《堂·吉诃德》译本写序

我毕业之后原先是被分配到了人民大学，但我很想从事文学研究，正好我在北大的好多老师都调到了社科院（当时还称之为中国科学院社会科学部），我也就找机会去了那里从事研究工作。

“亚非拉革命”兴起的时候，兴起了一阵学拉丁美洲语言的高潮，我们外文所也有很多人想学。外文所分来了一两个大学生，教我们学西班牙语。学了一年多一点点，“文化大革命”就爆发了，“知识分子都下乡去滚一身泥巴”，我们到延庆种地去了。

半年之后我们回到北京，教西班牙语的大学生、《世界文学》杂志社里一个自学了一点西班牙语的编辑与我一起组成了一个“拉丁美洲筹备组”，所谓筹备组的意思并非正式的研究室。

社科院的研究人员的工作主要分两块，一块是做研究然后结集出书，另外就是在报刊上写文章。到一九七四年的时候，我们已经很多年没有在报刊上登载文章，突然看到登了一篇社科院的人的文章（好像是柳鸣九写的），大家都很兴奋，以为曙光来了。结果是空欢喜一场，听说姚文元下命令说：“图书馆不许借书给社科院，报刊不许刊登社科院的人的文章。”一九七八年前后，我们才开始从事业务工作。所里分配我写《堂·吉诃德》的序言，我读的是英文的《堂·吉诃德》。本来序言应该是由译者杨绛自己来写，但因为种种原因，外文所派了很多年轻人去承担原来是由老先生来做的任务，有些人拒绝了，我糊里糊涂地就应承了下来。不过那篇《塞万提斯和〈堂·吉诃德〉》后来并没有成为书的序言，刊登在了《文学评论》上。

后来，《人民中国》（现在的《今日中国》，是一本面向世界的画报）的一个编辑找到我，请我写一篇杨绛的访问记。因为《堂·吉诃德》出版之后在国内影响很大，而且大家都很想知道杨绛这样一个搞英文与法文的人怎么又突然转到了西班牙文？

杨绛对年轻人很好，我所知道的是，杨绛翻译《堂·吉诃德》时，英美文学研究室的人给予了帮助，有些年轻研究人员还帮她抄写过稿子。我去采访杨绛，记得很清楚的是，杨绛告诉我说她在“文化大革命”期间不停地学西班牙文，在家里一边洗脚，一边嘴里还在念叨西班牙语。

杨绛译的《堂·吉诃德》是“文革”以后的第一个译本，现在这本书有了很多译本。有的人说她翻译得不好，我觉得，实际上杨绛的翻译方法是很难学习的，你看了这本书之后中文水平会提高。她把句子都打破了融会贯通，你会觉得像是中国人在说话，越看越会觉得有意思。

翻译吉卜林看主题选作品

一九七九年，上海文艺出版社的金子信找到社会科学院外文所约稿，我们两个月就给他出了一套外国短篇小说选，没多久又出了外国现代派作品集和四大本的文学作品提要。因为大家十多年都没有工作了，工作热情极其高涨，他提出什么要求，想出什么书大家都支持，而且效率出乎意料地高。

金子信想出一套诺贝尔文学奖得主的丛书，我们一起商量选题的时候，觉得应该每个诺贝尔文学奖得主都选一本书出版，尤其是把最早得奖作家的书当作第一卷推出，其中吉卜林就是英国第一个获得诺贝尔文学奖的作家。

但是过了不久，上海文艺出版社分出了译文等好几个出版社，译文与上海文艺出版社“打官司”，因为上海文艺一般是出版中国人写的书，而翻译的书应该是由译文出版，所以诺贝尔文学奖系列丛书应该由译文来出。

就这样，那套诺贝尔文学奖丛书的计划就搁浅了。

过了不久，漓江出版社的刘硕良来找我们，也是约译诺贝尔文学奖作品。我们一篇一篇地商量选题，吉卜林的代表作其实是一部名为《基姆》的长篇小说，但男主角基姆为情报部门工作，有间谍的嫌疑，这样一个长篇小说不太合适在当时译介。因此，我主要还是翻译他的短篇小说。

翻译绝不是一气呵成的，我翻译吉卜林的小说费的力气三倍于其他译作。吉卜林写的关于印度丛林的小说，对于我来说好比一个陌生的世界。书中有很多语言属于印度方言，查很多字典和资料也不见得查得到。

翻译他的小说时我查了大量的资料。吉卜林从小被灌输的思想就带有“帝国主义色彩”，人不太可能脱离他出生与成长的环境，他还担心英帝国主义走下坡路，十分讨厌颓废派和自由派，他给社会的建议就是“好好干”。

吉卜林在前苏联受欢迎的程度超过狄更斯，他的书在前苏联销量超过一千万册，但是中国很多人都认为他是帝国主义鼓吹者。到现在为止，吉卜林也还是国际上最富争议的作家之一，一方面他的确吹捧大英帝国，一方面他写了不少好的作品。我在选择他的短篇小说时，着重翻译那些描写下层印度人民苦难的篇章，而那些流露出高傲与扩张思想的作品就不选了。

吉卜林是一个艺术手法很多样的作家。他的《丛林故事》可以说是世界上被翻译得最多的小说集之一，但是在中国，吉卜林的诗歌、长篇小说、部分短篇小说以及他的自传、游记翻译得不多，愿今后能有年轻人不怕艰苦，翻译更多他的作品。

屠珍（1934—　　），生于北京，原籍江苏常州。五岁时进明明小学读书，九岁初小毕业后，进入当时北京一所法国教会办的女子学院，校内外国修女教授英语、法语和拉丁语课程。1951 年考进燕京大学英语系。1952 年三大院校合并为北京大学后，改学法语直到毕业。1955 年大学毕业后被分配到外贸部门当翻译。1963 年调到北京外贸学院任英语教员，初期教过基础英语和外贸专业英语等。译有：[法] 伊・彼罗《一个丑角的素描》（自编自导自演剧）（1979）、[法] 尤奈斯库《阿麦迪或脱身》（三幕剧）（1980）、[美] 伯纳德・马拉默德《生命代价》（1979）、[美] 弗兰纳・奥康纳《好人难寻》（1979）、[美] 艾萨克・辛格《顽笑》（1980）、[美] 凯萨琳・安・波特《坟》、[美] 乔伊斯・卡洛尔・奥茨《如愿以偿》（1982）、[英] 毛姆《赴宴之前》（1979）、[英] 詹姆斯・希尔顿《鸳梦重温》（1984）等。

对文学翻译的几点体会

“Tradutore，traditore”（译者，叛徒也）。这句意大利谚语真给翻译工作者扣了一顶吓人的大帽子，但也说明翻译工作确实不易。

文学翻译尤其不容易。有人说应该完全忠实于原文的形象，不要夸张，不要夹带任何别的东西；可也有人说应当灵活一点，要富有创造性，不要太拘泥于原文。两种说法都有一定的道理。究竟怎样才能把这项工作做得完善些呢？

钱锺书先生曾说：“文学翻译的最高标准是‘化’。把作品从一国文学转变成另一国文学，既不能因语言习惯的差异而露出生硬牵强的痕迹，又能完全保存原有的风味，那就算得入于‘化境’。”[1] 这一真知灼见给我很大的启发，我竭力想按照这一原则去做，但限于自己的语言水平，总是力不从心，难以达到“化境”。

我只能做一些肤浅的试验。去年译威斯格的剧本《根》时，因原作写的是英国乡镇老百姓的生活，作者大量运用了诺福克地区的方言俚语，我便试用北京的方言俚语来译，以求保存原作的地方色彩。但这又会出现另一问题，北方人能看懂听懂，南方人是否也行呢？一律使用规范的普通话，又会丧失原作的风采，译者的苦闷困惑也就在于此。

试译了几个剧本之后，觉得为了使演员能够朗朗上口，台词似应口语化(诗剧则当别论)，不同人物的言谈特征也需掌握好，劳动人民和官僚贵族在谈吐上就应有区别。我在遇到这类疑难问题时，常求助于老舍、茅盾、巴金等作家的作品以及翻译界老前辈的译作，从中吸取养料，借取辞汇，获益匪浅。

经过多年的摸索，我觉得按原文词句照搬那样直译是最容易不过的事了。越是逐字翻译，越有可能不忠实于原文。翻译应先吃透原文，经过反复琢磨，方能用恰如其分的汉语把意思灵活地表达出来，同时还得兼顾原作的风格。近几年译了一些当代美国女作家的短篇小说颇有这种感受。她们都善于写一些情节较简单而含有寓意的故事，且着重心理分析，文笔也较纤细。如果照搬，就会罗列一大堆辞藻，空洞乏味，内在含意也无法传达出来。例如风格典雅的凯瑟琳·安·波特的《坟》，情节非常简单，说的不过是兄妹两个小孩在荒坟里探寻宝藏，而细分析起来却包含几层涵义。它暗喻人从幼年的纯真到成年懂事的过程，而探寻宝藏也就是探寻知识。小说中的坟地的废弃使人联想到作者自己家庭的几次迁居和家道中落，以及美国南方家庭强烈的家庭观念和南方人的思想感情。这个短篇虽然仅有几千字，译起来却十分费时，经过查阅有关作者的资料，几经推敲，才大致领悟了作者的原意。

译英国作家格雷厄姆·格林的近作《费希尔博士》时，也深感不透彻理解他对资产阶级贪得无厌的讽喻。不注意他通篇反复运用两个关键词汇“贪婪”和“憎恨”这一创作上的独特之处就很难把这位老作家辛辣嘲讽的笔调和特征传达出来。这位年逾古稀的作家在创作上一贯言简意赅，结构严谨，幽默诙谐，语言艺术越来越精湛纯熟。初看他的作品好似很容易，没有什么艰深晦涩的词句，顺畅极了，可是要用汉语传神示意地译出，却非易事。这恐怕是自己

[1] 见钱锺书:《林纾的翻译》。《文学研究集刊》，第 1 册，第 1 页（1961 年）。

在学识和阅历上同他相差一段距离的缘故吧。由此我领悟到译名家作品，自己的水平不够，真会糟蹋原作，委屈原作者。

十七世纪英人詹姆斯·霍威尔曾说："有人把翻译作品视同土耳其挂毯的反面"（Some hold translation not unlike to be the wrong side of a turkey tapestry）。怎样才能使译品不像挂毯的反面那样粗糙而像正面那样绚丽多彩呢？这可是一门需要毕生钻研的学问。我还要努力提高，虚心向老前辈们学习。

张玲（1936—　　），笔名：菱紫、鲁汉。北京人。1954 年考入北大中文系，求学期间即开始发表诗歌、散文。1957 年被划为右派，在大西北工作 21 年，考回北京后历任《翻译通讯》副主编、社科院外文所《文艺理论译丛》编审等职，中国作协会员、（国际）哈代学会终身荣誉会员，曾任伦敦狄更斯博物馆荣誉中文顾问及（国际）哈代协会副主席。著有《榆斋弦音》、《旅次的自由联想》、《哈代》、《英国伟大的小说家——狄更新》、《画家宗其香传》等，译（含合译）有《双城记》、《傲慢与偏见》、《呼啸山庄》、《哈代中短篇小说选》、《牧师情史》、《孤寂深渊》等。

文化的传承是需要少数人来维护的

文学翻译，必须注意风格的传递

高立志：去年是狄更斯诞辰二百周年，今年是奥斯丁《傲慢与偏见》出版二百周年。我们知道您是新中国首先出版狄更斯传记的、撰写多种狄更斯评论的学者，翻译过《双城记》，还翻译了《傲慢与偏见》，今天我们先从这两本书谈起吧。

我还记得福斯特曾经写过一本书《小说面面观》，这个小册子曾经和珀·卢伯克的《小说技巧》和爱·缪尔《小说结构》合并为《小说美学经典三种》列入“外国文学研究资料丛书”出版的，您是这本书的译校和责编。您很了解福斯特把小说分为两种：一是“扁平人物”，它“只具备一种气质，甚至可以用一个句子表达出来”；二是圆形人物，刻画一种“适合各种情节要求”的、“令人信服”的、“不刻板枯燥”的丰满形象。他举的例子恰恰是狄更斯笔下的人物多“扁平人物”，而奥斯丁笔下多“圆形人物”。您怎么看？

张玲：round character、flat character 这两个词翻译为“圆形人物”和“扁平人物”如今已很流行，其实在我们中国现代文学批评中早有现成的说法，就是丰满的和干瘪的。福斯特这种分类有一定的价值评判在里头，所以用“扁平人物”来概括狄更斯所描绘的人物形象是不公允的。我们不能忘记狄更斯是多产大家，他塑造了太多的人物形象，不可能每个都栩栩如生。福斯特自己也不可能把笔下的每个形象都写成 round character。不要过于迷信文学理论，更不要信手套用。

高：我上研究生的时候记得有个段子说，如果你不懂文学，又不懂理论，就搞文学理论吧；如果你不懂中国，也不懂西方，就搞比较吧。这不是没道理，陈平原老师给我们上课的时候说过，做学问，有长取其长，无长去其短。

张：哈，我上学的时候也有类似说法，只是把搞比较改成了搞翻译。文学理论，脱离了具体作品还有什么呢？例如俄国形式主义，本是那里无国籍的犹太人当中那些创作才华有限的人别出心裁地创立的。后来斯大林排犹，他们转到布拉格，因此还有布拉格学派。希特勒排犹，他们又流亡世界各地，包括法国、美国。法国人爱时髦，冒出结构主义、解构主义，当然列维 - 斯特劳斯、德里达也都是犹太人；美国人国力更强，影响大，所以后来这个形式主义传遍世界。结果文学理论脱离了文学作品，总不能空对空啊，于是投向人类学、哲学，越说越玄了。

高：您这么说基本厘清了形式主义的传播路线。那让我们回到作品本身谈吧，先说狄更斯《双城记》。我记得您说过，能翻译这本书是您最庆幸的事之一。我还是想知道您和这本书的一些因缘故事。

张：首先，入外国文学之道以前，我译过英国男女经典作家的中短篇小说，大约有四五十万字，其中一半曾经发表出版，还出版过一些狄更斯小说评论，和一本小小的狄更斯评传。早年也读过《双城记》原著和一些前辈的中译，非常喜欢这部作品，它说出了很多我自己想说的话。说起来，建国后我们国家曾计划组织翻译一批经典名著，周扬主抓的。基本上是凡苏联有的，我们都要有，自然包括《双城记》；即使已经有译本的，如果不理想，都找人重译。上海译文正副主编孙家　（吴岩）、包文棣（辛未艾）及资深编辑方平三位先生来北京约稿，他们都是著名翻译家，到我家找我爸（张谷若先生）译《双城记》。当时他已为这个出版社翻译出版了《大卫·考坡菲》，在海内外引起了一定反响，又应约正在承担翻译《弃儿汤姆·琼斯史》，如此我就趁上茶的时候说："让我来试试。"我先按规定，试译了三四万字交给他们，获得认可后，才开始正经翻译。我丈夫（张扬）的英语比我熟练，我就拉他一起来啃，也是为了赶交稿时间。我们先分头各译一半，然后交换互校，最后我再通校一遍，统一风格。

高：说到风格，我想知道您是如何在翻译中传达的。您也知道最近网上有人反复比较《双城记》几个译本。

张：风格，当然首先是作者的风格，你不能把奥斯丁的调子移用到狄更斯作品上，他们时代、性别、性格、教养不同。奥斯丁的幽默讽刺是温婉的，而狄更斯是辛辣的。同一个作者不同时期的作品也不尽相同，狄更斯是个小记者（reporter）出身，早期作品主要是简明流畅的时文体，但晚期，学识、阅历大加丰富，文名赫赫，他也在有意打造自己吧，用词越来越考究。我们不能把狄更斯后期的《双城记》和早期的《匹克威克外传》以至中期的《大卫·考坡菲》都译成一种风格，人家是典雅的用语，我们只能用典雅的汉语来译，人家用方言的地方，我们也最好用相应的方言对应。

高：这也是新一代和老一代翻译的大不同。我们这些相对年轻一些的，已经被生活和工作节奏逼迫得没有时间欣赏那种典雅的语言了，特别是网络，追求那种直来直去的风格。所以很多人认为"这是最好的时代，也是最坏的时代"表达得很痛快。

张：《双城记》是狄更斯晚年巨作，他的原文，多用大词、书面语，富有音乐性，甚至有古英语，读来像是畅饮醇厚浓郁的陈年佳酿，因为其中很多词都是我们平时很少用到的，我们翻译时真是因此而差点儿把一本字典几乎都抠破了。这是英国古典的文学作品，又是狄更斯在他那个时代写的历史小说，如果用现代汉语的大白话翻译是会满足某些读者，但我认为，那也会使它丧失了历史感，从而也就失信于作者了。再说《傲慢与偏见》吧，单从文字来说，比较流畅浅显，但流畅不是流俗，浅显不是浅薄，那是十八、十九世纪之交一位英国中产阶级淑女的创作，简·奥斯丁之后英国一系列女作家当中，她是受正规教育最完整的一个，她从十四五岁习作小说的时候，就会用大词雅词表达幽默讽刺。现在就连古装传奇戏说电视剧里说现代流行语也让人感到穿帮，试想仅用当代汉语大白话和俚语来译二百年前的《傲慢与偏见》，简·奥斯丁如果地下有知，她将嗅到什么味儿？

高：这其实牵涉到一个阳春白雪和下里巴人的问题。

张：说来也是奇怪，我们念念不忘自己是泱泱大国，但在言行的细微末处却又常显出小家气度！以我们中国之大，几乎可以和整个欧洲相比，一个省的面积就不啻他们一个国家，说到人口则更不在话下，如此理应有更大包容性，为什么就不能在信、达的前提下，允许不同译本并存，以适应于不同读者的需求？——不过我个人还是坚持要说，经典就是经典，文化的传承是需要少数人来维护的。我坚信，被流行的花花绿绿的世界忽悠花了眼的人，回过头来自然会发现原来古典的美。经典，永远不会过时；一个人从小到老不解其中滋味，也是一种人生之憾。

当然对经典也有一个选择问题，例如《双城记》当下在西方也不是狄更斯作品中最被看好的，有一阵，他们更看重《圣诞颂歌》，它弥漫着基督教氛围，讲不要吝啬、尊重弱者等普遍的做人道理；还有《大卫·考坡菲》之类，事关英国人的人格塑造。至于《双城记》，其中反映暴力的压迫和反抗，更合于马克思主义美学理念。但是这部小说那种严谨的结构，完美的叙事手法，颂扬人性美的张力，又使它永远广为普世接受。

在精英／草根、中／西之间

高：我觉得您的思想是很精英的，而您最常说的则是您是草根。

张：精英、草根，这两个词中的关键字是根，没有根，何谈精英？中国几千年的封建皇帝都懂得占人口绝大多数的草民才是社稷之本。我这个人缺乏理性，思想杂乱，虽没测过，大概智商也不高，远不够精英。只是惯于要求自己竭尽绵薄，凭一点小才能笨体力“做好自己”，骨子里则是既固执又传统，只不过私下里爱想、爱说、爱做有点超前的事。扶危济困，博爱从善，都是面对弱者，这是我从祖辈父母辈血液里承接下来的天性，也是受西方人文思想的影响。那时候我父母厉行节制生育，我很羡慕别人有很多兄弟姐妹，在自己写的长短句（愧言诗句）里说“所有的姑娘都是我的姐妹，所有的小伙都是我的兄弟”。从小自己的东西与人分享是再自然不过的事，上大学时外地同学进城过夜，家属来京探亲，常住我家。但后来批判我的时候，说我为什么对同学这么好，那是装天真，是资产阶级小姐的怜悯。第二天，说这种话的一位同学给我写条子，说他爱人来了，要住我家，我们照样招待了他们，但那些话让我很伤心，我妈妈也非常伤心。我离校前的鉴定上他们坚持要写进“很世故”三个字，说是我平时表现那么好，那么天真烂漫，都是装出来的，这样写，是为了让我在新环境中的人警惕我，认清楚我的真面目。这比说我思想反动还让我心痛。几十年后我霍然顿悟了，原来，说我世故的人哪一个都比我更世故。

我说自己是草根，还因为在大西北的二十一年，虽然我也还算个“国家干部”，但是常和最底层的人同吃住劳动，博爱平等不再是口号和概念，而成了一种自然的状况。日久天长也看惯了一些人看我这类人下人的时候的那副嘴脸，如今我已回归我所来的阶层，将心比心，我还是不会用那些至今仍然历历在目的嘴脸去看他人，尤其是那些还在底下的大多数。

再给你说一个不生动的故事：在大学教英语的时候，我难得地有过一次负责招选新生的机会。有两个女孩候选，只有一个名额。我选了那个文盲铁路养路工的养女，因为我认为这是她唯一的希望。我把那个家境较好还和我有点熟人关系的找来，告诉她：你有条件到更好的地方去发展，把这次机会让出吧。后来这个家境和自身条件较好的女孩到了北京，一直没有再联系我，也许她恨我一辈子呢。

高：这也就是精英的一种气质。草根是一种立场，或者说您所坚持的精英意识，对应的是您对经典文化的热爱；您坚持自己的草根立场，其实对应的是有失公平的世事。人人生而平等，是不可能的，但一个合宜的社会应该给每人一个出路，起码是念想吧。这里我想问一个中外文化的比较问题。有人说，在发达国家，一样有穷人，有乞丐，但他们不会因牢骚满腹以致生乱；而我们眼下不仅穷人大叫没出路，就是富人，就是公务员也常常憋屈得不得了，好像社会对不起他们每个人似的。

张：就我所见所闻，其实西方也不尽然。我只是一个中西半通不通的学者，一个人总想寻找一种归宿感，一种道德的根，我总是想：我能固守什么呢？在西方我曾找到了一些中国所久已丢失的东西，但这些东西在超福利国度，特别是金融风暴之中，似乎又模糊甚至衰退了。

高：那您觉得眼下的中西差别和汇通在哪里？

张：在物质上，我们曾经是赤贫，现在我们的进步使我们和西方的距离缩短了；但社会文明、社会秩序，就普通人来说的生活质量、受教育水准，中西距离还是太大。

高：这让我想起我曾游览过莱茵河畔的小镇，他们一户户的窗户都摆上明显精心培育的花花草草的。包括到挪威山区我都注意看看经过的小院子，他们把自己同样有限的空间弄得非常宜居，挪威、丹麦、瑞典，真的不需要公园，到处都是洁净的清新的。我们这里别说广大中国农村到处都是龙须沟了，就是北京很豪华很热闹的大街，一转脚也垃圾一堆堆的。我们有钱刷墙，反复敲瓷砖贴瓷砖，高档小区年年电梯换橡胶（？什么意思），而没钱整治最基本的生活环境。

张：多看看，知道差距有好处。发展不是简单接轨问题，首先是从根本上自我发展，一步一个脚印。要有清醒的自知之明，等你有了硬实力，人家就会回过头对你真正刮目相看了。还是三句话不离本行说翻译吧，我们开过几个会，倡扬把我们中国的东西尽快翻译出去。

高：像弄孔子学院似的（诺贝尔文学奖颁给莫言，被我们搞得好像颁给了中国作协，颁给中国当代文学，每人有份似的。这句欠逻辑）。

张：我一直认为，翻译我们大都更适于做外译中，至于中译外，应该让真（不是吹嘘）精外语的人（当然中文也得真好）或是母语是外文而又精中文的人去做。我们大多数中国译者的外语不可能比外国人还地道。就像杨宪益，如果没有戴乃迭，我们不知道会译到什么样子，就算中西合璧，杨先生的这些译本不也是还没有成为他们的通行译本！

高：你这话让我想起张谷若先生的翻译理念：“地道的英文，地道的中文”。当然这可以反过来说“地道的中文，地道的英文”。

张：父亲的这句话不仅仅是嘴上说说的，这是他的经验之谈。当然了，他的翻译实践比较容易达到这点，因为起码我自认为，他是他那个时代达到精通这一要求的人中之一。精通了，才能地道地表达哇。

高：为什么他们那一代能精通。

张：当然也不是每个人。父亲有自己自身和外在环境的条件。可以比较集中精力地受教育，做学问。相较之下，我们这一代做学问的条件就太可怜了。

高：很多人奇怪，您是中文系出身，怎么成了英文学者和翻译家？

张：也有人不奇怪，“因为她是某某某的女儿嘛！”老天知道，他曾经对我施了什么遗传魔法！眼下有仇官二代富二代，是否也殃及学二代？我无可逃避地是学二代，要是晒晒自己的家当，实在惭愧。不可否认，先天遗传和后天环境都可以影响人的素质和发展，但也不能绝对化。我曾经有过比较晨光的童年少年。但是我们那时候的父母把精力时间用于公大于私，自我的学识教育，以及升学备考选专业，大多自主操作，父母极少问津。那时候我认为子承父业是没出息，从初中三起又受到老师同学的鼓励，立定学文学的志向，加上当时政治大环境下，英语是一门颇受冷落的学科，我于是心无旁骛地上了中文系。毕业后，还算少小离家吧，人到中年，改行教起英语，全靠自学和“半工半读”。做翻译、研究，都在业余。从北京到大西北，一去二十一年，省亲和父母相处总共不过数月。七九年考回北京，和已经鳏居近十年的耄耋老父团聚，这时才有机会业余在他膝下聆教，同时也在助理他翻译中间继续学习，直至他长逝。回头盘点，我只觉自己腹中空空，我身不由己地失去更多亲承先父宝贵学养的机会。但总还没有虚掷光阴，在每做完一件事之后，自觉都多少有长进长进……回忆令人心情沉重，说得太多，浪费时间，十分抱歉！

翻译理论 / 女性主义 / 公正问题

高：我还想知道，您对翻译理论怎么看？

张：和文学理论一样。翻译，是要拿实绩说话的。我想说地道的中文的意思，就是翻译过来的东西要遵从汉语规范习惯，能归化的就不异化，不要翻译腔。尽量不要给读者陌生感，这其中包含着一个对自己民族语言自信心的问题。语言是一种约定俗成的乐西，为了让大家用着方便，面对那些与外文能对应的中文，最好还是用自己现成的，不必忙着去异化。我们可以充满自信地说我们毕竟是一个古老博大的民族，我们的语言有无尽的精彩，她绝不比世界上哪一种人语言贫乏。翻译中没有对应的极少极少，那样的才用得着去异化。你找不着对应，大多是因为你无知，你尚不了解自己语言的博大精深，你理应赶快去学去找，而不是忙着去异化，否则，你对不起她。再说，世界上没有哪一个民族、哪一个人丢下自己的珍宝而非要去拾人家的砖瓦，那叫愚蠢。

高：翻译一直有“直译”“意译”之争。

张：如果说异化与归化之争起于二十世纪末，直译意译之争则在二十世纪之初就开始了。那属于方法范畴，异化归化正是和这两种方法对应的所谓理论。直译者认为这样才能忠实，其实，直也好意也好，都是外在形式，根本是你要吃透原文的微言大意，也就是根本离不开意。否则，不管怎样使劲直译，也对原文忠实不了。翻译不能把人家原文没有的意思强加进来，又应该懂得人家原文的真正所指。再拿《双城记》的开头来说，原文的 best，worst 除去最好最坏还有很多别的意思，翻译时，就应该考虑语境决定弃取。

高：对，女性主义翻译是研究者给您常贴的标签之一。

张：我们这里通常用女性主义。我不讳言自己生活上的女性主义立场，但在翻译中从未自觉实践过女权主义的翻译主张与方法。我选择的翻译对象中基本可以看出来，像《傲慢与偏见》《呼啸山庄》《牧师情史》《孤寂深渊》作者分别是奥斯丁、爱米丽·勃朗特、乔治·艾略特、霍尔，都是女作家。我喜欢哈代，也译过他，这也并不仅是我爸爸翻译和研究哈代，更是因为哈代尊重女性，关注女性的命运。我固然也很享受人家认真以这种主义的理念方法对我的译文做评论。不过，我总感觉女性主义的一些翻译方法和通常公认的一些规则不相符。比如在《傲漫与偏见》里，有人赞赏我在伊丽莎白说的话中用女性主义的干预法增加了“卑鄙的”词语。事实上奥斯丁原文的那个词里，就暗含有贬义，我并没有外加什么。女性主义于预译法是否有悖信或谓忠实，我抱保留态度，没有研究也没有实践过。

高：女权主义，我个人认为是反思和颠覆工业文明的一种解构主义。我觉得一种文明的方向不合理，提醒大家从往往被熟视无睹的裂缝中去批判是非常有效的，这就像齐美尔研究卖淫业、福柯研究疯人院一样，背后其实还是社会公正和正义问题。其实一个不公正的体制下，没有永远的受益人，男人也并不都是压迫者，受害者也不少。流行段子说："把女人当男人使，把男人当牲口使。"

张：你分析得有道理，是从文化反思的角度谈的，但把种主义引进翻译的实践，又推出一些方法，则是另一问题。平时我更关注女性现实的角度，我也是女性，我最见不得有人欺侮女性，那我就会本能地像眼镜蛇一样直挺起米。目前我们经历的的确是一个男性中心社会，女性的个人身份往往被忽视。

高：这就像我一个朋友说的，婚前人家说我是某某的女儿；婚后人家说我是某某的妻子；有孩子后人家说我是某某的妈妈，人家甚至记不得我自己的名字。像您，也常被说成大教授张谷若先生的女儿；大记者张扬的爱人。我想问您，就是从平等的角度来说，怎样才能真正实现两性的平等？

张：现今还屡次俨然提倡女人回归家庭回归厨房，真真令人毛骨悚然！真正的男女平等，首要有智力上的般配做后盾，随之是情趣、经济、社会地位等等的相当。我反对现代婚恋中无条件的双方从一而终，也反对一味强调女人一定要做贤妻良母。女性也应该也有自己的独立人格，应该坚定地站出米，哪怕做零工也好，流自己的汗，吃自己的饭。靠男人靠儿女，往往前景混沌，风险重重。

高：现在孩子有个明显的倾向，男人女人化，女人男人化。您怎么看？

张：人类社会中除了少数今天所称第三性甚至第四性第五性，仅从两性来说还是男女有别。并非互化了才算平等了，平等是精神上的平等，是发展机会上的平等。但我们还是要承认两性身体结构的不同，应分别适应自己的性别责任，找到适于自己的工作。例如打仗，男性还是更占上风些。随着高科技的不断发展，女性在这方面的劣势会越来越小吧。

高：是啊，两性差别，是和社会分工攸关的。在原始社会，面对残酷的自然环境，人们需要团结，我们需要维持一个强大的群落，这样可能还是血缘关系最牢靠，母亲更有凝聚力，所以有了母系社会。当我们的敌人从大自然转到人类自己的时候，打仗抢劫是最重要的，所以孔武有力的男人当家了。我个人觉得将来随着科技的发展，文明不特别依赖强力的时候，男女的平等才能真正实现。像克隆技术就曾经引起一个论调：男人是不必要的。

张：科技发展是一个方面，人的意识也必须跟上，社会进步应该是一个全面的整体的进步，不是少数人富起来就真的是好社会。

在《呼啸山庄》和《简·爱》之间

高：人是社会的动物，因为很多貌似应该肉食者的游戏的确严重影响着我们的日常生活。你看现在大半个中国雾霾这么重，肯定不是骑自行车的和扫大街的人搞的，但现在哪怕步行的老人都因此遭殃。草民不能影响重大事体，但重大事体肯定要殃及草民的。

张：这里就牵涉到一个公共资源分享不均的问题。

高：好了，我们还是回到文学作品本身吧。我知道您非常喜欢《呼啸山庄》，但不太喜欢《简·爱》，我想让您谈谈这两部作品。

张：一句话，《呼啸山庄》是提倡真情，反对虚伪。那个野孩子希斯克利夫顽强的生命力，体现了做人的尊严，很阳刚，虽然做了坏事，他身上那种至死不渝的真情，却是文明的现代人所越来越缺失的。很多读者还是喜欢他，特别是女读者。就是凯瑟琳，她和希斯克利夫从两小无猜，到背叛，嫁给了有钱人林顿，林顿是代表文明社会的。但凯瑟琳的率真、野性还是和希斯克利夫息息相通的。希斯克利夫在被背叛以后过着只有恨的生活，尽管他复仇成功了，但精神陷入疯狂。也就是说这个故事最终还是一个真爱的故事，很诗性。爱米丽·勃朗特本人就首先是一个诗人。

高：对，您也是诗人，是当年北大诗社的核心成员之一和北大校刊《未名湖》副刊的主持人。帮我们介绍一下校内诗歌活动。

张：二十世纪五十年代北京大中学校的课外诗歌活动十分丰富，我从初中三年级开始写诗，朗诵，高中毕业时在全市高中毕业生宣誓大会上朗诵了自写的诗体誓词。入学北大中文系几天后，诗社社长赵曙光就率领好几位骨干成员来邀我入了社，担任朗诵组长。我除组织自己的组员学习排练朗诵，在周末到兄弟院校巡回朗诵，还写诗在诗社办的《诗刊》发表。约一年后，我调校刊副刊编《未名湖》，不久《诗刊》停刊，《红楼》于一九五七年春创刊，林庚先生是顾问。当年这些刊物都是培养我们那一代，也是新中国第一代校园诗人的苗圃。大家尽倾青春的活力和情爱抒写祖国、自我、理想、友谊、爱情（这里本想加些名字，可恨材料都借丢了！），虽幼稚但真切。一九五七年夏季后，《红楼》《未名湖》变成了反右专刊。我也默然退出校刊编辑部。至于我本人，

只是一个不成功或谓不成名的诗人，但骨子里有诗性。不了解我的这份儿诗缘，就会觉着有点乖张怪异。其实诗伴我始终，从未分离。所以一辈子爱艾米丽·勃朗特这种早夭的女诗人。

高：留下多少诗句对于我们凡人来说真的不那么重要，但诗意是我们生活的目的。

那您再接着谈谈《简·爱》吧。

张：《简·爱》写的是一个孤女的遭遇和出路问题，多多少少是夏洛蒂本人的影子。其实殖民时代的英帝国，男少，女多，一个没有多少资产又姿色平平的女性的婚姻的确是一个问题。夏洛蒂如此，她的姐妹、简·奥斯丁、乔治·艾略特也有这类问题。我觉得这部书比《呼啸山庄》平庸得多。

高：是的，我总觉得《简·爱》有些夸张造作。它真正引起我思索的是那个“阁楼上的女疯子”。

这个意象，很有普遍意义。一个中年男人，面对逐渐老去唠叨的结发妻子和年青有个性又有些文艺范儿的所谓红颜知己，这是人生常态。那个“阁楼上的女疯子”是不是一种潜意识的对情敌诋毁？也许还暗含着夏洛蒂的一种女性的不自信。

张：也就是因为《简·爱》有太多自我诠释辩白，所以我不喜欢。不过，那种故事也很契合我们今天的某些现实。再说提倡爱总还是可贵的，巴尔扎克说聪明美丽的孩子是父母爱情的结晶。是啊，有没有爱，甚至生出来的下一代都不一样。

高：您这样倒是解释了中国电影界和一些当代写作为什么动辄偷窥的恶劣倾向。

张：是啊，多是没有爱的家庭长大的，自己也不懂得真爱，所以他们所表达的爱是粗鄙的，缺乏教养。

我们埋没了多少大师？

高：我还记得您说过，您这一代人缺失大师。

张：我这么说有两层意思，一是：未必没有大师，而是我们究竟埋没了多少大师？二是：我有幸见过胡适、叶维之、李赋宁、启功诸位伯伯，让我亲眼看到父辈知识分子至死不渝的风骨，我真的很庆幸看到过他们是如何用生命做学问的。因为家庭和工作关系，杨善荃、李霁野、王佐良、杨周翰、季羡林、钱锺书诸先生等我都有过往。所以我有可兹比较的对应。

高：是啊，我也认为，人，还是有气象的。像梁启超、章太炎、蔡元培、鲁迅都挺矮小的，貌不惊人，但和他们接触的人常常因为其风度而忘记了长相的评价，甚至忘了他们的学问。鲁迅回忆章太炎说，先生讲的说文都忘记了，但先生的音容笑貌还在眼前。那我想问一下，在您上大学的时候，那些我们现在看来大师级的人物还很多，当初给您讲课的都是些什么人？（怎么列名字令人头疼！）

张：就文学史来说，当时先秦到魏晋文学是季镇淮先生讲；游国恩先生讲唐诗宋词，他喜欢摇首浅吟地唱诵；林庚先生讲元曲；吴组缃、何其芳先生先后讲《红楼梦》专题，还有点对垒的意思，较有趣；杨伯峻先生讲古汉语语法、林庚焘先生讲现代汉语，都讲得很透；季羡林、金克木先生讲东方文学课时较短。

高：您觉得对谁的课程印象最深？

张：季镇淮先生，他的课非常扎实，有见解。但说实在的，一方面是自己资质驽钝一方面，刚刚院系调整后，老先生们又经过一系列的学习改造，已经不像过去那样挥洒自如地向学生敞开自己的满腹经纶了，当时从他们那里我学到的远不如自学所得到的。因为政治环境，贴标签、套概念，虚大于实，还有庸俗社会学。再算一笔总账，入学四年，经历了(反胡风，反右？点不点出来)两场惊心动魄的政治运动，实际上课不足三年，而且专业课比例不够重。前面也说过，我们的几代，从上小学开始，成长和治学的条件实在是太恶劣了。

高：您上大学那时候正是院系调整不久，您看季羡林、林庚、吴组缃，还有浦江清、季镇淮都是出身清华的（清华？燕京？），出身北大的似乎很少？

张：那时候早就有个说法："师大穷，北大老，要上还是清华好。"你说的这个现象也许是因为胡适、傅斯年这些人走了以后，北大的确有些落寞了。我们那时也就是魏建功、游国恩等有限几位是正根儿的北大的老师。

高：王大鹏老师编过一本至今未能出版的书《梦萦未名湖》，我帮着看过稿子，那里面有一个普遍的论调，就是北大的根子在沙滩，北大精神也该在沙滩去寻找，这个燕园本是燕大的地方。我在校一次听吴小如讲座，他开头说，我是北大的，但不是你们的北大，而是沙滩的北大。是不是我们可以说沙滩北大和燕园北大的确不同，我甚至想说，有没有图书馆大草坪柿子林、三角地的北大似乎前后也不同。

张：是啊，时空变换，是不是内里也前后迥异？我看也不尽然。历史是在不断生发创造的，一条河中不会有同样的流水嘛，但总有某些相像之处吧！后来的未名湖三角地那些喜怒哀乐和五四路民主路，难道一点都没有红楼的影子？我希望未来的河水更清更美。

双城情结，双城情解

张玲

我是中文系出身，无缘学习翻译，也未做过专职翻译工作。只是从高中开始，课外读些英国作家作品原文，随手记下一些中文，这就成了最早的翻译习作。这种习惯，一直沿袭到工作以后，于是手头逐渐积攒了些翻译草稿。当时这种记录，只为留下对自己喜爱作品和文字的理解和记忆，毫无功利目的，就如记日记，写诗文，都是一己私密之事，不足为外人道也；至于成名成家更是天方夜谭。二十世纪八十年代初，情势巨变，自己突发奇想，遂从乱纸堆中搜索、校改、编排，凑成一部英国女作家短篇小说集，以其中一个中篇，乔治·艾略特的《牧师情史》为题，交天津百花文艺出版社出版，责任编辑是大学同窗文秉勋先生。此书算是我的“处女译”，还成了当年天津市畅销书，这大大鼓励了我的译兴。

恰在此时上海译文出版社孙家晋（吴岩）、包文棣（辛未艾）、方平等先生北上约稿，枉驾先父(作者父亲为北京大学张谷若教授，著名翻译家——编者)陋室，在先父为该社翻译《大卫·考坡菲》出版、《游美札记》再版后，欲约再译一部《双城记》。此时，先父正忙于另一部百万言巨著亨利·菲尔丁《弃儿汤姆·琼斯史》的翻译，面对上海译文社诸君沉吟之际，一旁侍茶添水的我唐突插言道：“能不能让我来译？”译文社诸先生稍做思索，立即答允：“那就由张先生和张玲同志合译吧。”“出版合同”当时就这样一言为定。

先父向来于学问、译事可谓严酷，且从不主张子女步先人旧路，对我这样做十余年中文编辑、记者后却中途执拗改行教英语，做翻译，并不鼓励；而且《双城记》是狄更斯晚年力作，内容深刻广泛，文字精雅考究，风格含蓄多变，其翻译难度，与《牧师情史》中篇章，绝不可同日而语。而先父对我仅以断续自学英语之资、五年教授大学基础英语之历、三年编辑《翻译通讯》之见，能否驾驭这部经典名著确实没有把握。而我虽当时年逾不惑，却仍幼稚如初生牛犊，冒昧请缨，主要是出于对这部小说爱之过切。早年，我经它的缩写本初识它的轮廓；后从大学英语选读课本领略过它的风格；看过由它改编的电影之后，它的那些场景和人物更是再也挥之不去。我认同它那些对于压迫——反抗，复仇——暴乱，情爱——仇恨，利己——利他的人文的阐释；我喜爱那个出场不多，但却以精神之光芒笼罩全书的浪漫英雄西德尼·卡屯；我也早读过几十年前出版的一种老译本，常感其囿于种种条件，似未能尽行传达原作的风貌……因此，一种欲念渐趋强烈，希望能通过我的手笔转换，使无法径读原文的读者共享我的感受。

还是依照出版社的惯例，我先奉上三四万字试译稿，经出版社资深编辑审查认可，即开始正式工作，外子张扬也来合作。我们将全书等分为二，各人初译其一，完成后交换互校，最后再由我统一校对定稿。前后经过三年多始完工。个中伏案斟酌、研讨论争的苦乐，自是一言难尽。但是在一摞摞中文译稿从无到有中间，自己的语言知识能力、文学的理解领悟，也从低到高，同时也坚定了自己对文学翻译的这样一些认知：通常说，翻译是两种文字之间的转换，因此吃透原文，把握译文最为重要，但这毕竟还只是较为外在的功夫。文学翻译者虽然并非创作者，但却应有一种能使自己进入原作者角色的内功。我在翻译《双城记》时，就常设想自己就是原作者，是在按照原作者的思路用中文创作。遇到原文的精彩之处，诸如西德尼·卡屯登上断头台临刑前的浮想，起义者攻占巴士底狱时轰轰烈烈的场面，自己也会激情澎湃，下笔神来。这当然并不等同于译者单凭感觉越俎代庖，任意发挥，而必须是在吃透原文，紧扣原文的前提之下运作。

就在将《双城记》译稿交出版社不久，我作为中国社会科学院访问学者访英，在双城之一的伦敦逗留期间，正式计划完成之余，脚步常不由自主地把我带向《双城记》中的一些地理背景。在摩肩接踵的繁华闹市，我听到伴随劳瑞先生夜归的圣保罗大教堂悠扬的钟声，在马奈特大夫一家乔居的叟候区，我找到如今以他的姓氏命名的僻静小巷，在狄更斯故居博物馆楼梯拐角，我看见从这条小巷金箔匠店铺门脸移来的招牌“金臂”和“金砧”……真仿佛见到了心仪、神交已久的老友。与书中的时代相隔二百年左右，很多狄更斯曾经移植书中的实景原物已经变迁、消失，但是寻访的脚步随着心中书页一一翻展，似仍在逐步深入阅读和理解着这部作品。

我们在翻译中曾力求通过各种途径突破难点，但是西德尼·卡屯夜间往来路过的 Paper Building 一词，都难以确定。这本是两个最常用字的组合词，但 Paper 究竟是纸？是文件？还是其他？我们把它暂时译作“文件楼”。只是猜想，这一带律师事务所聚集，也许会与文件有关。会见伦敦狄更斯博物馆馆长大卫·帕克博士时，我顺便提出了“为什么这所建筑叫 Paper Building？”他沉思瞬间回答说：“这个问题提得很好，待我为你查询。”次日下午，我收到他一纸明信片，上书：“我就此问题查找各种资料未果，后打电话问询律师协会，他们答云这大约是表达一种建设方式，指工艺简陋。”我恍然悟出：汉语中某一物因做工粗陋，不能经久，常谓“像纸糊的”。据此，这一词最后定译为“纸楼”。那次，访英归来，适值《双城记》校样待读，“纸楼”等处译文自然有幸得以修正，补注。这不过是一字一词之工，但如不解决，则有碍全译作的完整性。不久，这部书在上海译文社方平、吴劳诸君协作下，于一九八九年秋出版，后见报刊对其译文亦有嘉许。二十世纪末，上海译文社《狄更斯文集》约稿全备齐、出版，这部《双城记》亦以丛书之一的精装、平装两种版本和普及本形式再版，又附于《狄更斯文集》其他佳作骥尾，赢得国家外国文学图书奖，不久前，书中片断又被选编入大学教材。

自从我二十世纪八十年代初访英国及伦敦后。即欲继续双城中另一城市巴黎寻踪。由于机缘不巧，两次均迫在成行前取消了计划。其间，我与张扬曾数访英、美、加，在伦敦狄更斯博物馆工作，在北美大陆循狄更斯《游美札记》的路线拜谒一些城镇遗踪，在国际集会期间应邀送《双城记》拙译参加狄更斯作品书展，介绍翻译《双城记》心得。但是我们那宗巴黎寻踪的情结，却是二〇〇〇年夏在欧陆游学中才告了结。

清晨从伦敦出发，真正踏上了劳瑞先生出差的路线，过射手山，渡过多弗—加莱海峡，终于抵达了巴黎。经过大革命的洗礼和随后二百余年的沿革变化，巴黎的双城后继寻踪似乎比伦敦更为困难。但是沿主要街道浏览，眼珠被巴黎往日的种种辉煌所吸引，心却始终向往着市西巴士底狱所在的地方。出地铁站口步行片刻，来到一方不算规整的广场，四周略显败破的街道、店铺、摊位中央耸立着一座巨大圆柱形柱碑，造型平常，建于一八五〇年。除了这座标示着巴士底旧址的纪念碑，那座划时代的堡垒要塞已不留任何痕迹。我们悻悻呆立广场边沉思，一位能讲英语的白领青年男士停步和我们交谈中，指点着地面和纪念碑说：“巴士底狱早已烧毁、消失，但纪念碑上还砌着它的石砖，这里地上的石砖，有些也还浸着起义者的血。”我们随声注意察看了地面那种斑驳绛紫的痕迹。二百一十一年前的夏天，这里那种脚步杂踏、马嘶人嚎、烈火熊熊、大炮隆隆的情景仿佛重现眼前。重返地铁，不像来时急切。款步行走时，赫然发现甬道两旁墙壁饰有巨幅图片，都是巴士底狱大革命前的风貌和四周景物，向里月台侧墙也有连绵长幅壁画，是纪念攻克巴士底二百周年制作的瓷砖彩画。在幽暗的光线中，我们认出了手持刀斧枪械的人群、贫民窟的危楼、无辜受审的夏尔·达奈、饱尝忧患的马奈特大夫父女，还有酒铺老板德发日先生和他那位如钢似铁的太太以及她手中不停编织的毛线活。看来，狄更斯这个英国人的作品，也同样深入到了巴黎艺术家的心中。

我们怀着激动的心情登上了回程的列车。这是一种考古者遭遇新发现的激动，这是一种得以深入解读你所喜爱作品的幸运。一个译者，一旦译过你喜爱作家的作品，便与他们结下了难解之缘，说不定在旅行途中或人生途中的某一或某些站点，都会有这种其乐无穷的邂逅。也许，因为你的译文早已定稿，成书，出版，照理，你的其余事项已与读者无关，但是，面向读者叙述你的这些译后机遇，又会成为你翻译这部作品的一个后续，这也是译者的责任——让读者与你共享你的这种幸运。这也是我每次寻访归来，又要信手涂些散记随笔的主要原因。

黄源深（1940—　　），浙江新昌人。1961年华东师范大学外语系毕业。上海外贸学院教授，华东师范大学博士生导师。中国澳大利亚研究会会长、上海翻译家协会副会长、中国译协理事。主要译作有：《简·爱》、《道连·格雷的画像》、《隐身人》、《露辛达·布雷福特》和《我的光辉生涯》等，并有著述《澳大利亚文学史》、《澳大利亚文学论》等，以及论文六十余篇。

魅力无限的《简·爱》

初次阅读《简·爱》，是在大学四年级的时候。一翻开书就放不下来了，直到一口气把它读完。小说写得太生动了！但吸引我的与其说是缠绵悱恻的故事，还不如说是高雅独特的语言。我觉得作者用的词很雅，常常出其不意，巧妙而又得当。记得小说中有一句话，一直令我回味咀嚼，并与同学一起分享其中的妙处。那是对简·爱与罗切斯特久别重逢时刻的描写。双目失明的罗切斯特，突然听到简·爱的声音，却不敢肯定，便用劫后余生的一只手去摸索。接着，作者刻画简·爱的反响时写道："I arrested his wandering hand, and prisoned it in both mine." 这里，"arrested"，"wandering" 和 "prisoned" 三个词用得巧妙极了。"wandering" 原意为 "漫游、闲逛"，用在这儿有 "摸过来，摸过去" 之意，准确地描绘了盲人探物的动作，也写出了罗切斯特失去双眼后无可奈何的情状；"arrested" 的字面意义是 "逮捕"，这儿意为 "逮住"，简·爱把对方的手一把抓住，暗示其内心之热切和急迫；"prison" 一般用作名词，只有在诗中才偶见其为动词，作 "监禁" 解。作者在小说中把它用作动词，即令在今天也是鲜见的，因而就在本人撰写此文之际把“I arrested...and prisoned it in both mine”一句打在电脑屏幕上时，“prisoned”一词下出现了一条红线，显然电脑把它看作错别字。然而，电脑毕竟是电脑，它只能按常规来理解，殊不知作者别出心裁地将其用作动词自有其深意在，此处有“紧紧攥住”之意，勾画出了简·爱生怕意中人得而复失的焦急心情。因而全句似可翻成“我逮住了他那只摸来摸去的手，紧紧攥在自己的双手中。”

在书中，类似的句子信手拈来就是，刻画人物的如：He had a hard-featured yet good-natured looking face. / She was sowing aversion and unkindness along my future path. 写景的如：The afternoon came on wet and somewhat misty ：as it waned into dusk.../ Some heavy clouds, swept from the sky by a rising wind, had left the moon bare.../ 警句或箴言式的如：Poverty looks grim to grown people; still more so to children./ I honour endurance, perseverance, industry, talent; because these are the means by which men achieve great ends, and mount to lofty eminence. 等等，都让人读了爱不释手。

《简·爱》的这种魅力并没有因我年岁渐长而削减。到了“文革”后期，白天忙于学习《语录》，晚间得闲，便偷偷地重拾起荒疏了的学业。记得第一本拿起来看的便是《简·爱》，虽然初读这本小说已是十多年前的事了，但再次阅读，觉得其吸引力依然未减。又因为自己经历了世事，增添了阅历，所以对小说中世道人情的描写特别有体会，感到作者很擅长揭示某种复杂的感觉，确实是刻画人物心理的高手。例如描写简·爱独自赴桑菲尔德应聘，到了目的地而不见有人来接的忐忑不安的心理：

It is a very strange sensation to inexperienced youth to feel itself quite alone in the world，cut drift from every connection，uncertain whether the port to which it is bound can be reached，and prevented by many impediments from returning to that it has quitted.

The charm of adventure sweetens that sensation，the glow of pride warms it；but then the throb of fear disturbs it；and fear with me became predominant，when half an hour elapsed and still I was alone.（对一位涉世未深的年轻人来说，一种奇怪的感受是体会到自己在世上孑然一身，一切联系已被割断，能否抵达目的港又无把握，要返回出发点则障碍重重。冒险的魅力使这种感受愉快甜蜜，自豪的激情使它温暖，但随后的恐惧又使之不安。半小时过去，我依然孤单一人时，恐惧心理便压倒了一切。）

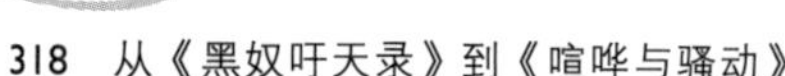

这一段，尤其是划线部分，充分刻画了一个年轻女子到达一个新地方，憧憬未来，兴奋却又不安的心理。显然，不同年龄时阅读《简·爱》的体会是不一样的，但无论何时，《简·爱》都同样富有吸引力。

一九九二年，时任译林出版社社长的李景端同志约我翻译《简·爱》。这时《简·爱》已有几个译本问世，但我还是欣然接受了。一方面是出于长期以来对这部小说的偏爱；另一方面是我认为一部世界文学名著有几个译本是十分必要的，这在国外十分常见，多个译本走向市场，代表着不同译者对这部作品的不同理解和传达。翻译，说到底是对原作风格和内涵的诠释和传达，一部文学巨著犹如一个丰富无比的矿藏，并非通过一次性的诠释和传达就能穷尽对它的开掘。多个译本就是多次开掘，译者只要认真负责，学养不落水准，每次都一定会有新的发现，新的收获，新的贡献。正是这样通过一次又一次的努力，人们才接近对一部传世之作的正确认识。此外，一部作品就其文本而言，自诞生之日起就已经凝固，但译者的审美观点、审美趣味、价值取向，以及他所把握的传达原作思想的语言，却因人而异，并随着时代的变迁而不断变化着的。所以同一时代，乃至不同时代，就需要有不同的译本来体现这些差别和变化了。

我着手翻译《简·爱》，再次细读原文的时候，似乎又有了新的感觉。这回特别吸引我的，是小说中回肠荡气的激情和诗意。

奔放的激情确实是《简·爱》的一大特点。主人公儿时受人欺凌所喷发的怒火，含冤受屈时心底的呐喊，以及成年后与男主人公之间频繁的情感冲突和撞击，都表现似火山爆发，常常是言语犀利，激情流泻，字里行间有着一种难以抑制的冲动，让人感到一种强烈的震撼力。

要传达这种激情，译者自己就要有激情，好似演员演戏，充分发挥想象，设想自己置身于人物同样的处境，把感情调动起来，如此才能对书中的描绘近乎感同身受。在这基础上，设计合适的语言，寻找恰当的词汇，尽最大努力把这种激情表达出来。如果译者完全是个麻木不仁的旁观者，那就很难体会那种激情，更谈不上恰如其分地传达了。如书中关于简·爱受罚，被关入红房子，对自己所受的冤屈感到愤愤不平的一段描写：

All John Reed's violent tyrannies，all his sisters' proud indifference，all his mother's aversion，all the servants' partiality，turned up in my disturbed mind like a dark deposit in a turbid well. Why was I always suffering，always browbeaten，always accused，for ever condemned? Why could I never please? Why was it useless to try to win any one's favour? Eliza, who was headstrong and selfish, was respected. Georgianna, who had a spoiled temper, a very acrid spite, a captious and insolent carriage, was universally indulged. Her beauty, her pink cheeks and golden curls, seemed to give delight to all who looked at her, and to purchase indemnity for every fault...I dared commit no fault: I strove to fulfill every duty; and I was termed naughty and tiresome, sullen and sneaking, from morning to noon, and from noon to night.

这一段的句子切分得很短，一个意群接一个意群，节奏很快，抒发着人物心中的满腔义愤，似乎在倾诉，如果苍天真是有眼，为何对世间的不平视而不见？我的译文是：

"约翰·里德的专横霸道、他姐妹的高傲冷漠、他母亲的厌恶、仆人们的偏心，像一口混沌的水井中黑色的沉淀物，一古脑儿泛起在我烦恼不安的心头。为什么我总是受苦，总是遭人白眼，总是被人指控，永远受到责备呢？为什么我永远不能讨人喜欢？为什么我尽力博取欢心，却依然毫无用处呢？伊丽莎白自私任性，却受到尊敬；乔治亚娜好使性子，心肠又毒，而且强词夺理，目空一切，偏偏得到所有人的纵容。她的美貌，她红润的面颊，金色的卷发，使得她人见人爱，一俊便可遮百丑……而我不敢有丝毫闪失，该做的事都努力做好，人家还是骂我淘气鬼，讨厌坯，骂我阴丝丝，贼溜溜，从早上骂到中午，从中午骂到晚上。"

我在翻译这段话的时候，深深地感受到了主人公心头压抑的怒火，在表达时努力向原文靠拢，使用感情色彩很浓的词汇，句法上尽量采用短句，造成急促的节奏，勾勒出孤立无援的简·爱气急败坏地在呼喊。

又如下面一段：

Do you think I can stay to become nothing to you? Do you think I am an automation? —a machine without feelings ? And can bear to have my morsel of bread snatched from my lips, and my drop of living water dashed from my cup? Do you think, because I am poor, obscure, plain, and little, I am soulless and heartless? You think wrong! —I have as much soul as you, —and full as much heart! And if God had gifted me with some beauty, and much wealth, I should have made it as hard for you to leave me, as it is now for me to leave you. I am not talking to you now through the medium of custom, conventionalities, or even of mortal flesh: —it is my spirit that addresses your spirit; just as if both had passed through the grave, and we stood at God's feet, equal, —as we are!

这是简·爱在罗切斯特面前对自己地位的抗争，表现出她坚持独立人格、不亢不卑的态度。全段语句流畅，很有气势，极富挑战性，大有反仆为主，压倒罗切斯特的样子。译成中文时我竭力把这种内涵表达出来：

“你难道认为，我会留下来做一个对你来说无足轻重的人？你以为我是一架机器？——一架没有感情的机器？能够容忍别人把一口面包从我嘴里抢走，把一滴生命之水从我杯子里泼掉？难道就因为我一贫如洗、默默无闻、长相平庸、个子瘦小，就没有灵魂，没有心肠了？——你想错了！——我的心灵跟你一样丰富，我的心胸跟你一样充实！要是上帝赐予我一点姿色和充足的财富，我会使你同我现在一样难分难舍。我不是根据习俗、常规，甚至也不是血肉之躯同你说话，而是我的灵魂同你的灵魂在对话，就仿佛我们两人穿过坟墓，站在上帝脚下，彼此平等——本来就如此！”

《简·爱》的另一大特点是富有诗意。这部作品本身就是一首激情澎湃的爱情诗，男女主人公从相识相爱到蒙受节外生枝的挫折，到历经磨难后的最终结合，其间经历了无数诗一样的场景，遭遇一次次充满诗意的情感波澜。尤其是简·爱和罗切斯特之间频繁的心灵对话和交流，不但在内容上富有诗的意蕴，而且在形式上也不乏诗的韵律。要传达这种诗意是颇费踌躇的。例如下面的这段话：

You shall sojourn at Paris, Rome, and Naples: at Florence, Venice, and Vienna: all the ground I have wandered over shall be re-trodden by you : where I stamped my hoof, your sylph's foot shall step also. Ten years since, I flew through Europe half mad; with disgust, hate, and rage, as my companion: now I shall revisit it healed and cleansed, with a very angel as my comforter.

这可以说是一首散文诗，散文的形式，诗的内涵，诗的节奏，诗的字眼。翻译时我往这方面用工夫，尽力把诸多信息都一一传达出来：

“你要住在巴黎、罗马和那不勒斯，还有佛罗伦萨、威尼斯和维也纳。凡是我漫游过的地方，你都得重新去走走；凡我马蹄所至，你这位精灵也该涉足。十年之前，我几乎疯了似的跑遍了欧洲，只有厌恶、憎恨和愤怒同我做伴。如今我将旧地重游，痼疾已经痊愈，心灵已被涤荡，还有一位真正的天使给我安慰，与我同游。”

又如另外一段：

The flame flickers in the eyes；the eye shines like dew；it looks soft and full of feeling；it smiles at my jargon：it is susceptible；impression follows impression through its clear sphere；where it ceases to smile, it is sad；an unconscious lassitude weighs on the lid；that signifies melancholy resulting from loneliness.

这是罗切斯特对简·爱说的话，因为心里充满了爱意，所以一时间便诗兴十足，用诗一般的语言来勾画简·爱的心理，抑扬顿挫，富有节奏。译文也做了相应的处理，尽可能与原文匹配：

“火焰在眼睛里闪烁，眼睛像露水一样闪光；看上去温柔而充满感情，笑对着我的闲聊，显得非常敏感。清晰的眼球上掠过一个又一个印象，笑容一旦消失，神色便转为忧伤。倦意不知不觉落在眼睑上，露出孤独带来的忧郁。”

当然，像《简·爱》这样的名著，要充分传达它的内涵和风格，是不可能一蹴而就的，需要通过人们一次又一次的努力。本文所表达的，只是其中很细小的一个部分。但越是因为这样，对译者来说，它越具有魅力，而《简·爱》确确实实是这样一部魅力无限的小说。

孙致礼（1942— ），山东蓬莱人。解放军外国语学院英语教授、博士生导师。中国翻译工作者协会理事、翻译理论与教学研究委员会委员、全国翻译资格（水平）考试委员会委员。发表论文五十余篇，译著二十余部，专著三部。代表译著有奥斯丁的《傲慢与偏见》《爱玛》等全部六部小说，勃朗特的《呼啸山庄》，哈代的《苔丝》等。理论专著有《1949—1966：我国英美文学翻译概论》、《翻译：理论与实践探索》、《新编英汉翻译教程》。

我译《傲慢与偏见》

英国小说家奥斯丁的《傲慢与偏见》，是一部脍炙人口的小说杰作。实属世界文库中不可多得的艺术珍品，英国著名文学家毛姆将其列入世界十大小说名著之一。

我有幸翻译这本小说名著，是二十世纪八十年代末的事情。但是，从最初的“一见钟情”，到三次“求凰”，到“十月怀胎”，到五次“手术”：前后整整经历了四十个春秋。回想起来，颇有几分感慨。

一见钟情

一九六三年春天，我上大学三年级，读的是英语专业。一个周日午休后，我钻进了学院的小书亭，见到了英文版的《傲慢与偏见》，便随手翻阅起来，没想到一看开了头，就被作者那特有的笔调迷住了，坐在泥砖地上一直读到关门时间。回去的路上，我心里暗暗萌生了一个念头：这是我此生最喜爱的一本书了，有朝一日我要是能把它译成中文该有多好啊！

一九六六年，轰轰烈烈的“文化大革命”开始了。对于中华民族来说，这不啻是一场浩劫。但对我个人来说，这场浩劫倒给我带来了一个意外的收获。当时，我参加了一个群众组织的“宣传组”，大约在两年的时间里，撰写了一百多万字的“派仗”文章，极尽讽刺挖苦之能事，揭露对立面组织如何“保皇”，如何“反动”，无意中锤炼了自己的汉语表达功夫，尤其是为我以后翻译笔调幽默、辛辣的奥斯丁奠定了基础。

一九七九年，改革开放的春风吹遍了祖国大地，我十六年前萌生的“翻译梦”得到了梦想成真的机会。就在那年八月底，《译林》编辑部向我院约稿，我选择了美国小说家林·拉德纳的短篇小说《爱情的安乐窝》(Love Nest)，就在奔赴杭州大学进修的途中，趴在火车的卧铺上，顶着闷热译出了初稿，到了驻地稍做安顿，就赶忙修订，抄写，寄出。两个月后，在《译林》创刊号上，我的这篇处女译作问世了。从此之后，我便一发而不可收拾，从短篇，到中篇，到长篇，接连发表了多种英美文学译作。一九八三年，我的翅膀稍硬了一点，就开始尝试翻译英美文学名著，目标自然是我最倾心的奥斯丁的小说，在随后的四五年中，先后出版了《理智与情感》《劝导》《诺桑觉寺》等译作。到了一九八八年，我的欲望进一步升级，跃跃欲试地要翻译“顶尖级”的世界名著《傲慢与偏见》。

三次“求凰”

对于一个初露锋芒的年轻译者来说，要通过毛遂自荐的方式，让一家出版社赞同自己翻译这样一部世界名著，又谈何容易！当时，“名著重译”在我国基本上还是个陌生的概念。一般说来，一部作品有了一个中译本，特别是一个比较好的中译本，各出版社就不再组译这部作品了。具体到《傲慢与偏见》，早在二十世纪五十年代，我国就出版了著名翻译家王科一的译本。就当时的标准衡量，这是个相当不错的译本。王译本由上海文艺联合出版社于一九五五年二月初版，印刷二次，新文艺出版社于一九五六年九月再版，印刷三次，“文革”之后，上海译文出版社又多次印刷，在中国读书界产生了广泛的影响。

正是在这样的背景下，我于一九八八年先后三次向译林出版社自荐，希望他们支持我来重译《傲慢与偏见》。先是年初和年中，我曾两次写信给我的责任编辑，表达了想要重译这本书的愿望。但两次都得到了同样的答复：该书已有王科一的译本，社领导无意再组译。碰了两次钉子之后，我并没有灰心，我坚信：有志者事竟成。同年暑假期间，我去桂林参加全国中青年文学翻译研讨会，遇见了该社领导李景端先生，第三次向他表达了重译《傲慢与偏见》的决心。李先生问我有把握超过王译本吗？我回答说：我有信心。他又问我从哪些方面超过。我早已成竹在胸地列举了四个方面：一是王译本中误解误译比较多，加之译者已经去世，不可能再做修订，因而我可以在“准确再现”上超过王译本；二是王译本采取了“重神似而不重形似”的翻译原则，有时难免会伤害原作的笔调和韵味，我坚持“神形皆顾”的原则，则能更多地保存奥斯丁的“原味”；三是王译本有些语言也略显陈旧，我可以使用更现代的译文语言来传译，更能满足当代读者的阅读期待；四是王译本依据的原文版本缺乏“权威性”，我依据的将是经著名的奥斯丁学者查普曼审定的牛津版本，因而更接近奥斯丁的原著，也更有权威性。

经过反复的商讨，我终于说服了李景端先生，他最后决定：让我来重译《傲慢与偏见》。

十月怀胎

我译《傲慢与偏见》，前后整整用了一年时间，前两个月系准备阶段，后十个月则是动笔翻译。在这整个过程中，我以译界前辈张谷若为楷模，集翻译与研究于一体，先将原作反反复复地钻研了五六遍，同时阅读了专家学者对本书的两本注释，还阅读了作者的日记，后人所写的两种奥斯丁传记，以及相关的文学评论。

这样的研究使我获益匪浅，帮我解决了不少疑难问题。比如，小说第三卷第十四章开头一句说众人坐在 the dining room（餐厅）里，王译本将其如实地译作“饭厅”。可仔细读下去，不禁有些困惑：后文再说到时，用的却是起居室。我查阅了有关资料，发现查普曼也认为这是作者的一个笔误。于是，我将此处直接译成了“起居室”，并在下面加了这样一条脚注：“原文为餐厅，可能是作者的疏忽，从后文看，此处应为起居室。”既然是笔误，帮助作者改过来，这无损作者的形象，反倒是对作者和读者负责的表现——据我记忆：类似这样的笔误，奥斯丁在六部小说中，总共只出现过两次——在另一部小说中，有一个小小的数字错误。

再看小说第二卷第十四章中这句话：

When to these recollections was added the development of Wickham's character, it may be easily believed that the happy spirits which had seldom been deprseeed before, were now so much affected as to make it almost impossible for her to appear tolerably cheerful.

王译：每逢回想起这些事情，难免不连带想到韦翰品格的变质，于是，以她这样一个心情愉快而难得消沉沮丧的人，心里也受到莫大的刺激，连强颜欢笑也几乎办不到了，这是可想而知的。

从字面上看，将 the development of Wickham's character 译成“韦翰品格的变质”，似乎无可厚非，因为凡是懂点英语的人都知道，development 最常见的意思是“发展”。但是，我读过英国著名作家福斯特对奥斯丁作品的评论，说她塑造的人物大致可以分为两类：一类是性格始终没有变化的“平面人物”；一类是性格有发展变化的“圆形人物”，在《傲慢与偏见》中，威克姆(韦翰）即是一个公认的“平面人物”。在奥斯丁的笔下，这是个十足的反面人物，从小就是个品质恶劣的坏孩子，专门算计达西，以博取老达西的错爱。老达西死后，他阴谋拐骗达西的妹妹，未遂；成年后又带着女主角的妹妹莉迪亚私奔。因此，译者说他“品格的变质”，实属违背了作者的本意。实际上，作者所谓的 the development of Wickham's character，并非说此人品格本身有什么“发展”，而是说女主角对他品格的认识有个“发展”过程——从一开始的被他蒙骗，到后来看清他的真面目。再读奥斯丁的《曼斯菲尔德庄园》牛津版原文，书中也出现了 development 一词，书后加了一条注释：此字在此意为 revelation（揭示、展示）。这越发证明我的分析是正确的。于是，我将这段话译为：伊丽莎白虽说一向性情开朗，难得有意气消沉的时候，但是一想起这些事，加上渐渐认清了威克姆的真面目，心里难免受到莫大的刺激，因而连强作欢颜也办不到了，这是可想而知的。

除了以张谷若为榜样，力求吃准、吃透原文的精神外，我在表达的过程中，还牢记钱锺书先生的著名“化境论”：“既能不因为语文习惯的差异而露出生硬牵强的痕迹，又能完全保存原作的风味……”我至今还相信“化境论”。但就重要性而言，我把保存原作的风味放在第一位，把不露生硬牵强的痕迹放在第二位——当然，总是坚持两者“统筹兼顾”的原则。所以，我在翻译《傲慢与偏见》时，一方面尽量传达奥斯丁的神韵，另一方面又要使自己的行文为我国读者所接受、所喜欢。

拙译《傲慢与偏见》是一九九〇年秋面世的。第一次印刷了近两万册，其畅销程度甚至出乎出版社的预料。随后的几年中，平均每两三个月重印一次，一九九三年在台湾出版繁体版，被誉为“深得奥斯丁之真髓”的佳译。一九九四年被中国书刊发行业协会评为全国优秀畅销书，一九九八年我作为该书的译者上了中央电视台的“读书”专题节目。

五次“手术”

英国学者纽马克说：“翻译是没有止境的。”我完全赞同这个观点。一部长达数百页的原作，要句句理解准确透彻，句句传译恰到好处，那是绝对不可能的。因此，译作很难产生“定本”，要力求完美，只有不断修订。

拙译出版后，虽然受到了赞扬，有人甚至称作“理想的译文”，但我头脑很清醒，深感还有不少差距；因而，十几年来一直在查找问题，并且利用一切时机，对之进行修订。粗略算来，拙译出版后，先后被动了五次“手术”：一九九三年，台湾一家出版公司购买版权，我对译文做了第一次修订；一九九八年，山东文艺出版社为出版《奥斯丁精选集》，决定收入拙译《傲慢与偏见》全文，我对译文做了第二次修订；二〇〇〇年，译林出版社要出版拙译第二版，我对译文做了第三次修订；二〇〇二年，我利用给研究生上课之机，对译文又做了些许修订；二〇〇三年初，译林决定出版豪华本，我又修订了十余处。

译作不厌百回改。这一次次的修订，实际上是一个精益求精、力求完美的过程。如若不信，让我在此举两个例子。

该书第一卷第二十章有这样一句话：His regard for her was quite imaginary ; and the possibility of her deserving her mother's reproach prevented his feeling any regret。我初版的译文是：“他对伊丽莎白的喜爱完全是凭空想象，她可能受到母亲一顿责骂，因此他丝毫也不感到后悔。”（王科一的译法也大致差不多）当时，我就觉得有点疑惑：柯林斯向伊丽莎白求婚遭到了拒绝，怎么会因为女方可能受到母亲的责骂，就不感到 any regret（遗憾）呢？后来我又查阅词典，发现 reproach 作为名词，不仅有 an act of reproaching（责骂的行为）的意思，而且有 an expression of censure or disapproval（责骂的言词）的意思。再看看该章开头处，伊丽莎白的母亲曾对柯林斯说过，她女儿是个“非常任性的傻姑娘”（a very headstrong foolish girl）。按照“责骂的言词”的释义，就可以作出一个合乎情理的解释了。原来，柯林斯在想：伊丽莎白可能真像她母亲说的那样又任性又傻，既然如此，他捞不到她也没有什么好遗憾的了。于是，我第一次修订时就做了这样的修改：他对伊丽莎自的喜爱完全是凭空想象，她可能真像她母亲说的那样又任性又傻，因此他丝毫也不感到遗憾了。

再看下面一句话：…and if she accepted any refreshment, seemed to do it only for the sake of finding out that Mrs. Collins's joints of meat were too large for the family。文中的 she（她）指不可一世、飞扬跋扈的贵夫人德布尔夫人，来到柯林斯家总喜欢指手画脚。我初版时将该句译为："如果她肯在这里吃点东西，那好像只是为了看看柯林斯夫人是否在大手大脚过日子。"当时还挺得意，觉得采用意译法，既简洁又达意。后来再一细想，才觉得有些欠缺：此译虽能传达出德布尔夫人的爱管闲事，但是说她看看别人是否在"大手大脚过日子"，似乎又有"在理"的一面，而这是原文中所没有的。于是，我在第二次修订时，基本采用直译法，将这句话改译成："如果她肯在这里吃点东西，那好像只是为了看看柯林斯夫人是否不顾家里条件，把肉块切得太大。"这样一来，跟原文扣得更紧，因而更能揭示德布尔夫人的蛮横无理。

翻译要力求完美，并非一件易事。每个译者都有这样的体会：他追求完美的努力，往往跟遗憾相伴。但再怎么遗憾，译者也还应该以完美为目标，孜孜不倦地追求下去。